广东文化产业发展研究

温朝霞◎著

南方日报出版社
NANFANG DAILY PRESS
中国·广州

图书在版编目（CIP）数据

广东文化产业发展研究 / 温朝霞著. --广州 : 南方日报出版社，2025.4
ISBN 978-7-5491-2802-0

Ⅰ. ①广… Ⅱ. ①温… Ⅲ. ①文化产业－产业发展－研究－广东
Ⅳ. ①G127.65

中国国家版本馆 CIP 数据核字(2024)第 006404 号

GUANGDONG WENHUA CHANYE FAZHAN YANJIU

广东文化产业发展研究

著　　者：温朝霞
出版发行：南方日报出版社
地　　址：广州市广州大道中 289 号
出 版 人：周山丹
责任编辑：郭海珊
封面设计：邓晓童
责任校对：阮昌汉
责任技编：王　兰
经　　销：全国新华书店
印　　刷：广州市尚铭印刷股份有限公司
成品尺寸：170 mm×250 mm
印　　张：21.5
字　　数：334 千字
版　　次：2025 年 4 月第 1 版
印　　次：2025 年 4 月第 1 次印刷
定　　价：60.00 元

投稿热线：（020）87360640　　　读者热线：（020）87363865

序 言

一本让我们想当年的书

单世联

热闹的文化研究在广东是出现得比较早的。在我的记忆中，20 世纪 80 年代末，“岭南文化”的概念就频频出现在报刊和会议上并成为地方社会科学的主要课题之一；1993 年，广州市社会科学院主办的《岭南文化时报》问世，这虽是一份小报，却也在全国学术文化界有良好的反应；2000 年前后，“文化产业”调研之类，是社会科学院系统的同事们经常发起或参与的项目。差不多同时，英国“文化研究”也为深圳学界所引进。在文化 - 文化产业研究在全国蓬勃展开后，广东也与时俱进，2002 年广东省社会科学院成立“文化产业研究中心”，当时的一些同事如今仍然在这个领域活动；好几所大学成立了文化类研究院，新人新作问世，会议论坛持续不断；好多种大部头或多卷本的“文库”类出版物，令今人为如此丰富的文史资料而惊讶……其中，有官方主办的地方文化建设，有学术机构的专业研究，有各类公司的产业经营，还有不少是怀有地方自信的个人行为。虽然在当时，我们对这种新的文化环境、对广东的流行（通俗？商业？产业？）文化曾有迷惑，也曾多次发言著文提出问题和思考甚至是质疑，《岭南文化时报》的一个重要话题，就是严肃的文化批评和反思。但无论它们是什么、怎么样，所有这些文化行为都以各自的方式在广东文化研究的大合唱中发出自己的声音。

带着这些温暖的记忆，读到朝霞教授谈改革开放与广东文化产业的新著，我想到的是一个生机焕发、充满变化的时代，一个机会和可能随时出现的时代。东方宾馆的音乐茶座率先提供文化商品；流行音乐领一时之风气；从《公关小姐》开始的几部电视连续剧；《广州文艺》《黄金时代》《家庭》《家庭医生》等的市场取向的改版；《广州日报》的自办发行以及由此而来的内容调整；《南风窗》《南方周末》《南方都市报》的创刊开始了纸质媒体的高光时刻；广东人民出版社“现代与传统”几套丛书等，都是广东改革开放的文化成果，也是中国文化产业的第一批示范性成果。那么，后来呢？我到上海工作以后，对广东的了解越来越生疏了。朝霞教授的这本书让我补上了这一课。她对广东文化产业历程与现状的把握，对广东文化产业新业态的描写，对各主要产业门类的分析，都是有材料、有数据、有研究的，她让我对当前广东文化产业有了一个全景性了解。我相信，对于更多读者也会有这样的效果。

朝霞教授在广州市委党校工作，是广东最早一批从事文化产业研究的学者之一。在当年的同行有的沉寂、有的退休、有的改行之后，她依然初心不改，深耕专业，勤奋写作，令人感佩。她曾经在上海交通大学访学一年，我们有过多次愉快的交流。与其他学科或研究领域不同，各级党校和社会科学院一直是文化产业研究的主要力量。21 世纪以来，不少大学都设置了文化研究、文化管理类专业，虽然它们在学术上可能更强一些，但因为文化产业研究的实践性、应用性，党校与社会科学院系统的研究其实更具优势，朝霞的成果证明这一潜在优势是可以成为现实的。新时代、新人类、新技术、新产业，今天的文化再也不是过去我们所说的文化，文化产业已发生了深刻的变化。如果说在 21 世纪初还需要为文化产业正名、为其成长呐喊摇旗的话，那么今天的问题可能是如何规范约束以实现其高质量、有品质的发展了。如果“发展”主要是一个量的概念，那么今天的问题可能主要不是扩张、做大，而是文化进步、文明转型。“寄语洛城风日道，明年春色倍还人”，朝霞的书是一本让我们想当年的书，也是一本让我们看今朝的书。

想当年看今朝，谁不感慨系之？在中国与世界都发生了很大变化的今天，中国文化产业的未来需要诗意和远方，同样也需要从过去获得经验和教训。一个明智的旅人，当他走完一段路程之后，会停下来，回首来时路，以重新确定下一步的方向。“往者不可谏，来者犹可追。”在我们追求未来的过程中，读一读朝霞的新著肯定是会有收获的。

2024 年 11 月 28 日，写于上海交通大学全球文化管理研究中心

（作者系上海交通大学特聘教授、上海交通大学全球文化管理研究中心主任、博士生导师）

目　录

理论探讨篇

产业概述篇

产业观察篇

理论探讨篇

第一章 文化产业理论概述

文化产业是现代社会在后工业形态下，文化与经济日益融合的产物。20世纪80年代以来，文化产业已经成为发达国家国民经济中一个举足轻重的产业部门，它在带动经济结构升级，促进经济持续、健康发展方面发挥着日益显著的作用，被认为是21世纪社会发展的朝阳产业、时尚产业和主导产业，而且在经济全球化的进程中不断拓展，生机无限。

中国作为世界上最大的发展中国家，由于选择了以市场取向为目标的中国特色社会主义道路，实行了改革开放和社会主义市场经济政策，在社会经济发展迅猛的同时，文化事业及文化产业也获得了长足的发展。从新时期到新时代，中国社会主要矛盾发生了变化，迫切要求文化产业的理论和对策研究向纵深迈进，以发挥理论的先导作用。

第一节　文化产业的概念

社会实践离不开理论支持，文化产业建设也是如此。文化产业作为一个专业被提出和研究，虽然时间不长，但其所依托的各个学科都有着悠久的历史基础。一般认为，文化产业最直接的理论来源是“文化研究”，因此其人文色彩较浓，而在经济学研究方面则相对滞后。文化产业的理论探讨与运作实践，首先就在于对“文化”“产业”等名词概念进行辨析，进而界定文化产业的内涵与特征。

一、文化的内涵

文化的概念是多义的，其本身的含义非常丰富。对文化概念的理解和把握，直接影响到我们对文化产业概念的解读和理解。

在西方，“文化”一词的英语是“culture”，德语是“kultur”，两个词源于拉丁语“cultus”，其原意是耕耘和耕作，包含着人类对自然的开拓之意，随后“文化”的含义由物质生产领域扩展到精神领域，“文化”逐渐有培养修养之意。据英国文化史学者雷蒙·威廉斯（Raymond Williams）考证，从18世纪末开始，西方语言中的“culture”的词义与用法发生了重大变化：“在这个时期以前，文化一词主要指‘自然成长的倾向’以及——根据类比——人的培养过程。但是到了19世纪，……文化本身变成了某种东西，它首先是用来指‘心灵的某种状态或习惯’，与人类完善的思想具有密切的关系。其后又用来指‘一个社会整体中知识发展的一般状态’。再后是表示‘各类艺术的总体’。到19世纪末，文化开始意指‘一种物质上、知识上和精神上的整体生活方式’。”[①]

在启蒙时代，西方很多理论家将文化与知识、教养等联系在一起。德国古典哲学家康德、黑格尔大多从精神方面来理解文化。康德认为，人类由于科学、艺术的发展而有了高度的文化，道德观念也是文化的范畴[②]。黑格尔则将文化看作理性精神的外部显现[③]。在文艺复兴时期，社会普遍认为与自然状态相对的都是文化现象，如农业、手工业、商业和教育活动等。19世纪下半叶，文化概念日益被人类学、社会学等一些新兴学科关注。英国文化人类学学者爱德华·伯内特·泰勒（Edward Burnett Tylor）认为，文化是社会成员在社会生活中通过学习而掌握的技巧和习惯，包括知识、信仰、艺术、道德、法律、风俗等[④]。受泰勒对“文化”定义的影响，很多学者从不同领域，运用不同方法对“文化”进行定义，并出现了很多有影响力的学派，如文化心理学派、文化传播学派、文化结构学派等，这也成就了西方学界对文化定义理解的多样化。20世纪中叶以后，克鲁伯和克拉克洪在总结归纳了160余种文化定义的基础上，指出了文化的几个要素：文化模式、获得方式、外在表现、核心观念以及社会作用。他们认为，“文化是由外显和内隐的行为模式构成，

① 雷蒙·威廉斯：《文化与社会：1780—1950》，高晓玲译，吉林出版集团有限责任公司，2011，导论，第4页。

② 康德：《历史理性批判文集》，商务印书馆，1991，第6-7页。

③ 黑格尔：《历史哲学》，上海书店出版社，1999，第9-72页。

④ 爱德华·伯内特·泰勒：《原始文化》，上海文艺出版社，1992，第8页。

通过象征符号来获得和传递，它代表了人类群体的成就，核心是传统的观念，文化一方面是人类活动的产物，一方面是人类进一步活动的决定因素”①，他们关于文化的系统论述目前仍被普遍认可。

在我国，“文化”的概念由“文”的本义“纹理”演化而来，其内涵随着时间的推移而趋于丰富。“文”原指各色交错的纹理，如《易经·系辞下》谓“物相杂，故曰文”，《礼记·乐记》称“五色成文而不乱”。《说文解字》中解释是“文，错画也，象交文”，而“化”多指改易、生成和变化，如《易经·系辞下》言“男女构精，万物化生”。《庄子·逍遥游》说“化而为鸟，其名为鹏”。“文”与“化”的合用，指“以文教化”，最早记载于《周易》，“观乎天文，以察时变；观乎人文，以化成天下”，表现出明确的以文教化的思想。西汉之后，“文”与“化”合成一个词，如《说苑·指武》记载“圣人之治天下也，先文德而后武力。凡武之兴，为不服也；文化不改，然后加诛”，表示“品德的涵养、性情的陶冶”。

近现代以来，随着西方文化理论的传入，我国很多学者也对文化现象进行了研究。著名学者梁漱溟在《东西方文化及其哲学》中论述道，文化是“人类生活的样法”，文化包括物质生活、社会生活和精神生活三大领域②。毛泽东同志在《新民主主义论》等著作中，把“文化”定义为一定社会的政治和经济的反映，又作用于一定社会的政治和经济③。关于文化的理解，见仁见智，我们可以从中归纳出普遍认可的几个方面：文化是社会成员享有的一切知识、思想价值和物质财富；文化是在社会互动中产生的；文化是满足社会成员生理和精神需求的方式、方法等。

中国最大的综合性辞典《辞海》最新版将“文化”释义为：“广义指人类社会的生存方式以及建立在此基础上的价值体系，是人类在社会历史发展过程中所创造的物质财富和精神财富的总和。狭义指人类的精神生产能力和精神创造成果，包括一切社会意识：自然科学、社会科学、社会意识形态。”1992 年 4 月，由中国大百科全书出版社出版的《中国大百科全书》中的社会学卷和哲学卷也对文化作了定义。其中的社会学卷认为：“广义的文

① 李燕：《文化释义》，人民出版社，1996，第 85 页。

② 梁漱溟：《东西方文化及其哲学》，商务印书馆，1922，第 53 页。

③ 毛泽东：《毛泽东选集：第 2 卷》，人民出版社，1991，第 663-664 页。

化是指人类创造的一切物质产品和精神产品的总和。狭义的文化专指语言、文学、艺术及一切意识形态在内的精神产品。”哲学卷认为：“广义的文化总括人类的物质生产和精神生产的能力、物质的和精神的全部产品。狭义的文化指精神生产能力和精神产品，包括一切社会意识形式，有时又专指教育、科学、文学、艺术、卫生、体育等方面的知识和设施，以与世界观、政治思想、道德等意识形态相区别。”由此可见，“文化”这一概念具有广义和狭义两重含义，而且包括物质文化和精神文化两个层面的内容。

联合国文化发展委员会提出了一种两分的解释，首先是把文化作为一系列活动的具体解释，这套活动包括在所谓“文化产业”中进行的那些活动，这种功能意义上的文化，可以看作由经济中的“文化部门”所代表；其次，文化是人类学或社会学可能采取的术语观点，在这种解释里文化被看作一系列观点、习惯和信仰，它对于不同社会的运行都是基本的要素。在这个要素意义中的文化被表达为一个特定社会的价值和风俗，它在改朝换代中随时间而演化[①]。

从上述文献对“文化”的定义可知，文化是一种社会现象，是人们在长期创造中形成的产物；同时，它又是一种历史现象，是社会历史的积淀物。文化的这种客观存在形式，不仅为文化在个人、民族和地域之间的交流提供了基础，也使文化在不同时代之间的传播和继承成为可能。

二、文化产业的界定

文化产业是“文化”与“产业”的复合概念，是以精神产品的创造、生产、交换和消费为主要特征的行业集合。其中，“文化”是一个纵向历史性的概念，构成了一个国家和民族共有的知识谱系、价值观念、道德信仰和艺术审美，透过人的活动从远古走到今天。“产业”是一个横向空间性的维度概念，包含技术化复制方式、规模化生产模式和金融化经营形态。本书将对有关文献中所提出对文化产业的认识作一简要综述，并对文化产业的概念作一基本界定，并据此对广东文化产业的发展提出看法。

① 转引自戴维·思罗斯比：《论文化资本》，王志标译，《经济资料译丛》2006 年第 3 期。

（一）概念的演变

“文化产业”在国际的提出还不到一个世纪的历史。其概念的演变和拓展大致经历了以下三个阶段。

1. 20世纪30—50年代，概念的提出与法兰克福学派的批判性观点

法兰克福学派创建于20世纪20年代初，是指与德国法兰克福大学社会研究所有关的一群德国西方马克思主义知识分子，汇集了以犹太血统为主的社会学家、哲学家、文化批评家。1933年，希特勒上台后，法兰克福大学社会研究所曾先后迁往日内瓦、巴黎，第二次世界大战爆发后迁往纽约。1950年，一部分学派成员返回联邦德国重建研究所，另一部分成员仍留在美国继续从事研究。1980年后，随着主要领导人物的相继去世和后继者之间的观点分歧，法兰克福学派作为一个强有力的学派开始解体。法兰克福学派的理论被称为社会批判理论，其代表人物有霍克海默尔（Max Horkheimer）、阿多诺（Theodor Wiesengrund Adorno）、本雅明（Walter Benjamin）、赫伯特·马尔库塞（Herbert Marcuse）、尤尔根·哈贝马斯（Jürgen Habermas）等。

1936年，本雅明发表《机械复制时代的艺术作品》，第一次讨论大工业生产方式和技术复制手段所产生的艺术与审美文化领域质的革命。摄影、收音机、留声机、电影的出现，表明技术复制、批量生产已成为一种重要的艺术生产方式。而艺术摆脱了因其独一无二而被少数人垄断的命运，也去掉了那灵性韵味的外观，人们不再视艺术为仅供观赏的光环或膜拜的偶像。艺术品不再是一次性存在，而是可批量生产的。这就使艺术品从少数人垄断性的欣赏中解放出来，为大多数人所共享。本雅明认为这是文化的革命和解放，给无产阶级文化带来了新的广阔天地，使文化的大众化成为可能。

“文化产业”（culture industry，即文化工业）这一名词，则是阿多诺与霍克海默尔在1944年的《文化产业：欺骗公众的启蒙精神》一文中首次提出的，后来被收入《启蒙的辩证法》一书。20世纪90年代以前，我国学界一直将这个概念译为“文化工业”。在这篇文章中，他们揭露了当时发达资本主义国家的文化具有大工业的特征，不同于前资本主义时代的精英文化、贵族文化，这种文化会操纵影响工人们的情绪，是控制大众意识形态的手段。“电影和广播不再需要装扮成艺术了……它们把自己称为工业”，“整个世界都要通过文化工业的过滤”，“文化工业的地位越巩固，就越会统而化之地应付、生产和控制消费者的需求，甚至会将娱乐全部剥夺掉：这样一种文化进程势不可挡”。后来，阿多诺在其《重新考虑文化产业》一文中再次叙述道：“‘文化产业’是我和 Horkheimer 两人于 1947 年在阿姆斯特丹所出版的《启蒙的辩证法》一书中初次提出的。该书的草稿中原来应用了‘大众文化’这一词。我们用‘文化产业’替代了‘大众文化’，以便明确地排除它的宣传者们所考虑的内容，该名词会给人们错觉，似乎它来自大众自发创造的文化，是当代大众化文化的一种形式。真正的大众化文化与我们所用的‘文化产业’有所区别。文化产业是把人们熟悉的传统文化融入新特质。其产品是为大众消费特别制作的。它在很大程度上决定了消费的性质并很大程度上是按计划而制造的。”阿多诺和霍克海默尔都是新马克思主义者，他们认为由资本家控制的文化产业可能影响工人们的情绪，因此所提出的“文化产业”是具有某种否定意义的。

继法兰克福学派之后，国际的文化产业理论基本上是沿着两条线索展开的：一条是从英国伯明翰大学文化研究中心开始的“文化研究”中对大众文化和文化产业的研究，即学院派理论；另一条是与各国文化产业实践、文化产业政策紧密结合在一起的，侧重于解决实际问题的理论探索，即文化产业的应用理论研究。

2. 20 世纪 60—80 年代，概念的拓展

20 世纪五六十年代，由于英国一批马克思主义学者的倡导和伯明翰大学当代文化研究中心的努力，文化研究开始逐渐成为一种有着广泛影响的学术思潮，在美国、德国、法国等西方国家兴起。以雷蒙·威廉斯、约翰·费斯克等为代表的英国文化学派重新用“文化”来定义商业产业，在有关“大众文化”，即“文化产业”一系列基本观念上，做出了不同的理解，以矫正和补充法兰克福学派。其标志性事件是英国寻求通过对“文化产业”的重新界定来促进和规划城市的发展。

前期研究以理查德·霍加特、阿尔都塞等为代表，侧重于对文化产品中所包含的内容进行意识形态方面的探讨，注重研究文化产业的符号生产机制及符号生产原则，所使用的概念包括霸权、批判、解构、符号、编码、解码等，他们的理论具有较强的思辨性。后期的文化研究以斯图亚特·霍尔为代表，侧重对大众传媒的具体研究。他认为，大众并不是对传播者规定意义的简单接受，而是意义的选择和再生产；如果一种文化形式能为大众所接受，那么也是得到大众普遍赞同的。霍尔的这一理论不仅大大深化了前期的文化产业批判理论，而且直接启发了对作为“受众”本身的研究。后来，美国传媒批评家菲斯克提出“两种经济”理论，是专为大众文化研究提出的富有建设性和现实意义的新理论。所谓“两种经济”，一是“金融经济”，二是“文化经济”，其理论根据是马克思主义政治经济学的商品交换价值和使用价值理论。菲斯克以电视为例，提出在资本主义社会，电视节目作为商品，在其生产和发行中就会产生这两种平行且共时的经济系统。其中，“金融经济”注重的是电视的交换价值，流通的是金钱；“文化经济”注重的是电视的使用价值，流通的是“意义、快感和社会认同”。他把“文化经济”作为区别于“金融经济”的特殊现象加以经济学的解释，对文化产业的基本特征、文化的产生、消费及其价值进行了说明，要求对大众文化的分析应“双重聚焦”，一方面分析大众文化的意识形态内容，揭示大众文化配合主流意识形态、稳定现存秩序、控制大众的作用和机制；另一方面分析读者和观众对大众文化的接受特征，研究大众如何与现存的制度打交道，如何阅读文化商品所提供的文本，又如何利用文化商品这一材料资源创造真正意义上的“大众文化”。菲斯克的理论另辟蹊径，较为独特，为文化产业理论提供了一条新思路。

3. 20 世纪 80 年代至今，文化产业从概念之争走向实践层面，出现应用文化产业理论

在此期间，文化产业的内涵随着经济的快速发展而得到前所未有的拓展，其社会作用也得到前所未有的体现，并从实践中提炼出了应用文化产业理论。与学院派倾向于对文化产业所产生出来的产品内容进行分析不同，西方应用文化产业的理论和研究是直接从其文化产业的实践中总结和生发出来的，倾向于对文化产业的生产、流通、传播的过程的探讨，侧重于经济运作，所用的概念多为经济学、社会学和管理学名词，如产业、版权、节目、就业、管理、生产、传播、贸易、市场、份额等。

（二）联合国教科文组织对文化产业的界定

联合国教科文组织（UNESCO）发表的《文化、贸易和全球化》（*Culture, Trade and Globalization*）如是解释文化产业：“文化产业这个概念是指那些包含创作、生产、销售‘内容’的产业，包括印刷、出版、多媒体、视听、录音和电影制品、手工艺品和工艺设计等行业。”[①] 大致的翻译就是：文化产业是对本质上是无形的、文化的“内容”进行创造、生产及商业化销售的联合体（企业群）。这些“内容”通常受到知识产权的保护，其最终产品形式可以是货品或服务。

联合国教科文组织在2009年版《文化统计框架》中，把文化分为六大类别，其中并不含娱乐，而是把娱乐与旅游、体育一起作为文化的相关领域[②]。国家统计局借鉴了联合国教科文组织的《文化统计框架（2009）》的分类方法，在定义和覆盖范围上与其衔接，在定义上表述为“文化及相关产业是指为社会公众提供文化产品和文化相关产品的生产活动的集合”。其范围包括：（1）以文化为核心内容，为直接满足人们的精神需要而进行的创作、制造、传播、展示等文化产品（包括货物和服务）的生产活动。具体包括新闻信息服务、内容创作生产、创意设计服务、文化传播渠道、文化投资运营和文化娱乐休闲服务等活动。（2）实现文化产品的生产活动所需的文化辅助生产和中介服务、文化装备生产和文化消费终端生产（包括制造和销售）等活动[③]。

（三）世界各国或地区对文化产业的界定

目前，国外对文化产业还没有权威的界定，其内涵因国家、地区或研究者的不同而存在差异。这些差异既是各国或地区文化背景、政策制定、经济发展等实际状况差异的反映，也是各国或地区对文化产业的性质、功能等方面认识差异的反映，同时还是文化产业飞速发展的结果。

英国政府以就业人数多、产业大或潜力大、创新性强三个原则，将十三项产业划入文化产业的范畴，包括广告、建筑、艺术品和古玩、手工艺、设计、时尚设计、电影和录像、互动休闲软件、音乐、表演艺术、出版、软件与计算机游戏、广播和电视。

美国虽然没有对文化产业作出官方界定，但它仍然是世界上文化产业最发达的国家，在世界文化市场独占鳌头，所占比例约43%。就行业范围而言，美国的文化产业主要包括文化艺术业（含表演艺术、艺术博物馆）、影视业、

① 转引自《如何定义文化产业？》，《出版经济》2004年第1期，第1页。

② 高书生：《如何认识文化产业》，《人民日报》2013年2月8日。

③ 国家统计局：《文化及相关产业分类（2018）》，https://www.stats.gov.cn/xxgk/tjbz/gjtjbz/201805/t20180509_1758925.html。

图书业、广告业、软件业和音乐唱片业等。美国的文化产业主要集中在纽约、洛杉矶等国际化大都市，城市为文化产业的发展提供了巨大的空间和消费市场，形成一种相互促进、相互依赖、共生共荣的关系。

欧盟在其2000年的信息规划中提出了“内容产业”的概念。根据欧盟的定义，内容产业是指那些“制造、开发、包装和销售信息产品及其服务的产业”，包括“各种媒介上所传播的印刷品内容（报纸、图书、杂志等），音像电子出版物内容（联机数据库、音像制品服务、电子游戏等）、音像传播内容（电视、录像、广播和影院）、用作消费的各种数字化软件等”。所以，有人认为，内容产业就是视听传媒业。还有学者认为，“内容（content）即流过那条‘粗管子’——光纤宽带电缆的所有节目”。所以，“内容产业”的中文中也被称为“节目产业”。

加拿大遗产部在其职能框架中，对加拿大的文化产业做了如下概述：文化产业包括以国家社会、经济及文化为主题的出版、广播、电影、电视、图书、杂志、音像等在内的印刷、生产、制作、广告及发行；包括表演艺术、视觉艺术、博物馆、图书馆、档案馆、书店、文具用品商店等在内的服务，以后又在其中增加了信息网络、多媒体等内容。

日本是亚洲文化产业最发达的国家。在日本，文化产业又被称为“内容产业”，将与文化相关联的产业都纳入其范畴，除传统的演出、展览、新闻出版，还包括休闲娱乐、广播影视、动画业、游戏业、音乐业等。韩国的文化产业主要指文化产品的开发、制作、生产、分配、消费等服务产业，以个人创意性为基础的文化要素被认为是一种“商品”，其生产过程和流通结构的全部过程也被看成文化产业。

此外，新加坡、新西兰以及北欧等比较重视文化产业发展的国家或地区，对文化产业也有各自不同的界定和行业划分。

（四）中国对文化产业的界定

1992年，党的十四大报告明确提到要“完善文化经济政策”。同年出版的由国务院办公厅综合司编著的《重大战略决策——加快发展第三产业》一书，明确启用了“文化产业”的说法，这是我国政府主管部门第一次使用“文化产业”的概念。随着国民经济“九五”计划的顺利完成，我国经济告别了“短缺时代”，进入了全新的发展时期，社会对精神文化的需求明显增加，党和政府对文化产业的政策进一步明朗化。1999 年，国务院发展计划委员会主任曾培炎在《关于 1998 年国民经济和社会发展计划执行情况与 1999 年国民经济和社会发展计划草案的报告》中，明确提出要“推进文化、教育、非义务教育和基本医疗保健的产业化”，文化产业第一次被正式纳入国家发展计划的政策视野。2000 年 10 月，中国共产党第十五届五中全会通过了《中共中央关于制定国民经济和社会发展第十个五年计划的建议》，第一次在中央正式文件里提出“文化产业”这一概念。该文件要求“坚持把社会效益放在首位、社会效益和经济效益相统一的原则，深化文化体制改革，建立科学合理、灵活高效的管理体制和文化产品生产经营机制”，“完善文化产业政策，加强文化市场建设和管理，推动有关文化产业发展”。随着国家这一系列政策和意见的出台，文化产业乘势而起，正式进入人们的视野。

党的十五届五中全会正式提出“文化产业”概念以来，致力于植根中华传统文化、扶持中国文化产业进步，促进文化产业发展繁荣、培育具有竞争力的新兴产业，推进文化产业面向世界、发出中国声音的努力，便未曾停下脚步。2003 年 9 月，文化部制定下发的《关于支持和促进文化产业发展的若干意见》，将文化产业界定为：“从事文化产品生产和提供文化服务的经营性行业。文化产业是与文化事业相对应的概念，两者都是社会主义文化建设的重要组成部分。文化产业是社会生产力发展的必然产物，是随着中国社会主义市场经济体制的逐步完善和现代生产方式的不断进步而发展起来的新兴产业。”2004 年，国家统计局对“文化及相关产业”的界定是：为社会公众提供文化娱乐产品和服务的活动，以及与这些活动有关联的活动的集合。2012 年，国家统计局正式印发《文化及相关产业分类（2012）》，将“文化及相关产业”定义为“为社会公众提供文化产品和文化相关产品的生产活动的集合”。2018 年 3 月 16 日，国家统计局第五次常务会议审议通过《文化及相关产业分类（2018）》，指出：“本分类规定的文化及相关产业是指为社会公众提供文化产品和文化相关产品的生产活动的集合。”[①] 所以，中国对文化产业的界定是文化娱乐的集合，区别于国家具有意识形态性的文化事业。

总的来说，“文化产业”这一概念可以分成“文化”和“产业”两个层

① 国家统计局：《关于印发〈文化及相关产业分类（2018）〉的通知》，http://www.stats.gov.cn/tjgz/tzgb/201804/t20180423_1595390.html。

面来理解。在“文化”这个层面上主要包含艺术、创造性等精神内容，在“产业”这个层面上主要包含经济的内容。我们可以把后者理解为对前者的发展和历史延伸。对此，笔者将文化产业定义为“从事文化产品生产和提供文化服务的经营性行业”，即专门从事文化产品的生产、服务和提供引导文化消费的特殊产业门类。它旨在向消费者提供以文化内涵为消费对象的产品，是为满足人们娱乐、休闲、健身、求知、审美、交际等精神需求和智力需求而生产特殊产品，提供场地、环境、服务或组织活动因而获取利润的各种合法行业的总称。

三、文化产业、创意产业、文化事业的辨析

要深刻理解文化产业的含义和意义，还有必要区分文化产业和创意产业、文化产业和文化事业的不同内涵。

（一）文化产业与创意产业

创意产业（creative industries）是当前出现频率较高的热门词语。在国际范围内形成了这样一种认识，创意产业作为一种新生事物是从英国开始的，但最早提出这个概念的不是英国，而是澳大利亚。早在1994年，这个概念就出现在澳大利亚提出的“创意的国度”的报告中，但创意产业成熟于英国，成为在世界范围内盛行的一股潮流，这是人们公认的事实。

英国是世界上第一个政策性推动创意产业发展的国家，创意产业对英国整个GDP（国内生产总值）贡献的占比额超过金融服务业。英国工党在赢得1997年大选胜利之前，其相关文件中一直使用“文化产业”这个概念。但在该党上台之后，“文化产业”提法就被“创意产业”代替。从1997年到2010年，连续四届执政的英国工党政府一直采取积极的文化政策，认为“创意产业”是一个“统一的”“民主化”的概念，可以将“高雅”的精英文化与“低俗”的大众文化联结起来，将公共的艺术与商业化的艺术联结起来，因此提供了一个文化产品的整体分析视角。按照1998年公布的《英国创意产业路径文件》的解释，创意产业指的是“源于个体创造力、技能和才华的活动，而通过知识产权的生成和取用，这些活动可以发挥创造财富和就业的潜力”。这是人们常引用的对创意产业的经典解释。英国学者约翰·霍金斯（John hawkins）认为，创意产业就是其产品受知识产权保护的经济部门，知识产权

的四大种类——专利、版权、商标和设计都有与之相适应的创意产业，其范围包括文化、艺术、生产和服务的众多领域。霍金斯所指的创意产业的涵盖面是很广的，重在强调创意活动与经济的联系，并不单指文化，这尤其体现在他的《创意经济》一书中。

在中国，从国家层面来讲，对“文化产业”和“创意产业”两个概念的使用是有区别的，并没有随意使用。在国家“十一五”至“十四五”时期出台的有关文化产业发展的各种政府文件中，如中共中央办公厅、国务院办公厅印发的《“十四五”文化发展规划》和文化和旅游部发布的《“十四五”文化产业发展规划》，以及党的十六大、十七大、十八大、十九大、二十大报告中涉及文化产业的内容，均使用“文化产业”的概念。目前，我国还没有出台国家层面的有关创意产业的发展规划，只有一些地方政府出台了关于扶持创意产业发展的政府文件，例如北京市 2006 年发布的《北京市促进文化创意产业发展的若干政策》《北京市文化创意产业分类》等。但是，在阐述文化产业问题时，也强调通过文化创意活动来推进文化内容的创新，事实上，这是把创意看作文化产业发展的重要手段，文化产业离不开创意活动，但所指的是文化产业，并不是创意产业。

应该说，文化产业与创意产业的关系非常紧密，要把它们绝对分开是困难的。这是因为，文化中有创意，创意中有文化，形成你中有我、我中有你的关系，就连西方学者也不得不承认：“不论在学术文献还是决策领域，‘创意产业’都是一个存在巨大分歧与争议的问题，特别是关系到与其平行的‘文化产业’概念时。有时创意产业与文化产业之间有明确的区分，有时二者之间又可以互换使用。”[①] 从创意产业的发展来看，它包括的范围显然比文化产业大，门类也广，凡是与人类创造活动、创新活动和科技研发有关并产生了经济价值的，都可以被看作创意产业，并不局限在文化产业所包含的狭义文化范畴内。所有人类活动领域都有创意问题，从这个意义上讲，创意活动是普遍的，可以说是无所不包。作为产业，创意活动能够通过个人的创造性劳动和智慧才能创造经济价值，取得经济上的收益，在现代社会，它已经成为一种新的经济形态，人们把它称为创意经济，由它形成了创意产品和创意服务。

---

① 埃德娜·多斯桑托斯：《2008 年创意经济报告》，张晓明等译，三辰影库音像出版社，2008，第 10 页。

（二）文化产业与文化事业

2000年10月，在党的十五届五中全会上通过的《中共中央关于制定国民经济和社会发展第十个五年计划的建议》中，第一次在中央正式文件中使用了“文化产业”这一概念。党的十六大提出“发展文化事业与文化产业”，在党的代表大会上首次明确了“文化产业”与“文化事业”二者的分别。可以说，“文化事业”与“文化产业”两业并举战略的确立，是新时期文化发展水到渠成的结果。

文化事业与文化产业虽然都姓“文化”，但二者在概念、运作方式等方面有着本质的不同。在文化发展战略上，以“壮大产业、繁荣事业”作为先进文化发展的目标。正确辨别文化产业与文化事业，对促进“产业”和“事业”的双赢，无疑具有重要意义。

文化产业的概念由两部分组成，一是产业的实质，二是文化的属性。文化产业作为产业必须符合法律的规定，要在工商部门登记注册，领取营业执照，文化产品实现商品化，公开在市场经营，依法纳税。文化产业所具有的文化属性决定它要以文化为依托来获取利润，而利润率有的可以统一标准，明码标价，有的则需要买卖双方认可，如艺术品买卖和拍卖等，因为很多艺术品都是独一无二的，其价值不可能有统一标准，而且浮动性很大。

基于文化产业的实质和属性，我们可以知道，文化产业就是为满足人们娱乐、休闲、健身、求知、审美、交际等精神需求和智力需求而生产特殊产品，提供场地、环境、服务或组织活动因而获取利润的各种合法行业的总称。文化事业就是为满足人们娱乐、休闲、健身、审美、交际等精神需求和求知需要而组织活动，并提供经费、场地、器材和各种服务的社会公益性而非营利性的工作。文化事业的重要性表现在它的社会功能而不是它直接的经济功能。

文化事业与文化产业的区别，主要有以下五点。

第一，生产目的不同。文化事业部门是生产公共产品，以国家需要为转移的。文化产业部门则是为市场生产商品，以市场需要为转移的。

第二，机构性质不同。文化事业机构是政府部门的附属单位，以行政方式管理。文化产业机构是企业单位，以企业法人进行经营活动。

第三，资本来源不同。生产文化产品也必须有资本。文化事业的生产资本由国家或社会提供。而生产文化商品的资本来源则因社会制度而异。在我国社会主义市场经济制度下，多种经济成分并存，生产资本需从不同经济成分中获取。广泛吸收民营经济进入文化产业经营领域，是发展文化产业的重要战略。

第四，运营机制不同。事业机构是由国家财政提供经费维持其生产与服务活动，以寻求最高社会效益为原则的。企业的本质是以少投入、多产出、追求最高经济效益为原则。社会效益与经济效益有时是一致的，有时则是矛盾的。在有矛盾的时候，事业机构必须也必然把社会效益放在第一位。企业必然要考虑自己的利润目标和承受能力。

第五，调控方式不同。对事业单位，国家可以采取行政命令的方式直接调控，要求它生产什么样的文化产品，怎样为大众提供服务。对企业单位，一般来说，是以间接调控为主。一是法律。国家通过立法程序把生产和经营文化服务商品的基本准则写进法律，要求企业依法经营，企业违法必究。二是税收政策引导。对企业经营国家和社会最需要的商品实行低税，而加以限制的文化商品则实行高税。三是价格杠杆。工资、利率、商品与服务的价格等，都可以对企业朝社会效益的方向进行引导。

文化事业与文化产业是相得益彰、互为促进的辩证关系。具体来说，体现在以下三个方面。

第一，对文化事业的投入也是对文化产业的间接性投资。对文化事业的投入既是为文化产业做出开源性的投资，也是对文化产业消费潜能的培养。文化事业搞好了，就能促使公众对文化产生兴趣，也必然会带来文化的直接消费或相关消费，为文化产业创造和拓展文化市场，拉动文化产业的发展；同时，文化事业还可以促进文化产业不断发展，提高文化产品的文化含量和品位，推动文化产业不断增强市场竞争力。这就是文化事业为文化产业“领航”。

第二，文化产业发展了，可以进一步促进文化事业的发展。文化产业是文化事业经济基础的一部分，文化事业的投入中有一部分直接来源于文化产业，这就是人们常说的“以文养文，以文补文，以文促文”。文化产业发展了，有利于调动广大文化工作者的积极性和创造性，促进文化市场的活跃与繁荣，满足群众多层次、多方面的精神文化需求，增强文化事业的活力；文化产业发展了，可以为国家创造物质财富，使国家有更多的物力和财力支持文化事业的发展。这就是文化产业为文化事业“加油”。

第三，文化事业和文化产业可能会相互转化。有些文化事业，当人们消费水平提高后就会发展成文化产业，如教育中就出现了产业化现象。而有的文化产业，当消费者减少时就会转成文化事业，就需要以投入的方式加以保护，例如戏曲等传统艺术。文化事业和文化产业之间的相互转化，体现了社会主义市场经济规律的作用。

第二节　文化产业的分类

文化产业的范围是广泛的，按联合国教科文组织多次会议的归纳，它至少包括以下相关行业：摄影、影像、影视音像、广告、信息、咨询、电子计算机、出版、大众传播媒介、流行音乐、设计等。从我国情况来看，文化产业首先包括文化部门、广播影视及出版等部门所管辖的行业，如娱乐业、表演业、报纸杂志业、广播业、影视业、音像业、出版发行业、文献信息业、艺术品业、展览业、博物馆业等。此外，还应包括一些与文化艺术相关度很高的产业部门，如旅游娱乐业、咨询设计业（包括现代工业设计、环境设计、企业形象设计、个人形象设计）、广告会展业、科技业、竞技体育和教育培训业、装饰业、时装业等。特别是随着以互联网为代表的现代信息产业、数字文化产业的崛起，文化产业在 21 世纪日益呈现出不断扩展、融合、兼并的发展趋势。

一、国家管理部门对文化产业的分类

随着互联网时代的到来，以“互联网 +”为依托的文化新业态不断涌现并发展迅猛，日益成为文化产业新的增长点，理应把这些新业态及时纳入统计范围。为此，国家统计局对《文化及相关产业分类（2012）》进行修订，并于 2018 年 3 月审议通过《文化及相关产业分类（2018）》，将文化及相关产业分为“文化制造业”“文化批发和零售业”“文化服务业”三大产业类别。这次的文化产业分类标准，将原来的大类由 10 个修订为 9 个，中类由 50 个修订为 43 个，小类由 120 个修订为 146 个。具体见表 1–1[①]。

① 国家统计局：《关于印发〈文化及相关产业分类（2018）〉的通知》，https://www.stats.gov.cn/xw/tjxw/tzgg/202302/t20230202_1893947.html。

表 1-1　文化及相关产业的产业类别划分

产业类别	小类名称	行业分类代码	小类名称	行业分类代码
文化制造业	雕塑工艺品制造	2431	专业音响设备制造	3934
	金属工艺品制造	2432	应用电视设备及其他广播电视设备制造	3939
	漆器工艺品制造	2433	电影机械制造	3471
	花画工艺品制造	2434	娱乐用智能无人飞行器制造	3963*
	天然植物纤维编织工艺品制造	2435	幻灯及投影设备制造	3472
	抽纱刺绣工艺品制造	2436	照相机及器材制造	3473
	地毯、挂毯制造	2437	舞台及场地用灯制造	3873
	珠宝首饰及有关物品制造	2438	音响设备制造	3952
	其他工艺美术及礼仪用品制造	2439	露天游乐场所游乐设备制造	2461
	陈设艺术陶瓷制造	3075	游艺用品及室内游艺器材制造	2462
	园艺陶瓷制造	3076	其他娱乐用品制造	2469
	文化用机制纸及纸板制造	2221*	中乐器制造	2421
	手工纸制造	2222	西乐器制造	2422
	油墨及类似产品制造	2642	电子乐器制造	2423
	工艺美术颜料制造	2644	其他乐器及零件制造	2429
	文化用信息化学品制造	2664	文具制造	2411
	书、报刊印刷	2311	笔的制造	2412
	本册印刷	2312	墨水、墨汁制造	2414
	包装装潢及其他印刷	2319	玩具制造	2451–2456、2459
	装订及印刷相关服务	2320		
	记录媒介复制	2330	焰火、鞭炮产品制造	2672
	印刷专用设备制造	3542	电视机制造	3951
	复印和胶印设备制造	3474	影视录放设备制造	3953
	广播电视节目制作及发射设备制造	3931	可穿戴智能文化设备制造	3961*
	广播电视接收设备制造	3932	其他智能文化消费设备制造	3969*
	广播电视专用配件制造	3933		

续表

产业类别	小类名称	行业分类代码	小类名称	行业分类代码
文化批发和零售业	图书批发	5143	广播影视设备批发	5178
	报刊批发	5144	照相器材零售	5248
	音像制品、电子和数字出版物批发	5145	舞台照明设备批发	5175*
	图书、报刊零售	5243	乐器批发	5147
	音像制品、电子和数字出版物零售	5244	乐器零售	5247
	首饰、工艺品及收藏品批发	5146	文具用品批发	5141
	珠宝首饰零售	5245	文具用品零售	5241
	工艺美术品及收藏品零售	5246	家用视听设备批发	5137
	艺术品、收藏品拍卖	5183	家用视听设备零售	5271
	艺术品代理	5184	其他文化用品批发	5149
	文化贸易代理服务	5181*	其他文化用品零售	5249
文化服务业	新闻业	8610	电影和广播电视节目发行	8750
	报纸出版	8622	电影放映	8760
	广播	8710	艺术表演场馆	8820
	电视	8720	互联网文化娱乐平台	6432*
	广播电视集成播控	8740	文化投资与资产管理	7212*
	互联网搜索服务	6421	文化企业总部管理	7211*
	互联网其他信息服务	6429	文化产业园区管理	7221*
	图书出版	8621	歌舞厅娱乐活动	9011
	期刊出版	8623	电子游艺厅娱乐活动	9012
	音像制品出版	8624	网吧活动	9013
	电子出版物出版	8625	其他室内娱乐活动	9019
	数字出版	8626	游乐园	9020
	其他出版业	8629	其他娱乐业	9090
	影视节目制作	8730	城市公园管理	7850
	录音制作	8770	名胜风景区管理	7861
	文艺创作与表演	8810	森林公园管理	7862
	群众文体活动	8870	其他游览景区管理	7869
	其他文化艺术业	8890	自然遗迹保护管理	7712

续表

产业类别	小类名称	行业分类代码	小类名称	行业分类代码
文化服务业	动漫、游戏数字内容服务	6572	动物园、水族馆管理服务	7715
	互联网游戏服务	6422	植物园管理服务	7716
	多媒体、游戏动漫和数字出版软件开发	6513*	休闲观光活动	9030
	增值电信文化服务	6319*	观光游览航空服务	5622
	其他文化数字内容服务	6579*	摄影扩印服务	8060
	图书馆	8831	版权和文化软件服务	7520*
	档案馆	8832	会议、展览及相关服务	7281–7284、7284、7289
	文物及非物质文化遗产保护	8840		
	博物馆	8850	文化活动服务	9051
	烈士陵园、纪念馆	8860	文化娱乐经纪人	9053
	互联网广告服务	7251	其他文化艺术经纪代理	9059
	其他广告服务	7259	婚庆典礼服务	8070*
	建筑设计服务	7484*	票务代理服务	7298
	工业设计服务	7491	休闲娱乐用品设备出租	7121
	专业设计服务	7492	文化用品设备出租	7123
	图书出租	7124	社会人文科学研究	7350
	音像制品出租	7125	学术理论社会（文化）团体	9521*
	有线广播电视传输服务	6321	文化艺术培训	8393
	无线广播电视传输服务	6322	文化艺术辅导	8399*
	广播电视卫星传输服务	6331		

注：带“*”的为修订新增的内容。

二、广东对文化产业的分类

由于中国部分省、自治区和直辖市采用不同的文化产业概念，在分类上也有不同。根据广东省统计局的统计指标[①]，文化及相关产业是指为社会公众

① 广东统计信息网：《2023 年广东规模以上文化及相关产业运行简况》，http://stats.gd.gov.cn/tjkx185/content/post_4403939.html。

提供文化产品和文化相关产品的生产活动的集合；文化及相关产业包括新闻信息服务、内容创作生产、创意设计服务、文化传播渠道、文化投资运营、文化娱乐休闲服务、文化辅助生产和中介服务、文化装备生产、文化消费终端生产 9 个大类。新业态特征明显的 16 个行业小类是：广播电视集成播控，互联网搜索服务，互联网其他信息服务，数字出版，其他文化艺术业，动漫、游戏数字内容服务，互联网游戏服务，多媒体、游戏动漫和数字出版软件开发，增值电信文化服务，其他文化数字内容服务，互联网广告服务，互联网文化娱乐平台，版权和文化软件服务，娱乐用智能无人飞行器制造，可穿戴智能文化设备制造，其他智能文化消费设备制造。文化核心领域包括新闻信息服务、内容创作生产、创意设计服务、文化传播渠道、文化投资运营、文化娱乐休闲服务 6 个行业，文化相关领域包括文化辅助生产和中介服务、文化装备生产、文化消费终端生产 3 个行业。广东省统计局的统计范围为：规模以上文化及相关产业的统计范围为《文化及相关产业分类（2018）》所规定行业范围内，年主营业务收入在 2000 万元及以上的工业企业；年主营业务收入在 2000 万元及以上的批发企业或年主营业务收入在 500 万元及以上的零售企业；年营业收入在 1000 万元及以上的服务业企业，其中交通运输、仓储和邮政业，信息传输、软件和信息技术服务业，水利、环境和公共设施管理业的年营业收入在 2000 万元及以上，居民服务、修理和其他服务业，文化、体育和娱乐业的年营业收入在 500 万元及以上。

本书限于篇幅，不面面俱到，拟重点探讨影视、动漫、出版、艺术以及战略性新兴产业如数字文化产业等内容。

第三节　文化产业的效益

文化产业作为一种特殊产业门类，具有商品生产和精神生产的双重属性，具有经济效益和社会效益的双重效益，具有物质文明积累和精神文明创新的双重功能，等等。正确处理社会效益与经济效益的问题，是文化产业发展必须面对的重要课题。

一、文化产业的双重效益

文化领域作为特殊的行业，其产品具有文化消费和文化价值传播的特性。

文化产业既是生产性的商业活动，又是生产特殊产品——文化产品的活动，因此不仅具有一般商业性的属性，还具备意识形态属性。文化产品作为具有意识形态性的特殊商品，是一个经济物品与社会意识相融合的两重物。这种两重性决定了文化产业的两重效应，即经济效益与社会效益，两者既有统一的一面，又有相脱节甚至背离的一面，经济效益的提高有时会以损害社会效益为代价。因此，正确认识社会主义文化产业的经济效益和社会效益，正确处理和把握这两者之间的关系，是发展文化产业的关键所在。

（一）文化产业的经济效益

经济效益是指企业创收的经济利润，是从生产建设角度来反映企业经济活动的综合指标，衡量标准包括企业盈利、资金积累等。文化产品的商品属性决定了文化产业要追求经济效益，文化生产企业要获取最大的利润。文化产品与其他的物质商品一样，都要经过消费者的选择，为消费者所欣赏和接受，即“卖出去”，才能实现其经济效益。

文化产业的经济效益可分为微观经济效益和宏观经济效益两个层面：一是文化生产企业的个体经济效益，是企业在文化产品的生产和经营活动中所取得的局部效益，包括获取的经济利润和企业的社会声誉；二是整个文化产业的经济效益，指的是文化生产企业的生产和经营活动对本企业以外的所有相关企业、组织、从业人员等产生的经济效益，包括为社会生产力发展作出的贡献、为国家带来的税收，以及为其他企业、经济部门提供知识、信息技术等。这种宏观经济效益实际上也是社会效益的一个组成部分。

（二）文化产业的社会效益

文化产品的意识形态属性使文化产业以取得社会效益为目标。《现代汉语词典》第七版对“社会效益”的解释是：“各种经济活动及科学技术、教育、文学、艺术等在社会上产生的非经济性效果和利益。”这里讲的非经济性效果和利益，是指符合社会主义意识形态要求，体现社会主义核心价值，为经济社会发展提供思想保证和精神动力，贴近实际、贴近生活、贴近群众的优秀精神文化产品所带来的非经济性效果和利益。

社会效益一般是指产品和服务对社会所产生的好的后果和影响，主要表现在公众反映和社会评价体系上。文化产业的社会效益就是文化产业的发展给社会带来的正面影响，主要表现在：诸如一部电视剧、动漫产品、图书、文化设施、图书馆、博物馆等与文化有关的产品或项目的实施，给人们留下好的印象，形成好的口碑，带来向上的正能量和正面的价值导向。文化产业的社会效益由显性和隐性两部分组成。显性的社会效益，即各地区及文化企业通过对文化资源充分地发掘、合理地开发，坚持以人为本，以创意为手段，创造出的营业收入以及企业良好的声誉、品牌效应给企业的发展带来的巨大经济利益，这种社会效益是可以用货币来等价换算的，也可以称之为外部间接经济效益。隐性的社会效益是指各地区及文化企业在文化产业发展过程中，通过文化活动、文化产品、文化服务的传播，可以使人们欣赏和了解其中的文化价值，提升人们的价值观念和审美观念，进而满足人们的精神文化需求。

二、文化产业的社会效益和经济效益的关系

经济效益和社会效益是文化产业的两个方面，二者相互依存、相互转化、辩证统一。

（一）文化产业两个效益的协调统一关系

社会主义文化产业的经济效益和社会效益并不是二选一的命题，两者是辩证统一的关系，并且相互依存、相互转化。以社会主义核心价值观引领社会思潮、凝聚社会共识，则是二者相统一的基础。

第一，文化产业的经济效益为其社会效益的创造提供物质基础，如资源、设施、技术等条件。良好的经济效益能够促进文化产业形成良好的社会效益。文化生产企业通过对经济效益的追求，自觉发掘和满足受众的多样需求，生产更多优秀的文化产品。企业利润一方面可以用于改进生产技术，提高企业管理科学化水平，降低成本、提高收益，扩大市场占有率；另一方面可用于增加创新投入，从而生产出更多满足消费者更高需求的文化产品。良好的经济效益还可增加员工福利，提高员工的工作积极性、创造性，增强企业的凝聚力和向心力，从而在激烈的市场竞争中取胜，推动企业占据更大市场，相应带来更大的社会效益。

第二，文化产业的社会效益能够推动其经济效益的增长，带来直接或间接、短期或长期的经济效益。这体现在，一方面文化生产企业通过前期让步一部分经济效益，用于开拓市场，增强影响力，实现社会效益，企业获得良

好声誉后将会带来更大的经济利润；另一方面，文化企业长期进行严格质量把关，推陈出新，形成自己的良好品牌效应，凭借长期的品质保证，在激烈的竞争中屹立不倒。因此，良好的经济效益是长期社会效益的积累。

（二）文化产业两个效益的矛盾对立关系

文化产业的两个效益是一个事物的两个方面，本应是协调统一的，但是在市场经济条件下，文化产业的社会效益和经济效益存在一致性的同时，也存在相当程度的矛盾性。这主要表现在文化产业过度追逐经济效益。

文化产业经济效益的实现程度由它对社会需求的满足程度决定，而人们对文化产品的需求一定程度上受到自身文化素质和文化水平的制约。因此，消费者的文化素质和文化水平决定了他们对文化产品需求的层次性。文化产品面向市场时，由于“利润最大化”“收入最大化”等经营目标作祟，市场的选择往往会使一些需要较高文化素养和审美能力才能接受的文化产品难以较好地实现其社会效益，经济效益也无从谈起。此外，文化市场仅依靠自身的运转，会不断促进文化企业把获得利润作为文化生产和经营的主要目标，难以保障文化产品的生产和经营始终与社会的主要价值观念及精神文明建设的要求相契合。

因此，文化产业的经济效益与社会效益既有相统一的一面，又有相矛盾的一面。在社会主义市场经济条件下，不断探索提高文化产业社会效益和经济效益，尤其是如何使二者相互促进，是一个重大的现实课题。

三、实现文化产业社会效益和经济效益相统一

经济效益是文化产业的生命线，直接关系到企业的生死存亡；社会效益是文化产业的终极目标，决定着企业的寿命长短。将二者割裂开来是不符合文化产业发展要求的。但是，由于文化产业的社会效益作为意识形态的功能，不仅能够创造传统意义上的国民生产总值，而且能创造另一种国民生产总值，即绿色、高效和积极向上的人格，因此应将社会效益放在首位。尤其是随着市场经济的发展，文化产业逐渐成为衡量一个国家综合国力的重要标志，反映着国家的软实力和文化形象，因此，我们在发展文化产业、推行文化“走出去”战略、增强文化软实力的过程中，一定要将社会效益放在首位，增强文化产业的信誉，实现良好的品牌效应，推进文化产业又好又快发展。

2015年，中共中央办公厅、国务院办公厅印发了《关于推动国有文化企业把社会效益放在首位、实现社会效益和经济效益相统一的指导意见》（以下简称《意见》）。党的二十大报告进一步指出："坚持把社会效益放在首位、社会效益和经济效益相统一，深化文化体制改革，完善文化经济政策。"[①]

首先，发展文化产业把社会效益放在首位，有着深厚的哲学依据。它源于马克思的经济基础和上层建筑这一基本哲学规律。上层建筑适应经济发展，就会成为推动社会进步的力量；相反，它就会成为社会发展的阻力，阻碍生产力的发展。作为意识形态的社会主义文化，它必须符合和反映社会主义核心价值观，创造出满足群众实际生活需要和精神需求的优秀文化产品。因此，坚持把社会效益放在首位，是实现中国特色社会主义文化繁荣发展的客观要求。

其次，把社会效益放在首位，是国有文化企业始终坚持的正确文化立场。《意见》强调，文化企业提供精神产品，传播思想信息，担负文化传承使命，必须始终坚持把社会效益放在首位、实现社会效益和经济效益相统一。《意见》指明了文化企业的社会责任。国有文化企业是发展文化产业、建设社会主义先进文化的重要力量，必须着力建立有文化特色的现代企业制度，充分发挥示范引领和表率带动作用，在推动两个效益相统一中走在前列。国有文化企业作为国有性质的文化企业，必须主动承担起传播优秀历史文化、宣传优秀文化思想、提供优秀文化产品和服务的使命，发挥引领社会主义文化产业前进方向的重任。在处理社会效益和经济效益之间的关系，以及社会价值和经济价值之间的关系时，要秉承社会效益和社会价值优先的原则；在企业发展过程中，必须做到经济效益绝对服从于社会效益，经济价值绝对服从于社会价值。这是国有文化企业必须坚持的文化立场，是发展社会主义先进文化的需要，是实现文化资源可持续发展、增强国际竞争力的需要，是实现中华民族伟大复兴的需要。

再次，把社会效益放在首位，是提升我国文化软实力的必然选择。在全球化时代，文化软实力在国际竞争中发挥着极其重要的作用。文化产业的发

① 习近平：《高举中国特色社会主义伟大旗帜　为全面建设社会主义现代化国家而团结奋斗——在中国共产党第二十次全国代表大会上的报告》，人民出版社，2022，第45页。

展程度与软实力的强弱有着密切的关系。文化产业本身所具有的社会意识形态属性和社会效益，引领了社会主流思想、影响了人们的世界观和价值观、引领了社会潮流，从而使文化产业具有了文化软实力的功能。例如，我们的近邻日本和韩国，其文化产业已形成各自特点乃至国际优势，对经济与文化产生了重要影响。日本是世界上强势的动漫产业大国，动漫已居于日本文化产业的中心地位；韩国的文化产业也实现了异军突起，以影视和音乐为主要载体的“韩流”出现了泛东亚化的趋势。在实现跨文化传播的日韩文化产品中，东方伦理和现代价值观念成为内核，民族文化和与之伴随的民族自豪感、民族自信心表现突出，这不仅使日韩文化产业获得了巨大经济效益，也进一步提高了自身的国际形象，获得了良好的社会效益。因此，发展以社会效益为首位的文化产业，提升我国文化软实力，有利于提高我国在国际社会的文化竞争力、吸引力和感召力。

第二章

文化产业与新质生产力

新质生产力是习近平总书记立足于中国式现代化的发展实践，特别是针对新一轮技术革新浪潮提出的新概念、新理论。随着全球化进程的加速，在新一轮科技革命和产业变革背景下，习近平总书记提出“整合科技创新资源，引领发展战略性新兴产业和未来产业，加快形成新质生产力”[①]，并系统阐释新质生产力的内涵和特征：“新质生产力是创新起主导作用，摆脱传统经济增长方式、生产力发展路径，具有高科技、高效能、高质量特征，符合新发展理念的先进生产力质态。”[②]由此可见，“新质生产力”是传统生产力的跃升，本质上是先进生产力。新质生产力这一重大论断，是对生产力发展变迁规律的进一步深化和总结，是马克思主义生产力理论中国化时代化的最新成果。

历史唯物主义深刻指出，生产力，即人类运用智慧和劳动工具改造自然、驾驭自然的能力，是推动社会进步与人类文明持续向前发展的根本动力和源泉。它不仅是衡量社会进步的重要标志，也是决定社会形态更替和生产关系变革的关键因素。从人类社会的发展进程来看，从农业时代、工业时代进入数字时代，社会生产力从低级走向高级，从落后走向先进，每一次科技进步都必然带来生产力的质的飞跃。生产力包括科学技术，而以技术与文化融合为特征的文化产业与新质生产力密切相关，是具备强大优势和发展潜力的朝阳产业。文化产业作为文化生产的高级形态，既得益于新质生产力推动转型

①《习近平在黑龙江考察时强调 牢牢把握在国家发展大局中的战略定位 奋力开创黑龙江高质量发展新局面》，《人民日报》2023 年 9 月 9 日第 1 版。

②《习近平在中共中央政治局第十一次集体学习时强调：加快发展新质生产力 扎实推进高质量发展》，《人民日报》2024 年 2 月 2 日第 1 版。

升级形成文化新业态，又以文化的力量培育新质生产力。文化领域新质生产力既是一种物质生产力，也是一种文化生产力，是生产文化产品、提供文化服务、有效传播文化、促进文化认同的一种能力。文化产业作为文化发展和演化的一种高级形态，是社会生产力不断发展进而推动文化生产形态跃迁的结果，其自身的演进过程体现了新质生产力的生成机理。

第一节 文化生产形态及新质生产力形成

文化生产古已有之，且处于不断演进中。基于生产力不断从低级到高级、从落后到先进的演化，文化生产形态也不断变迁。文化产业作为文化生产演化至今的一种高级形态，明显不同于以往的原始化文化生产和商品化文化生产。随着新一轮科技革命和产业变革深入发展，习近平总书记提出发展新质生产力的重大论断，以适应中国式现代化对生产力的革新需求。新质生产力是基于科技革命和产业变革而形成的，是在传统的生产力质态基础上的革命性再造，是新的、更为先进的生产力质态。我们可以从文化生产形态跃迁的视角，科学认识新质生产力的形成与发展。

一、文化生产形态的内涵

文化生产，本质上或狭义上就是指艺术生产。之所以使用文化生产这一概念，是因为文化产业的兴起、艺术的日常生活化和日常生活审美化，使得艺术的内涵与外延发生扩散。因此，文化生产的概念比艺术生产更合时宜。文化生产形态是指文化生产过程中不同的表现形式和存在状态，是文化生产方式的概括和总结。文化生产方式的变迁是文化生产演变的观照，基于生产力的变迁，不同时期文化生产的总体性特征不同，即文化生产形态不同。

马克思从生产性和非生产性的视角将艺术（精神）生产划分为生产性劳动和非生产性劳动，描述了艺术生产由非生产性阶段走向生产性阶段的演变过程[①]。分析文化生产形态的变迁问题，主要基于马克思在《剩余价值理论》中提出的精神生产理论和艺术生产理论。艺术生产中的非生产性劳动生产艺术商品是为了交换获取满足基本的物质生活需要和再生产的生产资料；生产

① 马克思：《政治经济学批判（1857—1858年草稿）》，《马克思恩格斯全集》第46卷上册，人民出版社，1979，第53-189页。

性劳动生产艺术商品是为了获取剩余价值。“作家所以是生产劳动者，并不是因为他生产出观念，而是因为他使出版他的著作的书商发财，也就是说，只有在他作为某一资本家的雇佣劳动者的时候，他才是生产的。”[①]

雷蒙·威廉斯[②]对文化生产方式进行历史分析，聚焦于文化生产发展的三个时代：赞助时代、专业市场时代和专业公司时代。艺术的商品化和艺术市场自始至终都存在于艺术的演变当中，艺术与经济的关系并不是因为“文化产业”的出现而出现，因此不能将其作为划分的标准和参考系数。

艺术在不同时期的生产方式不同：巫术在艺术时期作为巫术的担纲者是附着性的；赞助艺术时期的艺术家们服务于宫廷，其薪水由国王直接支付，享有国家对艺术和艺术家的全部财政支持，因此艺术创作的主题是对宫廷和国王的歌功颂德。伴随理性主义、个人主义思想诞生，“艺术反映个人情感或表达时代精神”的观念出现，艺术家失去了来自宫廷的经济赞助，不再仅为王室服务，市场上出现了新的消费者——资产阶级。因此，艺术获得独立性，艺术家也摆脱了过去的工匠身份，获得自由和独立。而进入由消费社会、大众文化、后现代等概念描述的文化产业时代，艺术解体文化兴起。所以，关于艺术变迁的划分并非简单的非此即彼的演化关系，而是自律艺术的前世（史前巫术艺术和古代赞助艺术）和今生（文化产业）表现出的不同样貌形态。

相较于艺术生产概念，文化生产更具合理性。生产性文化生产背后的资本逐利获取剩余价值的逻辑，使得文化生产主体艺术家成为资本雇用的劳动者，文化生产从传统的个体化或手工作坊式的文化生产演变为工业化的社会化生产方式，文化劳动分工更加专业化、具体化，出现雷蒙·威廉斯所谓的专业公司。因此，生产性文化生产是文化生产形态演变为产业化文化生产的标志，也是界定文化产业的本质。整体来看，文化产业是文化生产的现代表现形态，之前是商品化的文化生产，再往前追溯就是文化生产的起源，即原始化的文化生产。

① 马克思：《剩余价值理论》，《马克思恩格斯全集》第26卷第1册，人民出版社，1972，第149页。

② 大卫·赫斯蒙德夫：《文化产业》（第三版），张菲娜译，中国人民大学出版社，2016，第58页。

综上所述，文化生产形态大体上分为原始化文化生产、商品化文化生产和产业化文化生产。首先，原始化文化生产即艺术生产的起源。原始的艺术生产是依附于宗教祭祀、娱神等具有实用性，不具备独立性，且是混合性的形态。“艺术存在的最早的形式正是从非艺术向艺术过渡的形式，它具有双重的规定性和双重功能性。”[①]因此，艺术生产的起源是从娱神走向娱人，获得独立性的演化过程；同时，也是从混合性艺术解体为不同艺术样式的过程。其次，商品化文化生产。该阶段艺术的功能从娱神变为娱人，表现为简单的商品交换，艺术家出售文化产品换取基本物质生活需要和文化再生产的资料。正如马克思所认为的：“剧院、歌舞场、妓院等等的老板，购买对演员、音乐家、妓女等等的劳动能力的暂时支配权。”[②]艺术家依旧是生产的主体，而不是成为资本的雇佣。最后，产业化文化生产。作为文化生产体系中的“高级”形态，超越前两个阶段，使得文化生产主体由艺术家变为资本，文化劳动分工更加细化，组织形式及生产、传播和消费机制更加细化，催生文化中间商即新型文化媒介人这一职业群体，且在文化生产中越来越占据枢纽地位。

二、从文化生产方式的变迁看新质生产力的形成

与物质生产方式一样，文化生产方式是生产力和生产关系的总和。生产力包括生产主体（艺术家等）和文化生产工具如媒介技术；生产关系主要表现为文化生产、流通和消费的整个过程中人与人的关系，典型表现为文化生产的组织方式。因此，本章尝试从文化生产主体、组织方式和媒介方式等方面勾勒出不同时期文化生产形态的特征，如下表 2–1 所示：

表 2–1　不同文化生产形态的对比

文化生产形态	性质	生产主体	媒介方式	组织形式	劳动分工
原始化文化生产	仪式性	巫师	口语阶段	群体化	群体化
商品化文化生产	非生产性	艺术家	文字阶段	手工作坊式	简单化
产业化文化生产	生产性	资本	媒介复制技术（印刷、电子和互联网）	社会化生产	复杂化

① 卡冈：《艺术形态学》，凌继尧、金亚娜译，学林出版社，2008，第 173 页。

② 马克思：《剩余价值理论》，《马克思恩格斯全集》第 26 卷第 1 册，人民出版社，1972，第 158 页。

本章立足于文化生产的视角，将文化产业纳入生产力变迁发展脉络，厘清文化产业较之于以往文化生产的独特性。基于文化生产形态变迁视角探究文化产业的演化，意味着不是孤立地研究每一种形态，而是将其作为独立系统中各个成员的所有形态，去注意存在于过去、现在和新出现的各种文化形态之间的相似之处和相互联系。通过研究作为一个整体的文化生产形态系统，以期从文化生产形态的角度丰富和完善文化产业理论，同时指导文化生产实践，推动文化产业实现高质量发展。同时，从文化产业自身的演变进程，可以看到培育和发展新质生产力的必然性、内在要求与未来趋势。

习近平总书记深刻指出："文化和科技融合，既催生了新的文化业态、延伸了文化产业链，又集聚了大量创新人才，是朝阳产业，大有前途。"[①] 从马克思主义唯物史观的生产力变迁视角来看，新质生产力与文化产业的发展存在天然耦合性。作为一种先进生产力，新质生产力具有高科技、高效能、高质量特征，赋能文化新业态，助力文化产业的高质量发展。反过来，文化产业本身所蕴含的文化价值观念和创新精神，能为新质生产力注入动能与活力，助推新质生产力的形成与发展。理论和实践都表明，不论是原始化文化生产时代、商品化文化生产时代还是产业化文化生产、信息化和数智化时代，文化劳动生产力质态变迁的过程，都是劳动的三种生产力，即劳动的自然生产力、社会生产力和技术生产力综合作用的结果。

第二节　文化生产形态演化与文化产业化

由上述分析可以得出，文化生产形态的变革体现为文化生产主体的演变、劳动分工的专业化、组织形式的社会化等。这一系列表现的动力机制大致包含以下三个方面：第一，文化需求不确定性和利润最大化催生的标准化文化生产方式；第二，工业化生产方式催生文化劳动的专业化分工；第三，媒介技术作为文化生产工具是实现文化生产方式革新的必要非充分条件。工业化生产方式和具有逐利性的资本成为文化产业化的重要前提，媒介技术是实现产业化生产的催化剂。

首先，文化需求的不确定性和利润最大化的需求催生文化生产的复制

①《习近平在湖南考察时强调 在推动高质量发展上闯出新路子 谱写新时代中国特色社会主义湖南新篇章》，《人民日报》2020 年 9 月 19 日第 1 版。

化、标准化。随着社会文明的不断进步，文化消费需求不断提升，推动文化生产方式的革新；反过来，文化生产方式的革新又形成新的文化需求。“人们不能简单化地以非此即彼的方式提出问题：是报刊造成了受众还是受众造成了报刊？大众文化是从外部强加给受众的，还是它反映了受众的需要？显然真正的问题是文化生产系统和消费者的文化需要之间的辩证相互作用。”①但是文化需求的不确定性和文化生产商（资本）为了实现利润最大化，决定了文化生产过程中追求对“成功配方”的复制和模仿。作为新的文化生产方式，文化产业区别于其他文化生产形态的独特之处为：它以最广大的普罗大众为消费对象，其成功与否的关键在于能否满足大众消费者的喜好，实现市场规模和经济利益的最大化。因此，标准化、复制化成为文化生产的基本模式。文化工业的标准化分为两种：“一种是其产品的模式化，另一种是生产方式的标准化，文化生产按其所需地对各种要素、原料进行分类、组装和拆卸。”②

其次，工业化生产方式使得社会化大生产代替个体化生产，带来文化劳动分工的专业化和职业化。这种专业化和职业化的劳动分工与庞大复杂的文化社会化大生产体系相适应。随着工业化发展，劳动分工变得越发精细，文化生产各个环节的关联度越发紧密。因此，以往简单的个体化和手工作坊式的文化生产，被创作、制作、宣传、流通等环环相扣的严密的文化生产系统取代。正如大卫·赫斯蒙德夫所言：“从事创作构思的项目团队被授予高度的自主权，但是这种自主权并非完全的自主权，它是创意经理监督之下的自主权。”③正是这种标准化和规则化的艺术生产方式，同一化的生产逻辑和加工原理，使文化的工业化成为可能。文化产业的生产主体是企业，具有集体性和标准性，排斥个性和创造性，艺术家作为雇佣者是公司的集体成员之一，成为公司就业的“新型文化媒介人”。从艺术生产的原则来讲，艺术创作追求原创性和创新性；而文化产业的生产趋势是以复制和拼贴为主，对已有的

① 埃德加·莫兰：《时代精神》，陈一壮译，北京大学出版社，2011，第44页。

② 单世联：《文化大转型：批判与解释——西方文化产业理论研究（上）》，中国社会科学出版社，2017，第200页。

③ 大卫·赫斯蒙德夫：《文化产业》（第三版），张菲娜译，中国人民大学出版社，2016，第81页。

风格和形式进行改造即“后制品艺术”。后制品艺术家创作的逻辑就是混合艺术与日常生活的叙事可能性，艺术作为一种用途被使用。后制品时代，艺术家复制、加工、重新编码、再现古人的作品，颠覆“独特”和“创作”的概念。艺术的问题不再是要做什么新东西，而是要用这东西来做什么。当今艺术家不再构造形态，而是编排形态。埃德加·莫兰（Edgar Morin）将文化发展史概括为：集体化—个性化—再集体化的演变过程。其中，古典时期的创作是集体主义的；在工业化萌芽阶段，面对新型工业化生产模式的冲击，浪漫主义者们高扬个性化创作的旗帜，以此作为对机械化、标准化生产方式的抵抗；然而，随着工业技术的日益精进与深度渗透，文化创造逐渐融入了文化生产的范畴，强调效率与规模。这一过程中，文化产业作为新的文化形态崛起，其生产方式在某种程度上回溯至集体生产的模式。“只是文化产业的新集体不同于古典时期的旧集体，因为文化产业的严格分工瓦解了传统艺术创作的统一性，同时产生标准化（当然标准化并不必然导致非个性化）。”[①]

最后，媒介技术作为文化生产工具，是实现文化生产方式变革的必要非充分条件。媒介技术是实现文化生产方式变革的重要手段，通过改变文化生产方式介入文化生产的历史。马歇尔·麦克卢汉（Marshall McLuhan）在《理解媒介》[②]一书中指出，媒介即信息，表明媒介产生了一系列文化。尼尔·波兹曼[③]（Neil Postman）对当代技术的批判是以技术对文化的负面影响为基础的，提出“技术垄断”的口号。他认为技术与文化相悖，技术本身反对文化，只是早期技术的力量尚显薄弱，无力威胁文化，但是，随着时代的变迁，垄断性的当代技术开始展现前所未有的力量。技术不再仅仅是工具，而是成为塑造社会的强大存在。正是这股力量让他开始担忧：技术能够并已经开始威胁文化，成为文化的敌人。他不遗余力地批判电视把一切都变成娱乐，当代电视文化是娱乐至死的文化，并提出解决措施，认为教育始终是有效的方式。

① 单世联：《文化大转型：批判与解释——西方文化产业理论研究（上）》，中国社会科学出版社，2017，第 345 页。

② 马歇尔·麦克卢汉：《理解媒介：论人的延伸》，何道宽译，商务印书馆，2000，第 7–8 页。

③ 波兹曼的《童年的消逝》《娱乐至死》《技术垄断》是“媒介批评三部曲”，检讨技术对文化、社会的负面影响。

尽管尼尔·波兹曼“娱乐至死”的尖锐批评至今仍未过时，但是，客观地看，媒介技术确是推动文化生产形态演化的直接动力。媒介不仅是文化生产与传播的工具，它还决定文化的类型。印刷术作为一种机械复制技术，打破了少数人对文字书写的垄断，提高了普通民众的书写能力，进而扩大了文化消费群体，提高了民众受教育水平和文化欣赏能力。所以，从文化生产的角度来讲，印刷术的出现对文化消费者整体水平的提高具有显著作用，使得少数精英的文化消费走向大众文化消费。

电子媒介技术突破文化生产和消费的时空限制。网络新媒体技术建立了新文化生产方式，模糊了文化生产者和消费者的显著区分，使得生产和消费相混合，推动传统的精英文化生产走向大众文化生产。但是，根据保罗·莱文森（Paul Levinson）在《玩具、镜子和艺术：技术文化之变迁》[①]中所划分的技术演进三阶段：玩具—镜子—艺术，这一过程当中艺术本身和非技术的社会因素也是必要的。无论技术有多么大的调适能力，它并不足以完成伟大的叙事，酿造醇香的美酒还是靠人的头脑。“有线电视得天独厚的优势使《黑道家族》这种形态的电视连续剧成为可能。从科学技术的角度来看，这些得天独厚的特征是产生《黑道家族》的必要条件，而不是充分条件。其余条件是剧作家、演员和制片人。”[②]尽管媒介产业如电影电视产业等都是技术催生的结果，但就其根本来讲同样离不开艺术生产，否则就只停留在媒介技术的初级阶段——玩具阶段，无法演化为艺术。

第三节 文化产业的“新”与“质”特征

生产力的发展是推动社会进步的根本动力。生产力跃迁不仅体现在物质生产领域，也深刻影响精神生产领域，文化产业作为精神生产的重要组成部分，正是生产力推动文化生产形态跃迁的必然结果。作为高级生产力形态的新质生产力与作为高级文化生产形态表征的文化产业具有高度契合性。文化产业作为高级文化生产形态的“新”与“质”，表现在以下三个方面。

---

① 保罗·莱文森：《玩具、镜子和艺术：技术文化之变迁》，载保罗·莱文森《莱文森精粹》，何道宽译，中国人民大学出版社，2007。

② 保罗·莱文森：《莱文森精粹》，何道宽译，中国人民大学出版社，2007，第 27 页。

一、文化产业是生产力跃升的结果

从历史发展进程看，文化产业的形成是生产力从低级到高级的发展、促使文化生产形态跃迁的结果，体现了新质生产力的发展方向。文化生产形态演化至今，其表征就是文化产业。20世纪文化大转型的标志是文化产业的兴起和发展。较之于传统手工作坊时期，文化生产方式是传统的、分散的，文化生产主体是艺术家，文化产品的存在方式也是传统意义上的音乐、绘画、雕塑、戏剧、文学、建筑等艺术门类；而文化产业作为一种新的文化生产方式，工业化、复制性、市场化是其典型特征，文化生产的主体以创意阶层为主，而文化产品的存在方式也产生了剧烈的演变。纵观人类历史的发展进程，文化的存在方式和表现形式一直处于不断演变中，从原始艺术的混合性到艺术的混合性解体出现专业化分工，产生不同门类的艺术形态，再到不同艺术门类出现新的融合。我们发现，较之过去文化存在方式的演变过程，文化产业的异军突起让整个演变历程发生了纷繁复杂的变化。这种文化存在方式的多样化既是文化产业发展的产物，也是推动文化产业不断转型和升级、满足不同文化消费需求的根本。文化产业的母体是艺术，经济资本的逐利性和媒介技术的进化参与、革新艺术的生产形态，从而催生了文化的产业化运作：以艺术为核心，以文化中间商为枢纽的严丝合缝式的系列化、复制性、标准化的文化生产体系。当代西方研究文化产业已经不局限于法兰克福学派的"文化工业"批判，而是将其作为一个客观事实进行研究。"文化产业"这一概念被以法兰克福学派为代表的文化悲观主义论者用美学标准来指称粗俗的"大众文化"生产。然而，文化产业作为一种生产方式，对于艺术而言，其本质是中性的。因为即使是最简单、最纯粹的艺术创作，也难免融入劳动分工与创作的元素，进而形成产业。因此，文化产业并非艺术的敌人，我们应当摒弃有史以来对文化产业的偏见。

二、文化产业：文化物质化与物质文化的新经济引擎

文化产业作为文化生产体系的一种"高级"形态，其内涵与外延的界定一直存在诸多争议。然而，从文化生产的生产性和非生产性角度来界定文化产业，应该具备以下特征：第一，追求剩余价值的资本逐利性；第二，复制性、标准化和系列化生产模式；第三，以文化中间商为核心的严丝合缝式文

化生产系统。随着社会生产力的发展和技术的进步，尽管文化产业的内涵与外延呈现开放性，催生出文化新业态，但整体上，文化产业作为一种"高级"的文化生产形态必须具备上述特征。文化产业作为文化生产的历史脉络中的一种高级形态，是由一系列相互关联的组织组成的复杂型生产体系。赫斯奇（Hirsch，1972）将产业视为体系，即"产业是一系列相互关联的组织，这些组织从环境中获取资源（投入），以某种方式经过转换（生产），然后将结果（产出）传送给下一个组织或市场"[①]。大卫·赫斯蒙德夫的《文化产业》[②]围绕文化产品产生的一系列核心论争，深刻揭示了文化产业变迁与延续的轨迹。作者衡量变迁所得出的结论是，充足的延续因素打破了我们已经进入文化生产新时代的假设。因此，20 世纪中期就建立起来的文化产业的根本特征仍然存在。比如，电脑游戏是一个有着新文本的新类型的新产业，但是该产业在形成初期便建立在与许多其他文化产业同样的生产原则之上。互联网是一个重要载体，它将新的文化形式（例如聊天室）带入全球相对富裕且受过良好教育的人们的生活之中。它补充了其他文化产业的空白，而非取代或转换它们。当下文化产业的融合表现之一是文化形态的融合。

关于文化产业的分类，有学者强调不同业态的文化产业所遵循的逻辑不同，所以关于文化产业的划分方式也不尽相同。文化产业作为当下主要的文化生产方式也在不断形塑和丰富文化业态的面貌。文化经济学者贾斯汀·奥康诺（Justin Oconnor）[③]认为，文化产业包括："传统的"文化产业，涵盖广播、电视、出版、唱片、设计、建筑、新媒体等，以及"传统艺术"形式，譬如视觉艺术、手工艺、现场演出、音乐会、博物馆和画廊等。文化社会学家戴安娜·克兰（Diana Crane）在《文化生产：媒体与都市艺术》一书中，按媒介和受众两个标准，将当代文化生产即文化产业主要分为三个领域和三种类型，即核心文化、边缘文化和都市文化。"核心文化领域的核心媒体是电视、电影和全国性重要报纸，其受众是全体民众，具有异质性边缘文化领域的媒介包括图书、杂志、报刊、广播和影像制品，受众按不同的生活方式来

① Paul M. Hirsch, "Processing Fads and Fashions: An Organization - Set Ananlysis of Cultural Systems," *American Journal of Sociology* 77, No.4: 639-659.

② 大卫·赫斯蒙德夫：《文化产业》（第三版），张菲娜译，中国人民大学出版社，2016。

③ 奥康诺：《艺术与创意产业》，王斌、张良丛译，中央编译出版社，2013。

划分都市文化领域的媒介主要有音乐会、展览、博览会、游行、表演和戏剧等，其受众按阶级来划分。”[①] 因此，在不同门类的文化业态和不同文化业态融合的现实基础上，需要提炼高度同一性和相通性的概念来解释文化产业这一整体性研究对象。首先，大卫·赫斯蒙德夫使用文本（text）这一概念囊括不同类型的文化产品、不同门类的文化业态。因此，对文化产业的定义也是围绕文本表述的："简言之，文化产业通常指的是与社会意义的生产最直接相关的机构（主要指营利性公司，但是也包括国家组织和非营利性组织）。因此，几乎所有关于文化产业的定义都应该包括电视、无线电广播、电影、书报刊出版、音乐的录音与出版产业、广告以及表演艺术等。而所有这些文化活动的首要目标是与受众沟通并创作文本。”[②] 此处的"文本"是不同门类文化产品的统称，但过于笼统，不能准确界定文化产业的内核。其次，戴维·思罗斯比（David Throsby）构建了一个层次分明的同心圆模型，以清晰界定并展示文化产业中不同行业范畴的结构关系："艺术产业居于中心，其他产业位于环绕中心的一些层或圆上，随着创意思想的传播，同心圆不断向外扩散，涵盖了更加广泛的生产领域。”[③] 最后，芬兰学者芮佳莉娜·罗马运用金字塔模型来生动阐释了文化产业的内在逻辑和外延广度："在金字塔的顶端是必须得到解释的文化产业。金字塔的底部是由经济、技术和艺术组成的三角。”[④] 不论是戴维·思罗斯比的同心圆模型，还是芮佳莉娜·罗马的金字塔模型，形态复杂的文化产业都是以艺术为核心的。所以，不论是传统如绘画、文学、表演等艺术的产业化运作，还是依托媒介技术衍生出的电影、广播电视、网络文化产业等业态，均不能脱离艺术这一核心。文化产业是政治、经济、技术和文化本身共同作用的产物，尽管受到意识形态、市场机制和媒介技术的影响，也要尊重文化本身的创造性和自由性。文化产业兼具政府文化意志的体现与资本增值的推动，因此具有强烈的意识形态与经济双重属性。

① 戴安娜·克兰：《文化生产：媒体与都市艺术》，赵国新译，译林出版社，2001，第7页。

② 大卫·赫斯蒙德夫：《文化产业》（第三版），张菲娜译，中国人民大学出版社，2016，第13页。

③ 戴维·思罗斯比：《经济学与文化》，王志标等译，中国人民大学出版社，2011，第123页。

④ 罗马：《以盎格鲁－萨克逊方式解读文化产业》，载林拓、李惠斌、薛晓源主编《世界文化产业发展前沿报告》，社会科学文献出版社，2004，第184页。

尤其是艺术作为文化产业的核心要素，决定了文化产业本质上不同于一般的物质生产。文化产业是标准化和个性化两股力量较量下的产物，标准化使得产业化成为可能，个性化使其不同于一般物质产品。因此标准化与个性化融合所产生的类型化是文化产业的典型特征，也正是艺术的个性化决定了文化实现产业化的同时，保持独有的美感性。

进入20世纪下半叶，随着批判性“文化工业”理论的逐渐淡化，文化产业以前所未有的速度和规模席卷全球，其影响力深远且广泛，使得文化的地位从马克思所阐述的“上层建筑”范畴，悄然渗透并融入“物质基础”的广阔领域。这一转变，标志着文化不再仅是精神层面的追求与表达，而是与经济、政治、旅游等多个维度紧密相连，共同构建了一个综合性的社会架构。拉什、卢瑞在其著作《全球文化工业——物的媒介化》[①]中，敏锐地捕捉到了这一时代变迁的脉搏，提出了“全球文化工业”的崭新概念。这一概念不仅是对传统文化工业理论的一种超越，更是对当今全球化背景下文化产业特性的一种深刻洞察。在他们看来，早期的文化工业虽然也涉及生产、流通与消费等多个环节，但其文化内核仍被视为上层建筑的一部分；全球文化工业则截然不同，它通过将文化深度融入物质世界，实现了文化物质化与物质文化化的双重过程，使文化成了推动社会经济发展的重要物质基础。由此，文化产业不再是一个孤立领域，而是一个融合了经济、政治、旅游、文化等多个方面的综合性整体。“文化产业是一个社会系统。它的进化和一般物种的进化不同，不是整体性进化，而是渐进性的结构性进化。它是以一个业态、一个业态进化的。这种进化与社会生产力的发展方式直接关联。”[②]但是，从文化生产形态来讲，文化产业作为一种高级形式，不管是传统文化业态还是文化新业态，都在一套复杂、严密的文化生产体系中运作。

---

① 拉什、卢瑞：《全球文化工业——物的媒介化》，要新乐译，社会科学文献出版社，2010。

② 胡惠林：《文化产业发展的中国道路：理论·政策·战略》，社会科学文献出版社，2018，第112页。

三、文化产业的特征与新质生产力高度契合

文化产业无污染、高科技、高附加值的特点，与新质生产力的数字化、绿色化、高质量趋势高度契合。因此，这种契合性分别体现为无污染与绿色化、高科技与数字化、高附加值与高质量之间的紧密贴合。

第一，无污染与绿色化的契合。文化产业的无污染性：文化产业作为典型的绿色经济、低碳经济，具有高附加值、低能耗、低污染的特点。它主要依赖创意、文化和知识产权等非物质资源，不直接产生大量的物质排放和环境污染。新质生产力的绿色化：新质生产力在发展过程中越来越注重环境保护和可持续发展，强调减少生产过程中的资源消耗和污染排放。这与文化产业的无污染性不谋而合，共同体现了绿色发展理念。文化产业在核心价值、生产方式、产品形态、消费方式、产业链和商业模式等方面都显著不同于传统工业模式。这种差异使得文化产业在推动经济社会发展、满足人民精神文化需求等方面具有独特的优势和潜力。改革开放以来，我国文化产业一路高歌猛进，不仅在国民经济中越来越占据重要地位，其实践也不断转型升级。尤其是党的十八大以来，以习近平同志为核心的党中央对发展文化产业给予了高度重视，推动我国文化产业迈入高质量发展的崭新阶段。

第二，高科技与数字化的契合。文化产业的高科技性：随着科技的不断发展，文化产业的生产方式、传播方式、消费方式都在发生深刻变革。特别是人工智能、虚拟现实、大数据等新兴技术的广泛应用，为文化产业提供了更加丰富的创作手段和表现形式，推动了文化产业的技术创新和产业升级。新质生产力的数字化：新质生产力以数字化为主要特征之一，通过利用数字技术进行生产和运营，提高数据处理能力和决策效率。这种数字化趋势与文化产业的高科技性紧密相连，共同推动了文化产业的数字化转型和智能化升级。在全球化和信息化的时代背景下，文化产业的边界日益模糊，“文化 +”的跨界融合成为常态。互联网、大数据、人工智能等技术的广泛应用，为文化内容的生产、传播和消费提供了全新的平台和工具。这些技术不仅降低了文化产品的创作门槛，提高了生产效率，还极大地拓宽了文化传播的广度和深度。在此背景下，以数字化、网络化为特征的文化新业态应运而生，成为文化产业发展的新亮点。通过比较 2004 年、2012 年和 2018 年，国家统计局颁布的《文化及相关产业分类（2018）》（如表 2–2、表 2–3、表 2–4 所示）

发现：以“互联网 +”为依托的文化新业态不断涌现，助推文化统计分类的修订，将围绕文化展开的互联网和数字化内容纳入文化核心领域。中国文化产业新业态正展现出蓬勃的生命力，呈现出多元化、融合化和数字化的发展特点。国家统计局发布的《2022 年全国文化及相关产业发展情况报告》提出：“随着国家文化数字化战略的深入实施，以数字化、网络化、智能化为主要特征的文化新业态行业快速发展，已成为推动我国文化产业高质量发展的重要支撑。”[①] 中共中央办公厅、国务院办公厅印发的《“十四五”文化发展规划》[②] 明确提出，要顺应数字产业化和产业数字化的全球趋势，致力于推动数字文化产业的高质量发展。在这一战略导向下，特别强调要培育并壮大一系列新型文化业态，包括线上演播、数字创意、数字艺术、数字娱乐以及沉浸式体验等，以期通过这些新兴领域的蓬勃发展，为文化产业注入新的活力与动能。该规划强调了文化产业创新发展的重要性，为文化新业态的发展提供了政策支持和方向指引。在国家政策的推动下，各地纷纷出台具体措施，促进文化新业态的发展。例如，文化和旅游部发布的《又见平遥》《不眠之夜》等 20 个沉浸式文旅新业态示范案例，展示了文化新业态在各地的生动实践。文化新业态与中国发展文化新质生产力紧密相连，随着科技的不断进步和市场的持续拓展，文化新业态将继续在中国文化产业中发挥重要作用。

表 2-2 《文化及相关产业分类》（2004）[③]

核心层	新闻服务，出版发行和版权服务，广播、电视、电影服务，文化艺术服务
外围层	网络文化服务，文化休闲娱乐，其他文化服务
相关服务层	文化用品、设备及相关文化产品生产，文化用品、设备及相关文化产品销售

① 国家统计局：《2022 年全国文化及相关产业发展情况报告》，https://www.stats.gov.cn/sj/zxfb/202306/t20230629_1940907.html。

② 中华人民共和国中央人民政府：《中共中央办公厅 国务院办公厅印发〈“十四五”文化发展规划〉》，https://www.gov.cn/zhengce/2022-08/16/content_5705612.htm。

③ 国家统计局：《国家统计局关于印发〈文化及相关产业分类〉的通知》（国统字〔2004〕24 号）。

表 2-3 《文化及相关产业分类》（2012）[①]

文化产品的生产	新闻出版发行、广播电视电影服务、文化艺术服务、文化信息服务、文化创意和设计服务、文化休闲娱乐服务、工艺美术产品生产
文化相关产品的生产	文化产品生产的辅助生产、文化用品的生产、文化专用设备的生产

表 2-4 《文化及相关产业分类》（2018）[②]

文化核心领域	新闻信息服务、内容创作生产、创意设计服务、文化传播渠道、文化投资运营、文化娱乐休闲服务
文化相关领域	文化辅助生产和中介服务、文化装备生产、文化消费终端生产

第三，高附加值与高质量的契合。文化产业处于技术创新和研发等产业价值链的高端环节，以创意为核心，将原创性、文化带入生产和服务的过程，使其发挥创造产值的功能。这种创造产值的活动往往具有较高的附加值，能够带来显著的经济效益。新质生产力通过采用先进的生产技术和管理手段，能够大幅度提高生产效率和质量，同时降低成本和资源消耗，为企业和社会带来更多的经济效益。这种高效益的特点与文化产业的高附加值相契合，共同推动了经济的高质量发展。从数字艺术、数字博物馆、短视频到 IP 孵化，中国文化产业新业态涵盖多个领域。结合科技元素开发文创产品，如利用 3D 打印技术制作文化衍生品，提升产品的附加值和市场竞争力。从内容创作、生产制作到宣传推广、衍生产品开发等各个环节形成完整的产业链，实现文化产业的价值最大化。这足以证明，文化新业态在文化产业乃至整个国民经济中的重要性。文化产业作为国民经济的重要组成部分，其产业升级对于推动经济高质量发展具有重要意义。因此，文化产业的高附加值与新质生产力的高质量之间存在着紧密的契合关系。文化产业作为国民精神力量和国家软实力的重要载体，其高附加值体现在文化产品与服务中所蕴含的深厚文化内涵、创新创意以及由此带来的高市场价值和广泛的社会影响力。作为承载新技术、新要素、新产业的先进生产力质态，新质生产力通过技术突破革新、要素耦合创新和产业迭代更新实现经济的高质量发展。

① 国家统计局：《文化及相关产业分类（2012）》，https://www.stats.gov.cn/sj/tjbz/gjtjbz/202302/t20230213_1902737.html。

② 国家统计局：《文化及相关产业分类（2018）》https://www.stats.gov.cn/xxgk/tjbz/gjtjbz/201805/t20180509_1758925.html。

综上所述，文化产业无污染、高科技、高附加值的特点与新质生产力的数字化、绿色化、高效益趋势高度契合。这种契合性不仅体现了两者在发展理念上的相通之处，也为两者的融合发展提供了广阔的空间和机遇。文化产业通过技术创新、业态创新、模式创新等手段，不断推动产业向高端化、智能化、绿色化方向发展。新质生产力则是以全要素生产率大幅提升为核心标志的先进生产力质态，强调通过实现技术层面的重大突破、创新性地配置生产要素，以及推动产业结构的深度转型升级，来显著提升产业的竞争力。因此，文化产业与新质生产力在产业升级方面具有共同的目标和追求。未来，随着科技的不断进步和产业的深度融合，文化产业与新质生产力的契合性将进一步加强，共同推动经济社会的持续健康发展。

第四节　新质生产力与文化产业互促发展

如前所述，从基于生产力推动文化生产形态变迁的文化产业演进过程中，可以看到培育和发展新质生产力的历史必然性、理论逻辑与现实要求。随着中国经济的快速发展和科技的持续进步，中国式现代化进程不断加速。在这一背景下，文化产业与新质生产力的互促发展日益受到关注。党的二十届三中全会审议通过的《中共中央关于进一步全面深化改革　推进中国式现代化的决定》提出“健全因地制宜发展新质生产力体制机制”“推动技术革命性突破、生产要素创新性配置、产业深度转型升级”“催生新产业、新模式、新动能，发展以高技术、高效能、高质量为特征的生产力”。[①]从我国现行产业分类来看，战略性新兴产业、高技术产业、科技服务业以及“三新”经济活动中的许多门类范畴都与文化产业密切相关。比如，战略性新兴产业中的数字创意产业、“三新”经济活动中的数字创意技术设备制造、数字动漫制作、数字游戏制作服务等。这些由重大技术突破或巨大社会需求带动产生的新兴产业，既是新质生产力发展的具体内容表现，也是培育文化产业新业态的重要应用场景，从而将成为塑造文化产业新质生产力的主要支撑。如何把握文化产业与新质生产力的关系，以推动两者的互促双强、协同发展，成为关键所在。

①《中共中央关于进一步全面深化改革　推进中国式现代化的决定》，《人民日报》2024年7月22日第1版。

一、新质生产力赋能文化产业的高质量发展

新质生产力作为承载新技术、新要素、新模式的先进生产力形态，正以前所未有的力量助推文化产业实现高质量发展。这种推动力不仅体现在技术层面的革新，更深刻地改变了文化产业的生产方式和消费模式。习近平总书记提出，“新质生产力”本质上是先进生产力，以新技术、新产业、新模式的“创新”引领文化产业繁荣发展。因此，即以数字技术、人工智能等为核心的新质生产力，重构了传统文化业态的生产和消费方式，助推文化生产新业态和文化消费新场景，赋能文化产业高质量发展。

新质生产力以科技创新为核心驱动力，不断推动文化产业的技术升级和业态创新。文化新业态蓬勃发展，种类繁多且各具特色，它们的共同特征在于以数字技术为基石，依托文化与科技的深度融合作为强劲驱动力。由数字技术驱动的新质生产力与文化产业具有天然耦合性。这是因为，发展新质生产力的突破口与主攻方向就是培育、壮大新兴业态。而伴随着文化产业的崛起和繁荣，文化的存在方式和表现形式也发生了巨大变化。尤其是在互联网、数字技术的推动下，文化产业不断转型和升级从而出现文化产业新业态。“发展新质生产力是推动高质量发展的内在要求和重要着力点。要以科技创新推动产业创新，特别是以颠覆性技术和前沿技术催生新产业、新模式、新动能，发展新质生产力。”[①]结合数字技术、人工智能、大数据赋能为内核的新质生产力，以生产力跃迁为基本特征，着重体现科技创新在其中发挥主导作用，有助于深刻理解新质生产力在推动文化产业高质量发展上的重要理论和现实意义。

文化产业与旅游、科技、教育等产业的跨界融合，也催生了诸多新兴业态和商业模式，为文化产业的高质量发展注入了新动力。作为具有高科技、高效能、高质量特征的先进生产力形态，新质生产力推动了文化产业与数字技术的融合，从而增强了文化产业的创新与发展的内生动力。随着人工智能、增强现实等数字技术的应用，带来文化产业生产方式的创新。新技术的涌现以及“资源的数字化”充分释放了文化资源、文化要素的潜能，催生文

① 习近平：《发展新质生产力是推动高质量发展的内在要求和重要着力点》，《求是》2024 年第 11 期，第 4-8 页。

化新业态。数字戏剧与传统实体舞台演出有本质区别：将人工智能技术引用到舞台演出领域，“数字演员”表演告别了真人表演形式。“数字梅兰芳”以数字化形式重现戏剧大师梅兰芳的声音、形体、神态、表演等，实现中国传统戏剧的创造性转化。正是虚拟现实、人工智能等数字化技术，创造了高度逼真的“数字孪生人”，实现了数字虚拟演员的舞台演出，从而催生了数字戏剧演出新业态。数字技术赋能云端办展，重构传统动漫会展的现场性。2020年，第十六届中国国际动漫节首次推出“云上国漫”，包括“云上谈商务”“线上逛漫展”“网上看直播”和“我想去现场”四个板块，首次开启线上线下相结合的办展模式。由此，中国国际动漫节云端办展的新形态，在元宇宙等技术的支持下日趋成熟和完善，开启动漫会展数字化转型之路，动漫会展数字化趋势加速。动漫游戏产业可谓技术与艺术融合的典型代表。数字技术驱动游戏产业的进化与繁荣，电竞、云游戏等新业态持续涌现，打破传统游戏圈的天花板，将游戏与餐饮、交通、住宿、旅游等消费场景融合，实现游戏产业的跨越式增长。

新质生产力打造文化消费新模式。数字化的本质是去边界化。元宇宙、虚拟现实（VR）、增强现实（AR）和AIGC（人工智能生成内容）等数字技术在文化旅游产业中的应用，实现了文化和旅游的深度融合，改变了景观设计和视觉呈现的方式，增强游客的沉浸感和参与感。通过数字技术的赋能，传统文化资源得以焕发新的生机和活力，如数字博物馆、在线文化遗产保护等项目的实施，让更多人能够便捷地接触到丰富的文化遗产。龙门石窟智慧文旅数字孪生平台依托于数字孪生和时空AI（人工智能）技术，通过对景区内的文化遗产进行数字化复原和虚拟化展示，为游客通过指尖参观数字化的龙门石窟营造全景沉浸式的互动体验。中国网络游戏逐步从“娱乐化”向场景化转换，引发传统游戏圈的破壁，打通线上与线下的场景，为观众打造沉浸式的游戏空间。在文化新业态的浪潮中，传统生产与消费的界限被彻底颠覆，消费者不再仅仅是文化的被动接受者，而是摇身一变为主动参与者，享受与创作者并肩共创价值的无限乐趣。沉浸演艺更是将观众的角色升华，他们既是观赏者，又是演出不可或缺的一部分，亲身参与，深度沉浸。通过数字技术赋能，互动短视频、互动小说、互动网络剧等新型文化产品应运而生，受众在这些平台上不仅消费内容，更通过互动形成紧密的社群，共同推动“共创式”文化消费新模式的兴起。

因此，大数据、云计算、人工智能、区块链等前沿技术的广泛应用，为文化产业提供了全新的创作、生产、传播和消费方式。例如，通过人工智能技术，可以实现文化内容的智能化生成、个性化推荐和精准化营销；虚拟现实和增强现实技术则让用户拥有前所未有的沉浸式文化体验。以大数据、人工智能等为核心的新质生产力在文化产业领域的应用，既催生了文化新业态，又打造了文化消费新模式。

二、文化产业创新助推新质生产力的发展

发展新质生产力，文化产业在其中扮演着至关重要的角色。新质生产力的显著特点是创新，而文化作为社会物质和精神成果的总和，是创新的重要源泉。“新质生产力既是科技驱动的生产力，也是文化驱动的生产力，是科技与文化双轮驱动的生产力。”[①] 文化通过其体现的智慧和价值观念，能够激发人们的创造力和想象力，推动科技、产业等领域的不断创新，为新质生产力的发展提供源源不断的动力。

文化产业将中华优秀传统文化与现代科技、创意设计相结合，打造出一系列具有鲜明民族特色和时代精神的文化产品。这些产品不仅满足了人民群众对传统文化的需求，还推动了传统文化的创新发展和国际传播。在这个过程中，文化产业不断挖掘和培育新的文化元素和符号，为新质生产力的形成和发展提供了丰富的文化资源和创意源泉。文化作为一种特殊的生产要素，能够与其他生产要素相结合，形成新的生产力组合，提升整体生产效率和质量。文化在新质生产力的发展中扮演着至关重要的角色。通过发挥文化的创新驱动作用、支撑作用，可以推动新质生产力的不断发展和升级。

文化产业的兴起和发展，为新质生产力提供了广阔的市场空间。随着人们生活水平的提高和消费观念的转变，对文化产品和服务的需求日益增长，推动了文化产业与相关产业的深度融合和快速发展。现代社会对技术的生产性应用越来越呈现艺术化趋势。文艺工作者可积极参与相关领域，提出自己的概念设计和艺术构思，为科技、产业发展赋能，给产品注入丰富的艺术美

① 祁述裕：《培育新质生产力：科技与文化的“双轮驱动”》，《探索与争鸣》2024年第7期。

感和文化内涵。例如，工业产品越来越注重美学设计，文艺工作者通过参与产品设计、广告策划等环节，将艺术元素融入产品中，提升产品的附加值和市场竞争力。

文化产业作为现代化经济体系中的重要组成部分，为新质生产力的发展注入了强大活力。2024年，中国政府工作报告中，把“大力推进现代化产业体系建设，加快发展新质生产力”[①]列为国民经济和社会发展计划的首要任务。文化产业以其独特的创新性和创造性，不断推动新质生产力的形成和发展。在文化产业中，艺术、设计、传媒等领域的创新活动层出不穷，这些创新不仅丰富了文化产品的种类和形式，还带动了相关产业的技术升级和模式变革。例如，数字技术的引入使得文化产业跨越时空限制，实现全球化传播和个性化定制，极大提升了生产效率和市场响应速度。此外，文化产业在传承和弘扬中华优秀传统文化方面发挥着重要作用。通过挖掘和整理传统文化资源，文化产业将其与现代科技、创意设计相结合，打造出一系列具有鲜明民族特色和时代精神的文化产品。这些产品不仅满足了人民群众对传统文化的需求，还推动了传统文化的创新发展和国际传播。在这个过程中，文化产业不断挖掘和培育新的文化元素和符号，为新质生产力的形成和发展提供了丰富的文化资源和创意源泉。

文化产业创新正不断推动新质生产力的形成和发展壮大。新质生产力作为高质量发展的核心引擎，其核心驱动力在于不断创新与品质的卓越提升。这一引擎的运作，深深植根于技术的革命性飞跃之中，通过生产要素的创造性重构与产业结构的深度革新，为经济社会的发展注入前所未有的强大动能。在推动文化产业与新质生产力的互促发展过程中，我们既要注重优化资源配置，确保文化资源、资本、土地、劳动力等传统生产要素得到高效利用，更要聚焦于数据、大模型、算力等新型生产要素的集成与应用，积极促进科技创新与文化产业的深度融合。这一融合应贯穿于文化产业发展的每一个环节与全过程，通过新质生产力赋能，提升文化产业的创新能力、生产效率与市场竞争力，推动文化产业向更高质量、更高水平发展。

综上，从文化产业的演进历程，可以看到新质生产力是数字时代更具融

① 人民网：《政府工作报告：大力推进现代化产业体系建设，加快发展新质生产力》，http://lianghui.people.com.cn/2024/n1/2024/0305/c458654-40189271.html。

合性、更体现新内涵的生产力。新质生产力这一重大论断，是对生产力发展变迁规律的进一步深化和总结，是马克思主义生产力理论中国化、时代化的最新成果。新质生产力作为先进生产力的具体体现形式，为文化产业的高质量发展、文化新业态的蓬勃发展提供坚实的支撑。文化产业作为文化发展和演化的一种高级形态，是社会生产力不断发展进而推动文化生产形态跃迁的结果。

习近平总书记在文化传承发展座谈会上的讲话中提出“中国式现代化的文化形态”[①]，是马克思主义与中华优秀传统文化的有机结合，体现了中国式现代化的本质要求在文化层面的集中展现。文化产业作为文化的重要载体和传播手段，通过将中华优秀传统文化与现代科技的深度融合，创造出更多具有时代特色的文化新业态，推动中国式现代化的文化形态的发展与创新。在新时代新质生产力驱动的背景下，把握文化生产形态演变的逻辑，更有助于实现文化产业的创新、转型和升级。随着技术的不断进步和市场的不断变化，新质生产力以其独特的优势和创新能力，为文化产业的发展注入新的活力和动力，助推文化产业实现高质量发展。反过来，文化通过与科技的相融互促，为新质生产力的发展注入了强大活力。伴随科技的不断进步和文化产业的高质量发展，这种相融互促的趋势将更加明显，为新质生产力的形成和发展提供有力支撑。

① 习近平：《在文化传承发展座谈会上的讲话》，《求是》2023 年第 17 期。

第三章 文化体制机制改革与文化产业发展

文化兴则国运兴，文化强则民族强。党的十八大以来，以习近平同志为核心的党中央高度重视文化产业繁荣发展。习近平总书记指出："文化和科技融合，既催生了新的文化业态、延伸了文化产业链，又集聚了大量创新人才，是朝阳产业，大有前途。谋划'十四五'时期发展，要高度重视发展文化产业。要坚持把社会效益放在首位，牢牢把握正确导向，守正创新，大力弘扬和培育社会主义核心价值观，努力实现社会效益和经济效益有机统一，确保文化产业持续健康发展。"①2024 年 7 月，党的二十届三中全会审议通过的《中共中央关于进一步全面深化改革　推进中国式现代化的决定》（以下简称《决定》）提出深化文化体制机制改革，明确改革路径和具体举措，擘画了在新起点上继续推动文化繁荣、建设文化强国的改革蓝图，充分彰显了中国共产党高度的文化自觉与文化自信。《决定》是指导新征程上进一步全面深化改革的纲领性文献，为新时代新征程推动文化产业高质量发展提供了根本遵循、指明了前进方向。文化产业高质量发展契合人们追求美好生活需要，有利于激发文化创新创造活力，促进经济高质量发展，是推进文化强国建设的必然选择。促进文化产业高质量发展，必须深刻把握新时代文化产业发展面临的机遇和挑战，多措并举、协同推进。

第一节　以习近平文化思想引领文化体制机制改革

新时代以来，中国共产党从中华民族伟大复兴的历史目标和中国式现代

①《习近平在湖南考察时强调　在推动高质量发展上闯出新路子　谱写新时代中国特色社会主义湖南新篇章》，《人民日报》2020 年 9 月 19 日第 1 版。

化的现实要求出发，对我国文化改革发展提出了一系列新思想新观点新论断，包括坚定文化自信，创造性提出“两个结合”，推动中华优秀传统文化创造性转化、创新性发展，建设中华民族现代文明，创造人类文明新形态等，形成了习近平文化思想。2023年10月召开的全国宣传思想文化工作会议，正式提出和系统阐述习近平文化思想，不论是在党的理论创新进程中，还是在党的宣传思想文化事业发展史上，都具有里程碑意义。这一重要思想的提出，突出了文化建设在中华民族伟大复兴战略全局中的重要地位，体现了习近平新时代中国特色社会主义思想在实践中的不断丰富和发展。“习近平文化思想既有文化理论观点上的创新和突破，又有文化工作布局上的部署要求，明体达用、体用贯通，明确了新时代文化建设的路线图和任务书”，标志着我们党对中国特色社会主义文化建设规律的认识达到了新高度，并在我国社会主义文化建设中展现出了强大伟力。

党的十八大以来，全面深化改革蹄疾步稳。以习近平同志为核心的党中央统筹推进经济建设、政治建设、文化建设、社会建设和生态文明建设的“五位一体”总体布局，文化体制改革作为我国全方位改革的重要组成部分，在新的历史方位下得到深入推进。2013年8月，习近平总书记在全国宣传思想工作会议上指出：“要继续推进文化体制改革，推动文化事业全面繁荣和文化产业快速发展、建设社会主义文化强国。”[①] 在习近平文化思想引领下，我国文化体制改革和文化产业发展迈上新台阶。

第一，明确了文化体制改革的顶层设计，开创了改革新局面。

文化治理现代化是国家治理体系和治理能力现代化的体现。习近平总书记指出：“国家治理体系是在党领导下管理国家的制度体系，包括经济、政治、文化、社会、生态文明和党的建设等各领域体制机制、法律法规安排，也就是一整套紧密相连、相互协调的国家制度；国家治理能力则是运用国家制度管理社会各方面事务的能力，包括改革发展稳定、内政外交国防、治党治国治军等各个方面。国家治理体系和治理能力是一个有机整体，相辅相成，有了好的国家治理体系才能提高治理能力，提高国家治理能力才能充分发挥

① 习近平：《胸怀大局把握大势着眼大事 努力把宣传思想工作做得更好》，《人民日报》2013年8月21日第1版。

国家治理体系的效能。”[①] 他强调，从制度安排上发挥党的领导这个最大的体制优势，要“协调好并发挥出各类机构职能作用，完善科学领导和决策、有效管理和执行的体制机制”[②]。党的十九届三中全会通过《深化党和国家机构改革方案》，体现了党对文化事业的领导制度。习近平总书记在《关于〈中共中央关于进一步全面深化改革、推进中国式现代化的决定〉的说明》中，进一步指出“在文化体制改革方面，着眼于推进物质文明和精神文明相协调的现代化，提出推动理想信念教育常态化制度化，改进创新文明培育、文明实践、文明创建工作机制；优化文化服务和文化产品供给机制，建立优质文化资源直达基层机制；健全网络综合治理体系；推进国际传播格局重构，构建更有效力的国际传播体系”[③]。

第二，指明了文化体制改革的原则立场。

习近平总书记强调“文化产业既有意识形态属性，又有市场属性，但意识形态属性是本质属性”，指出“一定要牢牢把握正确导向，坚持守正创新，确保文化产业持续健康发展”[④]。关于文化体制改革，他特别强调要“把握好意识形态属性和产业属性、社会效益和经济效益的关系，始终坚持社会主义先进文化前进方向，始终把社会效益放在首位。无论改什么、怎么改，导向不能改，阵地不能丢”[⑤]，“坚持把社会效益放在首位、社会效益和经济效益相统一，深化文化体制改革，完善文化经济政策”[⑥]。

坚持守正创新，是进一步全面深化改革的重大原则。习近平总书记说：“对文化建设来说，守正才能不迷失自我、不迷失方向，创新才能把握时代、

① 习近平：《切实把思想统一到党的十八届三中全会精神上来》，《人民日报》2014 年 1 月 1 日第 2 版。

② 习近平：《毫不动摇坚持和加强党的全面领导》，《求是》2021 年第 18 期。

③ 人民出版社编：《中共中央关于进一步全面深化改革 推进中国式现代化的决定》，人民出版社，2024，第 57 页。

④《坚守人民情怀，走好新时代的长征路——习近平在湖南考察并主持召开基层代表座谈会纪实》，《人民日报》2020 年 9 月 21 日。

⑤ 习近平：《胸怀大局把握大势着眼大事 努力把宣传思想工作做得更好》，《人民日报》2013 年 8 月 21 日。

⑥ 习近平：《高举中国特色社会主义伟大旗帜 为全面建设社会主义现代化国家而团结奋斗——在中国共产党第二十次全国代表大会上的报告》，人民出版社，2022，第 45 页。

引领时代。”[①]守正，守的是马克思主义在意识形态领域指导地位的根本制度，守的是“两个结合”的根本要求，守的是中国共产党的文化领导权和中华民族的文化主体性。创新，创的是新思路、新话语、新机制、新形式，要在马克思主义指导下真正做到古为今用、洋为中用、辩证取舍、推陈出新，实现传统与现代的有机衔接。在深化文化体制机制改革、推动文化产业高质量发展中坚持守正创新，必须牢牢坚持党的文化领导权，坚持中国特色社会主义文化发展道路。保持坚守正道的定力，始终坚守马克思主义这个魂脉和中华优秀传统文化这个根脉，坚持植根本国、本民族历史文化沃土发展马克思主义，坚定历史自信和文化自信。文化的生命力在于创新。中华文明能够历经5000多年历史变迁始终保持生机活力，关键在于具有自我发展、回应挑战、开创新局的文化主体性与旺盛生命力。我们要以守正创新的正气和锐气，厚植文化底蕴、赓续历史文脉，探索将文化价值和实用功能有机融合的新途径新方法，加快发展新型文化业态，充分激发全民族文化创新创造活力，让一切文化创造源泉充分涌流。

第三，确定了文化体制改革的工作导向。

习近平总书记强调要“坚持以人民为中心的创作导向，推出更多增强人民精神力量的优秀作品”[②]，以此保证中国特色社会主义文化的发展。对此，《决定》指出“坚持以人民为中心的创作导向，坚持出成果和出人才相结合、抓作品和抓环境相贯通，改进文艺创作生产服务、引导、组织工作机制”[③]。习近平总书记倡导“以实绩实效和人民群众满意度检验改革，真正让人民群众在改革中不断增强获得感、幸福感、安全感”[④]，健全文化事业、文化产业发展体制机制，推动文化繁荣，丰富人民精神文化生活，让文化改革发展成果更多更公平惠及全体人民。

第四，在“第二个结合”的理论指引下，推动中华优秀传统文化创造性

① 习近平：《在文化传承发展座谈会上的讲话》，《求是》2023年第17期。

② 习近平：《高举中国特色社会主义伟大旗帜　为全面建设社会主义现代化国家而团结奋斗——在中国共产党第二十次全国代表大会上的报告》，人民出版社，2022，第45页。

③ 人民出版社编：《中共中央关于进一步全面深化改革　推进中国式现代化的决定》，人民出版社，2024，第33-34页。

④ 习近平：《在党的二十届三中全会第二次全体会议上的讲话》，《求是》2024年第18期。

转化和创新性发展。

习近平总书记指出，"'结合'本身就是创新，同时又开启了广阔的理论和实践创新空间"，"'第二个结合'是又一次的思想解放，让我们能够在更广阔的文化空间中，充分运用中华优秀传统文化的宝贵资源，探索面向未来的理论和制度创新"[①]。"第二个结合"作为"又一次的思想解放"，打开了新时代文化理论创新的空间，既为中华优秀传统文化创造性转化和创新性发展（以下简称"两创"）提供了理论指引，也开创了"两创"的新局面。"第二个结合"与"两创"具有深刻的逻辑关联。历史证明，中华优秀传统文化必须与马克思主义基本原理相结合才能克服历史虚无主义，才能获得当代生命，从这个意义上说，"第二个结合"引领着文化传承和创新发展的方向，而"两创"又为"第二个结合"提供了实现途径。二者的有机统一，为建设中华民族现代文明注入强大力量。"两创"是当今我国文化事业发展的一项重大政策，推动文化创新、深化文化体制机制改革、发展文化产业，就是要在"第二个结合"的指引下，推动"两创"在思想理论中取得新成就，包括构建中国自主的知识体系、创立中国式现代化理论等，让经由"结合"而形成的新文化成为中国式现代化的文化形态。同时，在伟大的人民文化实践中实现中华优秀传统文化的创新转化，灵活运用中华优秀传统文化资源，创新方式方法，开展家风家训传承、经典阅读、文化讲坛等活动，创造符合时代特征的中华优秀传统文化新形式，通过人民创造、人民参与、人民共享，满足人民群众日益增长的精神文化需求。

第二节　把握好深化文化体制机制改革的重大意义

改革开放是当代中国大踏步赶上时代的重要法宝，是决定中国式现代化成败的关键一招。改革开放只有进行时，没有完成时。习近平总书记指出，"要协同推进文化体制、社会体制、生态文明体制等各领域改革，全方位为中国式现代化源源不断注入新的动力"，"要谋划进一步全面深化改革重大举措，为推动高质量发展、推进中国式现代化持续注入强劲动力"[②]。中国式

① 习近平：《在文化传承发展座谈会上的讲话》，《求是》2023 年第 17 期。

② 习近平：《全面深化改革开放，为中国式现代化持续注入强劲动力》，《求是》2024 年第 10 期。

现代化是物质文明和精神文明相协调的现代化，深化文化体制机制改革事关中国式现代化建设全局。要充分认识深化文化体制机制改革的重大意义，紧紧围绕推进中国式现代化深化文化体制机制改革。

第一，深化文化体制机制改革，是推进中国式现代化的内在需求。

文化兴国运兴，文化强民族强。文化是现代化发展的重要内容，没有社会主义文化繁荣发展，就没有社会主义现代化。中国式现代化是物质文明和精神文明相协调的现代化。习近平总书记指出："实现中国梦，是物质文明和精神文明均衡发展、相互促进的结果"[①]，"物质富足、精神富有是社会主义现代化的根本要求"[②]，"中国式现代化赋予中华文明以现代力量，中华文明赋予中国式现代化以深厚底蕴"[③]。因此，以文化为重要支点推动高质量发展，深化文化体制机制改革成为"两个文明"相协调、推进中国式现代化的内在需求。

实现现代化，是人类文明发展进步的标志。现代化以物质生产方式的现代变革为起点，带来的巨大变化必然最终反映在社会思想文化、观念结构以及知识体系的变更上，并受其影响。因此，现代化不仅是物质生产与再生产的过程，同时也是精神文明成果的生产与再生产过程。与西方注重物的增值而给人带来"单向度"深刻危机的现代化模式不同，中国共产党领导的中国式现代化强调促进"物的全面丰富"和"人的全面发展"，建设物质富足、精神富有的社会主义现代化。由中华优秀传统文化滋养的中国式现代化，在赓续古老文明的基础上焕发出新时代的文明光芒，真正推动了人的全面发展与社会的全面进步，为人类实现现代化提供了新的选择。

习近平总书记指出："当今中国正处于实现中华民族伟大复兴的关键时期，国家强盛、民族复兴需要物质文明的积累，更需要精神文明的升华。"[④]实现中华民族伟大复兴，需要物质文明极大发展，也需要精神文明极大发展。

① 习近平：《文明交流互鉴是推动人类文明进步和世界和平发展的重要动力》，《求是》2019年第9期。

② 习近平：《高举中国特色社会主义伟大旗帜 为全面建设社会主义现代化国家而团结奋斗——在中国共产党第二十次全国代表大会上的报告》，人民出版社，2022年，第22页。

③ 习近平：《在文化传承发展座谈会上的讲话》，《求是》2023年第17期。

④《习近平在中共中央政治局第三十一次集体学习时强调 用好红色资源赓续红色血脉 努力创造无愧于历史和人民的新业绩》，《人民日报》2021年6月27日。

共同富裕是全体人民共同富裕，是人民群众物质生活和精神生活都富裕；物质生活富裕是精神生活富裕的基础和前提，而在全面建成小康社会后，精神生活富裕在共同富裕中的地位越来越重要。推动“两个文明”相互促进、协调发展，是民族复兴之需、是丰富人民精神世界之需、是增强国家文化软实力之需、是以中国式现代化开创人类文明新形态之需，这一价值诉求和实践导向必然指向束缚生产力和阻碍高质量发展的体制机制弊端。《决定》强调“中国式现代化是在改革开放中不断推进的，也必将在改革开放中开辟广阔前景”[①]，中国式现代化不断推进，需要通过改革进一步破解深层次体制机制障碍，推动中国特色社会主义制度不断走向完善，包括不断完善适应经济基础发展和现代化建设需要的文化体制机制，不断促进“物的全面丰富”和“人的全面发展”，为中国式现代化提供强大的思想动力、智力支持和制度保障。

《决定》立足强国建设、民族复兴的战略高度，着力赓续中华文脉、推动文化繁荣的重大使命，将“聚焦建设社会主义文化强国”列为进一步全面深化改革的“七个聚焦”之一；在阐述进一步全面深化改革的一个重大原则“坚持守正创新”中，把“在新的起点上推进理论创新、实践创新、制度创新、文化创新以及其他各方面创新”列为具体要求。《决定》深刻回答了文化体制机制改革“为何改、为谁改、怎么改”等根本性、关键性问题，必将增强我们的文化自信，有力推进物质文明和精神文明相协调的现代化。

第二，深化文化体制机制改革，是推动高质量发展的需要。

习近平总书记说：“推动高质量发展，文化是重要支点。”[②]对于推动文化产业高质量发展，习近平在系列讲话中也提出了具体的要求：“要推动文化产业高质量发展，健全现代文化产业体系和市场体系，推动各类文化市场主体发展壮大，培育新型文化业态和文化消费模式，以高质量文化供给增强人们的文化获得感、幸福感。要坚定不移将文化体制改革引向深入，不断激

① 人民出版社编：《中共中央关于进一步全面深化改革　推进中国式现代化的决定》，人民出版社，2024，第 2 页。

② 习近平：《在教育文化卫生体育领域专家代表座谈会上的讲话》，《人民日报》2020 年 9 月 23 日。

发文化创新创造活力”[①]，“推动文化产业高质量发展，更好满足人民精神文化生活新期待”[②]。伴随着我国经济发展由高速增长转向高质量发展、从量的扩张转向质的提高，文化在经济活动中的作用越来越突出，在某些领域和环节发挥着关键作用。作为重要支点，文化为高质量发展提供价值引领、注入强大动力。坚持以人为本、文化赋能、以文兴业，在发展中推动人文与经济交融共生，是对人民幸福和经济高质量发展等维度的系统性统筹，彰显了高质量发展的人文价值取向。因此，通过深化文化体制机制改革，推动文化繁荣，对于促进物质文明和精神文明相协调、将文化力量转化为高质量发展推动力具有重要意义，能为中国式现代化、文化产业高质量发展提供更为牢固的思想引领、精神支撑、价值认同。

第三，深化文化体制机制改革，是完善和发展中国特色社会主义文化制度、推进国家治理体系和治理能力现代化的需要。

习近平总书记指出：“面对新的形势和任务，必须进一步全面深化改革，继续完善各方面制度机制，固根基、扬优势、补短板、强弱项，不断把我国制度优势更好转化为国家治理效能。”[③]文化体制机制改革是中国特色社会主义文化制度的自我完善和发展，必然随着实践发展而不断发展。着眼于国家治理体系和治理能力现代化的要求，需要不断完善适应经济基础发展和现代化建设需要的文化体制机制，不断推进文化创新。通过深化文化体制改革完善中国特色社会主义文化制度，为推动文化繁荣、建设文化强国提供强大动力和制度保障。

第四，深化文化体制机制改革，是丰富人民精神文化生活的需要。

习近平总书记强调：“满足人民日益增长的美好生活需要，文化是重要因素。”[④]随着我国物质文明建设的加快，人民群众对追求高品质文化生活的

① 习近平：《举旗帜聚民心育新人兴文化展形象 更好完成新形势下宣传思想工作使命任务》，《人民日报》2018 年 8 月 23 日。

② 习近平：《在深圳经济特区建立 40 周年庆祝大会上的讲话》，《人民日报》2020 年 10 月 15 日。

③ 人民出版社编：《中共中央关于进一步全面深化改革 推进中国式现代化的决定》，人民出版社，2024，第 50 页。

④ 习近平：《在教育文化卫生体育领域专家代表座谈会上的讲话》，《人民日报》2020 年 9 月 23 日。

精神需求也越来越强烈。坚持以人民为中心的发展思想，要把满足人民日益增长的精神文化需求作为文化建设的出发点和落脚点，由此更加凸显深化文化体制机制改革的必要性和紧迫性。文化体制机制改革能够激发、调动文化工作者的热情和创造力，生产出更多更好的精神产品，提供更佳更优的文化服务。文化改革发展的成效如何，人民是最终评判者。要创造符合时代特征的文化精品和中华优秀传统文化新形式，通过人民创造、人民参与、人民共享，满足人民群众日益增长的精神文化需求。

第五，深化文化体制机制改革，是提升国家文化软实力和中华文化影响力的需要。

习近平总书记指出："文化软实力集中体现了一个国家基于文化而具有的凝聚力和生命力，以及由此产生的吸引力和影响力。"①提高国家文化软实力，关系我国在世界文化格局中的定位，关系我国国际地位和国际影响力，关系"两个一百年"奋斗目标和中华民族伟大复兴的中国梦的实现。深化文化体制机制改革，是推动中华文化走出去、拓展国际发展空间的迫切需要。我国日益走近世界舞台中央，国际社会对中国的关注度越来越高，为推动中华文化"走出去"，有效开展国际舆论引导提供了新的机遇。面对新的形势和任务，我们必须深化文化体制机制改革，向世界宣传推介我国优秀文化艺术，构建更有效力的国际传播体系，着力提高国际传播影响力、中华文化感召力、中国形象亲和力、中国话语说服力、国际舆论引导力。

第三节　文化体制机制改革与文化产业发展的基本要求

文化建设是中国特色社会主义"五位一体"总体布局的重要内容，文化体制改革是全面深化改革的重要组成部分。深化文化体制机制改革、在新的起点上推进文化创新、推动文化产业高质量发展，必须以习近平文化思想为指引，把握好以下几点要求。

一、坚持以人民为中心

文化建设既是推动高质量发展的重要支点，也是满足人民日益增长的美

① 中共中央宣传部编：《习近平总书记系列重要讲话读本（2016 年版）》，学习出版社、人民出版社，2016，第 206—207 页。

好生活需要的重要因素。《决定》指出，“面对纷繁复杂的国际国内形势，面对新一轮科技革命和产业变革，面对人民群众新期待，必须继续把改革推向前进”[①]，这“是贯彻新发展理念、更好适应我国社会主要矛盾变化的必然要求，是坚持以人民为中心、让现代化建设成果更多更公平惠及全体人民的必然要求”[②]，“聚焦提高人民生活品质，完善收入分配和就业制度，健全社会保障体系，增强基本公共服务均衡性和可及性，推动人的全面发展、全体人民共同富裕取得更为明显的实质性进展”[③]。《决定》在“进一步全面深化改革的原则”中，指出“坚持以人民为中心，尊重人民主体地位和首创精神，人民有所呼、改革有所应，做到改革为了人民、改革依靠人民、改革成果由人民共享”[④]。可以看到，坚持以人民为中心既是深化文化体制机制改革的必然要求，也是深化文化体制机制改革、推动文化产业高质量发展的重大原则。

治国有常，利民为本。为中国人民谋幸福、为中华民族谋复兴，是中国共产党人的初心和使命。人民性是马克思主义的本质属性，人民立场是中国共产党的根本政治立场。为人民利益而奋斗，是我们党立党兴党强党的根本出发点和落脚点。进入新时代，根据我国社会发展的变化，习近平总书记指出：“我国社会主要矛盾已经转化为人民日益增长的美好生活需要和不平衡不充分的发展之间的矛盾。”[⑤]随着我国社会主要矛盾的变化，坚持以人民为中心的发展思想，就要以人民群众对美好生活的需求为高质量发展的导向，由此更加凸显了文化建设的重要地位，也更加凸显了深化文化体制机制改革的必要性和紧迫性。

《决定》指出：“改革开放是党和人民事业大踏步赶上时代的重要法宝。”[⑥]改革开放以来，随着我国生产力的发展和经济的腾飞，人民群众的需

① 人民出版社编：《中共中央关于进一步全面深化改革 推进中国式现代化的决定》，人民出版社，2024，第 2 页。

② 同上书，第 3 页。

③ 同上书，第 5 页。

④ 同上书，第 6 页。

⑤ 习近平：《决胜全面建成小康社会 夺取新时代中国特色社会主义伟大胜利——在中国共产党第十九次全国代表大会上的报告》，《人民日报》2017 年 10 月 28 日。

⑥ 人民出版社编：《中共中央关于进一步全面深化改革 推进中国式现代化的决定》，人民出版社，2024，第 1 页。

要不断变化，发生了质的飞跃。党的十三大将20世纪末人民生活达到小康水平作为“三步走”发展战略的第二步。党的十四大指出，11亿人民的温饱问题已经基本解决，正在向小康迈进。党的十六大从经济、政治、文化等方面勾勒了全面建设小康社会的宏伟蓝图。党的十八大报告将“全面建设小康社会”调整为“全面建成小康社会”，并从经济建设、政治建设、文化建设、社会建设、生态文明建设五大方面为小康社会设立发展目标。党的十九大报告指出，全面建成小康社会是中国共产党的第一个百年奋斗目标，要“使全面建成小康社会得到人民认可、经得起历史检验”[①]。党的二十大报告强调“以中国式现代化全面推进中华民族伟大复兴”[②]，为全面建设社会主义现代化国家而团结奋斗。生产力的进步和中国式现代化的发展，激发人民群众对生活品质尤其是精神文化生活提出了更新、更高的需要，《决定》提出“坚持以人民为中心、让现代化建设成果更多更公平惠及全体人民”[③]，并勾画了文化体制机制改革的蓝图，深刻回答了文化建设为了谁、如何建设、建设什么样的文化等重大基础性、原则性、根本性问题。只有坚持以人民为中心，深化文化体制机制改革，以促进社会公平正义、增进人民福祉为出发点和落脚点，更加注重系统集成，更加注重突出重点，更加注重改革实效，推动文化事业和文化产业繁荣发展，提供更多更好的优秀文化产品和文化服务，才能更好地满足人民日益增长的美好生活需要，才能更好地形成有利于创新创造的文化发展环境，才能为中国式现代化提供强大精神动力和制度保障。

二、聚焦建设社会主义文化强国

当前和今后一个时期是以中国式现代化全面推进强国建设、民族复兴伟业的关键时期。在这样的关键时刻，以习近平同志为核心的党中央准确把握世界范围内思想文化相互激荡、我国社会思想观念深刻变化的趋势，围绕在新的历史起点上继续推动文化繁荣、建设文化强国、建设中华民族现代文明

① 习近平：《决胜全面建成小康社会　夺取新时代中国特色社会主义伟大胜利——在中国共产党第十九次全国代表大会上的报告》，《人民日报》2017年10月28日。

② 习近平：《高举中国特色社会主义伟大旗帜　为全面建设社会主义现代化国家而团结奋斗——在中国共产党第二十次全国代表大会上的报告》，人民出版社，2022，第21页。

③ 人民出版社编：《中共中央关于进一步全面深化改革　推进中国式现代化的决定》，人民出版社，2024，第3页。

这一新的文化使命，从全局和战略高度对深化文化体制机制改革作出系统谋划和部署。

《决定》在“进一步全面深化改革的总目标”中，明确指出：“聚焦建设社会主义文化强国，坚持马克思主义在意识形态领域指导地位的根本制度，健全文化事业、文化产业发展体制机制，推动文化繁荣，丰富人民精神文化生活，提升国家文化软实力和中华文化影响力。”[①]“聚焦建设社会主义文化强国”，不仅体现了深化文化体制机制改革的价值取向始终服务于国家与人民，也指出了改革的目标和任务就是建设社会主义文化强国。这一战略指导思想和工作部署，旨在为中国式现代化的行稳致远厚植文化底蕴，以坚定文化自信推动中华民族强起来。

习近平总书记说：“文化兴国运兴，文化强民族强。”[②]2011年，党的十七届六中全会首次提出了“建设社会主义文化强国”的目标，此后“建设社会主义文化强国”被写进了党的十八大、十九大报告。2020年，党的十九届五中全会提出了到二〇三五年基本实现社会主义现代化远景目标，“建成文化强国”是其中之一，这是党中央首次明确了建成文化强国的具体时间表。党的二十大报告强调：“全面建设社会主义现代化国家，必须坚持中国特色社会主义文化发展道路，增强文化自信，围绕举旗帜、聚民心、育新人、兴文化、展形象建设社会主义文化强国。”[③]

党的二十届三中全会则将“聚焦建设社会主义文化强国”列为进一步全面深化改革的“七个聚焦”之一，体现了中国共产党对文化建设一以贯之的高度重视。

① 人民出版社编：《中共中央关于进一步全面深化改革 推进中国式现代化的决定》，人民出版社，2024，第4-5页。

② 习近平：《决胜全面建成小康社会 夺取新时代中国特色社会主义伟大胜利——在中国共产党第十九次全国代表大会上的报告》，《人民日报》2017年10月28日。

③ 习近平：《高举中国特色社会主义伟大旗帜 为全面建设社会主义现代化国家而团结奋斗——在中国共产党第二十次全国代表大会上的报告》，人民出版社，2022，第42-43页。

三、增强文化自信

《决定》关于深化文化体制机制改革的部署，开宗明义提出“必须增强文化自信，发展社会主义先进文化，弘扬革命文化，传承中华优秀传统文化，加快适应信息技术迅猛发展新形势，培育形成规模宏大的优秀文化人才队伍，激发全民族文化创新创造活力”[①]。文化自信作为建设文化强国的思想基础和精神力量，其源泉是什么？一是对中国特色社会主义文化的“文化自信”，即精神文化自信；二是对当代中国取得的历史性成就的“文化自信”，即物质文化自信；三是对中国特色社会主义文化发展制度的“文化自信”，即制度文化自信。这是我们所具有的文化能量所在，也是建设文化强国的根基。

改革开放只有进行时，没有完成时。新时代新征程，战略机遇和风险挑战并存，文化建设工作面临新形势新任务，要有新气象新作为，就必须以增强文化自信深化文化体制机制改革。习近平总书记多次强调，要增强文化自信，以社会主义核心价值观为引领，发展社会主义先进文化，弘扬革命文化，传承中华优秀传统文化，不断提升国家文化软实力和中华文化影响力。我们要以习近平文化思想为指引，按照《决定》提出的进一步全面深化改革的总目标，以增强文化自信深化文化体制机制改革。

增强文化自信，激发全民族文化创新创造活力。在深化文化体制机制改革的指导思想上，坚持马克思主义在意识形态领域指导地位的根本制度，坚持中国特色社会主义文化发展道路，牢牢掌握党对意识形态工作领导权，建设具有强大凝聚力和引领力的社会主义意识形态。在实施方略上，完善意识形态工作责任制，健全用党的创新理论武装全党、教育人民、指导实践工作体系，构建中国哲学社会科学自主知识体系；推动理想信念教育常态化制度化，坚持以社会主义核心价值观引领文化建设，注重用社会主义先进文化、革命文化、中华优秀传统文化培根铸魂，推动文化繁荣，丰富人民精神文化生活。

增强文化自信，不断推进文化创新。深化文化体制机制改革，就是要坚持把社会效益放在首位、社会效益和经济效益相统一的原则，将深化文化体

---

① 人民出版社编：《中共中央关于进一步全面深化改革 推进中国式现代化的决定》，人民出版社，2024，第 32 页。

制机制改革的任务落到实处，推进文化创新。具体来说，就是要围绕重塑文化市场主体、完善市场体系、改善宏观治理、转变政府职能等任务，按照区别对待、分类指导、循序渐进、逐步推开的原则，优化文化服务和文化产品供给机制，健全网络综合治理体系，进一步有序推进文化体制机制改革。要坚持以人民为中心的创作导向，坚持出成果和出人才相结合、抓作品和抓环境相贯通，改进文艺创作生产服务、引导、组织工作机制。健全文化产业体系和市场体系，完善文化经济政策，促进文化事业和文化产业发展，培育新型文化业态，增强文化产业总体实力，发展壮大文化新质生产力。要构建更有效力的国际传播体系，善于运用现代文化传播方法，推动更多富有时代气息、反映中国文化的文化品牌走向世界，提升国家文化软实力和中华文化影响力。

第四节　以文化体制机制改革推动文化产业高质量发展

党的十一届三中全会以后，我国改革开放走过波澜壮阔的历程，取得举世瞩目的成就。党的十八届三中全会开启了新时代全面深化改革、系统整体设计推进改革新征程，开创了我国改革开放全新局面。以习近平同志为核心的党中央高度重视文化改革发展，把文化建设作为中国特色社会主义“五位一体”总体布局的重要内容作出战略部署，把文化体制改革作为全面深化改革的重要组成部分加以谋划推进，文化改革发展取得历史性成就，社会主义文化建设事业迈入新阶段。

当前和今后一个时期是以中国式现代化全面推进强国建设、民族复兴伟业的关键时期。改革开放只有进行时，没有完成时。《决定》在第 38 条至 41 条围绕完善意识形态工作责任制、优化文化服务和文化产品供给机制、健全网络综合治理体系、构建更有效力的国际传播体系等四个方面，提出一系列改革举措。必须全力推动这些改革任务落地落实，进一步破解深层次体制机制障碍，进一步解放和发展文化生产力，激发文化创新创造活力，推进文化领域治理体系和治理能力现代化，为推动文化繁荣、建设文化强国提供强大动力和制度保障。

一、完善意识形态工作责任制

习近平总书记高度重视意识形态工作，指出："意识形态工作是党的一项极端重要的工作"[①]，"意识形态决定文化前进方向和发展道路"[②]，"意识形态工作是为国家立心、为民族立魂的工作"[③]。加强党对意识形态工作的全面领导，对于增强中华民族凝聚力，铸牢中华民族共同体意识，维护国家长治久安具有极其重要的意义。习近平总书记反复告诫全党，意识形态工作极端重要，必须牢牢掌握意识形态工作领导权，文化体制改革"无论改什么、怎么改，导向不能改，阵地不能丢"[④]。党的十九届四中全会把坚持马克思主义在意识形态领域指导地位的制度，确立为中国特色社会主义制度体系的一项根本制度，充分反映了以习近平同志为核心的党中央对中国特色社会主义文化建设规律的认识进入了一个新的境界。

《决定》指出"完善意识形态工作责任制""推动理想信念教育常态化制度化"，对党的组织、哲学社会科学机构、主流媒体和舆论机构、参与社会文明和思想道德建设的政府机构等多元主体提出了明确要求。其中，"形成网上思想道德教育分众化、精准化实施机制"，是探索网络空间思想道德教育的创新形式，体现了我们党对网络传播规律的科学认识、对思想道德教育方式方法的创新发展。分众化是精准化的前提，精准化则是分众化的必然要求。互联网传播的开放性、包容性等特点为网上思想道德教育的分众化提供了可能，在分众化的基础上实施精准化，紧密结合社会生活发展实际，紧密结合不同网民不同的思想实际，为特定的受众群体量身定制适合的内容，增强说服力和感染力，建设具有强大凝聚力和引领力的社会主义意识形态，推动全社会形成昂扬奋进的精神风貌。

---

① 中共中央宣传部编：《习近平总书记系列重要讲话读本（2016 年版）》，学习出版社、人民出版社，2016，第 192 页。

② 习近平：《决胜全面建成小康社会　夺取新时代中国特色社会主义伟大胜利——在中国共产党第十九次全国代表大会上的报告》，《人民日报》2017 年 10 月 28 日。

③ 习近平：《高举中国特色社会主义伟大旗帜　为全面建设社会主义现代化国家而团结奋斗——在中国共产党第二十次全国代表大会上的报告》，人民出版社，2022，第 43 页。

④ 习近平：《深化文化体制改革，加强社会主义核心价值体系建设》，http://cpc.people.com.cn/big5/n/2014/0808/c164113-25428563.html?Kgr。

二、优化文化服务和文化产品供给机制

满足人民过上美好生活的新期待，必须提供丰富的精神食粮。习近平总书记多次指出，“推动文化事业全面繁荣、文化产业快速发展，不断丰富人民精神世界、增强人民精神力量，不断增强文化整体实力和竞争力”[①]，引导文艺工作者“树立正确的历史观、民族观、国家观、文化观……用健康向上的文艺作品和做人处事陶冶情操、启迪心智、引领风尚”[②]，“以高质量文化供给增强人们的文化获得感、幸福感”[③]。

《决定》从公共文化服务、文艺创作生产、文化产业发展、文化遗产保护传承等方面，为优化文化服务和文化产品供给机制指明了方向。因此，必须坚持以人民为中心的创作导向，坚持把社会效益放在首位、社会效益和经济效益相统一，进一步整合文化资源的配置，培育新型文化业态和文化消费模式，提高文化服务和文化产品的质量和效益。习近平总书记十分重视文化和自然遗产保护传承利用工作，强调“守护好中华民族的文化瑰宝和自然珍宝，让文化和自然遗产在新时代焕发新活力绽放新光彩”[④]。我们要理顺体制机制，建立文化遗产保护传承工作协调机构，建立文化遗产保护督察制度，推动文化遗产系统性保护和统一监管。

三、健全网络综合治理体系

当今时代，网络信息技术发展日新月异，不仅创造了生产生活的新空间，也拓展了文化治理的新领域。面对互联网带来的新变化新发展和新问题新挑战，必须切实提升网络综合治理能力。《中共中央关于党的百年奋斗重大成就和历史经验的决议》指出：“党中央明确提出，过不了互联网这一关就过

---

① 习近平：《建设社会主义文化强国 着力提高国家文化软实力》，《人民日报》2014年1月1日。

② 习近平：《在中国文联十大、中国作协九大开幕式上的讲话》，《人民日报》2016年12月1日。

③ 习近平：《举旗帜聚民心育新人兴文化展形象 更好完成新形势下宣传思想工作使命任务》，《人民日报》2018年8月23日。

④《习近平对加强文化和自然遗产保护传承利用工作作出重要指示强调 守护好中华民族的文化瑰宝和自然珍宝 让文化和自然遗产在新时代焕发新活力绽放新光彩》，《人民日报》2024年8月7日。

不了长期执政这一关。党高度重视互联网这个意识形态斗争的主阵地、主战场、最前沿，健全互联网领导和管理体制，坚持依法管网治网，营造清朗的网络空间。”[①]习近平总书记强调，“没有网络安全就没有国家安全，就没有经济社会稳定运行，广大人民群众利益也难以得到保障”，“要提高网络综合治理能力，形成党委领导、政府管理、企业履责、社会监督、网民自律等多主体参与，经济、法律、技术等多种手段相结合的综合治网格局”[②]。党的十八大以来，以习近平同志为核心的党中央准确把握信息时代发展潮流，加强对治网管网工作的总体布局和统筹谋划，作出了建立网络综合治理体系的重大部署。党的二十大报告指出“健全网络综合治理体系，推动形成良好网络生态”，《决定》进一步强调“健全网络综合治理体系”“深化网络管理体制改革”“推进新闻宣传和网络舆论一体化管理”。[③]这就要求我们必须着眼推进国家治理体系和治理能力现代化，坚持系统性谋划、综合性治理、体系化推进，加强网络空间法治建设，健全网络生态治理长效机制，着力提高网络治理的系统化、科学化、社会化、法治化水平。

四、构建更有效力的国际传播体系

在中国整体实力不断增强、国际地位日益提升的今天，软实力已成为影响国际话语权的重要因素。习近平总书记指出：“提高国家文化软实力，要努力提高国际话语权。要加强国际传播能力建设，精心构建对外话语体系，发挥好新兴媒体作用，增强对外话语的创造力、感召力、公信力。”[④]《决定》提出“推进国际传播格局重构”“深化主流媒体国际传播机制改革创新”“加快构建中国话语和中国叙事体系”[⑤]，就是要通过加强国际传播能力

①《中共中央关于党的百年奋斗重大成就和历史经验的决议》，《人民日报》2021年11月17日。

② 习近平：《敏锐抓住信息化发展历史机遇 自主创新推进网络强国建设》，《人民日报》2018年4月22日。

③ 习近平：《高举中国特色社会主义伟大旗帜 为全面建设社会主义现代化国家而团结奋斗——在中国共产党第二十次全国代表大会上的报告》，人民出版社，2022，第44页。

④ 习近平：《建设社会主义文化强国 着力提高国家文化软实力》，《人民日报》2014年1月1日。

⑤ 人民出版社编：《中共中央关于进一步全面深化改革 推进中国式现代化的决定》，人民出版社，2024，第34页。

建设，在国际舆论场更好地发出中国声音，形成同我国综合国力和国际地位相匹配的国际话语权。要加快构建多渠道、立体式对外传播格局，提高传播艺术，采用贴近不同区域、不同国家、不同群体受众的精准传播方式，推进中国故事和中国声音的全球化表达、区域化表达、分众化表达，增强国际传播的亲和力和实效性。通过讲好中国故事、传播好中国声音，展现可信、可爱、可敬的中国形象，全面提升国际传播效能，为推进中国式现代化营造良好外部环境。

产业概述篇

第四章 改革开放与广东文化产业

改革开放以来，广东作为改革开放的排头兵、先行地、实验区，在文化建设道路上先行先试，不断探索，勇于创新，在文化体制改革、文化产业发展等方面居于全国前列，取得了辉煌成就。尤其是党的十八大以来，广东文化产业在习近平文化思想的指引下，更是高歌猛进，蓬勃发展。40 多年来，广东文化建设从新时期的起步探索、锐意进取、砥砺前行，到新时代的满怀自信、创新发展、协调发展，文化自信的力量与文化强省的目标，贯穿在广东文化改革发展的实践中。

第一节　改革开放以来广东文化产业的发展历程

改革开放以来，广东文化产业的发展取得了长足的进步，为广东的经济社会快速发展提供了坚实的精神基础与文化动力。广东文化产业发展的基本历程，主要分为以下三个阶段。

一、复苏发展阶段（1978—2000 年）

1978 年，党的十一届三中全会的胜利召开确立了改革开放的国策，随后，我国的国民经济逐渐得到恢复并取得初步的发展，社会文化消费需求也得到了复苏。在此背景下，广东最先进行了文化和经济相结合以促进经济发展的尝试，广东文化产业开始兴起。20 世纪 70 年代末[①]，广州东方宾馆出现了我国第一支业余的轻音乐队和第一个音乐茶座，广州成为国内文化市场的

① 关于东方宾馆音乐茶座的具体开设时间，一直是存有争议的，1978 年、1979 年、1980 年等说法都有，这恰恰从侧面说明了它作为改革开放产物的新生属性。参见高洋：《东方宾馆的时代记忆》，《同舟共进》2022 年第 6 期。

发祥地，其后，文化市场如雨后春笋般在全国迅速兴起。一些新的文化消费项目如歌厅、舞会、录像放映等在广东相继出现。1980—1985 年，图书出版行业“事业单位，企业化管理”和报纸“面向市场、自收自支”的改革实践，把经济手段引入了原来纯属“事业”的宣传文化领域，使部分文化产品和服务开始具有商业性质。广东的文化建设和发展进入“以文养文”阶段，文化产业开始萌芽。

从 20 世纪 80 年代中期到 1992 年，广东文化改革逐步扩展。随着经济体制改革的市场经济取向日益明确和对外开放的不断扩大，广东的报纸、图书音像出版发行和广播电视行业，先后实行“事业单位、企业化管理”，进行人事、分配制度方面的改革探索；文化娱乐市场逐步放开；文艺院团在全国率先推行聘任制。1989 年，深圳成立全国第一支文化市场综合执法队伍——深圳市文化稽查队，较早开始探索文化市场综合执法改革。随着改革的推进，广东面对市场压力和机遇，一方面，众多的宣传文化部门在深化内部改革的同时，掀起开展多种经营的热潮；另一方面，社会上出现了各种形态的文化企业，以娱乐消遣为主的群众文化市场也日益繁荣。文化产业在设计企业文化、设计企业 CI 战略（企业形象战略）策划方面，开始起着突出作用。为此，有文化、体育、美术、娱乐特长的文化产业人才已成为各个企业、公司竞相招揽的人才，形成供不应求的形势。

在这期间，广东文化产业逐渐兴起，文化事业的产业化出现了“文化搭台，经济唱戏”的新模式，其中一个更为突出的现象是兴起了文化服务、文化设计和文化创意新产业。广东的文化建设和发展，由“以文养文”进入“多业助文”，并开始走上“事业体制、政府行为”与“产业运作、市场行为”双轨发展的道路。广东的流行音乐、影视产品异军突起，与港台歌曲和影视剧一起席卷大江南北，成为风靡一时的粤式大众文化现象。

1992—2000 年，随着邓小平南方谈话和党的十四大召开，社会主义市场经济体制的改革方向得到明确，广东掀起了新一轮思想解放和体制创新的浪潮，文化建设和发展进入“产业兴文”阶段。宣传文化体制改革不断深化，文化建设发展思路由以政府投资为主，转向主要依靠发挥自身优势，发展产业、推进事业、实现自我发展，为全省经济社会可持续发展作出应有的贡献。文化产业迅速发展，初具规模。1996 年，广州率先成立广州日报报业集团，成为我国地方机关报规模化企业经营的第一艘航空母舰。随后，1998 年 5 月，南方日报报业集团正式挂牌成立；同时还成立了羊城晚报报业集团。1999 年，成立了深圳特区报业集团。世纪之交前后，广东省出版集团、广东新华发行集团、家庭期刊集团也相继成立。一些产业属性较强的部门或单位由事业转制为企业。

二、加快发展阶段（2000—2012 年）

党的十四大召开后，随着社会主义市场经济的发展，文化领域经营活动越来越多，不少文化事业单位进行企业化管理，国家开始进行文化产业发展设计。2000 年，党的十五届五中全会在研究制定“十五”经济社会发展规划时，认真吸收有关调研成果及宣传文化部门的建议，第一次在党的中央全会文件中使用“文化产业”概念，提出要推动文化产业发展。随后，广州和深圳先后成立文化体制改革领导小组，率先在全国进行文化体制改革。

2002 年，党的十六大在部署文化体制改革时，第一次科学划分了文化事业和文化产业，明确阐述了两者既相互联系又相互区别的辩证关系，实现了文化建设思路上的重大突破，在文化产业发展历程中具有里程碑意义。党的十六大召开后，文化体制改革全面提速。同年 12 月召开的广东省委九届二次全会，贯彻落实党的十六大精神，作出了建设文化大省的重大决策。

2003 年 6 月，中央召开文化体制改革试点工作会议，将广东、深圳列为文化体制改革综合性试点地区（全国共 9 个省市）；广东省出版集团、深圳报业集团、深圳市电视台等单位被列为全国文化体制改革试点单位。7 月，广东省成立了文化体制改革试点工作领导小组，与原已成立的文化体制改革和文化大省建设领导小组合二为一，既负责改革试点工作，又负责文化大省建设工作。9 月 21 日，中共广东省委办公厅、省人民政府办公厅正式印发《广东省文化体制改革试点工作方案》，明确广东省文化体制改革试点工作的指导思想、基本要求和工作目标，提出了改革文化管理体制、转换微观运行机制、加快文化市场建设、制定和实施相关配套政策、优化文化资源配置、提升对外文化交流水平等六项改革试点工作主要任务；确定广州、深圳、东莞为省文化体制改革试点地区，南方日报报业集团等 12 个单位为省文化体制改革第一批试点单位。9 月 23 日，省委、省政府召开广东省文化大省建设工作会议。会后出台了《中共广东省委、广东省人民政府关于加快建设文化大省的决定》《广东省建设文化大省规划纲要（2003—2010年）》，强调要深化文化体制改革，解放和发展文化生产力；要以广东省被列入全国文化体制改革综合试点省为契机，尽快建立党委统一领导、政府依法管理、行业自律、企事业单位自主经营有机统一的文化管理体制，实行政事分开、政企分开、管办分开，为文化事业和文化产业的发展提供良好的体制环境；改革政府对文化事业的投入方式，由“养人”变为鼓励“干事”，由“养机构”变为“养项目”。12月17日，广东省政府办公厅印发《关于深化文化体制改革建设文化大省的若干配套经济政策》，要求文化经营要“退”，文化事业要“扶”，文化投资要“引”，文化市场要“管”，使政府不再是包办文化的“婆婆”，而是做自己该做的事。

在一系列措施的推动下，广东的文化体制改革和文化建设进入了高速发展的轨道。2005年4月，全省文化体制改革试点工作会议在广州召开，制定下发《关于进一步扩大文化体制改革试点范围的意见》，改革试点范围扩大，进一步向面上拓展，新增珠海、佛山、惠州、中山、江门、肇庆、汕头、韶关、湛江9个市和岭南美术出版社、广东教育书店等9个单位为广东省第二批文化体制改革综合性试点市和单位。2006年4月29日，广东省委、省政府在广州召开全省深化文化体制改革工作会议，会后出台了《中共广东省委、广东省人民政府关于深化文化体制改革，加快文化事业和文化产业发展的决定》。2007年4月，广东省政府办公厅印发《广东省文化产业发展“十一五”规划》，明确深化文化体制改革，加快政府职能转变，推动政企分开、政资分开、政事分开、管办分离；推动经营性文化事业单位转企改制，完善法人治理结构；不断完善文化市场综合执法的体制机制，进一步加强文化市场综合执法。

2009年7月，广东省委、省政府出台《关于加快提升文化软实力的实施意见》（粤办发〔2009〕22号），首次提出建设文化强省，并提出了广东省提升文化软实力的目标、内涵和要求，指出建设“具有较强实力与竞争力的文化产业体系”。2009年，按照中央的部署和要求，广东文化体制改革全面提速，按照既定的文化体制改革的“路线图”“时间表”和“任务书”，推进改革取得明显成效：率先推进文化管理体制、文化微观运行机制、综合执法体制、文化投融资体制以及文化审批制度改革，率先推动文化产业发展和公共文化活动社会化运作。广东省的文化体制改革由试点铺开转入全面攻坚，在试点经验的基础上，通过一系列政策法规的推动，改革不断深化；随着转企改制工作的推进，在重点领域和关键环节不断取得突破，催生了一批颇具实力的国有文化企业，地方出版发行和省级电影制作发行放映单位转企改制任务基本完成，文化体制改革中最难啃的骨头文艺院团的改革也向纵深推进；文化建设从起步发展向快速发展转变，已经由发展经济的“配角”转换为“主角”。2009 年，广州、深圳获得“全国文化体制改革先进地区”荣誉称号；广东珠江电影集团有限公司、广东南方报业传媒集团有限公司、佛山珠江传媒集团股份有限公司获得“全国文化体制改革先进企业”荣誉称号。

2011 年 10 月，党的十七届六中全会召开，研究部署深化文化体制改革、推动社会主义文化大发展大繁荣。全会通过《中共中央关于深化文化体制改革推动社会主义文化大发展大繁荣若干重大问题的决定》，提出“加快发展文化产业，推动文化产业成为国民经济支柱性产业”，“要培育一批核心竞争力强的国有或国有控股大型文化企业或企业集团，在发展产业和繁荣市场方面发挥主导作用”，“创新投融资体制，支持国有文化企业面向资本市场融资”①。

根据经济文化发展的新趋势，2010 年，广东省委十届七次全会作出建设文化强省的战略决策，推动广东从文化大省到文化强省的跨越发展。2010 年 7 月，中共广东省委召开十届七次全会，专题研究文化强省建设，审议通过《广东省建设文化强省规划纲要（2011—2020 年）》，对全面深化文化体制改革、推动社会主义文化大发展作出部署。为保障文化强省建设顺利推进，广东省委、省政府制定文化强省建设综合评价指标体系和广东省建设文化强省规划纲要（2011—2020 年）分工方案和实施文化强省建设“十大工程”。广东省建立健全建设文化强省的财政保障机制，2011—2015 年，全省财政投入 250 亿元以上，用于支持文化强省建设。党的十七届六中全会召开后，广东省委、省政府又按照“补短、扬长、创新”的思路，决定重点抓好文化改革发展的 14 项重点项目，省财政在原有投入基础上，2012 年至 2015 年再增

① 中国政府网：《中共中央关于深化文化体制改革推动社会主义文化大发展大繁荣若干重大问题的决定》，https://www.gov.cn/jrzg/2011-10/25/content_1978202.htm。

加25.6亿元专项资金给予重点支持。

这个时期，广东在文化体制改革上先行一步，在许多重点领域和相关环节都取得了突破，例如报业、印刷出版、流行音乐、网游动漫等在全国处于领先的地位。2012年，广东省荣获“全国文化体制改革工作先进地区”称号，广州、深圳、珠海、佛山、惠州、东莞等10个市也同时被评为“全国文化体制改革工作先进地区”。

三、全面发展阶段（2013年至今）

党的十八大以来，以习近平同志为核心的党中央高度重视文化建设，将文化建设纳入“五位一体”总体布局和“四个全面”战略布局进行谋划部署。在习近平文化思想的指引下，我国社会主义精神文明建设成效显著，中华民族伟大复兴的精神力量全面增强，文化事业发展和文化体制改革取得新突破。

2013年，党的十八届三中全会召开，提出“深化文化体制改革要以激发全民族文化创造活力为中心环节”，实施“完善文化管理体制、建立健全现代文化市场体系、构建现代公共文化服务体系、提高文化开放水平”四项重点任务。2014年2月，习近平主持召开中央全面深化改革领导小组第二次会议，审议通过了《深化文化体制改革实施方案》。2014年以来，我国颁发了一系列文化建设文件：《关于加快发展对外文化贸易的意见》（国发〔2014〕13号）、《关于推进文化创意和设计服务与相关产业融合发展的若干意见》（国发〔2014〕10号）、《关于深入推进文化金融合作的意见》（国发〔2014〕14号）、《关于推动特色文化产业发展的指导意见》（文产发〔2014〕28号）、《三网融合推广方案》（国办发〔2015〕65号）、中共中央政治局审议通过《关于繁荣发展社会主义文艺的意见》、《关于推动国有文化企业把社会效益放在首位、实现社会效益和经济效益相统一的指导意见》（中办发〔2015〕50号）等。同时，加快公共文化服务和文化产业立法进程，完善文化产业政策法规体系，出台《中华人民共和国公共文化服务保障法》和《中华人民共和国电影产业促进法》，这两部法律已于2017年3月1日起施行；2018年3月11日，《文化产业促进法》被建议列入全国人大常委会的五年立法规划。文化和旅游部在2019年6月27日公布了《中华人民共和国文化产业促进法（草案征求意见稿）》，司法部于同年12月13日公布了《中华人民共和国文化产业促进法（草案送审稿）》，使得文化产业相关立法工作取得了阶段性的突破。2021 年，文化和旅游部发布《“十四五”文化产业发展规划》，明确了“十四五”文化产业发展的总体要求、重点任务、保障措施，系统部署指导文化和旅游系统文化产业工作，描绘文化产业发展蓝图，提出以推动文化产业高质量发展为主题，以深化供给侧结构性改革为主线，以文化创意、科技创新、产业融合催生新发展动能，提升产业链现代化水平和创新链效能，不断健全现代文化产业体系和市场体系，促进满足人民文化需求和增强人民精神力量相统一，为社会主义文化强国建设奠定坚实基础[①]。

2024 年 7 月，党的二十届三中全会审议通过《中共中央关于进一步全面深化改革 推进中国式现代化的决定》（以下简称《决定》），指出“深化文化体制机制改革”，并将“聚焦建设社会主义文化强国，坚持马克思主义在意识形态领域指导地位的根本制度，健全文化事业、文化产业发展体制机制，推动文化繁荣，丰富人民精神文化生活，提升国家文化软实力和中华文化影响力”，列为进一步全面深化改革的“七个聚焦”之一，把“在新的起点上推进理论创新、实践创新、制度创新、文化创新以及其他各方面创新”写入进一步全面深化改革必须贯彻的“六个坚持”重大原则之中。《决定》对深化文化体制机制改革作了系统部署，勾勒了在新起点上继续推动文化繁荣、建设文化强国的改革蓝图，充分彰显了中国共产党高度的文化自觉与文化自信。作为重要的纲领性文献，《决定》奏响了进一步全面深化改革、推进中国式现代化的号角，为我们在新的起点上加快文化改革发展指明了前进方向。

乘着新时代的浩荡东风，广东文化建设进入新的发展壮大阶段。广东省宣传思想文化领域贯彻落实中央和省委的战略部署，以新发展理念为引领，深入实施创新驱动发展战略，加快推进供给侧结构性改革，扎实推进文化改革发展。广东在全面深化改革的整体战略布局之下，统筹协调，攻坚克难，全面实施深化文化体制改革战略任务，先后编制了《“十三五”广东省文化发展改革规划》《广东省电影发展规划（2015—2020 年）》《广东省文化

① 中华人民共和国文化和旅游部：文化和旅游部发布《“十四五”文化产业发展规划》，https://www.mct.gov.cn/preview/whzx/whyw/202106/t20210608_925081.htm。

和旅游发展“十四五”规划》《广东省促进文化和科技深度融合实施方案（2021—2025年）》等系列专项规划。为了全面落实国家支持文化改革发展的优惠政策、落实国家关于文化体制改革中经营性文化事业单位转制为企业和进一步支持文化企业发展等经济政策，还出台了《广东省推进文化创意和设计服务与相关产业融合发展行动计划（2015—2020年）》《关于促进我省文化和科技融合发展的意见》《关于加快文化强省建设的若干文化经济政策》《关于促进文化旅游融合发展的实施意见》《关于贯彻落实深入推进文化金融合作的实施意见》《关于释放旅游消费潜力推动旅游业高质量发展的若干措施》等一系列重要的政策文件，在财税、金融、劳动保障、土地使用、人才等多方面支持文化产业发展。制定《广东省推进“粤港澳大湾区文化圈”建设三年行动计划（2019—2021年）》，落实“共建人文湾区”部署。各地文化部门也纷纷研究出台本地文化产业发展配套政策，全面部署文化产业发展工作，为文化改革发展营造了良好的政策环境。

2021年1月，广东省委十二届十三次全会提出，要“打造数字文化引领地、文化创意新高地、文旅融合示范地”和“加快打造大湾区世界级旅游目的地”，为全省文化和旅游产业发展确立目标。2022年2月，扎实推进文化强省建设大会在广州召开，提出要聚力实施“六大工程”，对新发展阶段文化强省建设进行再部署、再推动。2023年1月28日，广东召开全省高质量发展大会，为广东经济高质量发展描绘奋进蓝图，吹响全省高质量发展的冲锋号。2023年6月20日召开的中国共产党广东省第十三届委员会第三次全体会议作出了“锚定一个目标，激活三大动力，奋力实现十大新突破”的“1310”具体部署，强调要扎实推进文化强省建设，在努力交出物质文明和精神文明两份好的答卷上取得新突破，不断丰富高品质文化供给，面向世界讲好中国故事、大湾区故事、广东故事，建设好展示中华民族现代文明的重要窗口。2024年2月18日，广东再度召开全省高质量发展大会，聚焦产业科技话创新、谋未来，不断夯实实体经济为本、制造业当家的根基，持续推动高质量发展。广东省委书记黄坤明在大会上发表讲话，强调要深入学习贯彻习近平总书记视察广东重要讲话、重要指示精神，坚定不移走好高质量发展之路，抓住科技创新这个“牛鼻子”，把创新落到企业上、产业上、发展上，奋力建设一个靠创新进、靠创新强、靠创新胜的现代化的新广东。会议还分别围绕科技赋能产业支撑“百千万工程”实施、现代产业体系建设、深入实施创新驱动发展战略、加强粤港澳人才协作、金融赋能产业科技高质量发展等主题展开研讨，进一步集思广益、凝聚共识、汇聚力量，扎扎实实推动新的一年相关工作取得新的更大成效[①]。

一项项充满全局性和前瞻性的顶层设计，为广东文化产业发展明确了方向。随着党的二十届三中全会的召开，广东文化建设进入新的发展壮大阶段，在深化文化体制机制改革、公共文化服务体系建设、文化产业转型升级、文化金融合作、小微企业扶持、文化与科技融合等方面有了新的突破和发展。广东是改革开放的排头兵、先行地、实验区，在中国式现代化建设的大局中地位重要、作用突出。新时代新征程，广东在推进中国式现代化建设中走在前列，统一思想、凝聚力量的任务更重、要求更高；走好高质量发展之路，文化建设、文化赋能的任务更重、要求更高；守好政治安全和意识形态安全“南大门”，内筑防线、外塑形象的任务更重、要求更高；面对汹猛的信息化浪潮，守正创新、治用并举的任务更重、要求更高。为此，广东在新起点上全面落实《决定》部署，深化广东文化体制机制改革，以新气象、新作为全面推动广东宣传思想文化工作高质量发展，加快建设更高水平的文化强省和展示中华民族现代文明的重要窗口，为推进中国式现代化的广东实践提供坚强思想保证、强大精神力量、有利文化条件。

第二节　改革开放以来广东文化产业的发展成就

改革开放以来，广东坚持走中国特色社会主义文化发展道路，坚持改革开放，坚持新发展理念，坚定文化自信，扎实推进“文化强省”建设，大力推动社会主义文化繁荣兴盛，讲好广东故事，为奋力实现“四个走在全国前列”提供强大精神支撑。通过健全文化产业政策体系、壮大文化市场主体、推动融合发展、推进供给侧结构性改革、促进民间投资等方式，着力推动文化事业和文化产业繁荣发展，推动文化建设迈上新台阶，不断开创新局面，成效显著。

一般来说，一国文化产业增加值占该国生产总值的比重达5%，则文化

① 徐林、骆骁骅、李凤祥、岳宗、符信：《全省高质量发展大会在深圳召开》，《南方日报》2024年2月20日。

产业被认为是该国的支柱产业。广东文化产业于 2014 年首次进入“5% 俱乐部”，文化产业增加值在地区生产总值的比重达 5.24%，成为全国 7 个超过 5% 的省份之一[①]。文化产业已经成为广东名副其实的国民经济支柱性产业和战略性新兴产业。2018—2022 年这五年来，广东文化及相关产业增加值增长 20.7%，在全省地区生产总值的比重超过 5%，成为全省支柱产业，在全国占比维持在 13% 左右，领跑各省份。广东文化产业规模总量连续 20 年居全国首位，挑起“文化生产力”的大梁。2023 年，广东规模以上文化及相关产业企业实现营业收入 22 483 亿元，按可比口径计算，比上年增长 6.0%。其中，文化新业态特征较为明显的 16 个行业小类实现营业收入 7814 亿元，增长 9.7%，增速快于全部规模以上文化企业 3.7 个百分点。分产业类型看，文化制造业营业收入 10 483 亿元，增长 2.3%；文化批发和零售业 2873 亿元，增长 8.0%；文化服务业 9127 亿元，增长 10.0%。分领域看，文化核心领域营业收入 13 352 亿元，增长 10.7%[②]。细分产业门类，2023 年，在文化产业 9 大门类中，广东在新闻信息服务、文化制造、创意设计等 7 个门类的营业收入在全国占比均超过 10%[③]，位居全国前列。2023 年 3 月，中国人民大学文化产业研究院发布“2022 中国省市文化产业发展指数”，广东文化产业企业主体、文化资本和人力资源优势突出，在生产力分指数方面排名全国第一[④]。

近年来，广东持续实施数字创意战略性新兴产业集群行动，数字创意、网络视听、线上演播等“文化 +”新业态做优做强，文化制造业也在加快向数字化、智能化转型。“文化 +”新业态成为广东文化产业新增长点，数字出版产值、动漫产值、网络游戏产值、电影票房收入等多项指标居全国第一。在广东文化及相关产业中，以出版、影视、演艺、文旅、文博等为代表的文化服务业贡献了超过一半的产业增加值，熊出没、猪猪侠、喜羊羊与灰太狼，这些 IP（知识产权）都是“广东造”。2022 年，数字出版产值超 2100

① 林若川：《“数读”广东文化产业》，《南方》2016 年第 24 期。

② 广东统计信息网：《2023 年广东规模以上文化及相关产业运行简况》，http://stats.gd.gov.cn/tjkx185/content/post_4403939.html。

③ 南都大数据研究院、南方智媒科技：《广东文化强音不断！文化产业增加值近 7000 亿，领跑全国》，《南方都市报》2024 年 5 月 24 日。

④ 南都大数据研究院、南方新媒体科技公司：《6910 亿！广东文化产业增加值连续 19 年全国第一，《南方都市报》2023 年 6 月 8 日。

亿元，动漫产值超 600 亿元，分别约占全国的 1/5、1/3；电影票房约占全国的 1/9[①]。2023 年，全省游戏产业营业收入 2450.8 亿元，年增长率为 15.8%[②]，高于全国增速，全国占比首次超过 80%，其中，电竞收入占七成以上。

具体来说，广东文化产业发展所取得的成就，主要体现在以下几个方面。

一、现代文化产业体系初步形成

40 多年来，随着文化体制改革的深入推进，广东文化产业发展环境不断优化，总体规模和实力不断壮大，呈现健康向上、蓬勃发展的良好态势。结构合理、门类齐全、科技含量高、富有创意、竞争力强的现代文化产业体系基本形成，取得了显著成效。

（一）传统产业升级发展

传统文化产业包括影视制作、出版发行、印刷、广告、演艺、娱乐、会展等，是文化产业的基础和主干。40 多年来，广东通过一系列改革措施，催生和促进传统文化产业的发展，并取得累累硕果。

第一，影视产业稳步发展。广东着力提升电影、电视剧、动画片、非新闻类电视节目的生产能力，打造"广东出品"影视精品。

2023 年，广东电影备案项目量排全国省级行政区第 3 位[③]。广东是全国名副其实的最大电影票仓，据猫眼专业平台统计数据显示，截至 2024 年 1 月 1 日 12 时，2023 年中国电影市场年度总票房达 549.23 亿元，同比增长 83.4%。其中，广东省 2023 年全年电影票房达 67.15 亿元，全国占比 12.2%，观影总人次 1.58 亿，达到 2020 年以来最高纪录，年度票房连续 22 年位居全国榜首，稳居"全国第一票仓"[④]。

我国加入世界贸易组织以后，广东民间资本投入电影的热情高涨，出现

① 南都大数据研究院、南方智媒科技：《广东文化强音不断！文化产业增加值近 7000 亿，领跑全国》，《南方都市报》2024 年 5 月 24 日。

② 陈培均：《广东游戏产值全国占比首次超八成，市场营业收入规模超 2450 亿》，《南方都市报》2024 年 1 月 24 日。

③ 佘晓宇：《2023 年电影备案数据出炉：同比增长超六成，头部公司活跃》，《南方都市报》2024 年 2 月 2 日。

④ 蹇玥：《2023 湾区电影：广东蝉联票房第一，作品创新传承岭南文化》，《南方都市报》2024 年 1 月 3 日。

了“百花齐放”的良好势头。广东院线制的建立，开辟了电影发行放映的新纪元。近年来，民营影视企业成为广东电影创作生产的主力军，譬如珠影与民资合作创作生产了《全民目击》等一批优秀作品，“喜羊羊”“熊出没”等系列动漫电影则多次刷新国产动漫电影的票房纪录。在电影产业链的建设上，广东的优势也很突出。2014 年底，广东实现全省县镇多厅数字影院全覆盖，在电影放映技术方面，也拥有一批品牌资源，中下游的优势凸显。

广东不只在电影市场票房方面一直领跑全国，近年来在粤产电影方面也是频频发力，打造了一批叫好又叫座的电影精品。主旋律大片《中国医生》荣获中宣部全国“五个一工程”奖，获得金鸡、百花、华表三个电影节的“最佳故事片”提名，票房达到 13 亿元；粤港合拍商业片《拆弹专家 2》结合了两地电影制作的优势，剧本扎实，上映后打破多项票房纪录；粤剧电影《白蛇传·情》“火出圈”，一路摘“金鸡”，揽“华表”，粤剧电影《谯国夫人》《南越宫词》纷纷荣获金鸡奖最佳戏曲片奖；动画电影《雄狮少年》点燃国漫激情，广东舞狮的精神唤醒了观众心中的雄狮；熊出没、猪猪侠等 IP 依旧活力不减，票房叫好卖座，《熊出没·重返地球》获第 35 届金鸡奖最佳美术片；纪录片《掬水月在手》《点点星光》《棒！少年》等佳作不断……

广东省在电视剧创作领域取得了显著的成就。自 20 世纪八九十年代以来，《公关小姐》《外来妹》《情满珠江》《英雄无悔》《外来媳妇本地郎》《七十二家房客》等一大批电视剧精品在广东这片文化热土上诞生，开启了粤产电视剧的创作高峰。近年来，广东电视剧更是焕发新时代活力，频频产生佳作，不仅有《珠江人家》这样的热播大剧，还有多部优秀电视剧多次斩获大奖，其中《湾区儿女》获得中宣部第十六届精神文明建设“五个一工程”优秀作品奖；《湾区儿女》《扫黑风暴》分别入围第 33 届电视剧“飞天奖”、第 31 届中国电视金鹰奖优秀电视剧提名作品；《扫黑风暴》《夺金》《追梦》获得广东省第十二届精神文明建设“五个一工程”优秀作品奖。2023 年，粤产年代大剧《珠江人家》在央视一套黄金档播出期间全集平均收视率 2.503%，最高收视率突破 3%，成为 2023 年央视一套黄金档收视冠军，其收视率超过了年初的热播剧《狂飙》。

在电视剧创作领域，广东电视剧近五年每年取得发行许可证的电视剧约为20部，稳居全国第4位，约占全国年产量的1/10[①]。2023年，广东省电视剧（网络剧）年产量约35部，稳居全国第一梯队，约占全国产量的1/10。近三年，共有6部作品在央视播出，1部作品获中宣部“五个一工程”奖，2部作品获飞天奖、金鹰奖提名。2023年，在电视动画片、电视纪录片、广播电视节目创作方面，有37个项目获国家级奖项或评优，2部作品获中宣部精神文明“五个一工程”奖，4件作品获总局广播电视大奖，6件作品获评第33届中国新闻奖，3部作品荣获第28届上海电视节白玉兰奖，5个项目入选国家广播电视总局2022年度全国广播电视新闻“百佳”推优等[②]。

广东是动画大省，在动画电影创作方面硕果累累，全国领先。近年来，广东孕育出熊出没、喜羊羊与灰太狼、猪猪侠等一系列全国知名的原创动漫IP。2022年，广东有8部动画电影上映，广东企业出品的《熊出没·重返地球》《喜羊羊与灰太狼之筐出未来》《小虎墩大英雄》三部影片入围第35届中国电影金鸡奖“最佳美术片”奖提名作品，最终《熊出没·重返地球》获得该奖。广东至今上映了9部“熊出没”、8部“喜羊羊与灰太狼”、8部“猪猪侠”系列电影，产生了广泛的社会影响，也收获一众观众的票房认可。值得一提的是，2023年春节档上映的动画电影《熊出没·伴我“熊芯”》成为中国影史春节档动画片票房冠军，“熊出没”系列大电影累计票房超过57亿元，成为中国影史首部票房破50亿元的系列动画电影[③]。此外，还有2021年底火爆全国的《雄狮少年》，影片以广东醒狮文化为背景，讲述了留守少年阿娟从一个纤弱少年通过舞狮一路蜕变，成为家里的顶梁柱、成为自己的光、成为不放弃的“雄狮”的热血故事。它是国产动画“走出去”的优秀案例，该片不仅在国内取得了良好口碑，而且在日本近百家影院上映，获得了专业人士如新海诚、伊藤智彦等人的称赞。

第二，新闻出版产业结构调整和优化升级效果明显，新闻出版业和图书

---

① 周存：《2023广东文化热点③｜粤产电视剧刷不完》，https://culture.southcn.com/node_fe23c50118/cd8a1a434f.shtml。

②《广东省广电局王晓：多部剧片有序推进，制播链条扶持全覆盖》，广东省广播电视局官网，2024-03-20，https://gbdsj.gd.gov.cn。

③ 周存：《2023广东文化热点③｜粤产电视剧刷不完》，https://culture.southcn.com/node_fe23c50118/cd8a1a434f.shtml。

销售业是传统文化产业集群中的支柱产业之一，对文化产业的发展产生重大驱动力。广东的平面媒体在全国一直居于领先地位，在报纸、期刊、图书和音像出版等方面具有一定优势；随着新媒体的迅猛发展，广东数字出版产业和数字阅读得到了快速发展。

40多年来，广东新闻出版业率先进行体制改革，大胆探索新路。广东是中国最早形成报业市场的地区之一，拥有最早成立的报业集团，同时也是报业集团最多、最集中的地区。目前，广东四家大型的报业集团分别是广州日报报业集团、南方报业传媒集团、羊城晚报报业集团、深圳报业集团。四大报业集团的创建历程，体现了广东“敢为人先”的开拓精神：1996年1月，广州日报报业集团作为中央宣传部批准的第一个报业集团正式成立；1998年5月，南方日报报业集团、羊城晚报报业集团相继亮相。期刊和出版也不甘落后：1999年9月，广东新华发行集团正式挂牌，并被列入国家新闻出版署全国首批发行体制改革的三家试点集团之一；1999年12月，广东省出版集团正式成立，是我国内地首批组建的出版集团之一；2002年1月，创刊20周年、品牌无形资产已达20亿元的《家庭》杂志组建我国首家期刊集团——家庭期刊集团，这成为我国期刊业继报业步入集团化后，也走向规模竞争的标志；2002年9月，深圳特区报业集团（1999年成立）和深圳商报社强强合并，成立深圳报业集团，并和广东省出版集团并列为“全国文化体制改革试点单位”，标志广东又一股媒体强势诞生。南方传媒成立于2009年，2016年在上海证券交易所挂牌上市，是广东省级文化产业第一股。南方传媒依托广东省出版集团，聚合了图书、期刊、报纸、电子音像、新媒体等多种介质，形成了集传统出版发行业务与数字出版、移动媒体等新媒体业务于一体的综合性传媒业务架构。

40多年来，广东报刊出版业走过了不平凡的发展道路，实现社会效益和经济效益并重，为促进广东经济文化发展发挥了重要作用。出版产业重点发展连锁经营、现代物流和网络书店等现代出版物流通系统，发展高新技术印刷、特色印刷等。集团大力实施精品双效战略，走专业化、品牌化道路，编辑出版了一大批社会效益和经济效益俱佳的精品力作。广东省出版集团自成立以来，共有《中国桥——港珠澳大桥圆梦之路》等93种出版物荣获中宣部“五个一工程”奖、中国出版政府奖、中华优秀出版物奖三大国家级奖项，推出了《岭南文库》《世界客家文库》《广东华侨史文库》《岭南中医药精华书系》等2000多种弘扬岭南文化的精品力作，出版了王蒙、莫言、金庸、饶宗颐、葛剑雄、肖复兴、钟南山、曹文轩等一批名家大家作品，打造了《新三字经》《健康忠告》《人体使用手册》《广州音字典》《小屁孩日记》等众多畅销书。集团输出图书版权逐年增长，2020年超过280种（不含港澳台地区），输出数量位居全国前列，集团连续14年被评为"国家文化出口重点企业"。集团立项、编写的19个科目的粤版新课标教材，使用范围覆盖全国，粤版教材已成为岭南文化的一个标志性品牌。截至2023年，广东省出版集团连续四年入选"全国文化企业30强"。广东省出版集团控股南方传媒、广弘控股两家主板上市公司，拥有10家出版社，4报26刊，已成为集图书、报刊、发行、印务、数字、投资、文化地产、绿色食品、医药健康、养老服务、旅游酒店等于一体的大型企业集团①。

这些年来，受到互联网、手机媒体等新媒体的冲击和影响，广东报刊业积极实行转型发展，不断加快新媒体平台建设，集中优势资源打造形态多样的新媒体产品……这些融合举措扭转了传统媒体传播力、影响力迅速下滑的局面；传播范围、传播频次、传播有效性进一步提升；占领了信息传播的制高点，坚守并巩固、壮大了主流舆论阵地。虽然纸质报刊的读者数量在明显下降，但是，在某种程度上，报刊的受众规模反倒比原来大了，通过手机、PC（个人计算机）、微博、微信公众号、客户端等数字终端看"报纸杂志"的人比原来更多。这两部分的受众规模相加，甚至已经超过原先的纸媒。

第三，演艺、娱乐和会展业蓬勃发展。40多年来，广东在开放和发展文艺演出、文化娱乐、各类综合及专业文化会展业方面成效显著。

在演艺娱乐业方面，广东通过推进营业性演出单位资产重组，发展演艺经纪商，加强演出协作网络建设；进一步规范和完善文化娱乐、艺术品市场，鼓励连锁娱乐企业的发展，运用高新技术改造传统娱乐设施，创新娱乐业态。在演出行业供需全面复苏的背景下，2023年，广东省共举办营业性演出2.7万场，吸引观众1648万人次，实现票房收入60.03亿元，三项指标均创历史新高，在全国的比重分别达6.1%、9.6%和12.0%。演出类型方面，广东演唱

① 孙磊、张麒翔：《谭君铁：广东省出版集团连续四年入选"全国文化企业30强"，改革创新是关键》，https://news.ycwb.com/2023-06/07/content_51997020.htm。

会演出位居全国第一，广州、深圳演唱会场次、票房均跻身全国前五；广州音乐节举办量及票房均位居全国第二；广州的音乐剧及深圳的话剧、音乐剧、儿童剧、音乐会票房均跻身全国前五，彰显出“演艺粤军”的活力与实力[①]。

广东全力提升演艺活动品质，扩大品牌效应，以演艺品牌盘活演艺资源，构建“湾区核心、国内标杆、国际一流”的文化演艺矩阵。2023 年，广州成功举办了第十五届广东省艺术节、第 31 届中国戏剧梅花奖、2023 广州演艺交易会、2023 广州艺术季，并积极筹备第九届羊城粤剧节等丰富多彩的重磅文艺活动；深圳举办了 2023 深圳“一带一路”国际音乐季、光鸣艺术节、第五届深圳国际钢琴协奏曲音乐周等品牌活动。第十五届广东省艺术节呈现近 70 场文艺演出、3 个名家成果展和 1 个美术书法作品展；2023 广州演艺交易会积极搭建国际演艺交流平台，聚集了来自 10 个国家和地区的艺术家以及 100 多家国家中直院团、各省市国有文艺院团、演艺集团、演艺公司的近千部剧目参加交易会。标志性文化品牌活动在广东省内广泛开展，既盘活了演艺资源，也让更多观众享受到丰硕的文艺成果。

广东积极推进文化会展业，深圳文博会、东莞漫博会、中山游博会等各类文化会展蓬勃发展，成为促进广东文化产业发展的重要平台。尤其是中国（深圳）国际文化产业博览交易会，即“深圳文博会”，是目前我国唯一一个国家级、国际化、综合性文化产业博览交易会。深圳文博会自 2004 年创办以来，品牌影响力越来越广泛，国内外客商参展热情越来越高，展出精品越来越多，成交金额越来越大，对推动文化大发展大繁荣的作用更加凸显，已经成为展示文化改革发展成果、促进中外文化交流合作的亮丽名片。

（二）新兴文化产业发展迅猛，文化新业态领军全国

随着科技的不断进步和文化体制改革的不断深化，广东的新兴文化产业如数字出版业、数字音乐、网络动漫、手机产业等发展迅猛。尤其是近年来，广东省文化新业态蓬勃发展。在“互联网 +”方面，广东不断创新网络文化产品和服务，建设了一批大数据、云服务平台，培育了一批网络文化产业基地，涌现一批行业巨头。在“文化 +”方面，随着文化产业的不断发展，其

---

① 钟欣：《2023 广东演出票房全国占比 12%，演唱会场次、票房第一》，《南方都市报》2024 年 6 月 13 日。

产业边界不断得到扩展，逐渐呈现出跨界融合、加速发展的趋势。为此，广东大力推动文化产业与制造、信息服务、教育、旅游、体育等快速融合发展。通过抓牢“文化＋制造”“文化＋旅游”“文化＋体育”等抓手，推出了诸如中国传统文化元素陶瓷、中国国际马戏节、中山市国际棒球小镇等一系列极富岭南特色的文化产品。

大数据、云计算、人工智能、区块链、元宇宙等前沿技术，孕育着新质生产力。广东文化制造业也在加快向数字化、智能化转型：数字出版、动漫游戏、网络视听等文化新业态持续领军全国；广州、深圳打造了若干个千亿元级文化新业态集群。2023年，全省文化制造业规模以上企业营业收入约1.05万亿元，全国占比超过1/4，产生一批具有全球竞争力的文化制造“小巨人”“独角兽”企业[①]。从华为推出的影视制作AI渲染技术到华强方特对飞翔球幕、幻影成像等前沿技术的成熟运用，广东在新型影院系统、影视虚拟制作及预演、数字多媒体娱乐设备等多个领域，都练就了领先全国的“看家本领”。

广东的文化企业在发展过程中，纷纷发力“文化＋科技”，文化与科技融合势头喜人。按照《国家文化科技创新工程纲要》《关于促进文化和科技深度融合的指导意见》和广东省委、省政府战略部署，在过去十来年中，广东不断深入推进文化科技创新和产业发展，培育了一批文化科技融合企业和文化新业态新模式，助力打造粤港澳世界级数字文化中心。截至2022年，广东已建成文化产业园区基地300多个，创建8家国家级文化和科技融合示范基地、3家国家级对外文化贸易基地，一批标杆企业和园区引领潮流[②]。2024年3月，文化和旅游部决定命名219家企业为新一批国家文化产业示范基地，确定165家示范基地通过复核，保留命名，其中，广东12家企业上榜新一批国家文化产业示范基地名单，14家示范基地通过复核[③]。广东组建了广东网络广播电视联盟，广东广播电视台在国内率先进行了4K超高清电视试验播出。

① 杨逸、昌道励：《文化产业粤军领潮向“新”》，《南方日报》2024年5月22日。

② 广东省委党校红色文化研究课题组：《以文化强省建设赋能广东高质量发展》，《南方》2023年第6期。

③ 于艳彬：《国家级文化产业示范基地名单公布，广东26家上榜！》，https://news.southcn.com/node_54a44f01a2/2de12a807a.shtml。

大力发展文化新型业态，支持发展4K/8K电视、数字出版、动漫网游、数字娱乐、移动新媒体、网络视听、虚拟现实/增强现实等，打造领军全国的文化新业态集群，支持建设4K/8K电视网络应用、新媒体4K/8K云服务平台、4K/8K制作转播服务、国家ISLI标准产业化应用、版权云平台等重大文化科技项目。

广东在“文化+金融”方面的作为，则显得更加大刀阔斧。近年来，广东在每年投入财政资金支持文化强省建设的同时，着力以金融为杠杆，推进国有文化企业创新驱动、转型升级，相继组建3只百亿元量级的基金：广东省新媒体产业基金、广东南方媒体融合发展投资基金和全媒体文化产业基金，以及总规模50亿元的珠影越秀影视文化产业发展投资基金。

“文化+科技+旅游”跨界融合，打造文旅体验新业态。在“文化+旅游”方面，广东历来高度重视发展旅游业，深入推动大众旅游、探索发展绿色旅游、加快培育智慧旅游、积极倡导文明旅游，南粤大地旅游业发展呈现向上向好的良好态势。广东创新推出历史文化游径、大湾区文化遗产游径、文化和旅游特色村等精品线路、片区超过400条（个）；粤港澳大湾区世界级旅游目的地落地实施；广州、深圳、佛山、惠州、东莞、江门共6个城市入选国家文化旅游消费试点城市。“广东省文化和旅游融合发展示范区”自2016年起每两年评选一次，第一批有潮州古城文化旅游特色区等8家，第二批有广州市沙湾古镇等6家，第三批共评选出广州永庆坊、珠海横琴长隆国际海洋度假区等11家，加快了文化旅游产业的转型升级。“十三五”期间，广东省旅行社数量、入境过夜旅客、五星级饭店总数、全省旅游总收入、星级饭店总数均居全国第一。

近年来，广东文旅融合新载体不断涌现，文旅融合项目各地落子。广东省文化和旅游融合发展示范区、基层综合性文化服务中心与旅游服务中心融合发展和文旅融合“粤书吧”等成为广东文旅融合发展的重要载体。广东还开展“百城百区”金融支持文化和旅游消费行动。联合中国银联广东分公司开展文化和旅游消费支付便利化等工作，充分发挥银联平台枢纽作用和品牌优势，共同打造“政府+金融+文旅”的开放式政企合作平台，以更丰富的资源、更普惠的举措、更多元的渠道，优化消费环境，激发消费潜力，助力企业经营，增强群众获得感。

（三）文化产业区域布局初步形成

40 多年来，广东文化产业整体发展迅猛，但也存在不同城市之间、城乡之间发展不平衡的问题。为此，广东采取措施，优化文化产业布局，努力做到不同区域之间优势互补，全面发展、协调发展。

目前，在文化的区域布局方面，广东以内容创意生产为核心的文化服务业增长较快，占比持续提高。广州、深圳着力打造“创意之城”“设计之都”，珠三角其余各市创意设计、印刷复制、工艺美术、演艺娱乐、文化设备制造等产业发展突出，粤东、粤西、粤北地区依托特色文化资源，大力发展文化旅游、工艺美术、文化产品制造等，区域特色产业初见规模。全省以珠三角为龙头，粤东、粤西、粤北优势互补、错位发展、互为上下游的格局基本形成，推动了文化新业态产业布局优化和集聚发展。涌现出以华强文化、腾讯、易尚展示、环球数码为代表的一大批拥有自主知识产权、具有较强竞争力的龙头企业。

二、全面发力文化领域“放管服”和供给侧改革，提供更优质的文化产品和服务

第一，广东不断深入推进文化领域“放管服”改革。广东省文化和旅游厅职能范围文化市场领域所涉及的行业已全部向非公有制企业开放，不同所有制企业享受一视同仁的审批管理政策，同时通过放宽准入、简化审批流程，激发了广大文化企业发展活力。以由各级文化部门命名的文化产业园区、基地为代表的一批文化产业集聚区和骨干文化企业竞争力、影响力和自主创新能力不断增强。同时，通过放管结合，优化服务，加强文化营商环境建设。广东落实国家关于深入推进行政审批制度改革的要求，提高行政审批效率，对文化市场主体的审批，能依法取消的依法予以取消，不能取消的，则探索改为备案，将文化领域行政审批时限在规定时限基础上压缩 50%。

第二，在引导民间投资进入文化产业方面，广东通过放宽市场准入、加大对文化企业培训力度、开展政策宣传、鼓励行业组织发展、推进政府向社会力量购买公共文化服务等多种措施，激发民间投资活力。在国家政策引导和宏观经济形势的影响下，文化产业高附加值的特性吸引了投资者的目光，成为各类资本投资热点。据统计，“十二五”时期，广东文化产业投资保持

较高的增长速度，累计完成投资5219.81亿元，年均增长19.5%，增幅比整体投资高2.9个百分点，比“十一五”时期高3.6个百分点[①]。“十三五”时期，广东文化产业增加值年均增速超过10%[②]。投资资金特别是民间资本投资到位率高，投资结构优化提升，一批有影响的文化产业投资项目已经建成或即将建成投产。以腾讯、阿里巴巴等为代表的大型企业集团通过并购、控股、参股、股权投资等形式，全面进入文化产业领域。

第三，大力推进文化产业供给侧结构性改革，注重引导文化企业提供优质产品和服务，为消费者提供更多更好的选择，提高文化产品和服务的有效供给。目前，推动文化消费试点工作已初见成效。广州市、深圳市、惠州市、佛山市被列入第一批国家文化和旅游消费试点城市，江门市、东莞市被列为第二批国家文化和旅游消费试点城市。截至2024年1月，广东共有15家国家级夜间文化和旅游消费集聚区，数量居全国前列[③]。广东还鼓励各地市结合当地特色文化资源优势，因地制宜，多措并举，通过举办文化惠民活动、打造文化消费集聚区、发展线上消费等措施，积极培育新兴文化消费业态，促进文化消费，满足人民群众多样化的精神文化需求。广州、深圳（福田区）、惠州被列入国家第一批扩大城乡文化消费试点城市，其中广州市的“文化产业交易季”“文化消费补助工程”，深圳市福田区的“文化＋移动互联网”“文化＋金融消费”“文化＋社会关爱”工程，惠州市的“十分钟文化圈”和农村“十里文化圈”、文化惠民卡创建工作等，都取得了明显成效。

作为我国开放程度最高、经济活力最强的省份之一，广东是全国最大的客源地市场，亦是最具活力的旅游目的地之一。广东作为旅游强省，近年来积极打造“文化＋旅游”产业生态圈，加快将粤港澳大湾区打造成世界级旅游目的地。重点文旅项目是重要抓手之一，文旅项目的创新力，成为在推动文旅产业发展、赋能乡村振兴、优化文旅供给促消费扩内需等方面起到作用

① 广东省文化厅：《十八大以来广东推动文化产业发展成效显著 持续领跑全国》（文号50416），2017年10月9日。

② 黄宙辉、粤文旅宣：《广东省文旅厅：守护传承岭南文脉 抵达更美“诗和远方”》，《新快报》2022年5月22日。

③ 林诗妍：《再增4家国家级夜间文化和旅游消费集聚区，广东文旅亮招牌》，《南方都市报》2024年1月29日。

的关键要素。广东出台了《广东省促进全域旅游发展实施方案》《加快推进文化和旅游融合发展三年行动计划》《乡村旅游提质升级行动实施方案》等系列文件，推动文旅产品的高质量供给，拉动全省旅游总收入及入境过夜游客等指标居全国第一。

三、推动传统媒体和新兴媒体融合发展，助力媒体转型

随着新媒体的迅速崛起，媒体深度融合成为媒体未来发展的新要求。广东因势利导，实施移动优先战略，加快推动传统媒体和新兴媒体深度融合发展，省市主要媒体借助资本力量，加快推动媒体深度融合发展，一批媒体融合和新媒体标杆项目崭露头角，全新的融媒体矩阵初具规模，形成全产业链发展格局。

2016 年，广东在全国首开先河，融合了南方报业传媒集团和广东广播电视台等优质资源，组建了集“媒体、数据、交易”三大业务于一体的南方财经全媒体集团。在此基础上，又进行了“中国自贸区信息港”“粤港澳大湾区研究院”等重大创新项目，也取得了重要进展。

四、多措并举，完善文化市场体系

近年来，广东省通过推进简政放权，实施“先照后证”制度，文化市场主体规模不断扩大。综合运用日常执法检查、暗访评估、双随机抽查、集中巡查等手段，加强文化和旅游市场日常经营和相关活动监管，及时发现并整治违法违规行为。加强线下线上旅游市场监管，组织开展未经许可经营旅行社业务、“不合理低价游”专项整治行动，推进打击治理跨境赌博旅游管控工作，发布未经许可经营旅行社业务系列典型案例，发布重大节假日在线旅游市场价格预警，依托粤港澳大湾区“9+2”城市旅游市场监管协作机制加强重点区域联合执法。加强重点旅游案件督办查办，采取集中办案、以案施训等方式，集中查办一批不合理低价游案件。适时在媒体上曝光一批典型案件，震慑违法违规经营行为。

五、对外文化贸易以新业态为重点，出口不断增长

广东出台《关于推动文化产业高质量发展的意见》和《关于印发广东省推动服务贸易高质量发展行动计划（2021—2025 年）的通知》，均将发展对

外文化贸易列为重点工作予以长期推进，积极培育一批国家文化出口重点企业和重点项目，扩大文化艺术、广播影视、网络视听、动漫游戏、创意设计等具有广东特色及优势的文化产品和服务出口。近年来，围绕“一带一路”建设，广东以新业态为重点的对外文化贸易新模式逐步形成。

广东以对外文化贸易为加快转变文化发展方式、推动文化产业快速发展的重要抓手，大力实施文化“走出去”战略，取得了显著成效。广东的国家对外文化贸易基地（广州）、国家对外文化贸易基地（深圳）入选国家对外文化贸易基地，入选数量位列全国第一。2022 年 1—10 月，广东文化产品和服务出口 3451 亿元，同比增长 12.8%[①]。全省形成较完备的文化产品出口体系，出口覆盖 160 多个国家和地区，在出版版权、动漫游戏、创意设计、文化装备制造等领域培育了一批具有国际竞争力的重点出口企业和品牌。

第三节　改革开放以来广东文化产业的发展经验

改革开放后，尤其是党的十八大以来，广东文化改革发展所走过的道路，体现了在全面深化改革及推进国家文化治理的总体战略目标指引下，以马克思列宁主义、毛泽东思想、邓小平理论、“三个代表”重要思想、科学发展观、习近平新时代中国特色社会主义思想为指引，不断攻坚克难，勇创岭南文化高地的特征。2018 年 3 月，习近平同志在参加十三届全国人大一次会议广东代表团审议时提出“发展是第一要务、人才是第一资源、创新是第一动力”的重要论断，这其实也是对广东改革开放 40 多年来所取得的经验的最精准概括。具体来说，广东在文化改革发展领域先行先试的经验，主要表现在以下几个方面。

一、明确文化建设的方向，坚持中国特色社会主义文化发展道路

40 多年来，广东始终高举中国特色社会主义伟大旗帜，坚持党对文化工作的领导，牢固树立政治意识、大局意识、核心意识、看齐意识，在思想上、政治上、行动上同党中央保持高度一致，自觉将文化工作置于党和国家工作

① 毕嘉琪、刘奕伶、王芳等：《从“出圈”到“出海” 岭南文化在新征程上乘风破浪》，《南方日报》2023 年 6 月 6 日。

大局中谋划部署、将中央大政方针严格落实到位。尤其是近年来，广东始终把文化强省建设纳入“1+1+9”工作部署，摆在更加突出的位置，坚定文化自信，增强文化自觉，努力塑造与广东经济实力相匹配的文化优势，做好一张又一张“文化答卷”。

回顾党的十八大以来广东在文化建设、发展文化产业新业态方面所取得的成就，最根本的经验就是深入贯彻习近平新时代中国特色社会主义思想，坚定文化自信，坚持中国特色社会主义文化发展道路，扎实推进文化强省建设。坚持社会主义先进文化的前进方向，将培育践行社会主义核心价值观作为首要任务；坚持把社会效益放在首位，努力实现社会效益与经济效益相统一。坚持以人民为中心的发展思想，将中华优秀传统文化、革命文化和社会主义先进文化传承好弘扬好，讲好中国故事、广东故事，为群众提供更多更好的文化产品，提升广东文化软实力，建设文化强省，打造岭南文化高地。

二、坚持新发展理念，发展质量跃上更高台阶

发展是第一要务。高质量发展是全面建设社会主义现代化国家的首要任务，是新时代的硬道理。改革开放以来，广东按照中央的要求和部署，坚持解放思想、实事求是，坚持改革开放，坚持新发展理念，牢牢抓住发展这个解决一切问题的“总钥匙”，靠着一股子拼劲和闯劲，实现了大发展，交出了漂亮的成绩单：广东的地区生产总值由 2012 年的 5.8 万亿元增加到 2023 年的 13.57 万亿元。2023 年，第一产业增加值为 5540.70 亿元，增长 4.8%；第二产业增加值为 54 437.26 亿元，增长 4.8%；第三产业增加值为 75 695.21 亿元，增长 4.7%。由此，广东成为全国首个地区生产总值突破 13 万亿元的省份，广东经济总量已连续 35 年居全国首位[①]。广东改革开放的历程说明，所有的理论和实践都要紧紧围绕发展这个要务、这个目标来进行。坚持新发展理念，坚持高质量发展，大刀阔斧进行改革创新，加快发展，率先发展，协调发展。2020 年 10 月，习近平总书记在广东考察时强调：“坚持新发展理念，坚持高质量发展，进一步解放思想、大胆创新、真抓实干、奋发进取，以更大魄力、在更高起点上推进改革开放，在推进粤港澳大湾区建设、推动

① 黎洁婵：《经济总量再上新台阶！2023 年广东 GDP 突破 13 万亿元》，https://baijiahao.baidu.com/s?id=1788879396331185738&wfr=spider&for=pc。

更高水平对外开放、推动形成现代化经济体系、加强精神文明建设、抓好生态文明建设、保障和改善民生等方面展现新的更大作为，努力在全面建设社会主义现代化国家新征程中走在全国前列、创造新的辉煌。”[①]这也是对广东经验的肯定。只有推动经济持续健康发展，才能筑牢国家繁荣富强、人民幸福安康、社会和谐稳定的物质基础。

在文化建设方面，广东也一直坚持解放思想、实事求是，坚持新发展理念，坚持改革创新，努力发展，加快发展。在计划经济体制文化发展框架下，政府往往单方面强调文化产品生产的意识形态属性，忽视其经济属性和产业属性。改革开放以来，随着市场在配置文化资源过程中发挥着越来越重要的作用，文化产品的经济属性得到了极大的重视，在城市产业结构中的比例也越来越大。在从计划经济到市场经济转型的过程中，广东率先破除过去“文化是消费不是生产”的观念、“先发展经济后发展文化”的观念、“文化只有投入没有产出”的观念、“文化不能有经济效益”的观念，高度重视文化发展的产业属性与经济属性。通过观念创新，以新发展理念推动体制创新和产业发展，因此，广东文化产业能够在全国较早得到发育与成长，并逐渐成为广东国民经济的支柱型产业。

同时，广东打破过去计划经济时代形成的“搞文化靠政府包揽一切”的想法和做法，改变过去公共文化服务产品主要由政府自上而下的输送模式，积极构建现代文化市场体系。在文化的多个领域已实现了多元主体的参与，包括文化事业单位、文化企业、文化类民办非企业、个体从业人员、群众文化团队等多种类型的文化主体已成为广东文化建设的积极参与者。在文化产业领域，95%以上的文化企业都是民营投资，显示市场配置资源的重要作用。文化多元主体参与格局的形成，彻底改变了计划经济体制下政府“一元垄断”的发展模式，逐渐形成市场经济体制下政府主导、多方参与、多元合作的良好格局。

①《习近平在广东考察时强调 以更大魄力在更高起点上推进改革开放 在全面建设社会主义现代化国家新征程中走在全国前列创造新的辉煌》，《人民日报》2020年10月16日。

三、重点发力改革关键环节，以文化创新释放文化生产力

创新是第一动力。习近平同志指出："把创新摆在国家发展全局的核心位置，不断推进理论创新、制度创新、科技创新、文化创新等各方面创新，让创新贯穿党和国家一切工作，让创新在全社会蔚然成风。"[①]广东认识到，要推动内容创新和科技创新，要着眼于发展具有自主知识产权的文化产业，大力发展具有时代特征和岭南特色的原创文化。只有形成本地的文化特色和文化个性，才能增强当地文化产业的竞争力、吸引力和感召力。要大力运用高新科技更新文化生产、传播的手段，使传统文化以新的形态迸发新活力，使文化产品以新的生产传播手段增添新力量，激发新动能，释放文化生产力，培育和发展新质生产力。

惟创新者进，惟创新者强，惟创新者胜。为此，广东将文化体制机制改革、文化领域"放管服"改革与文化产业供给侧改革融合，攻坚克难，重点发力改革关键环节。经济、科技与文化日益融合渗透，不断开辟和拓展文化实践的新领域和新业态。都市文化、网络文化、数字文化产业等快速发展，成为广东当代文化领域创新形态的典型。尤其是近年来，网络文化产业和数字文化产业更得到蓬勃发展。网络游戏、网络文学、网络动漫、网络音乐、网络影视等产业迅速崛起，大大增强了广东文化产业的总体实力。例如喜羊羊与灰太狼、猪猪侠等众多知名动漫 IP，其背后无不贴着鲜明的广东"标签"。

在深化文化行政管理制度改革方面，广东推动文化的"放管服"，出台权责清单，简政放权，加强过程管理与事后监督；推动国有控股上市文化企业股权激励改革。在文化的供给侧改革方面，广东牢牢牵住"文化 +"和"互联网 +"这两大"牛鼻子"，推动"文化 +""互联网 +"，推动文化与科技融合，推动文化与金融合作；加快推进"三网融合""制播分离"；加快发展数字文化产业，推动数字文化产业高质量发展等。尤其是注重依托文化产业，融合发展，全面重塑文化产业发展新格局。如前所述，广东近年来成立的 3 只百亿元基金正逐步释放杠杆作用，推进文艺与文化产业融合发展。投

① 习近平：《在党的十八届五中全会第二次全体会议上的讲话（节选）》，《求是》2016 年第 1 期。

资50亿元打造的中国南方影视中心“广莱坞”，自2016年成立以来，已取得喜人的阶段性成果。“文化＋金融”卓有成效。

四、加强人才培育，加大对文艺精品创作生产的扶持

人才是第一资源。广东制定了《关于广东深化人才发展体制机制改革的实施意见》，将文化产业人才纳入本省人才分类评价评估体系，逐步健全本省文化产业人才评价认定相关办法。加大文化产业人才培养引进力度，根据产业发展的需要，对高层次紧缺急需的文化产业人才，在住房、落户、出入境、停居留、医疗、子女入学、配偶安置、社会保险、入住人才公寓等方面提供便利服务。积极实施省宣传思想文化领军人才、青年文化英才扶持计划，广东省青年文化英才培养工程注重选拔适应新时代宣传思想文化事业发展需要的高精尖缺人才，先后培养了100多名青年人才。每年扶持文艺人才资金在1000万元以上，定期开展广东文艺终身成就奖、“德艺双馨”中青年作家艺术家评选，推出名家大师和优秀中青年文艺人才。实施“当代岭南文化名家”出版工程，宣传推介广东文艺名家及其成就。率先成立广东网络作家协会，团结吸引全省15 000多名网络写手。实施“广东文艺评论提升计划”，为出人才、出精品铺路搭桥。广泛开展“深入生活、扎根人民”主题实践活动，建立文艺家下基层深入生活采风创作长效机制。

为解决粤东、粤西、粤北文化人才发展不均衡问题，近年来，广东大力实施“人才兴文”“人才强旅”战略，为欠发达地区提供坚实的文化和旅游人才支撑。通过购买服务加强基层公共文化队伍建设，近三年向粤东、粤西、粤北地区下达基层公共文化岗位服务购买经费840万元，每年下达2500万元省级财政资金对全省17 000多名农村文体协管员进行补助，将“乡镇（街道）综合文化站专职人员保障率”“行政村（社区）综合性文化服务中心公益文化岗位保障率”等指标纳入公共文化服务评价指标体系。加强乡村文化和旅游人才培训。多角度、有计划、有步骤、分对象推进乡村文化和旅游人才培训工作。加强乡村非遗传承人研修研培。抓好乡村振兴非遗工坊和省级非遗工作站建设，梳理推荐乡村非物质文化遗产代表性项目。

40多年来，广东不断强化政策导向，优化发展环境，加大力度扶持文化精品的创作生产。相关部门出台了一系列文件，包括支持广东电影发展、促

进地方戏曲传承发展、促进广东音乐产业振兴、推动广东美术发展的实施意见及全省性文艺评奖制度改革的意见，召开推动地方戏曲传承发展，推动电影、电视剧、纪录片、音乐、美术繁荣发展等一系列专题会议。在扶持原创作品方面，广东不仅制定了文艺精品创作生产推进计划，成立了广东省文学艺术工作指导委员会，还搭建了“剧本超市”，着力提升原创能力，分类建立动态化的文艺创作生产重点项目库，结合创作指导、资金扶持、过程跟踪等，推动精品生产。

2024年，广东继续安排2.5亿元广东省文艺精品（文艺人才）扶持专项资金，扶持约50个项目。在创作阶段，遴选“扶持项目”，该专项资金扶持的最高标准为：电影、电视剧2000万元/部，舞台艺术1500万元/部，美术创作工程2000万元/项，歌曲创作工程1000万元/项，文学作品100万元/部。在播出阶段优选“奖励激励项目”，奖励标准为：获中宣部精神文明建设“五个一工程”奖等国家文艺大奖最高奖励800万元；在重要电视台黄金时段播出的粤产电视剧，每集最高奖励30万元；对票房成绩突出的粤产电影最高奖励1000万元。例如，2023年，电视剧《青春之城》曾获得奖励990万元；话剧《深海》曾获800万元奖励；电影《白蛇传·情》《谯国夫人》曾分别获400万元奖励。广东还给予最高每年200万元/人的扶持，引入高层次文艺人才、创新团队[①]。这些措施有力推动了广东文化的繁荣发展。

五、多方联动，构建多元社会主体参与文化建设的良好格局

现代社会的结构是由政府部门、企业、社会非营利性组织三大板块组成的。建设文化强省，必须多方联动，积极培育参与文化发展的多元主体，形成相关政府部门、不同所有制企业，不同行业企业、社会组织、公益文化机构参与文化发展的新格局，优化文化领域的组织结构。

党的十八大以来，广东在文化领域积极推动“大众创业、万众创新”，积极鼓励多元主体参与文化建设。广东以科技与金融相结合为手段，以建设“众创空间”和孵化器为载体，出台多项政策措施，努力营造有利于“大众创业、万众创新”的创新环境，“双创”工作形成了较为鲜明的广东特色。

① 黄宙辉、艾修煜、周颜佳：《广东文艺精品创作再攀高峰》，《羊城晚报》2024年3月19日。

近年来，广东不少大型企业、新型研发机构、投资机构等组织积极参与文化产业孵化器建设，形成“孵化器＋”的广东模式。例如腾讯、金发科技、达安基因等大型企业围绕全产业链需求，有针对性地创办孵化器，孵化培育大量科技型中小企业并形成集聚效应。《广东省科技企业孵化育成体系建设发展报告（2022）》显示：目前，广东共建有科技企业孵化器 1111 家，众创空间 1076 家，两类载体数量在全国居首位；全省港澳孵化载体共孵化 1046 个港澳创业团队和企业，并为超 2000 名港澳青年提供孵化服务[①]。广东还积极采用股权投资、产业基金、引导性投资、融资风险补偿与补贴、创投联动等方式，实施了科技信贷专营机构补贴与补偿、科技金融创投联动与补偿、科技金融服务体系建设、设立科技再担保基金、重大科技专项创业投资引导基金等专题项目，带动风投、创投、信贷、保险等社会资本和金融资本共同投入文化产业，形成了多元社会主体合力推动广东文化建设的良好态势。

总的来说，改革开放 40 多年尤其是党的十八大以来，广东在文化改革和发展文化产业新业态方面先行先试，注意统筹协调、重点突破，以改革促发展，全面促进文化事业和文化产业的繁荣发展。改革的重点从效率导向转向价值导向，更加强调文化发展的价值维度和人文内涵；从外延改革转向内容创新，不仅强调体量和规模的扩大，更强调文化品质和社会效益的提升，极大激发了广东文化发展的活力。

① 卞德龙：《广东科技企业孵化器达 1111 家，连续 6 年全国居首》，https://gov.sohu.com/a/580440235_100116740。

第五章 广东文化产业新业态的发展

习近平总书记指出："近年来，互联网、大数据、云计算、人工智能、区块链等技术加速创新，日益融入经济社会发展各领域全过程"[①]，"文化和科技融合，既催生了新的文化业态、延伸了文化产业链，又集聚了大量创新人才，是朝阳产业，大有前途"[②]。当今世界，随着全球化步伐的加快与科学技术的迅猛发展，"互联网 +""文化 +"应运而生。数字赋能时代，为文化与科技、互联网的深度融合带来新机遇。文化与经济、文化产业与现代科技不断走向深度融合，数字技术、数字经济快速发展，文化产业新业态正在培育和成长，文化产业领域正在出现新的平台服务链模式，文化生产力在经济发展中的作用越来越突出。

在新一轮技术革新的浪潮下，广东不断促进文化与科技的融合，文化产业蓬勃发展。"十三五"期间，广东文化产业增加值年均增速超过 10%，文化产业增加值连年占全省地区生产总值比重超过 5%，成为全省支柱产业[③]。2023 年，广东规模以上文化及相关产业企业实现营业收入 2.25 万亿元，增长 6.0%，全国占比超过 1/6（17.36%），文化产业规模总量连续 20 年位居全国首位[④]。数字创意、网络视听、网络娱乐、电子竞技、线上演播等文化产业新业态异军突起，成为广东文化产业的新引擎。

① 习近平：《不断做强做优做大我国数字经济》，《求是》2022 年第 2 期，第 4-8 页。

②《习近平在湖南考察时强调　在推动高质量发展上闯出新路子　谱写新时代中国特色社会主义湖南新篇章》，《人民日报》2020 年 9 月 19 日第 1 版。

③ 刘龙飞：《领跑新动力——广东文化产业高质量发展的密码》，《南方》2021 年第 20、21 期合刊。

④ 刘畅：《聚焦文博会｜广东文化产业"吸睛"又"吸金"！》，https://news.ycwb.com/2024-05/27/content_52711146.htm。

第一节　文化产业新业态的概念界定

随着科技的进步，数字化技术已经成为我们生活中不可或缺的一部分。数字化技术深入渗透到各个领域，引领着社会的变革和发展，给传统产业带来革命性变化和巨大发展机遇。文化与科技不断走向深度融合，不仅促进了传统文化产业的产业升级，还推动了不同文化行业之间的融合，出现了数字出版、网络游戏、数字视听等文化产业新业态。那么，什么是文化产业新业态？它包含哪些内容，有什么特点，与传统业态的关系如何？文化产业新业态的相关概念，是讨论广东文化产业发展时必须厘清的问题。

一、概念的缘起

进入 21 世纪，随着互联网和科学技术的迅速发展，网络文化产业逐渐兴起，并不断衍生出新兴文化产品，这种文化产业发展过程中出现的新趋势，自 2005 年起，就受到了相关部门和部分专家学者的关注。

2006 年 9 月，《国家“十一五”时期文化发展规划纲要》提出，“积极发展以数字化生产、网络化传播为主要特征的数字内容产业”，“积极发展网络文化产业，鼓励扶持民族原创的、健康向上的网络文化产品的创作和研发，拓展民族网络文化发展空间”，“积极拓展新型文化产品和服务，提升文化产业整体技术水平和竞争实力”。[①] 这是国家层面关于发展“新型文化产品和服务”的初步表达。

2007 年 10 月，党的十七大报告指出，“运用高新技术创新文化生产方式，培育新兴文化业态，加快构建传输快捷、覆盖广泛的文化传播体系”[②]，“新兴文化业态”这个概念正式出现是在党的全国代表大会文件里。2012 年，党的十八大报告提出：“促进文化和科技融合，发展新型文化业态，提高文化产业规模化、集约化、专业化水平。”[③]2017 年，党的十九大报告进

① 中国政府网：《国家“十一五”时期文化发展规划纲要》，http://www.gov.cn/jrzg/2006-09/13/content_388046_7.htm。

② 胡锦涛：《高举中国特色社会主义伟大旗帜　为夺取全面建设小康社会新胜利而奋斗——在中国共产党第十七次全国代表大会上的报告》，《人民日报》2007 年 10 月 25 日。

③ 胡锦涛：《坚定不移沿着中国特色社会主义道路前进　为全面建成小康社会而奋斗——在中国共产党第十八次全国代表大会上的报告》，人民出版社，2012，第 32 页。

一步指出，“倡导创新文化”，“健全现代文化产业体系和市场体系，创新生产经营机制，完善文化经济政策，培育新型文化业态”[①]。仔细考察概念提法发生的变化，从“新兴文化产业”到“新型文化产业”，一字之差表明了新文化业态从兴起到初具雏形的动态发展过程。现在很多媒体、学者的研究和部分省市的文件都直接使用“文化新业态”一词，可以理解为等同于“新型文化业态”，本书亦然。文化新业态的发展，受到了从中央到地方的高度重视。

二、文化新业态的界定

文化新业态是一个外延比较广泛的概念，涉及文化产业新业态、文化事业新业态等，其内容十分丰富。

“业态”一词本是舶来词，来源于日本，是日语汉字词语，大约出现于20世纪60年代，原指工商业的营业状态，即营业形态或商业模式。最初用于表征零售企业为满足不同消费需求进行相应要素组合而形成的不同经营形态，但随着经济社会的发展变化，逐渐扩展到服务业、农业、制造业等领域，被用来表征一切产业活动的存在形式或实现形式，为有别于传统的“零售业态”，而称之为“产业业态”[②]。新业态是指“基于不同产业间的组合、企业内部价值链和外部产业链环节的分化、融合、行业跨界整合以及嫁接信息及互联网技术所形成的新型企业、商业乃至产业的组织形态”[③]。

（一）学术界关于“文化业态”和“文化产业新业态”的讨论

专家学者提出了自己的看法。例如，熊澄宇（2007）从文化业态的构成层面，通过辨析文化形态、文化业态与文化生态三个角度，指出文化业态包括文化事业与文化产业两方面，文化事业主要保护公民的基本文化权利，文

① 习近平：《决胜全面建成小康社会 夺取新时代中国特色社会主义伟大胜利——在中国共产党第十九次全国代表大会上的报告》，《人民日报》2017年10月28日。

② 伍业锋：《产业业态：始自零售业态的理论演进》，《产经评论》2013年第3期，第27页。

③ 词语解释来自MBA智库百科，http://wiki.mbalib.com/wiki/%E6%96%B0%E4%B8%9A%E6%80%81。

化产业依靠科技，发展的基本是内容、创意[①]。范玉刚（2008）对“文化产业新业态”做了描述，认为“文化产业新业态主要依托科技创新，特别是当前数字化技术适用和普及，创造了很多有别于传统文化产业、切合时代特征的颇具竞争力的网络文化产品”[②]。李向民（2009）以及黄岑、邓向阳（2011）先后从不同的角度提出文化产业新业态的三个层面[③]。黄伟一（2010）则认为，“新型文化业态是指依托先进的高新科技和科学高效的管理手段，实现集约化、高效益、可持续发展的新的资本运营模式和新的经济增长方式”[④]。杨京钟、吕庆华（2012）认为，“文化产业新业态是创新科技文化及其相关产业的相互合作、全面渗透、互为表里、有机融合，改变了原有产品的特征和市场需求，而产生的一批具有自主核心知识产权的文化产业新业态”[⑤]。吕庆华、任磊（2012）从企业经营管理模式和企业运营状态层面，指出文化业态是指文化企业通过组合文化产品价值链不同要素，应对外部环境、市场竞争及消费者需求变化[⑥]。肖荣莲（2010）指出，通常所说的文化业态是指文化产业生产、销售、服务的形态[⑦]。束春德、蒲艳春（2013）则强调，“文化产业新业态是在现代信息技术推动下，文化内容、科学技术和资本相互融合衍生的新兴文化行业”[⑧]。李凤亮、宗祖盼（2015）认为，文化产业新业态至少包括技术依托、内容为王、多元载体、跨界融合等四个明显特征[⑨]。花建

① 熊澄宇：《对文化大繁荣大发展若干思考》，https://www.tsjc.tsinghua.edu.cn/info/1107/1355.htm。

② 范玉刚：《业态创新的文化竞争力》，《瞭望新闻周刊》2008 年第 4 期；吕庆华、任磊：《文化业态演化机理及其趋势》，《理论探索》2012 年第 3 期。

③ 李向民：《文化产业发展要紧抓新兴业态》，《新闻与传播研究》2009 年第 6 期；黄岑、邓向阳：《两型社会与文化产业新业态的思考》，《今传媒》2011 年第 6 期。

④ 黄伟一：《我国新型文化业态培育研究》，硕士学位论文，上海交通大学，2010。

⑤ 杨京钟、吕庆华：《文化强国视野的新兴文化业态培育》，《重庆社会科学》2012 年第 12 期。

⑥ 吕庆华、任磊：《文化业态演化机理及其趋势》，《理论探索》2012 年第 3 期。

⑦ 肖荣莲：《新型文化业态与文化的多元化发展》，《学术交流》2010 年第 3 期。

⑧ 束春德、蒲艳春：《科技促生文化产业新业态机制研究》，《经济研究导刊》2013 年第 21 期。

⑨ 李凤亮、宗祖盼：《科技背景下文化产业业态裂变与跨界融合》，《学术研究》2015 年第 1 期。

（2021）认为，中国文化产业新业态是聚焦于“互联网 + 文化”、具有新动能和新消费特点的文化经济业态[①]。

根据以上专家学者的研究可以得出，文化业态与文化生产力息息相关，掌握文化生产力的发展脉搏才能把握文化业态的发展方向，同时文化业态以一种集成的方式，根据市场需求，依靠内容、创意以及科技递进性演变。随着现代科技迅猛发展，传统文化产业的概念也随之改变，不适应社会发展的陈旧文化业态和产业门类正在走向衰退，像以 VCD（影音光碟）、DVD（数字影盘）为代表的传统音像业的没落，诸如数字电影、数字电视、数字广播等依靠新技术发展起来的新型文化业态正在蓬勃兴起，提升文化产业的竞争力。

综合相关文献的研究，笔者认为，文化业态，也就是指文化事业、文化产业的形式和形态。不断涌现的新型文化业态体现文化产业发展的客观规律，表现文化产品和服务领域的改革创新。文化与科技加深融合是文化发展的需要，在文化领域更加广泛应用现代科技；创新文化业态是文化发展的必然要求，百花齐放的新型文化业态为文化产业发展提供源源不断的活力。

（二）学术界关于“新型文化业态”的讨论

对于什么是“新型文化业态”，学术界和行业迄今没有统一的概念界定。学术界的主要观点有：熊澄宇（2008）认为新型文化业态是文化内容、科技和资本融合的产物，关键是内容，具有原创性、差异性以及不可替代性的内容支撑新型文化业态站住脚；胡惠林（2008）提出新型文化业态很大程度上掌控文化财富，文化财富本质是文化内容的创新和内容的衍生力，着重强调内容的重要性；祁述裕（2009）认为网络技术、通信技术和数字技术不仅带来新型文化产业的兴起，也被广泛应用于传统文化产业，成为促进传统文化产业发展升级的重要动力，强调传统文化业态转型中科技的作用力；王健（2011）指出新型文化业态是指为向消费者提供多层次、多类型的文化内容产品，而利用各种数字技术和软硬件载体，进行数字化创作、编辑、生产制作及传递，将图像、文字、影像、语言等内容进行整合，强调科技的支撑力；

① 花建：《在线新经济与中国文化产业新业态：主要特点、国际借鉴和重点任务》，《同济大学学报》（社会科学版）2021 年第 3 期。

杨京钟、吕庆华（2012）指出新型文化业态基于传统文化产业转型发展，为消费者提供创新内容，具有最新创意的文化产品和文化服务，通过各类网络技术、数字技术及软硬件载体等科技，将传统文化产业业态中的影（声、图）像、语言和文字等内容与现代科技相互融合，进行数字化技术的编辑、创新、制作，再通过互联网络技术及其媒介传递与传播，进一步强调传统文化业态中科技的推动力①。综上所述，可以看出，新型文化业态依然以内容为王，更多强调现代科技在不断完善文化产业类型、结构及功能中的“效能”。

（三）文化新业态的界定与分类

《中国文化产业学术年鉴（1979—2002 年卷）》认为：“新的文化业态是指网络技术与数字信息技术推动下不断衍生的文化业态。其核心技术是网络数字化技术；其表现和销售的内容应该属于文化领域；其呈现的主要载体是电脑、手机和其他移动存储等终端平台。”②而《中国广州文化发展报告（2016）》则认为：“‘文化新业态’是相对于传统文化业态而言的，主要是指以知识、科技、信息、智力、符号与媒介为主要运营资本的文化经济形态。”③

笔者认为，文化新业态是指凭借互联网和数字技术支持衍生出来的、与文化产品和文化服务有关的文化业态。既然称为“新”，就离不开“旧”即传统文化业态。文化新业态显然脱胎于传统的文化业态，明确区分两者的具体范畴是我们界定概念的第一步。文化新业态是文化与科技融合的产物，内容的价值在于其原创性、差异性以及不可替代性。文化新业态可分为综合类、视听类、文本类和功能类四大门类，涵盖 20 个细分领域（见表 5–1）。

---

① 以上观点可参见：祁述裕：《我国文化产业发展的几个重要特点》，《山东社会科学》2009 年第 2 期，第 9–13 页；王建：《新型文化业态的概念、分类及特征》，《中国城市经济》2011 年第 10 期，第 92–97 页；杨京钟、吕庆华：《文化强国视野的新兴文化业态培育》，《重庆社会科学》2012 年第 12 期，第 20–25 页。

② 王育济、齐勇峰、侯样祥、韩英主编：《中国文化产业学术年鉴（1979—2002 年卷）》，山东大学出版社，2010，第 616 页。胡洪斌、王倩：《新型文化业态与文化产业转型态势研究》，《曲靖师范学院学报》2014 年第 2 期。

③ 徐俊忠、陆志强、顾涧清主编：《中国广州文化发展报告（2016）》，社会科学文献出版社，2016，第 23 页。

表 5-1 文化新业态的基本分类

类别	核心内容	业态细分	备注
综合类	资讯综合	互联网门户网站	传播和终端技术不同，但运营模式和盈利模式一致，主要门户网站也涉及手机门户网站
		移动互联网	
视听类	影视	网络视频	传播和终端技术不同，视频格式、内容等也因观看者的观看要求不同而有所区别，盈利模式不同
		手机视频	
		IPTV（网络电视）	
		移动电视	
	音乐	在线音乐	传播方式的不同导致盈利模式不同
		无线音乐	
文本类	文艺	网络文学	网络杂志多媒体化，直接网络发行，无线下发行；网络在线文学和动漫是读者与作者互动的平台，即时更新出版发行，线上和线下同时出版，两者在终端、经营、盈利模式等方面各有不同
		在线动漫	
		网络杂志	
	期刊	手机报、电子报	传播手段和内容来源不同，但都是传统报纸和期刊的不同表现形式，基本仍是二维的
		数字期刊	
功能类	游戏	网络游戏	终端不同，受众的需求不同，游戏内容大小不同，盈利模式有所区别，但是两者随着终端的融合，也将趋于融合
		手机游戏	
	教育	网络远程教育	涉及数字教育产品的出版
	社交	SNS（社会性网络服务）	有功能和传播方式互相融合和替代的趋势
		博客、微博	
	广告	户外媒体广告	传播手段和空间不同
		网络广告	

资料来源：赛迪顾问数据库；徐俊忠、陆志强、顾涧清主编：《中国广州文化发展报告（2016）》，社会科学文献出版社，2016。

三、文化产业新业态的界定

文化产业新业态是在互联网信息技术与数字技术推动下，不断衍生的新型文化行业。从文化产业新业态的内涵来说，文化产业新业态指的是在新传播环境和数字经济时代下，以文化创意、科技创新等手段，推动传统文化业态自我扩张或融合其他产业所产生的一系列新兴业态。文化产业新业态与传统业态区分的关键在于互联网和数字化技术。可以说，文化产业新业态从范畴上涵盖了新技术条件下的网络数字化文化产业，即数字文化产业。

（一）文化产业新业态与传统文化产业的异同

文化产业新业态与传统文化产业既有联系也有区别。联系在于，文化产业新业态仍主要以传统文化产业为基础，进而引入科技并融合发展，因此文化产业新业态等于“科技 + 传统文化产业”，是传统产业融合了科技后的扩张和裂变。其区别在于，文化产业新业态的“新”主要是由于高科技的引入，传播手段、载体乃至内容较传统文化产业都有了很大差异。

这种差异主要体现在三个方面。首先是传播手段的变化。通过网络进行传播的文化产品，可以抛开原有实体的羁绊（如物流运输、实体展示的传播方式）而更集中、更迅速、更廉价、更广泛地进行传播，大大提高了传播的广度与速度。其次是文化载体的演进。过去纸质的图书、报纸、杂志等产品都可以通过智能手机、平板电脑等移动终端设备与网络呈现出来，从实体的物质空间转入虚拟的网络空间，产生手机报、电子图书与电子期刊等新的文化形态。最后是文化内容的变化。创意和创新是文化新业态的主要特征，文化产业新业态所表现出来的内容上的变化较传统文化产业来得更迅猛、更具颠覆性，自媒体的出现开启了一个崭新与突出的个体形象，导致世俗化内容的个性化发展与内容的市场价值发生变化。

（二）文化产业新业态的主要内容及分类

国家统计局解读 2023 年全国规模以上文化及相关产业企业营业收入数据时指出：“文化新业态特征较为明显的 16 个行业小类实现营业收入 52 395 亿元，比上年增长 15.3%，快于全部规模以上文化企业 7.1 个百分点。”[①] 从文化及相关产业细分行业来看，新业态特征明显的 16 个行业小类是：“广播电视集成播控，互联网搜索服务，互联网其他信息服务，数字出版，其他文化艺术业，动漫、游戏数字内容服务，互联网游戏服务，多媒体、游戏动漫和数字出版软件开发，增值电信文化服务，其他文化数字内容服务，互联网广

① 国家统计局：《2023 年全国规模以上文化及相关产业企业营业收入增长 8.2%》，http://www.stats.gov.cn/tjsj/sjjd/202101/t20210129_1812935.html。

告服务，互联网文化娱乐平台，版权和文化软件服务，娱乐用智能无人飞行器制造，可穿戴智能文化设备制造，其他智能文化消费设备制造。”[①]

从以上论述可见，文化产业新业态的基本内容主要体现在两大方面：一是新媒体产业，涵盖互联网、移动互联网、户外数字媒体、IPTV（网络电视）、数字电视等多个领域。二是多媒体数字内容产业。文化产品生产商利用新兴数字信息技术对传统文化行业进行改造，其核心技术是网络信息技术和数字化技术，是传统产业与科技融合，并加入文化内容后产生的新盈利模式，是文化产业数字化的表现，包括数字娱乐产业、数字出版产业、数字教育产业等。这种分类主要是基于产业形态和产品内容而言的，与表 5–1 提到的文化新业态从功能类型来分类有所不同。文化产业新业态的大致分类和基本内容见表 5–2。

表 5–2　文化产业新业态的基本分类及内容

类别	产业种类	主要内容描述
新媒体产业	基于互联网的数字新媒体产业	门户网站、搜索引擎、虚拟社区、RSS（聚合内容）、网络文学、驻网诗人、网络作家、在线创作、网络杂志、网络广播、网络电视、博客、播客、维客、印客、换客、威客、沃客、粉客等
	基于无线网络的移动新媒体产业	无线门户、手机报纸、手机新闻、手机广播、手机短信、手机彩信、手机游戏、手机广告、手机视频、手机图片、手机彩铃、手机音乐、手机 SNS、移动博客、流媒体、手机网游
	基于广电网络的数字媒体产业	数字电视、楼宇电视、网络电视、移动电视、手机电视等
	基于广电网络的户外数字媒体产业	隧道媒体、路边新媒体、信息查询媒体、户外电子屏广告等
多媒体数字内容产业	数字娱乐产业	数字游戏产业、数字动漫产业、数字音乐产业、数字影音、数字表演产业、电玩设备及衍生产品等
	数字出版产业	电子图书、数字报刊业、数字版权贸易等
	数字教育产业	数字教育系统、数字教育产品、数字教育设备、数字校园网络

① 国家统计局：《2023 年全国规模以上文化及相关产业企业营业收入增长 8.2%》，http://www.stats.gov.cn/tjsj/sjjd/202101/t20210129_1812935.html。

续表

类别	产业种类	主要内容描述
	数字艺术产业	数字艺术制作、数字艺术品拍卖、新媒体艺术、数字特效等
	数字广告产业	搜索广告、展示和赞助广告、富媒体广告、分类广告、其他网络广告

四、文化产业新业态与数字文化产业

“人类正在飞快进入数字化时代、网络时代、光子时代、生命科学时代。任何一种新的发明和技术都是新的媒介，都是人的肢体或中枢神经系统的延伸，都将反过来影响人的生活、思维和历史进程。”[①] 技术的进步直接带来的是社会生产力的发展，同时又会引起人们的生活形式、文化模式和思维方式的变化。如前所述，文化产业新业态从范畴上可以涵盖新技术条件下的网络数字化文化产业，也可以涵盖公益性数字文化事业。2022 年 5 月，中共中央办公厅、国务院办公厅印发的《关于推进实施国家文化数字化战略的意见》指出：“加快文化产业数字化布局，在文化数据采集、加工、交易、分发、呈现等领域，培育一批新型文化企业，引领文化产业数字化建设方向。”[②] 同年 10 月，党的二十大报告指出：“实施国家文化数字化战略，健全现代公共文化服务体系，创新实施文化惠民工程。健全现代文化产业体系和市场体系，实施重大文化产业项目带动战略。”[③] 可见，文化产业新业态可以与数字文化产业、数字文化事业融合发展。它们是不同但又有交叉的概念。

数字文化事业是文化事业与数字化的有机结合体，简单地说，就是文化事业的数字化。数字文化事业的内容是以数字化的资源、智能化的技术、网络化的传播为载体，以满足用户基本文化需求为目的的文化内容，主要包括数字广播电视、电影、电视、手机、数字图书馆、数字博物馆、全国文化信

① 马歇尔·麦克卢汉：《理解媒介：论人的延伸》，何道宽译，商务印书馆，2000，序言第 11 页。

② 中华人民共和国中央人民政府：《中共中央办公厅　国务院办公厅印发〈关于推进实施国家文化数字化战略的意见〉》，http://www.gov.cn/xinwen/2022-05/22/content_5691759.htm。

③ 习近平：《高举中国特色社会主义伟大旗帜　为全面建设社会主义现代化国家而团结奋斗——在中国共产党第二十次全国代表大会上的报告》，人民出版社，2022，第 45 页。

息资源共享工程等服务形式。从文化产业新业态的角度来说，新业态的出现能为大众提供新的公共数字文化平台，包括：（1）公共数字传媒，有广播、电视、电影、手机等；（2）微博、微信等社交媒体平台，可利用一些公益服务的公共账号来发布相关信息；（3）公共数字文化网站，包括数字图书馆、数字博物馆、全国文化信息资源共享工程、数字图书馆推广工程等多种形式的服务[①]。

如前所述，文化产业新业态涵盖了新技术条件下的网络数字化文化产业，即数字文化产业。数字文化产业，顾名思义，就是文化产业的数字化，是“以文化创意内容为核心，依托数字技术进行创作、生产、传播和服务”[②]，引领新供给、新消费高速成长的新型文化业态。

1995 年，西方七国信息会议首次提出“数字内容产业”（Digital Content Industry）的概念。1996 年，欧盟在《信息社会 2000 计划》中将数字内容产业的主体定义为“制造、开发、包装和销售信息产品及其服务的行业”。2008 年，亚太经合组织用以下术语描述了该部门的重要性：随着经济向知识密集型发展，创建、收集、管理、处理、存储、交付和访问内容的信息丰富的活动正在广泛传播到各个行业，为进一步的创新、增长和就业作出了贡献[③]。

2016 年 3 月，中国政府工作报告中首次提出“大力发展数字创意产业”。同年，全国人大审议通过的《中华人民共和国国民经济和社会发展第十三个五年规划纲要》明确提出支持数字创意等领域的发展壮大，与文化产业紧密结合的数字创意产业，首次被纳入国家战略性新兴产业发展规划，成为与新一代信息技术、生物、高端制造、绿色低碳产业并列的五大新支柱产业之一。2017 年 4 月，原文化部发布了《文化部关于推动数字文化产业创新发展的指导意见》，这是首个明确提出“数字文化产业”概念的政策文件，明确提出

① 张宜春主编：《数字文化资源运行模式研究》，中国传媒大学出版社，2016，第 21 页。

② 中华人民共和国中央人民政府：《文化部关于推动数字文化产业创新发展的指导意见》（文产发〔2017〕8 号），http://www.gov.cn/gongbao/content/2017/content_ 5230291.htm。

③ 江小涓：《数字时代的技术与文化》，《中国社会科学》2021 年第 8 期，第 4–34、204 页。

了数字文化产业的发展内涵与核心内容，从发展方向、重点领域、生态体系、政策保障措施等方面对数字文化产业发展做出总体规划。《中华人民共和国国民经济和社会发展第十四个五年规划和2035年远景目标纲要》指出："实施文化产业数字化战略，加快发展新型文化企业、文化业态、文化消费模式，壮大数字创意、网络视听、数字出版、数字娱乐、线上演播等产业。"[①] 这为数字文化产业的发展指明了方向。

五、文化产业新业态的优势与特点

当下，文化内容与数字技术相结合的新型文化业态现已成为文化产业的重要组成部分。数字技术源源不断为文化产业赋能，成为文化产业供给侧改革和高质量发展的重要引擎。同时，文化也为数字技术的创新应用提供了更广阔空间，形成了一系列文化科技类的实用新型专利。文化内容与数字技术相结合，促成了四个层面的文化产业新业态：一是数字技术创造新的文化产业形态，并生产出新的文化作品，如网络游戏、电脑动画等；二是数字技术对传统文化产业的改造升级，如数字出版、网络电视等；三是文化元素融入相关产业后产生新的盈利模式，如创意设计对制造业研发、生产与销售等环节的改造；四是文化与传统制造业相融合，使传统制造业更加人性化，更加具有文化含量，实现产品的换挡升级。这四个内容是文化产业新业态成为经济可持续发展新动能的优势所在。

当前，广东文化新业态在文化创意科技、文化与传统制造业方面发挥了非常重要的作用，不仅有效提高了文化科技创新能力，而且成为推动传统制造业转型升级的重要抓手。从文化产业新业态的战略角度来说，文化产业新业态具有创意与科技融合的特点，拥有低碳环保、高知识含量、高附加值以及对传统产业改造提升等优势，能够成为广东文化产业增长的新亮点。

文化产业新业态具有与传统文化产业不同的特点：一是现代科学技术推动文化产品的生产创新和消费形态多元化；二是创意推动文化及相关产业产品形成鲜明的文化个性和高端的文化品质；三是文化与科技相互促进，融合

① 中华人民共和国中央人民政府：《中华人民共和国国民经济和社会发展第十四个五年规划和2035年远景目标纲要》，http://www.gov.cn/xinwen/2021-03/13/content_5592681.htm。

发展，各行业形成跨界产业融合，并衍生出新兴业态。因此，文化产业新业态能够利用创意与科技资源相互融合的优势，实现文化产业与相关产业转型升级，增强文化产品的吸引力与影响力。

第二节　广东文化产业新业态的崛起

法国文学家福楼拜在19世纪曾预言：越往前走，艺术越要科学化，科学也要艺术化；两者在山麓分手，回头又在顶峰重逢[①]。这种重逢，在21世纪成为现实，但并不仅是重逢，而是“文化与科技融合”，是“互联网＋文化”和“文化＋”的出现。

随着全球化步伐的加快与科学技术的迅猛发展，“互联网＋”不断迸发新活力。“＋”就是跨界融合发展，“＋”就是建立在互联网数字技术基础上的创新驱动，从“互联网＋”“互联网＋文化”到“文化＋”，互联网与文化加速融合、文化与科技深度融合，文化产业新业态发展强劲，逐步成为推动文化产业高质量发展的新动能和新增长点。

一、“互联网＋”：引领数字经济的前进

互联网科技作为人类社会发展的重要动力，对世界经济发展和生产生活方式产生了极其深刻的影响。在第二届世界互联网大会上，习近平总书记指出：“现在，以互联网为代表的信息技术日新月异，引领了社会生产新变革，创造了人类生活新空间，拓展了国家治理新领域，极大提高了人类认识世界、改造世界的能力”，“中国高度重视互联网发展，自21年前接入国际互联网以来，我们按照积极利用、科学发展、依法管理、确保安全的思路，加强信息基础设施建设，发展网络经济，推进信息惠民”[②]。

2015年7月，国务院正式出台《关于积极推进“互联网＋”行动的指导意见》，指出：“‘互联网＋’是把互联网的创新成果与经济社会各领域深度融合，推动技术进步、效率提升和组织变革，提升实体经济创新力和生产力，形成更广泛的以互联网为基础设施和创新要素的经济社会发展新形

① 转引自周飞亚：《科学与艺术美美与共》，《人民日报》2015年5月26日。

② 习近平：《在第二届世界互联网大会开幕式上的讲话》，《人民日报》2015年12月17日。

态。”[①]“互联网+”已被确定为国家战略。如今，互联网已经渗透到经济社会的每个领域，成为国家发展的关键基础设施和驱动社会发展的重要力量。我国互联网应用用户规模保持平稳增长，网民上网总时长保持增长，上网设备使用呈现多元化。2024年3月22日，中国互联网络信息中心（CNNIC）发布的第53次《中国互联网络发展状况统计报告》显示，截至2023年12月，我国网民规模达10.92亿人，较2022年12月新增网民2480万人，互联网普及率达77.5%。其中，我国网络视频用户规模达10.67亿人，占网民整体的97.7%。新入网的2480万网民中，37.8%的人第一次上网时使用的是网络视频应用[②]。

随着互联网、大数据、云计算等技术日益融入社会经济各领域，数字经济得到快速发展。“数字经济是继农业经济、工业经济之后的主要经济形态，是以数据资源为关键要素，以现代信息网络为主要载体，以信息通信技术融合应用、全要素数字化转型为重要推动力，促进公平与效率更加统一的新经济形态。”[③]数字经济的本质在于信息化，是一种互联网经济，其发展同信息技术尤其是互联网技术的广泛应用是分不开的，同传统经济的逐步数字化、网络化、智能化发展也是分不开的。

互联网技术的进步推动着互联网产业日益发展壮大，引领着数字经济的前进。党的十八大以来，习近平总书记多次就发展数字经济发表重要讲话。党的十八届五中全会提出，实施网络强国战略和国家大数据战略，拓展网络经济空间，促进互联网和经济社会融合发展，支持基于互联网的各类创新。党的十九大提出，推动互联网、大数据、人工智能和实体经济深度融合，建设数字中国、智慧社会。党的十九届五中全会提出，发展数字经济，推进数字产业化和产业数字化，推动数字经济和实体经济深度融合，打造具有国际竞争力的数字产业集群。

---

① 中华人民共和国中央人民政府：《国务院关于积极推进“互联网+”行动的指导意见》（国发〔2015〕40号），http://www.gov.cn/gongbao/content/2015/content_2897187.htm。

② 《第53次〈中国互联网络发展状况统计报告〉发布 互联网激发经济社会向“新”力（大数据观察）》，《人民日报》2024年3月23日。

③ 中华人民共和国中央人民政府：《国务院关于印发“十四五”数字经济发展规划的通知》，http://www.gov.cn/zhengce/content/2022-01/12/content_5667817.htm。

在“十三五”时期，我国大力实施网络强国战略、国家大数据战略、“互联网+”行动计划，发展积极向上的网络文化，拓展网络经济空间，促进互联网和经济社会融合发展。目前，我国网络发展全球领先，已建成全球最大的光纤网络、4G网络和5G独立组网网络，网络基础设施全面建成，工业互联网取得积极进展，数字经济得到快速发展。

2022年1月，国务院正式印发《“十四五”数字经济发展规划》，明确了“十四五”时期推动数字经济健康发展的指导思想、基本原则、发展目标、重点任务和保障措施。该文件多处提到“互联网+”，如“互联网+政务服务”“互联网+教育”“互联网+医疗健康”等，提出“立足不同产业特点和差异化需求，推动传统产业全方位、全链条数字化转型，提高全要素生产率”[①]。由此可见，积极推动“互联网+”，促进互联网与传统行业的融合发展，形成新业态新模式，对于不断做强做优做大我国数字经济、促进经济提质增效升级具有重要意义。

2023年10月，国家数据局正式揭牌。国家数据局负责协调推进数据基础制度建设，统筹数据资源整合共享和开发利用，统筹推进数字中国、数字经济、数字社会规划和建设等，由国家发展和改革委员会管理。国家数据局的建立有效统筹了数据、技术、产业以及区域的一体化发展，开始有效地消除数据流通壁垒。在国家数据局的带动下，2024年以来，相继有21家省级数据局或数据管理机构开始揭牌并投入运营，这将有效促进数据、技术以及区域的统一标准化发展，加速数据的流通以及技术、区域的联动发展。

在国家的战略设计和政策指导下，我国数字经济正在迈向新阶段，数字经济与产业的融合转向数字经济之间的融合，即打破技术壁垒与区域壁垒。2024年5月24日发布的《数字中国发展报告（2023年）》显示：“2023年数字中国呈现良好发展态势。2023年我国数字经济保持稳健增长，数字经济核心产业增加值占GDP比重达到10%。数据要素市场日趋活跃，2023年数据生产总量达32.85 ZB（1个ZB等于十万亿亿字节），同比增长22.44%。数字基础设施不断扩容提速，算力总规模达到230 EFLOPS（EFLOPS是指每

① 中华人民共和国中央人民政府：《国务院关于印发“十四五”数字经济发展规划的通知》，http://www.gov.cn/zhengce/content/2022-01/12/content_5667817.htm。

秒百亿亿次浮点运算次数），居全球第二位。”[①] 这些数据也代表着数字经济正在对各产业进行高度赋能。国家税务总局公布的数据显示：2023 年，我国数字经济核心产业销售收入同比增长 8.7%，较 2022 年增长 2.1 个百分点，占全部销售收入的比重达 12.1%。与此同时，企业采购数字技术支出同比增长 10.1%，较 2022 年增长 3.2 个百分点。举例来讲，5G 技术已经实践应用 5G 应用于 97 个国民经济大类中的 71 个，工业互联网更是已经覆盖所有工业大类[②]。

二、“互联网 + 文化”：打造文化产业新业态

随着互联网数字技术的快速发展，文化产业跨界融合日益向纵深发展，传统的文化内容生产、传播和消费的模式也在发生着深刻的变革。“互联网 + 文化”就是互联网对传统文化产业的升级和创新，两者融合发展产生了文化产业新业态。互联网为文化的发展搭建了重要的载体和平台，并为文化产业植入了创新发展的基因。俗话说，文化产业，内容为王。文化产品内容是消费者最期待改进的方面，同时，表现力、传播力也得到较多关注，而互联网新媒体平台的出现可以很好地解决上述需求。以网络演出、网络动漫、网络音乐、网络游戏、网络视频、网络文学等为代表的互联网文化产业，已经成为文化产业的重要板块之一，也是文化消费中最有活力的领域。

在互联网的推动下，文化产业新业态异军突起。近几年，网络尤其是移动互联网成为文化消费的最重要渠道，“互联网 + 文化”这一新兴业态迎来了爆发式增长。尤其是新冠疫情发生以来，“宅经济”促使音乐会、演唱会、晚会以及其他各类表演纷纷以多样化、创新型的内容形式“登陆”互联网，谋求更为广阔的市场空间和传播渠道，线上文化消费继续保持较快增长，彰显出文化产业新业态的巨大韧劲和发展潜力。《2021 年中国网络视听发展研究报告》显示，“截至 2020 年 12 月，中国网民规模为 9.89 亿，较 2020 年 6 月新增 4915 万，其中 20.4% 的人首次上网时使用短视频应用，短视频贡献约

① 环球网：《2023 年我国数字经济核心产业增加值占 GDP 比重达到 10%》，https://baijiahao.baidu.com/s?id=1799907092100522137&wfr=spider&for=pc。

② 证券日报网：《我国数字经济正在迈向新阶段》，http://www.zqrb.cn/finance/hongguanjingji/2024-02-29/A1709179615084.html。

1000 万新网民”；“中国网络视听用户规模达 9.44 亿（单位：人，下同），较 2020 年 6 月增长 4321 万”；“短视频、综合视频、网络直播、网络音频用户规模分别为 8.73 亿、7.04 亿、6.17 亿和 2.82 亿，日均使用时长分别为 120、97、60 和 59 分钟”[①]。

“互联网 + 文化”，促成了“文化 +”的内容新生态和新发展。根据国家统计局对全国 7.7 万家规模以上文化及相关产业企业（以下简称“文化企业”）的调查，2024 年上半年，文化企业实现营业收入 64 961 亿元，按可比口径计算，比上年同期增长 7.5%。其中，文化新业态特征较为明显的 16 个行业小类实现营业收入 27 024 亿元，比上年同期增长 11.2%，快于全部规模以上文化企业 3.7 个百分点。分行业类别看，新闻信息服务实现营业收入 8768 亿元，比上年同期增长 9.8%；内容创作生产 14 628 亿元，增长 10.2%；创意设计服务 10 958 亿元，增长 6.7%；文化传播渠道 7818 亿元，增长 6.1%；文化投资运营 319 亿元，增长 6.1%；文化娱乐休闲服务 819 亿元，增长 5.8%；文化辅助生产和中介服务 7589 亿元，增长 7.0%；文化装备生产 3007 亿元，增长 10.4%；文化消费终端生产 11 054 亿元，增长 3.7%[②]。从上述统计数据来看，内容创作生产的收入在文化产业中占比最高，且最近几年的增速也很快。这和文化产业的本质是相关的。文化产业以生产和提供精神产品为主要活动，以满足人们的文化需要为目标。内容创造是关键也是前提，而传播、销售、配套装备、休闲服务等活动都是围绕文化内容开展的。先有内容，才能有销售，才能有增值业务。脱离了优质内容，其他活动就没有任何价值。

在“互联网 +”背景下，“文化 +”融合化发展成为文化产业在新时代的主要特征。这些年来，为贯彻落实国家“互联网 +”行动计划战略部署，广东主动顺应网络时代发展新趋势，利用互联网技术和资源促进广东经济转型升级和社会事业发展，制定了“互联网 +”行动计划，从加强组织领导、加强政策扶持、加大资金投入力度、开展示范带动、强化宣传引导等方面着手，形成新技术、新产品、新模式、新消费、新业态、新空间。例如，自 2015 年

① 北青网：《2021 中国网络视听发展研究报告：网络视听用户规模达 9.44 亿》，https://t.ynet.cn/baijia/30908146.html。

② 国家统计局：《2024 年上半年全国规模以上文化及相关产业企业营业收入增长 7.5%》，https://www.stats.gov.cn/sj/zxfb/202407/t20240730_1955888.html。

起举办中国（广东）国际“互联网 +”博览会，至今已经成功举办七届。第七届在佛山举办，博览会以“数字赋能，智造未来”为主题，全方位展示制造业数字化智能化转型的发展成果，来自工业互联网、大数据及云计算、数字化智能工厂、互联网前沿技术等海内外知名品牌和企业携最新技术成果、前沿信息到场展出及分享[①]。“互联网 +”博览会为传统行业连接互联网和实现转型发展提供了交流合作平台。

三、“文化 +”：产业融合发展的新形态

“文化 +”，“+”的是什么？是科技，是各类产业与商品，也是让文化真正融入社会和生活方方面面的无限创意。《国务院关于推进文化创意和设计服务与相关产业融合发展的若干意见》指出：“推进文化创意和设计服务等新型、高端服务业发展，促进与实体经济深度融合，是培育国民经济新的增长点、提升国家文化软实力和产业竞争力的重大举措。”[②]由此可见，“文化 +”，其后缀是文化与其他产业融合后附加值的提升。通过促进文化产业与其他产业的融合发展，培育国民经济新的增长点，提高产业的文化附加值。

2022 年 5 月，中共中央办公厅、国务院办公厅印发了《关于推进实施国家文化数字化战略的意见》，指出“夯实文化数字化基础设施，依托现有有线电视网络设施、广电 5G 网络和互联互通平台，形成国家文化专网”，“到 2035 年，建成物理分布、逻辑关联、快速链接、高效搜索、全面共享、重点集成的国家文化大数据体系，中华文化全景呈现，中华文化数字化成果全民共享”[③]。在全面深化改革的新时代，在文化数字化战略的实施过程中，“文化 +”的作用必将得到更大发挥。“文化 +”、文化产业的改革与创新，必须以文化的高质量发展为根本，以推动中华优秀传统文化创造性转化、创新性

① 佛山市人民政府办公室：《2023 中国（广东）国际“互联网 +”博览会在佛山开幕》，https://www.foshan.gov.cn/gkmlpt/content/5/5669/mpost_5669157.html#25。

② 中华人民共和国中央人民政府：《国务院关于推进文化创意和设计服务与相关产业融合发展的若干意见》（国发〔2014〕10 号），https://www.gov.cn/gongbao/content/2014/content_2644807.htm。

③ 中华人民共和国中央人民政府：中共中央办公厅 国务院办公厅印发《关于推进实施国家文化数字化战略的意见》，http://www.gov.cn/xinwen/2022-05/22/content_ 5691759.htm。

发展为旨归。

“文化+数字”，就是将文化内容与数字技术相结合。在文化内容为数字技术的创新应用提供更广阔空间的同时，数字技术也在为其赋能，依托技术和产品载体，讲好中国故事，助力文化产业高质量发展。文化数字化战略是我国数字化整体战略的重要一环，文化数字化是战略、是过程，文化大数据是目标、是成果。在数字时代，数字文化产业已经显示出巨大的作用和潜力。“文化+数字”有利于文化产业培育新型业态，扩大优质文化产品供给，促进产业提质升级，激发文化消费潜力，提升中华文化影响力和国家文化软实力。

“文化+科技”，就是文化与科技的融合发展。如前所述，“互联网+”体现了互联网数字技术给传统产业带来的革命性变化和巨大发展机遇，“文化+科技”则强调文化产业与以互联网技术为代表的高新技术的融合，网络动漫、数字出版、网络游戏、数字视听等文化产业新业态，就是“文化+科技”的结果。高新技术不仅促进了传统文化产品、文化服务与文化消费数字化、智能化加速转型升级，还推动了文化与不同行业之间的融合发展，创造了新型文化业态，形成“越界、渗透、融合、提升”的发展态势。例如文化与工业的融合，可以促进产业转型和工业升级，推动我国从制造大国迈向创造大国；而文化与旅游、体育、物流、建筑等相关产业的融合，可以为文化资源的保护、利用与开发提供载体，为文化的传播与交流提供平台，实现文化产业的市场化和规模化。

简言之，从科技、产业等角度来审视，“文化+”就是跨界融合形成的创新产业模式。我国文化产业发展中的“文化+”，归根到底是“文化+文化”，本质上是促进公益性文化事业和经营性文化产业共同繁荣发展，通过文化产业的发展，推动中华优秀传统文化创造性转化、创新性发展，实现中华文明的发扬光大和锦上添花。这既是增强文化自信的前提，也是建设“文化强国”的目标。

近年来，广东积极探索推进“互联网+文化”与“文化+”，推动实体经济和数字经济深度融合，文化产业与制造、信息服务、教育、旅游、体育等实现了快速融合发展。例如，依托珠三角发达的制造业，“文化+制造”态势良好，东莞唯美文化陶瓷有限公司研发的传统文化元素陶瓷，使产品附加值提高了10倍[1]。由此可见，“文化+”，以文化为基因，以创意为翅膀，以科技为引擎，文化可以无限加上各种创新发展的元素，拓展文化产业的覆盖面与内涵深度，增加产业附加值与竞争力。

四、广东“互联网+”：为文化产业发展注入新动能

党的十八大以来，广东省人民政府办公厅相继出台《“互联网+”行动计划（2015—2020年）》《关于加快发展电子商务的意见》等政策，同时逐步制定了广东新一代互联网产业发展路线图，应对工业5.0变革，以技术创新带动移动互联网、云计算与大数据、智能机器人、物联网、3D打印等领域核心技术的研发和产业化，以关键领域重大项目为抓手，分阶段有序推进互联网相关产业发展。

广东的文化产业发展格局在“互联网+”的趋势下，已经率先走向了一个新台阶。“互联网+”为音乐、出版、表演等传统文化产业的转型发展注入新动能，培育出一大批网络作家、网络歌手、网红主播等，带动就业。新冠疫情期间催生“宅经济”，如广州酷狗音乐等网络文化企业营业收入呈现逆势增长。

目前，广东的互联网发展居全国领先水平。《中国互联网发展报告2023》显示：2023年，中国互联网发展指数综合排名中，广东互联网发展水平、网络安全指数均排全国首位；广东在加快建设技术先进、全国领先的网络基础设施，累计建成5G基站23.2万座，5G网络实现所有县（区）主城区室外连续覆盖、所有乡镇主要区域基本覆盖，5G基站和用户规模均居全国首位。此外，在中国互联网创新能力指数排名、数字经济发展指数排名、数字社会发展指数排名中，广东均名列全国第二。在创新能力指数排名中，广东牢牢牵住数字关键核心技术自主创新“牛鼻子”，推进“芯片、软件与计算”“区块链与金融科技”“智能机器人（9.430，–0.07，–0.74%）”等重大科技项目，有力支撑网信领域关键技术突破[2]。中国互联网协会发布的《中国互联网企业综合实力指数（2023）》显示：2023年中国互联网100强企业中，广东省有腾讯、网易、货拉拉、唯品会、虎牙、趣丸、金蝶、梦网、汇

① 崔璨、丁侃：《“文化+科技”让传统文化活起来》，《南方日报》2018年5月14日。

② 王丹阳：《广东互联网发展水平位居全国首位》，《羊城晚报》2023年11月9日。

量、迅雷、东信时代、多益、百果园、荔枝集团、万物云等多家互联网企业上榜，其中，深圳市腾讯计算机系统有限公司位居中国互联网综合实力前百家企业榜首[①]。

以腾讯、网易、唯品会等少数大型互联网企业为主导，推动技术、产品及服务创新，已成为广东“互联网 +”向文化产业渗透、实现跨界融合与创新的主要模式。腾讯、唯品会等巨型企业的强势崛起，有力地带动了中小企业的发展。以腾讯为例，一方面，随着“连接一切”战略的推出，并借助巨量的用户基础，腾讯以开放的姿态引入大量合作伙伴，构建了完整的生态系统。大型互联网企业的外溢效应开始发酵，“创客”、“极客”、小型工作室等成为带动“互联网 +”向各行各业渗透的主要力量。另一方面，借助大型互联网公司庞大的用户流量，传统企业积极拥抱互联网，努力实现“互联网 +”转型。微信公众号及微信智慧城市解决方案的推出，极大地减少了相关组织的“互联网 +”转型成本。

第三节　广东文化产业新业态的发展概况

改革开放 40 多年来，广东作为改革开放的排头兵、先行地、实验区，在文化建设道路上先行先试，不断探索，勇于创新，在文化体制改革、文化产业发展等方面居全国前列，取得了辉煌成就。尤其是党的十八大以来，广东文化建设在习近平新时代中国特色社会主义思想的指导下，更是高歌猛进，欣欣向荣；“互联网 +”“文化 +”等新技术、新业态、新模式的蓬勃发展，加速了广东文化产业的转型升级。目前，广东是全国第一文化产业大省，文化产业规模稳居全国第一，已经成为广东现代产业体系的重要支柱[②]。广东文化产业门类齐全，产业链完整，以文化制造业为支撑、文化服务业占主导的总体格局基本形成；文化产业全员劳动生产率等指标稳步提升，经济效率与创新效益良好；数字内容、动漫游戏、视频直播、网络视听等文化新业态发展强劲，促使广东文化产业的格局不断优化，质量效益显著提升。

① 搜狐网：《腾讯居首！2023 年中国互联网企业综合实力 100 强公布》，https://www.sohu.com/a/731689497_115831。

② 南方日报评论员：《更好满足人民群众精神文化生活新期待——五论奋力开创文化强省建设新局面》，《南方日报》2022 年 2 月 18 日。

一、广东发展文化产业新业态的主要做法

（一）规划先行，出台和完善相关政策，推动广东文化新业态的健康发展

为了推动广东文化产业发展，广东相关政府部门积极落实中央政策，不断完善政府职能，出台和完善相关政策，对广东文化产业新业态的健康发展发挥重要保障作用。

一是规划先行，为广东文化产业发展明确方向。改革开放以来，广东加快文化改革发展，全面深化文化体制改革，从培育市场主体、完善市场机制、健全会展交易平台、打造金融支撑等方面全方位发力，现代文化市场体系日趋完善。根据经济文化发展的新趋势，2010 年广东省委十届七次全会作出建设文化强省的战略决策，审议通过《广东省建设文化强省规划纲要（2011—2020 年）》，推动广东从文化大省到文化强省的跨越发展。为保障文化强省建设顺利推进，广东省委、省政府制定文化强省建设综合评价指标体系和《广东省建设文化强省规划纲要（2011—2020 年）》，并实施文化强省建设“十大工程”。其后，还制定了文化强省建设综合评价指标体系，出台了《关于加快文化强省建设的若干文化经济政策》《广东省文化与旅游发展“十四五”规划》《广东省文化产业振兴规划（2011—2015 年）》《广东省文化发展改革“十四五”规划》等文件。2021 年 1 月，广东省委十二届十三次全会提出，要“打造数字文化引领地、文化创意新高地、文旅融合示范地”和“加快打造大湾区世界级旅游目的地”，为全省文化和旅游产业发展确立目标。2022 年 2 月，扎实推进文化强省建设大会在广州召开，提出要聚力实施“六大工程”，对新发展阶段文化强省建设进行再部署、再推动。2023 年 6 月 20 日召开的中国共产党广东省第十三届委员会第三次全体会议作出了“锚定一个目标，激活三大动力，奋力实现十大新突破”的“1310”具体部署，强调要扎实推进文化强省建设，在努力交出物质文明和精神文明两份好的答卷上取得新突破，不断丰富高品质文化供给，面向世界讲好中国故事、大湾区故事、广东故事，建设好展示中华民族现代文明的重要窗口。

二是出台和完善相关政策，推动文化产业新业态的发展。为了促进文化和科技的深度融合、推动文化产业高质量发展，广东先后出台了《广东省推

进文化创意和设计服务与相关产业融合发展行动计划（2015—2020 年）》《广东省关于加快文化产业发展的若干政策意见》《广东省促进文化和科技深度融合实施方案（2021—2025 年）》《广东省培育数字创意战略性新兴产业集群行动计划（2021—2025 年）》《关于推动文化产业高质量发展的意见》等一系列政策文件，大力推动文化与科技深度融合，前瞻布局战略性新兴文化产业，实施文化新业态新产业做强做优工程。将文化科技纳入广东相关科技发展规划和计划，培育发展文化科技类企业，引导支持符合条件的文化科技企业积极申报高新技术企业，按照高企树标提质行动计划等有关政策予以支持；加强文化领域核心技术研发运用；大力发展文化新型业态，支持发展 4K/8K 电视、数字出版、动漫网游、数字娱乐、移动新媒体、网络视听、虚拟现实 / 增强现实等，打造领军全国的文化新业态集群，支持建设 4K/8K 电视网络应用、新媒体 4K/8K 云服务平台、4K/8K 制作转播服务、国家 ISLI 标准产业化应用、版权云平台等重大文化科技项目。

广东在财税、金融、劳动保障、土地使用、人才等多方面，大力支持文化产业发展。针对文化产业融资难的问题，广东从 2009 年开始设立“广东省文化产业发展专项资金”，支持重点文化产业项目。在政府财政对投融资市场的带动下，各金融机构加快了文化投融资体制的研究和开发。中国人民银行广州分行等部门在全国率先下发了《支持文化企业发展与繁荣工作实施意见》，支持建设多元化、多渠道的文化金融服务平台。近年来，为了促进“文化 + 金融”，推动文化产业新业态的发展，广东省文化和旅游厅积极与人民银行、科技厅、商务厅、旅游局、发展改革委等部门沟通研究，联合制定了贯彻执行国务院有关政策文件的系列政策措施，同时为融合发展搭建了工作平台，2014—2017年，连续四年与中国人民银行广州分行联合举办文化金融对接活动，一大批文化企业成功获得授信超 1600 亿元。为了充分调动财政资金、银行资本、社会资本，调整优化文化和旅游供给侧结构，大力培育“文旅 + 金融”新业态，自 2017 年起，由广东省文化和旅游厅、广东省地方金融监督管理局联合主办“广东文化和旅游产业投融资对接会”，至 2023 年已成功举办七届，有力推动了文旅产融合作，进一步创新省级文旅投融资体系，建立起可持续发展的长效对接机制。

在广东省委宣传部指导下，2016 年以来，广东宣传文化系统先后设立运作3只百亿元量级的产业基金：由4家省属媒体（广东南方报业传媒集团有限公司、广东羊城报业传媒集团有限公司、广东南方广播影视传媒集团有限公司、广东省出版集团有限公司）会同海通创意资本管理有限公司、中赛信合（北京）投资管理公司等金融机构共同发起设立的、市场化运作的“广东南方媒体融合发展投资基金”；由省财政出资10亿元为引导资金的、政策性方式运作的广东省“新媒体产业基金”；由国内第一个全媒体集团——南方财经全媒体集团联手中国建设银行共同组建的总规模达百亿元的“全媒体文化产业基金”。另外，还设立总规模50亿元的“珠影越秀影视文化产业发展投资基金”。2020年，经国家市场监督管理总局批准，设立粤港澳大湾区文化产业投资基金，服务人文湾区建设，支持区域文化产业协同发展。

在成立基金之余，广东还借助市场资本实现媒体集团的市场化运作。2016年11月，广东省委宣传部与浦发银行签署《“文化+金融”战略合作协议》。根据协议，“十三五”期间，浦发银行向广东文化企业提供不低于500亿元的授信额度，并在多个领域深度合作。同时，广东持续开展文化金融融合发展试点，促成金融机构对全省文化企业累计授信超过2000亿元。截至2019年5月，广东南方媒体融合发展投资基金通过投资决策的项目总共达22个[①]，成功投资了一批具有标杆性、具有社会影响力的新媒体项目和媒体融合项目，为文化产业发展注入了强大新动能。

近年来，大湾区上千家投资机构为文化产业可持续转型提供坚实的金融支撑。《2023粤港澳大湾区文化产业投资趋势研究报告》显示，2015年以来，由粤港澳大湾区政府及国企发起的文化产业基金已有近10只。这些产业基金多通过整合国资文化企业资源，吸纳成熟的民营资本，发挥“资本+产业”的资源联动作用，为满足大湾区文化优势产业融资需求作出重要贡献，已经形成多层级、全产业和主题性基金相结合的产业基金体系。从投融资情况看，2019年至2023年10月，大湾区文化产业合计产生融资事件527件，据估算总融资金额约为407.3亿元，其中融资金额主要在501万—3000万元间，但1亿元以上融资也达74笔，甚至有3笔投融资规模达10亿元级。同时，深圳以366次投融资成为大湾区文化产业投融资最主要城市，广州以128

① 张俊：《“广东南方媒体融合发展投资基金”成功投资一批标杆性项目》，https://gdio.southcn.com/node_5201f00af5/7516b60c4c.shtml。

次投融资位列第二[①]。高质量的产融合作，不仅能直接为企业解决融资难题，更有利于依托“金融引力”和平台聚合作用，促进文化产业链协同进阶，构建产业新生态。

（二）优化结构、释放活力、扩大供给，全面发力文化领域“放管服”和供给侧改革

第一，广东不断深入推进文化领域“放管服”改革。

一是积极简政放权，激发市场主体活力。为了促进资源的有效配置，广东进行了大刀阔斧的简政放权市场化改革，不断减少政府的不合理干预，有力地推动了企业的发展和创新。同时，完善市场准入和退出机制，各类市场主体公平参与竞争的机制逐步形成。广东省文化和旅游厅职能范围文化市场领域所涉及的行业已全部向非公有制企业开放，不同所有制企业享受一视同仁的审批管理政策，通过放宽准入、简化审批流程，激发了广大文化企业的发展活力。

二是放管结合，优化服务，加强文化营商环境建设。广东落实国家关于深入推进行政审批制度改革的要求，提高行政审批效率，对文化市场主体的审批，能依法取消的依法予以取消，不能取消的，则探索改为备案，将文化领域行政审批时限在规定时限基础上压缩 50%。2020 年，广东省文化和旅游厅大幅压缩审批时限和办事材料，实现 60% 以上的事项即时办理，所有事项平均材料种类数为 2.76 件，关联电子证照数 188 件，关联率 100%，研究提出政务服务“四免”优化事项清单 35 项[②]。

三是推进严格规范公正文明执法，不断规范文化市场秩序。广东强化文化产业经营单位安全监管，深入开展风险隐患排查整治，对各类风险点危险源实施分级分类管控，切实摸清“底数”。创新执法监管方式，积极推进文化市场“双随机、一公开”监管工作全覆盖，强化事中事后监管。全省 21 个地级以上市和绝大多数县（市、区）均完成执法队伍整合和机构设置，落实综合执法制式服装和标志配置。深入开展文娱领域综合治理，实施全省网络

① 南都大数据研究院、南方智媒科技：《科技赋能，金融浇灌，数看广东文化产业投资新趋势》，《南方都市报》2023 年 11 月 28 日。

② 广东省文化和旅游厅：《广东省文化和旅游厅 2020 年法治政府建设情况报告》，http://whly.gd.gov.cn/gkmlpt/content/3/3185/post_3185702.html#2628。

文化市场集中巡查等行动，稳步推进“互联网＋监管”，梳理监管事项、编制检查实施清单，填报完成率、完备率均达100%。建立健全文化市场信用体系，建立守信激励和失信惩戒机制，完善红名单、黑名单和警示名单制度。制定广东省文化市场综合执法行政处罚裁量权适用规则，发布行政执法事项指导目录，开展执法案件评查，监督指导依法规范执法。注重法治培训，多次组织集中办案活动及培训活动，以“理论授课＋以案代训”培训文化市场综合执法人员。

第二，广东大力推进文化产业供给侧结构性改革。

近年来，广东文化产业以高质量发展为主题，大力实施创新驱动发展战略、文化产业数字化战略，加快推进供给侧结构性改革，着力打造数字文化新领地、文化创意新高地、文旅融合示范地。

广东按照优势互补、互利共赢的原则，因地制宜布局区域产业，加强区域文化产业协同创新，推动全省文化产业差异化发展与协同共进。广东文化产业依托广州、深圳的龙头引领作用，重点打造以广州、深圳为中心的珠三角文化（创意）产业集聚区，辐射推动粤东、粤西、粤北地区利用区域资源优势发展特色文化产业，努力构建分工明确、优势互补、互为上下游的立体多元新业态产业格局，推动了文化新业态产业布局优化和集聚发展。

广东紧紧抓住“双区”和横琴、前海两个合作区建设重大机遇，从激发文化产业创新活力入手，通过大力发展新型主流媒体、发展创意设计服务业、发展演艺产业、推进国家和省文化文物单位文化创意产品开发试点工作等措施，培育文化产业发展新动能，成为广东文化产业蝶变的关键。在全面推进“文化＋”的过程中，广东文化产业与国民经济各行业加速融合，成为推动发展的新引擎。

广东还积极引导和扩大文化消费，且成效显著。广东完善文化消费财政补助制度，引导文化企业提供优质产品和服务，支持全省传统优势文化消费终端生产、文化装备生产转型升级，对文化经营单位提供的优质优惠文化产品和服务给予支持，为消费者提供更好更多选择，提高文化产品和服务的有效供给。这些年来，广东积极推动文化消费试点工作，广州市、深圳市、惠州市、佛山市被列入第一批国家文化和旅游消费试点城市，江门市、东莞市被列为第二批国家文化和旅游消费试点城市。广东还鼓励各地市结合当地特色文化资源优势，因地制宜，多措并举，通过举办文化惠民活动、打造文化消费集聚区、发展线上消费等措施，积极培育新兴文化消费业态，促进文化消费，满足人民群众多样化的精神文化需求。例如，加大对腾讯、酷狗音乐、荔枝 FM、YY 直播等本土互联网文化企业的扶持力度，扩大网络文化消费市场份额；推动文化消费线上线下（O2O）融合，鼓励和引导实体文化企业创新网络、移动终端营销模式，发展文化电子商务，提升服务能力。

（三）加快媒体深度融合发展，加速智能化数字化探索

随着新媒体的迅速崛起，媒体深度融合成为全媒体时代的必然要求。党的十八大以来，习近平总书记围绕推进媒体深度融合发展发表一系列重要讲话，党中央先后提出构建全媒体传播格局、形成全媒体传播体系的明确要求。《中共中央关于制定国民经济和社会发展第十四个五年规划和二〇三五年远景目标的建议》提出了实施全媒体传播工程的要求，标志着媒体深度融合发展进入全面落实的新阶段。

广东作为媒体大省，近年来加快推动传统媒体和新兴媒体深度融合发展，出台移动媒体优先发展战略，实施全媒体传播工程，整合省市新媒体资源，打造新媒体发展标杆项目，建设具有全国影响力的新型主流媒体群，走出了一条应势而动、顺势而为的媒体发展之路。以融合发展为突破口，广东各大主流媒体创新方法手段，一批媒体融合和新媒体标杆项目异军突起，以南方 +、羊城派、触电新闻、粤听、21 财经等为代表的广东移动端全媒体矩阵不断拓展自身传播力、公信力、影响力，全新的融媒体矩阵初具规模，形成全产业链发展格局。

2016 年，广东融合了南方报业传媒集团和广东广播电视台等优质资源，在全国首开先河，组建全国首家全媒体集团——南方财经全媒体集团，发展“媒体、数据、交易”三大核心业务，打造实力和传播力、影响力强大的财经媒体集团与金融资讯综合服务商；以此为基础进行的“中国自贸区信息港”“粤港澳大湾区研究院”等重大创新项目，也取得了重要进展。南方 + 客户端是广东省委、省政府的权威信息发布平台，是南方报业传媒集团全力打造的新型主流媒体平台。自 2015 年 10 月 23 日上线以来，目前已建成集 App、手机站、小程序、数字报、“两微”于一体的移动产品矩阵。截至 2023 年，南方 + 客户端总下载量突破 1.8 亿次、日活跃用户数量超 600 万、

2022 年营收超 4 亿元，连续多年在省级党报自有 App 传播力排名中位居第一[①]。在内容端，南方 +、GDToday 加强融媒策划传播，优化激励机制，生产更多“思想 + 创意 + 技术”的精品佳作、“出圈”爆款，以内容优势赢得发展优势。此外，广州日报也大力推动融媒体改革，率先推出网络数字报纸，上线国内第一个提供电子商务业务的新闻媒体网站。截至 2024 年 6 月，广州日报微信公众号粉丝数有 350.1 万，日均发布 10 万 + 稿件 5 条，月传播力、影响力稳居媒体公众号头部阵营。截至 2024 年 6 月，广州日报微信公众号粉丝数有 350.1 万，日均发布 10 万 + 稿件 5 条，月传播力、影响力稳居媒体公众号头部阵营[②]。广东各种媒体类型的融合传播力在全国处于领先地位。

二、广东发展文化产业新业态取得的成就

作为改革开放先行地，全国经济总量第一大省广东的地位赋予其文化产业得天独厚的发展优势。党的十八大以来，广东以高新技术为支撑，依托传统文化产业的优势以及“互联网 +”的新形式，大力发展跨界融合型、科技引领型的数字内容、动漫游戏、视频直播、数字出版、社交媒体等文化产业新业态。这些新业态已成为推动产业升级的助推器和新引擎，前景广阔。2022 年北京冬奥会期间，由广州美术学院曹雪团队主持设计的吉祥物冰墩墩“一墩难求”，广东文化创意产业再次吸引世界的目光。用荔枝 FM、酷狗音乐听音乐，在虎牙、YY 直播上看直播，《熊出没》《喜羊羊与灰太狼》陪伴一代代孩子长大，全国首部 4K 全景声粤剧电影《白蛇传·情》“破层出圈”让粤剧文化风靡一时……南粤大地人文荟萃，文化产业新业态引领潮流，硕果累累。

（一）“文化 + 科技”引领广东文化产业高质量发展

近年来，广东加快文化产业跨界融合，不断促进文化科技融合发展，大力发展文化新型业态，培育一批文化科技骨干企业，推动文化产业高质量发展。广东新兴文化业态领军全国，文化产业多项指标长期稳坐全国头把交椅。

---

① 王彪、余秋亮：《广东媒体融合再放大招！南方报业“两端一云”重磅官宣》，https://news.southcn.com/node_54a44f01a2/63c265db9d.shtml。

② 谢绮珊：《再创新高！〈广州日报〉品牌价值跃升至 887.65 亿元》，大洋网，https://news.dayoo.com/guangzhou/202406/19/139995_54680873.htm。

目前，广东文化产业各行业门类齐全，体系健全，链条完整，产业结构持续优化。全省文化产业9大类146个行业门类齐全，其中7大门类增加值全国占比超过10%[①]。“十三五”期间，广东文化产业增加值年均增速超过10%，文化产业增加值连年占全省地区生产总值超过5%，成为全省支柱产业。2023年，广东规模以上文化及相关产业企业实现营业收入2.25万亿元，同比增长6.0%，在全国占比超过1/6。2023年，全省文化制造业规模以上企业营业收入约1.05万亿元，全国占比超过1/4[②]。截至2022年5月，广东已建成8个国家文化和科技融合示范基地，数量居全国第三位，其中集聚类3家（广州高新区、深圳高新区、深圳南山区）、单体类5家（南方报业、广州励丰、广州欧科、华强方特、雅昌文化）。在文化和旅游部、商务部联合公布的新一批12个国家对外文化贸易基地名单中，广东省国家对外文化贸易基地（广州）、国家对外文化贸易基地（深圳）双双入选，入选数量位列全国第一。截至2023年11月17日，粤港澳大湾区上市文化企业数量已达163家，总市值超过4.9万亿元，其中广深两市企业总市值超4万亿元，集聚效应凸显。从行业类型看，游戏、文娱传媒和先进制造相关企业贡献了主要市值，占比达到91.6%[③]。广东文化产业呈现裂变式发展态势，成为全省国民经济支柱性产业和战略性新兴产业。

广东文化产业的蓬勃发展，是产业体系、创意、科技、政策等多重因素叠加的效果。广东积极推动文化数字化，促进文化产业与数字技术、电子信息和互联网等现代高新技术深度融合，尤其是推动5G、AI、VR（虚拟现实）、AR（增强现实）、MR等新技术与文化产业融合发展。数字与文化产业的融合，使广东省在传统文化产业基础上，诞生了数字创意、网络娱乐、电子竞技、网络游戏、线上演播、数字影视、智慧旅游、手机电视等新型文化业态并逐步进入提质增效的新阶段，文化产业新业态门类齐全、品种丰富，

① 莫谨榕、林曦、杭莹等：《广东：新业态助文化出海　广东产业数据领跑全国》，《羊城晚报》2022年2月24日。

② 郭悦、杨逸：《文博会二十年　激发文化产业“粤”动力》，《南方日报》2024年5月24日。

③ 南都大数据研究院、南方智媒科技：《科技赋能，金融浇灌，数看广东文化产业投资新趋势》，《南方都市报》2023年11月28日。

涵盖数字内容、虚拟娱乐、创意设计、新媒体等核心文化产业圈层。

插上“科技+”的翅膀，广东涌现出腾讯、华侨城、酷狗音乐、咏声动漫等一批文化产业“领头羊”，全省有文化产业相关高新技术企业近800家，5家单位获评国家文化和科技融合示范基地①；推动4K/8K超高清视频产业迅猛发展，广东广播电视台综艺4K频道成为全国首个省级4K频道，500多家上下游企业投资落地广东，集聚形成穗、深、惠等3个4K产业集群②。

“文化+科技”引领广东文化产业向数字化、智能化和价值链高端化不断延伸。广州励丰、华强方特等国家文化和科技融合示范基地连续承担科技部“十二五”“十三五”和“科技冬奥”等多项国家科技支撑计划、重点研发计划以及省市科技计划项目，有效提升创新能力，发展成为声光电和主题公园等文化科技领域龙头企业。这足以证明“文化+科技”类企业对文化产业发展的助推作用。文化与科技深度融合，促进广东文化产业结构持续优化，带动产业持续转型升级。

如今，广东正着力打造数字文化引领地、文化创意新高地、文旅融合示范地。2022年，全省数字创意产业集群营业收入5728亿元、增加值1442亿元，相关发明专利累计有效量6521件，居全国首位；同时，数字出版产值超2100亿元，动漫产值超600亿元，游戏业收入占全国近八成，电竞收入占全国七成以上③。

2023粤港澳大湾区文化产业投资大会上发布的《2023粤港澳大湾区文化产业投资趋势研究报告》指出，网络游戏“出海”已成为中国数字文化“出海”规模最大的细分领域，其中，广东省移动游戏“出海”在国内市场大盘中占比较大，在移动游戏“出海”流水TOP100的所属地区，以及“出海”流水超10亿元的产品方面，广东省的占比均超过两成。在音视频社交领域，2022年上半年中国“出海”音视频社交应用规模TOP10名单中，粤港澳大湾

① 莫谨榕、林曦、杭莹等：《广东：新业态助文化出海　广东产业数据领跑全国》，《羊城晚报》2022年2月24日。

② 毕嘉琪、郭悦、黄堃媛等：《广东文化产业增加值约占全国总量1/7》，《南方都市报》2021年9月23日。

③ 南都大数据研究院、南方智媒科技：《科技赋能，金融浇灌，数看广东文化产业投资新趋势》，《南方都市报》2023年11月28日。

区企业共有三款产品入列，占比达30%。为促进产业迈向全球价值链高端，《广东省培育数字创意战略性新兴产业集群行动计划（2021—2025年）》提出，到2025年，数字创意产业营业收入突破6000亿元，其中游戏产业2700亿元，动漫产业750亿元，数字创意重点技术有效发明专利量突破2万件，新增10家以上上市游戏企业，培育或引进1—2个国际顶级电竞赛事等[①]。

在动漫方面，国内首家动漫上市企业奥飞动漫拥有“喜羊羊与灰太狼”等知名品牌，具备从设计创作到传播营销的完整产业链，2021年奥飞娱乐实现营业收入26.44亿元（2020年为23.68亿元），同比增长11.66%[②]。国家重点动漫企业广州漫友文化运营《漫友》《漫画世界》等畅销品牌，2021年生产经营逆势而上，营业收入同比增长超100%[③]。与此同时，文化新业态还推进了新的文化产业发展模式和商业模式的形成。例如华侨城、华强等发展新业态的模式都很具代表性和借鉴价值。例如，中国首家大型文化旅游项目“全生命周期＋全产业链条”系统集成和运营商——深圳华侨城文旅科技公司的科技创新驱动模式，通过实施“文化＋旅游＋科技”跨界创新战略，创新打造“华侨城智慧旅游系统”，精心打造360度全景天地剧场等高科技自主品牌产品。深圳华强方特文化科技集团股份有限公司（原名深圳华强文化科技集团股份有限公司）坚持实施文化与科技融合战略，以文化为核心、科技为依托，打造“创、研、产、销”一体化的文化科技产业链，推出“方特”主题公园、“熊出没”等拳头品牌，产品成功打入伊朗、乌克兰、南非等国际市场，使中国成为继美国、法国之后的第三个大型文化主题公园出口国，成为广东文化新业态的一个亮点。

“文化＋科技”创造了新的创意文化产业带。广东扩大优质文化产品供给，推进区域文化产业带建设，推动粤港澳大湾区凝心聚力，共建珠江两岸创意文化产业带，打造粤港澳大湾区文化产业圈。广州、深圳等市依托特色优势，从“一江两岸三片区”广州人工智能与数字经济试验区到深圳国际创

① 南都大数据研究院、南方智媒科技：《科技赋能，金融浇灌，数看广东文化产业投资新趋势》，《南方都市报》2023年11月28日。

② 中外玩具网：《2021年奥飞娱乐营业收入26.44亿！盲盒销售破亿》，https://news.ctoy.com.cn/show-38928.html。

③ 漫友文化：《漫友文化的2021》，http://www.comicfans.net/nd.jsp?id=531#_np=2_692。

意之都，数字文化新业态异军突起，聚焦影视、游戏游艺、4K 产业、中医药文化等，协同港澳蓄能发力。目前，具有世界竞争力的文化新业态集群逐步成形。

“文化 + 科技”推动了文化产业园区发展。广东建设了一批文化产业园区基地，支持文化产业园区建设政务服务、知识产权保护、金融服务、产学研合作、孵化创新等公共服务平台，提升服务能力。目前，广东有文化产业园区 300 多个，共计容纳企业 2 万多家，其中，国家级文化产业示范园区 2 家，国家文化产业示范基地 24 家，省级文化产业示范园区 45 家。以广州、深圳为中心的珠三角地区的文化产业园区、基地，数量、规模和产值效益均居全国前列。扎根于这些文化产业园区基地，各具特色的文化产业集群不断壮大。例如，羊城晚报报业集团运营的羊城创意产业园是国家音乐创意产业基地、国家文化产业示范基地和国家文化出口基地，集聚了酷狗音乐、荔枝、洋葱集团等 130 余家不同领域的文化科技企业，目前在运营的园区总产值已超过 300 亿元。该园区着力发挥智库服务能力，构建起“创业苗圃—孵化器—加速器”孵化育成链条，成功培育出 9 家上市公司。

（二）数字出版产业和数字阅读发展迅速

数字出版是指“在出版的整个过程中，将所有的信息都以统一的二进制代码的数字化形式存储于光、磁等介质中，内容传播借助网络或者传统的发行方式（如光盘售卖），而读者通过计算机或其他终端设备来阅读和视听的一类出版活动。它强调内容的数字化、生产模式和运作流程的数字化、传播载体的数字化和阅读消费、学习形态的数字化”[①]。我国数字出版产业虽然起步较晚，但发展很快，目前已经形成了电子图书、有声书、数字报纸、数字期刊、网络原创文学、网络教育出版物、网络地图、数字音乐、网络动漫、网络游戏、视频传播、数据库出版物、手机出版物、多媒体课件、虚拟现实 3D 内容等新业态。

广东的数字出版工作“起步早、速度快、力度大”。“十三五”期间，广东以中华优秀传统文化为根基、以先进技术为支撑、以内容建设为根本，推动传统出版与新兴出版深度融合，提升广东数字出版业的竞争实力和影响

① 李宗桂等：《广东文化改革发展 40 年》，中山大学出版社，2018，第 84 页。

力，打造全国数字出版产业“排头兵”。近年来，广东数字出版相关业务迅速扩张，已经形成总产值超过 1000 亿元、门类较齐全的数字出版体系，在产业规模和整体实力上都位于全国前列。2022 年，广东省数字出版产值超 1800 亿元，居全国第一[①]。

广东数字出版形成了点、线、面立体化的发展格局，形成了以广州、深圳为核心区和密集区的数字出版产业带，产业结构日趋完善，数字产业集群化初具规模。南方报业传媒集团、羊城晚报报业集团、广东广播电视台、广东省出版集团、南方财经全媒体集团，以及广州、深圳等主要媒体，不断创新媒体业态、传播方式和运营模式，提升内容生产能力、信息聚合能力和技术引领能力，建成“中央厨房”采编一体化平台，全媒体转型步伐加快，全国领先的融媒体矩阵初步建成。

随着数字化技术和“互联网 +”的渗透，数字出版产业稳步发展，阅读产业也重获生机，尤其是数字阅读更是异军突起。数字阅读可以视为数字出版下以阅读为核心的子行业，一般指阅读的数字化，也可称为数字化阅读、网络阅读，主要有两层含义：“一是阅读对象的数字化，其阅读内容是以数字化的方式来呈现的，如电子书、网络小说、电子地图、数码照片、博客、微信等；二是阅读方式的数字化，也就是阅读的载体不再是平面的纸张，而是网络在线阅读、智能手机、电子阅读器、iPad 等。”[②] 目前，我国数字阅读行业保持良好发展势头，《2023 年度中国数字阅读报告》显示，2023 年，我国数字阅读用户规模达 5.70 亿，同比增长 7.53%；我国数字阅读用户占网民规模的比例为 52.19%，这是数字阅读用户在全体网民中占比首次达到一半以上，展现了数字阅读在近年来持续蓬勃发展的态势。2023 年，我国数字阅读作品总量为 5933.13 万部，同比增长 12.54%。2023 年，我国数字阅读“出海”作品总量为 76.24 万部（种），同比增长 23.35%，保持强劲的发展势头。在北美、日韩以及东南亚等传统“出海”地区市场地位继续得以巩固的情形下，拉美、非洲也纳入数字阅读作品“出海”重点方向。数字阅读作品持续

① 南都大数据研究院、南方智媒科技：《广东文化强音不断！文化产业增加值近 7000 亿，领跑全国》，《南方都市报》2024 年 5 月 24 日。

② 范军：《数字阅读的深与浅》，《光明日报》2017 年 9 月 12 日。

“出海”，成为提升中华文化海外传播力的重要力量[①]。

广东数字阅读行业在全国位居前列。受中共广东省委宣传部委托，南都大数据研究院连续七年编制《广东省全民阅读指数报告》，深入观察广东各地全民阅读现状，并重点关注最新阅读发展趋势。《2023广东省全民阅读指数报告》显示，2023年，广东省成年居民综合阅读率为94.8%，同比微升，高于2022年我国成年国民81.80%的综合阅读率，五年来，该数据提高了0.78个百分点。在阅读量上，成年居民年均阅读纸质读物为6.25本，电子读物为5.69本；在阅读时长上，广东成年居民纸质读物人日均阅读时长为42.69分钟，电子读物日均阅读时长为124.6分钟，几乎是纸质读物的3倍。与五年前相比，阅读量及阅读时长均增长明显，尤其是电子阅读方面，日均阅读时长增加了17.25分钟。随着阅读方式多元化，选择视频阅读、有声阅读的居民占比持续上升。2023年，广东成年居民视频阅读率为44.03%，听书率为38.87%，分别较2022年提升4.5个百分点、5.5个百分点。全省有视频阅读习惯的受访成年居民中，40.82%视频阅读日均时长超过半小时，52.54%表示经常使用视频类App进行数字阅读，较上年明显提升。视频阅读普及激发了泛知识类内容创作热情。2023年，广东抖音用户累计发布泛知识类内容视频数同比增长22%，深圳、广州、东莞跻身抖音万粉泛知识累计创作者数量最多的城市TOP10。报告显示，25.93%的广东受访居民有记录、分享读书心得的习惯。具体来看，互联网平台是将阅读社交化的主要阵地，有10.49%的受访者在移动阅读类App内分享评论或交流读书感悟，8.47%通过社交平台分享读书进度，还有部分通过阅读类App寻找共读书友。随着优质阅读资源供给的加强，越来越多广东居民愿为阅读花钱。报告显示，2023年，近七成半受访广东居民有过阅读消费。其中，55.16%的受访者购买过纸质图书，20.56%受访者订阅过资讯/阅读类App会员。另据当当平台的数据，在纸质图书购买偏好上（不含教材教辅），童书、小说、文学、成功励志类及管理类书籍更受广东居民欢迎。有听书习惯的受访成年居民中，超三成听书日均时长大于半小时。分区域来看，珠三角地区成年居民日均听书时长高于省内其他地区，或与该地居民工作、生活节奏较快有关。而粤西、粤北地区居民视频阅

① 史竞男、王鹏、严勇：《从数字阅读报告看全民阅读“新风尚”》，https://baijiahao.baidu.com/s?id=1797318284153782880&wfr=spider&for=pc。

读的现象则相对更普遍，受访成年居民日均视频阅读时长超过半小时的比例远高于听书①。

《广东省全民阅读促进条例》自2019年6月1日起施行，全省各地按照“一市一品牌、一地一特色”的要求，打造富有地域特色的全民阅读活动品牌。截至目前，全省已有4个大型阅读品牌入选全民阅读优秀项目，分别为南国书香节、广州读书月、深圳读书月以及中山读书月。此外，各地以“4·23”世界读书日、“书香岭南”全民阅读等系列活动为契机，充分挖掘本地特色，整合当地文化、社会等资源，合力推出了一批有创新力、影响力的品牌阅读活动。如广州“‘阅见’月月见”、东莞“茶韵书香”、中山“香山书房之约”、江门“邑起共读”等。各地全民阅读特色品牌基本形成由公共图书馆承办，实体书店等社会力量广泛参与，线上线下协同开展的阅读推广模式，社会影响力不断扩大。

随着全民阅读深入推进，近年来，广东众多旅游景区、历史文化街区、公园、酒店、民宿、书店涌现“小而美”“优而精”的新型阅读空间，成为广东省公共文化服务高质量发展的标志性成果，推动基层公共文化服务焕发新彩。目前，全省已挂牌成立10个岭南书院，各书院根据自身特色开展了类型丰富的文化活动、学术研究和公益课程及培训；建成“新华悦读空间”27家，并到2024年底在全省镇街累计打造100家；建成粤书吧350多家，已实现21个地级以上市全覆盖，做到“吧吧有主题，一吧一特色”。与此同时，各地因地制宜打造的具有不同特色的新型阅读空间不断涌现，通过升级和优化阅读环境、阅览设施和借阅设备等，探索多元阅读模式，以“阅读+”的形式不断丰富市民的阅读体验，满足多元阅读学习需求。如广州的花城书房、深圳的南书房、东莞的城市阅读驿站、中山的香山书房等②。

乡村阅读，是乡村文化振兴的重要方面。围绕广东省委“1310”具体部署，全省实施全民阅读强基工程，推动实施全省镇街“新华悦读空间”建设工程、深圳社区图书馆共建试点项目和阅读空间提升计划，以文化赋能和美

①《去年广东成年居民人均阅读6.25本纸质书5.69本电子书》，《南方都市报》2024年4月20日。

②《去年广东成年居民人均阅读6.25本纸质书5.69本电子书》，《南方都市报》2024年4月20日。

乡村建设，助力“百千万工程”建设。2024年2月19日，在广东省高质量发展大会召开后第二天，广东首家镇级新华悦读空间——位于佛山古镇的新华悦读空间开门迎客。佛山古镇新华悦读空间采取了“公共图书馆+实体书店”融合的模式建设。此外，东莞、中山、清远、惠州、肇庆等多地结合乡村振兴和“百千万工程”，因地制宜建设了一批新型阅读空间、农家书屋等乡村“文化微地标”。通过优化阅读设施配置，改进阅读场所条件，整合文化服务资源，举办阅读推广活动，有效推进全民阅读进农村，不断满足乡村群众精神文化需求，为乡村振兴注入文化能量。

（三）动漫产业和网络游戏居于全国前列

动漫产业作为现代信息传播技术与文化创意相结合的新兴朝阳产业，有着巨大的产业发展潜力和文化影响力。广东动漫产业经历了由小变大、由弱到强、从代工走向原创的蜕变历程。内容为核，创意赋能，以动漫为代表的内容创意产业快速增长，为广东文化产品供给侧结构性改革提供有力支撑。

目前，广东动漫产业发展势头强劲，以人才、技术、产业链聚合为特征的动漫产业集群已在广州、深圳和东莞稳步形成，无论是品牌价值还是产业规模，不管是影视动漫原创还是游戏生产和衍生品生产，在全国动漫行业都具有明显优势，起着“领头羊”的带动作用。2022年，广东动漫产值超过600亿元，约占全国1/3的份额，位列全国第一。动漫企业有20多万家，占到全国的13%。全国每诞生三部动画片，就有约一部是“广东造”[①]。广东能成为动漫大省，除了因为聚集了大批人才，还源于广东的“先天”优势。一来，广东是制造业大省，东莞、潮汕等玩具之都为动漫产业链条的延伸变现提供了基础。尤其是东莞，制作了全球约1/4的动漫衍生品、中国近85%的潮玩。二来，以深圳、广州为核心的创投经济圈能给当地动漫产业带来更多的资本助力。截至2023年11月17日，粤港澳大湾区的上市文化企业数量已达163家，总市值超过4.9万亿元。近五年来，湾区文化产业的融资事件超过500件，上千家投融资机构为文化产业提供金融支持[②]。制造、金融双管齐

① 黄欣然、白宇航：《“出圈”又“出海”，广东动漫企业何以乘风破浪？》，https://wap.gdtv.cn/article/43b0a658072db9294e7eaecb5b2d685c。

② 黄欣然、白宇航：《“出圈”又“出海”，广东动漫企业何以乘风破浪？》，https://wap.gdtv.cn/article/43b0a658072db9294e7eaecb5b2d685c。

下，使得广东动漫产业得以长盛不衰。

数据显示，拥有酷狗 / 腾讯音乐、荔枝 FM、欢聚时代、虎牙直播、网易游戏、励丰文化等文化龙头企业的广州，其文化产业尤其是动漫、网游等新业态一直保持稳健增长。2024 年上半年，广州市规模以上文化及相关产业法人单位 3686 家，合计实现营业收入 2766.93 亿元，按可比口径计算，同比增长 4.3%，保持平稳发展。其中，广州数字内容、动漫游戏、视频直播等文化新业态持续发挥带动效应，2024 年上半年，文化新业态特征较为明显的 16 个行业小类实现营业收入 1350.53 亿元，同比增长 8.9%，高于全市文化产业平均增速 4.6 个百分点，拉动全市文化企业营业收入增长 4.2 个百分点，以占比 29.8% 的法人单位实现 48.8% 的营业收入。从文化新业态企业行业分布看，互联网搜索服务实现营业收入 288.0 亿元，同比增长 83.6%，占文化新业态营业收入的比重为 21.3%；互联网广告服务业实现营业收入 227.08 亿元，同比增长 15.5%，占新业态营业收入的比重为 16.8%；两个行业合计拉动全市文化新业态企业营业收入增长 13.0 个百分点。娱乐用智能无人飞行器制造营业收入增长 3.2 倍[①]。

近年来，广州注重激发版权企业新活力，加快打造动漫游戏之都，打造“粤式出品”的 IP 天团，积极推动动漫、网络游戏等领域文化“出海”，取得了显著成绩。2023 年，广州动漫产业营业收入达 250 亿元，约占全国 1/5；游戏产业营业收入约 1050 亿元，约占全国 1/3。作为中国动漫发祥地之一，广州拥有超 500 家动漫企业，诞生了喜羊羊与灰太狼、猪猪侠、小飞侠等动漫 IP 形象。2023 年，广州共有游戏企业 3000 余家，上市游戏企业 15 家，进一步奠定了广州游戏产业重镇地位，游戏“出海”蔚然成风。此外，作为中国对外开放的重要窗口，广州拥有天河区与番禺区 2 个国家文化出口基地。其中，天河区拥有 17 家国家文化出口重点企业，形成以游戏动漫、数字音乐、广告营销为主的文化出口业态；番禺区形成以珠宝首饰、灯光音响、动漫游艺、互联网新业态为主的文化出口业态，珠宝产品占全球市场份额约

① 广州市统计局：《2024 年上半年文化新业态带动文化产业平稳增长》，http://tjj.gz.gov.cn/stats_newtjyw/sjfb/content/post_9805440.html。

30%，并集聚全国约 40% 的演艺设备生产企业[①]。中国（广州）国际漫画节、“中国动漫金龙奖”成为国内外知名品牌。

广东动漫名企具有规模大、影响大、市场份额大和产值大的“四大”美誉。这些年来涌现的喜羊羊与灰太狼（广州奥飞旗下原创动力），熊出没（深圳华强），火力少年王、超级飞侠、巴啦啦小魔仙（广州奥飞），“猪猪侠”（广州咏声），梦幻西游（网易游戏），甜心格格（深圳方块），果宝特攻（广州蓝弧），张小盒（广州盒成）等动漫 IP 迅速崛起，并形成了强大的品牌效应，产生了巨大的商业价值。

2021 年 10 月，中国国际漫画节动漫游戏展（CICF）与 AGF 亚洲游戏博览会（AGF）在广州双展联办，展示动漫游戏相关衍生品 500 多种。其中，广东原创动漫 IP 备受国内外商家青睐。熊出没、喜羊羊与灰太狼、超级飞侠等大热 IP 持久输出，《雄狮少年》《小虎墩大英雄》等动画电影展现广东动漫的新实力，如今广东动漫在中国动漫产业独占鳌头，已成为广东文化一张亮丽的新名片。广州出品的《漫友》杂志被誉为中国原创漫画第一刊，发行量居全国第一。2020 年中宣部“原动力”动漫创作项目中，广州市获奖数量 15 个，排名全国第一[②]。广东动漫产品频频“出圈”，2022 年由广东设计团队设计的“冰墩墩”更是掀起一场国潮玩偶的新风潮。

网络游戏产业作为文化产业新业态的重要组成部分，近年来迅猛发展。目前，中国的网络游戏收入占全球游戏收入超过 20%，其中广东省的游戏收入占国内游戏收入超过 80%，其网络游戏强省地位无可动摇。广东省游戏产业协会发布的《2023 广东游戏产业报告》显示，广东作为中国游戏产业的重要基地，龙头效应明显，一直以来都保持着领先地位。2023 年，广东省游戏营业收入规模达到 2450.8 亿元，年增长率为 15.8%，高于全国增速，广东游戏产值全国占比达到 80.9%。其中，2023 年广东省移动游戏营业收入规模达 1847.79 亿元，比 2022 年增长 17.4%，占全国移动游戏营业收入规模的 81.5%。2023 年，广东网络游戏“出海”营业收入规模达到 385.4 亿元，同比

① 方伟彬、王华：《广州 2023 年动漫游戏集群营业收入约 1300 亿元》，https://www.chinanews.com.cn/cj/2024/05-24/10222809.shtml。

② 大洋网：《粤有文化越出圈，广东再出发》，https://news.ycwb.com/2022-05/14/content_40774417.htm。

增长 4.1%，广东游戏产业凭借自身实力，实现逆势增长[①]。广东游戏产业影响力已覆盖全国，走到世界舞台的中央。腾讯、网易已成为中国网络游戏产业的龙头企业。

近年来，广东游戏企业研发能力不断进步，以良好的游戏质量持续吸引全球用户，广东网络游戏“出海”规模不断扩大，在全球游戏市场取得亮眼的成绩。Sensor Tower 数据显示，2022 年 4 月，共 38 个中国厂商入围全球手机游戏（以下简称“手游”）发行商收入榜 TOP100，合计吸金超过 155 亿元，占全球 TOP100 手游发行商收入的 41.8%。其中，腾讯、网易、米哈游位列国产手游前三。腾讯《王者荣耀》《和平精英》，分列 2022 年 4 月中国 App Store 手游收入榜第一、第二，网易《梦幻西游》位居第三，而米哈游《原神》相较 3 月，排名下降一位[②]。互联网没有地域界限，通过和网络游戏的融会贯通，广东文化、湾区文化都插上了互联网的翅膀。在网游文化企业的产值方面，统计数字显示，2023 年，中国网络游戏上市企业 TOP15 的总体游戏收入规模达到 3290 亿元，其中，位于广东的腾讯、网易及三七互娱已连续六年占据榜单前三[③]。

此外，电子竞技产业快速发展，正逐渐成为广东省的文化名片之一。2021 年，广东电竞收入 1236.3 亿元，占全国的 73.6%[④]。“电竞 + 城市”新模式，正打开未来文旅跨界合作中连接流量与消费场景的两大入口的新路径。目前，DYG 电子竞技俱乐部、广州 TTG 战队等知名电竞战队均落地广东。电竞很容易形成内容 IP，因此与酒店、咖啡厅、实景项目等场景的结合，都是广东文旅融合发展的途径，通过提供“IP+ 技术 + 产品”模式，助力地方文化的传播。

① 陈培均：《广东游戏产值全国占比首次超八成，市场营业收入规模超 2450 亿》，《南方都市报》2024 年 1 月 24 日。

② 腾讯新闻：《38 家中国游戏厂商全球吸金 155 亿！腾讯、网易、米哈游位列前三》，https://view.inews.qq.com/a/20220510A03NW400。

③ 艾瑞网：《中国网络游戏市场规模及发展趋势》，https://news.iresearch.cn/content/202406/500400.shtml。

④《塑长板强优势，推进广东文化产业更高质量发展》，《南方》2022 年第 6 期。

（四）“文化＋科技＋旅游”跨界融合，打造文旅体验新业态

广东作为旅游强省，在“十三五”期间着力打造“文化＋旅游”产业生态圈，加快将粤港澳大湾区打造成世界级旅游目的地。广东出台了《广东省促进全域旅游发展实施方案》《广东省加快推进文化和旅游融合发展三年行动计划（2020—2022年）》《广东省乡村旅游提质升级行动实施方案（2019—2020年）》等系列文件，推动文旅产品的高质量供给，拉动全省旅游总收入及入境过夜游客等指标居全国第一。“十三五”期间，广东省旅行社数量、入境过夜旅客、五星级饭店总数、全省旅游总收入、星级饭店总数均居全国第一。

近年来，广东依托发达的旅游业基础，积极促进“文化＋旅游”跨界融合，供给高质量文旅产品，激发文旅市场活力。目前，广东省共有省级文化和旅游融合发展示范区25家[①]。

此外，广东鼓励本土文化企业利用“文化＋科技＋旅游”模式，积极打造文旅体验新业态。例如，深圳华侨城文旅科技公司坚持以“文化与科技升级旅游体验，赋能产业发展”为发展理念，已形成“文化旅游事业群、数字娱乐事业群、文化科技事业群、互联网生态衍生事业群、金融投资业务”的“4+1”业务体系格局，业务布局遍布中国多个省市及旅游景区，并拓展至美国、土耳其、越南等国家，是中国极少数可以成套出口大型高科技文化装备及配套文化内容、服务和标准的企业集团。

广州励丰文化科技股份有限公司是广州第一家被评选为“国家文化和科技融合示范基地”的企业，近年来在“文化＋科技＋旅游”模式上取得了长足的发展。该公司在探索科技与文化旅游相融合的产业化发展道路上形成了三大业务板块，分别为公共文化设施、数字文化体验和旅游文化展演。在场景创新方面，通过“光影秀＋交互体验＋大型情景演艺”模式，广州励丰文化应用数字创意打造多种文化体验场景，服务于各类街区、景区、园区等公共空间及商业空间等。

（五）广东对外文化贸易以新业态为重点，出口不断增长

广东以对外文化贸易为加快转变文化发展方式、推动文化产业快速发展

---

①《塑长板强优势，推进广东文化产业更高质量发展》，《南方》2022年第6期。

的重要抓手，大力实施文化“走出去”战略，取得了显著成效。近年来，围绕“一带一路”建设，广东以新业态为重点的对外文化贸易新模式逐步形成。

广东省目前已形成较为完备的文化产品出口体系，出口覆盖了160多个国家和地区，并形成了以数字出版、动漫游戏、创意文化与设备制造等新业态为重点和优势领域的文化出口新格局。2023年，广东网络游戏“出海”营业收入规模达到385.4亿元，同比增长4.1%[①]。在商务部等四部委联合认定的29家国家文化出口基地中，广东占有两席[②]。

作为广东省文化产品出口的重要城市，近年来，广州高度重视文化出口工作，把文化服务出口作为实施文化强市战略、推动城市文化综合实力出新出彩的重要举措，充分发挥国家文化出口基地在产业集聚、创新发展、示范引领等方面的重要作用，大力培育文化出口重点企业、重点项目，激发文化产业发展活力，推动对外文化贸易提质增效。2021年，广州市14家企业和项目获评由商务部、中央宣传部、财政部、文化和旅游部、广电总局五部委联合认定的2021—2022年度国家文化出口重点企业和重点项目，数量居全省第一，占全省获评企业和项目总数的半壁江山[③]。2023年，广州对外文化贸易创新高，全市文化产品出口金额稳定增长，全年合计510.58亿元[④]。其中，文化产业国际影响力稳步提升。例如，咏声动漫的原创动漫作品《猪猪侠》《百变校巴》和《超学先锋》等，已成功发行至超过50个国家和地区，并在全球超过150个电视及新媒体平台播出，《反斗联盟》和《喵能战士》等作品在戛纳春季电视节亮相，通过动漫讲述中国故事，提升国漫IP的全球竞争力。

三、广东发展文化产业新业态存在的问题

目前，虽然广东文化产业新业态的整体发展水平已居全国前列，但也存在区域发展不平衡不充分、高质量文化供给不足、发展的外向度不够高等问

① 陈培均：《广东游戏产值全国占比首次超八成，市场营业收入规模超2450亿》，《南方都市报》2024年1月24日。

②《塑长板强优势，推进广东文化产业更高质量发展》，《南方》2022年第6期。

③ 孙绮曼、严思蕴：《文化产品和服务出口居全国第一！广东文化产业加快“出海”》，《羊城晚报》2022年2月17日。

④ 王文博：《广州蓝皮书：广州对外文化贸易创新高》，http://www.jjckb.cn/20240806/4107c224ddfe40d696e292a70881d975/c.html。

题，需要正视并予以解决。

（一）区域发展不平衡不充分

尽管广东文化产业发展迅速，文化产业规模在全国居于前列，但是文化发展不平衡不充分问题依然存在。反映在文化产业及新业态的发展上，具体体现为珠三角与粤东、粤西、粤北的产业发展不平衡，文化产业领域内各要素、各方面不平衡不充分的发展，等等。

从产业规模和资源配置来看，珠三角地区集中了广东大部分文化产业相关企业与资源、要素，新型文化业态也很发达，但粤东、粤西、粤北的文化产业和市场基础相对薄弱。粤东、粤西、粤北地区虽然具有丰富的文化旅游资源，但缺乏与珠三角地区规模相当或接近的开发资金、技术和人才支持。例如，虽然潮州的非物质文化遗产和韶关的自然文化遗产资源都比较丰富，但是文化产业市场经营主体都集中在珠三角地区，发展文化产业的资金、技术与人才等要素资源也基本集中在珠三角地区。这种资源配置与技术、资本市场相脱节的问题，不利于广东文化产业新业态的进一步发展。

（二）高质量文化供给不足

习近平总书记指出："要推动文化产业高质量发展，健全现代文化产业体系和市场体系，推动各类文化市场主体发展壮大，培育新型文化业态和文化消费模式，以高质量文化供给增强人们的文化获得感、幸福感。"[①] 对于文化产业高质量发展来说，我国文化供给已经不是缺不缺、够不够的问题，而是好不好、精不精的问题。这个问题同样存在于广东文化产业新业态的发展过程中。与广东经济在全国的地位和影响相比，目前广东文艺创作、文化名人、文化精品等文化指标在全国的地位和影响力还远远不够，广东文化产业的品牌生产还不能完全符合市场需求，文化精品不多，品牌还不够强，低端供给过剩与中高端供给不足并存，文化市场开发相对滞后，还不能满足广大人民群众多样化、多层次、多方面的精神文化需求，抑制了文化消费。创意和创新不足的问题依然突出，文化和科技融合精品少，影响了文化自身的创作力、传播力和感染力。例如在动漫产业方面，过度模仿欧美和日本动画，

---

① 习近平：《举旗帜聚民心育新人兴文化展形象 更好完成新形势下宣传思想工作使命任务》，《人民日报》2018年8月23日。

急功近利追求“快餐效应”的想法仍旧突出，作品同质化、表面化明显，甚至有的作品粗制滥造，暴力低俗，只重吸引眼球，毫无审美价值和艺术价值可言。

（三）发展的外向度不够高

与世界发达国家和地区相比，广东文化产业在产品研发、品牌建设、精细生产上还存在不少差距，文化产业新业态的总体技术含量不算高，技术力量还比较薄弱，原创作品数量不多，创意设计产品处于低端，文化产品的整体质量有待提高，产业链也需要进一步的整合和延伸。广东文化产业参与世界分工的程度还很低，文化产品的出口种类不多，出口量不大，面临国际化挑战。

（四）文化人才不足，新业态知识产权保护亟待加强

目前，广东文化产业各行业专业人才分布严重不均衡，流失现象严重。同时，缺乏既通晓科技又熟悉文化的综合型人才，高端技术人才和创新型人才也比较缺乏。此外，现行法律法规对文化新业态侵权行为的处罚较轻，部分文化新业态由于设计作品同质性强，剽窃、抄袭等较难定义，在界定侵权等方面还留有空白。另外，由于数字作品易复制，侵权较隐蔽，取证难且维权成本高，尚未建立起针对文化新业态的有效的知识产权管理制度。

第四节　广东文化产业新业态发展的路径

如前所述，改革开放40多年尤其是党的十八大以来，广东在文化改革方面先行先试，大力发展文化产业新业态，取得了累累硕果，但也存在一些不足之处。在新时代，要采取更加有力的措施，充分利用建设粤港澳大湾区、共建“一带一路”等重大机遇，深化文化领域供给侧结构性改革，优化文化产业布局和结构，创新文化产业发展模式，进一步培育和发展文化产业新业态，大力推动广东文化产业高质量发展，助力文化强省建设。

一、优化区域文化产业布局

要解决全省文化产业发展不平衡不充分问题，必须对珠三角、粤东、粤西、粤北区域文化产业的发展进行更具科学性的规划，优化区域文化产业布局，既要推动粤港澳大湾区文化产业协同发展，也要促进粤东、粤西、粤北

特色文化产业发展，以高品质的文化供给和服务，满足人民群众对美好精神文化生活的需要。

（一）加快打造具有国际竞争力的粤港澳大湾区文化产业圈

粤港澳地区由于市场开放度高，紧随国际文化创意产业发展前沿，已成为我国文化创意产业发展的领先领域。特殊的区位、历史、制度、经济、文化等背景，使得粤港澳文化产业的发展具有独特的优势，其合作也在很大程度上不同于京津冀、长三角文化产业集群。珠三角九市在海丝文化、教育科研、动漫网游、高科技产业、制造业等方面占有优势，形成了独具特色的珠江文化产业带；香港长期以来是亚洲的创意中心，数码娱乐、电影、设计等文化产业在业内享有盛名；澳门的旅游休闲产业发展已积累多年基础和经验。在粤港澳大湾区文化产业协同发展中，要整合特色优势资源，采取集群发展的形式促进产业融合、着力发展文化新业态、推动大湾区文化旅游产业合作，共建人文湾区，释放大湾区强大的经济辐射力、文化影响力。

结合粤港澳三地的功能定位、区域特色和创意产业基础，以创意产业关联链条为纽带，将三地各自的长板互相组合，实现跨区域的强强联动，将大湾区打造成为亚太地区著名的设计创意中心、数字文化娱乐中心、内容创意与生产基地、创意产品和设备制造业及流通业中心。对广东来说，要进一步发挥广州和深圳两个中心城市的集聚与辐射功能，加大创新力度，加快发展各种新兴文化业态，积极扶持一批重大文化产业项目和“龙头”文化企业，集中技术、人才、资金密集优势，“搭大平台、聚大智慧、推大项目、出大成果”，高质量建设珠江文化产业带，推动全省文化产业向规模化、集约化、专业化方向发展。

区域文化创意产业的协同发展需要各地政府的协调组织，可由粤港澳三方文化创意产业主管部门共同成立粤港澳文化创意产业发展联盟，作为大湾区文化产业协同发展的指导组织机构。大力开展文化创意产业的资本运作，鼓励和扶持一批文化创意龙头企业利用香港或内地资本市场进行上市融资。发展文化商业银行、文化互助担保服务、文化交易所、文化金融中介等，协同促进文化与金融融合发展；借助自贸区文化开发和投资贸易便利化、金融自由化等创新制度，促进外汇管理便利化，推动文化产业跨境投融资和“走出去”，提高文化金融国际化水平。

（二）大力推动粤东、粤西、粤北地区特色文化产业发展

解决区域文化产业发展不平衡的问题，是提升广东文化产业综合竞争力、推动文化产业高质量发展的重要因素。要坚持从实际出发，统筹考虑全省不同区域之间的文化差异和经济发展的不平衡性，从战略上高度重视广东文化产业的协调发展、充分发展，优化区域文化产业布局，深入开发粤东、粤西、粤北地区的文旅资源，发掘其文化产业发展的潜能，促进粤东、粤西、粤北文化与旅游的深度融合，发展特色文化产业。

一方面，实施错位发展的策略，突出粤东、粤西、粤北区域的资源特色优势，紧紧把握"互联网 + 文化""文化 + 旅游"的方向，有针对性地发展区域性特色明显的文化产业，在全省范围内形成相互补充、相互促进、共同发展的产业协作。另一方面，通过区际各具特色产业的专业化分工，更好地发挥协同效应及互联网文化产业共享优势，通过文化产业的创新和内部结构调整优化来逐渐消弭行政区域分割，促进各区域之间的文化产业联合创新发展。建议依据粤东、粤西、粤北地区不同的文化资源和地理人文资源优势，培育具有技术创新能力的集群环境，发展以下五个具有岭南文化特色的文化产业带。

一是开发以梅州和河源为中心的岭南客家文化产业带。2010 年 5 月，原文化部批准设立客家文化（梅州）生态保护实验区（简称"实验区"），成为广东第一个、全国第五个国家级文化生态保护实验区。应以实验区为引擎推动客家文化"出圈"，利用好围龙屋、客家土楼等物质文化遗产，结合客家山歌、广东汉乐等非遗资源优势，广东革命老区等红色文化资源优势，挖掘南越王赵佗曾担任河源龙川县首任县令的历史文化资源等，进一步擦亮梅州"世界客都"和河源"中国客家文化古邑"两个品牌，建设以客家精神为内涵的文化产业带。

二是提升富有时代特色的潮汕文化产业带。2020 年 10 月，习近平总书记到潮州、汕头考察，提出"要加强非物质文化遗产保护传承""加强海外华侨工作"和"加强历史文化街区保护"等要求，为潮汕地区的文化产业发展指明了方向。潮汕地区要做好潮剧、木雕等非物质文化遗产的保护与活化利用，抓住潮文化"精、细、美"等特质，提高工艺美术发展水平，大力发展潮文化特色产业集群，打造广东"潮汕"旅游商品基地。把侨乡文化元素和

潮汕特色文化更多地融入特色产业中，以文化助推特色产业转型升级。

三是做强广东“北大门”丹霞－喀斯特地貌与“韶文化”文化产业带。韶关具有历史悠久的“韶文化”与丹霞山世界地质公园等丰富的自然资源，以山地、丘陵为主的清远具有喀斯特地貌和瑶族、壮族等民族风情，可整合粤北地区的文化旅游资源，打造粤北地区具有国际文化符号影响力的丹霞文化品牌，形成具有喀斯特地理文化，以及具有浓郁的中国瑶族、壮族等少数民族文化特色的文化旅游带。发展以丹霞山为代表的多元旅游文化价值链，将广东“北大门”——北江建设成一条独具特色的“文化之江”和中国丹霞－喀斯特地貌文化产业带，以提升粤北地区的文化影响力。

四是拓展西江生态文化－民俗文化产业带。以西江地域特色为重点，集中打造西江文化生态家园和特色文化产业带。西江流经的肇庆、云浮都具有丰富的山水生态资源，而在历史文化资源方面，肇庆具有宋文化、包公文化、广信文化、龙母文化等深厚的历史人文资源，云浮具有禅宗文化、石艺文化和南江文化等文化品牌，因此，要做好肇庆、云浮等地生态文化和历史文化资源的保护、开发和利用，打造以鼎湖山为中心的世界级观光旅游和休闲度假区，开发云浮大理石文化的产业资源，拓展西江生态文化－禅佛民俗文化产业带。

五是打造北部湾滨海文化产业带。湛江、茂名、阳江同属北部湾城市群，具有丰富的海洋文化资源。结合国家“一带一路”倡议，以湛江、茂名、阳江为中心，从“向海”旅游着手，打造海洋文化产业带，打造中国南海美丽的北部湾文化名片。挖掘湛江人龙舞、舞鹰雄、雷剧、南极村等丰富的雷州半岛历史文化资源，擦亮阳江“广东海上丝绸之路博物馆”品牌、茂名冼夫人文化品牌等，发展融汇以海洋科学、艺术、娱乐为支撑的科技旅游、创意产业，推动海洋旅游、民俗旅游、康养旅游、文创演艺、文化游径等，共建中国滨海品牌度假旅游目的地。

总的来说，以广州、深圳为主的珠三角文化产业区应充分发挥技术、人才、资金密集优势，加快发展文化产业新业态，打造成为具有国际影响力的文化创意中心城市和城市群，高质量建设珠江文化产业带。粤东、粤西、粤北地区的中小城市要完善文化消费基础设施，发掘、利用特色文化资源打造产业亮点，培育打造特色文化产业带和文化名片，区域文化产业发展差距控制在合理适度的范围内并逐渐缩小，最终整合利用好全省所有的文化资源，促进不同城市间文化产业差异化发展、错位发展，在发展步伐上协调发展、协同发展、共同发展，实现产业结构性集聚重点突出、文化内容特色鲜明、文化生产多业并举的发展格局。

二、完善文化产业结构

推动文化产业高质量发展，关键在于实现文化产业结构的优化升级。要坚持文化产业“新业态”和传统产业“两条腿”走路，一手抓新业态“千树结花果”，一手抓传统产业“老树发新枝”，坚持以创新驱动文化产业发展，推动文化产业链创新链优化升级。完善文化产业结构，坚持文化产业与高科技、数字内容紧密融合，与制造业、服务业紧密融合，与商业旅游休闲市场紧密融合，拓展更广阔的产业经济领域。

跨界融合已成为文化产业发展的新常态。要打破条块分割与行业壁垒，进一步优化产业结构。一方面，要规划先行，进一步推动“互联网+”和“文化+”，做好“文化+”和文化数字化战略的规划设计，包括产业业态、数字技术、文化品牌、文化企业等研究和规划，加强政策扶持，从规划、内容、资金、服务、运营等多个方面予以扶持，促进文化与科技、旅游、教育等深度融合发展，让文化产业新业态发展充分沐浴“政策暖阳”。

另一方面，继续在两个“融合”——“融合型空间布局”和“融合型产业业态”上发力，优化融合型空间布局，推动文化产业与相关产业深度融合发展。整合优化城市基础设施、文化旅游休闲区等各类空间资源，叠加文化创意体验和文化创意消费功能等，形成融合型空间布局。在融合型产业业态上，促进全省第一、二、三产业联动，坚持文化产业跨行业、跨界渗透融合，文化内容和创意设计向三次产业渗透，加大资源挖掘、要素整合、产业耦合力度，通过行业间的功能互补和链条延伸，形成融合型产业链。改造提升传统文化业态，强化科技在演艺、娱乐、工艺美术、文化会展等传统文化行业中的应用，推动上网服务、歌舞娱乐、游艺娱乐等行业转型升级。优化动漫、艺术品、文化装备制造业等重点文化行业供给，培育壮大线上演播、云展览、数字艺术、创意设计、沉浸式体验等新型文化业态，打造一批具有岭南风韵和竞争力的文化产品品牌。

三、推动文化企业数字化发展

《中华人民共和国国民经济和社会发展第十四个五年规划和2035年远景目标纲要》指出："实施文化产业数字化战略，加快发展新型文化企业、文化业态、文化消费模式，壮大数字创意、网络视听、数字出版、数字娱乐、线上演播等产业。"[①] 文化产业从一定意义上说是文化企业的集合，主要是为社会提供文化产品和服务。要发展文化产业新业态，推动文化产业数字化战略实施，必须培育壮大文化市场主体，激发市场主体活力，以建立现代企业制度为重点，大力推进数字文化产业发展。要坚持分级分类、精准施策原则，推动大型文化集团引领发展、中型文化企业专业化发展、小微文化企业特色化发展，推动企业间协同发展，做大做强各类文化市场主体。支持企业孵化器、创新平台、创客空间、创客基地等新型众创空间建设。鼓励华强方特、奥飞娱乐、励丰文化等大型文化企业通过资源整合、并购重组等方式做优做强，培育一批大型文化集团和具有重大国际影响力的独角兽文化企业。

习近平总书记指出："培育一批具有国际竞争力的大企业和具有产业链控制力的生态主导型企业，构建自主可控产业生态。要促进集群化发展，打造世界级数字产业集群。"[②] 数字文化产业潮流是大势所趋，也是广东文化企业应对数字经济新格局的必然选择。在新时代，广东的文化企业需要重新审视自身的角色定位，更新文化观念、生产理念，改善原来的设备基础、管理架构、运作方式，实现技术赋能、数据驱动、人机协同、创意提升和自主演进，完成系统性变革创新，构建一整套适应数字经济时代的文化商业逻辑和运作模式。

文化企业的高质、高效运作，离不开数据资源要素潜力的充分释放。文化企业数字化实践的展开，伴随着生产、营销流程重构。数字时代文化产品生产、营销是一体两面，二者互联共通的关系尤为密切。建立在大数据、云计算技术基础之上的平台资源库，大大提高了文化生产的效率和质量。对于企业而言，文化产品策划不仅要有敏锐的嗅觉，更重要的是要广开来源，拓

---

① 中华人民共和国中央人民政府：《中华人民共和国国民经济和社会发展第十四个五年规划和2035年远景目标纲要》，http://www.gov.cn/xinwen/2021-03/13/content_5592681.htm。

② 习近平：《不断做强做优做大我国数字经济》，《求是》2022年第2期，第4-8页。

宽现有的线索渠道，并且对线索进行统筹管理；同时，要针对各种创意进行甄别、科学整合，选择有价值的创意集中发力进行全面的深度策划与报道，数字文化产品的生产要具有更强的组织与管理能力，在策划、生产、营销等环节上，做到策划迅速、决策科学、协调灵活，整个团队资源共享、协同作业，充分挖掘数据资源要素潜力，形成内容集约化生产、核心资源共享的工作机制。

新技术的迅猛发展，显现出巨大的创新、融合和联动效应，对文化企业数字化实践提出了更高的要求，技术变革给文化企业发展带来机遇和挑战。通过实质性转型提升数字产品、服务供给能力，赋予内容生产以更丰富的创新内涵，提升产品品质，规范发展方向，是文化企业数字化转型的必然要求。以高速度、大连接为特性的5G时代将对文化产业产生深远影响，智能化与文化产业的融合会向更深层次迸发。文化企业应基于智能化、视频化、场景化的发展趋势，以技术为支撑、以内容为根本，创新体制机制，完善激励机制，拓展经营产业链，促进产业链与创新链深度融合。传统文化企业的商业模式亟待转型升级，科技创新驱动文化企业实务应用场景变革，泛在感知带来智能监测及精细化经营，推动内容、技术和场景应用创新，促进商业模式升级。

文化企业数字化场景应用创新的研究，在信息、体验两个维度展开。

从信息的维度而言，数字文化产品不仅将多种内容表现形式融入文本中，更注重技术和内容的适配，力图为每一种文化资源寻找最有效的场景表现媒介，实现技术和文化“1+1 ＞ 2”的效果。技术和文化资源达成创新结合，数字文化产品可以发挥最大的传播作用。

从体验的维度而言，数字时代多媒介融合的形式为增进消费者的场景体验提供了多样化的基础，也对商业模式提出了更高的要求。具体而言，在内容呈现上，要明白特定消费者群体的“痛点”，及时捕捉消费者的文化心理；同时，在文化体验上应当发挥创意，实现技术元素与文化内容融合对接，为消费者提供沉浸式的文化体验。VR产品、网络游戏通过沉浸式体验与多屏交互的方式，配合多样的互动形式，为消费者提供感受丰富的文化体验。在数字时代，文化企业应该吸引消费者介入数字文化产品策划、组织、营销、推广的全过程，强调文化产品的“微创新”，激发UGC（用户生产内容）的活力和创造力，开展社会化文化生产。数字文化产品也需要提高消费者的参与度，让消费者不仅可以使用产品，还能参与文化产品生产。尤其是在网络游戏中，用户能以第一人称进入虚拟和真实结合的游戏空间，在互动参与的过程中极大地提升了用户的沉浸式体验。

四、提升数字内容原创能力

将文化内容与数字技术相结合，现已成为文化产业新业态的重要组成部分。文化产业的业态创新，带来了日益多样化的文化产品形态。要促进数字文化业态创新和产品变革，实现高品质文化供给，内容建设是根本，其所涉及的方面包括形态、语言、结构、符号、编码等。只有掌握了产品属性和内在机理，数字文化业态创新才有明确的对象。这其实是对数字文化产业研究对象一般性质的理解，关系到数字文化业态创新和文化产品变革方法论如何展开的问题，是战略层面和实务操作都必须面对的前提。产品问题往往被人们认为仅仅是对产品表现形式的分析，但从战略和实践的角度来看，产品问题只有上升到方法论层面才能使研究得以深化。因此，文化产品变革是数字文化业态运作的中心，因为文化产品关联着文化企业、内容、消费者等各个方面，文化产品与符号内容、文化产品与生产者、文化产品与消费者之间的关系密不可分。

积极发展数字文化产品，提升数字内容原创能力，加强内容建设，是推动广东文化产业高质量发展、大力发展文化产业新业态的必由之路。在数字文化产品变革方法论层面，广东文化产业界要积极探寻其产品形态、符号策略和编码方式等方面的内在规律，在内容建设层面推动数字文化业态创新，提高数字文化业态质量效益和核心竞争力。落实文化产业数字化战略，要发挥广东数字经济和科技研发优势，利用5G、云计算、大数据、物联网、人工智能等技术，促进全省优秀文化资源数字化转化和开发利用。

从文化产品与符号内容的关系来看，数字文化产品无疑要有符号文化内涵，但数字文化产品的范围大幅拓宽，文化价值等概念需要重新诠释。数字文化产品与社会意义的生产关系越来越密切，面对自媒体“去中心化”、过度娱乐的传播趋势，我们要从数字文化产品的符号意义着眼，提升其文化品质，健全互联网内容新生态。传统文化产品体现得更多的是一种线性思维，按照特定主题和时间轴的线性编码进行表达。数字环境下，文化产品的符号形式是互动的，编码手段无限丰富，体现了互联网思维的特性。符号形式是产品的表达载体，不同层面的符号形式体现出编码视角的转换，也是文化生产主体多样性的体现。短视频、移动直播、网络游戏、网络动漫、云演艺等产品，符号形式和编码方式存在很大差异，它们满足了年轻一代“触屏穿越”的操作速度和主观体验，迎合了快捷生活节奏中的大众趣味。

从文化产品与生产者的关系来看，文化生产者的泛化，文化企业、特定兴趣群体乃至普通个人，不同的生产者推出文化产品，他们在文化活动中的地位、彼此间的关系都会发生变化，用户生产内容对文化规范造成冲击。内容生产活力的释放，本质上就是人自身创造力的迸发。因此，要突出强调主体的能动作用，充分发挥个体的创造智慧，推动内容产品和服务创意化、专业化、人性化，形成数字文化业态发展与内容建设协调、融合、共促发展的格局。

五、发展线上线下融合型文化消费模式

《关于推进实施国家文化数字化战略的意见》指出：“发展数字化文化消费新场景”，“集成全息呈现、数字孪生、多语言交互、高逼真、跨时空等新型体验技术，大力发展线上线下一体化、在线在场相结合的数字化文化新体验”[①]。消费是推动经济增长和产业转型升级的重要推动力量。广东推动文化产业高质量发展、大力发展文化产业新业态，必须夯实发展基础，转变增长方式，抓住在线新经济、夜间经济、“宅经济”、云旅游、云娱乐等潮流，发展新型文化消费模式，拓展投资空间，改善文化消费环境，运用新技术和创新成果积极吸引用户、服务消费者，增强文化消费意识，扩大数字文化产品及服务的消费空间，激发数字文化消费需求、调整文化消费结构、推动文化消费模式转换，培育新的消费热点，促进文化消费升级与内涵品质提升，构建以国内大循环为主体、国内国际双循环相互促进的新发展格局。

作为文化产业链的终端环节，消费既是物质文化的体现，也是精神生活的一个侧面，其在大众消费观念、消费动机、消费行为等方面影响着文化产业的进程和样态。通过分析数字社会的文化消费形式变迁，可从一个侧面看

① 经济形势报告网：《关于推进实施国家文化数字化战略的意见》（全文），http://www.china-cer.com.cn/zhengcefagui/2022052318622.html。

到整个社会转型时期的文化发展的历史过程。数字时代大众的文化消费观念产生了根本性的变革，人们摆脱了温饱的生理需求，在精神层面对文化产生了多种层次的消费动机，如享受动机、审美动机、认知动机、社交动机、求异动机等。而消费行为在当代多元化的消费观念和消费动机的推动下，也呈现出不断扩大的态势。随着数字文化产品和服务的日益普遍，对其的消费也早已超越娱乐的目的，而情感消费、时尚消费、休闲消费等逐渐成为当下新型消费向纵深开拓的多向途径。推动消费模式转换，为数字文化产业发展提供强劲动力。

文化消费的水平和档次，是衡量社会文明程度和人民生活质量的显著标志。经济发展、技术演进带动了新型文化消费活动，人民群众对精神文化的需求不断提升，新型文化消费在城乡居民消费中的比重将逐步扩大，提供数字精神产品和文化娱乐服务的文化市场方兴未艾。要调节好新型文化市场的供求关系，创设多层次、多渠道、多形式的丰富多彩的新型文化市场，不断满足人民群众日益增长的文化需求。要支持广东戏曲、广东音乐等传统艺术线上发展，推动文艺、文博、非遗等传统文化行业线上线下融合发展，培育一批旅游演艺精品项目、线上演播项目、沉浸式体验项目、数字艺术体验场景。

新业态带来新的文化消费模式，传统文化内容生产、传播、消费的单向链条被彻底打破了，交互传播、体验式消费的模式得以实现。技术进步激发新的理念和产品创意，高科技创意文化产品不断推出，文化与科技创新要素有机结合，形成新的消费体验。移动智能终端拥有无所不包的内容、无所不能的应用与无处不在的服务，对用户形成消费的“召唤效应”。培育以互联网、云平台为载体的文化消费新模式，创新文化消费场景，拓展直播带货、云旅游、云娱乐等新型消费形态。顺应“宅经济”、在线新经济、夜间经济、云旅游、云娱乐等潮流，必须加快发展线上线下融合型文化消费模式，拉动数字文化产业增长，提高生活的质量和品位。以消费升级提质拓宽数字文化产业发展空间，扩大市场化投资，推动新一轮数字经济的快速增长。消费升级包括消费内容升级、消费方式升级与文化生态维护等层面。数字时代消费升级的动力机制，源自技术创新带来的供应侧产品创新与需求侧消费内容和方式的变革，要立足数字文化产品消费动向与规律，完善数字文化产品供给体系，提高供给绩效，满足多层次人群的文化需求。

发展新型文化消费不能在封闭的环境中进行，必须促进文化产品和生产要素在线上线下融合，保持和增强文化市场的生机和活力，构建开放、多元的文化市场发展模式。要创新文化“IP”，大力发展平台消费，鼓励各类电子商务平台、互联网平台企业跨界融合，与传统文化企业、文物单位、旅游景区和度假区合作，促进文化产品资源的优化配置，积极开发文化服务功能和产品，举办各类文化消费活动，探索流量转化、服务运营、体验付费等新模式，促进网络消费、定制消费、体验消费等新型消费发展。

数字文化消费的扩大，很大程度上离不开市场的力量，政府要把属于市场调节的那一部分权力还给市场，发挥市场在资源配置中的基础性作用。数字文化消费作为文化经济和技术发展的产物，具有商业驱动、雅俗共赏、技术复制、娱乐消遣等属性，表现出强大的渗透力、影响力和解构力。数字文化消费辐射了广阔的范围，包蕴着多元杂糅的价值取向。出于营利的目的，文化产品要获得大众的青睐，不可避免会迎合世俗价值观。泛在网络中的文化消费，使新产品与用户之间建立起特定关系，形成新的“感受力”（sensibility）。数字内容的认知和体验，迥异于传统的文化消费方式。不同语境中的内容生产、传播、消费实践，产生各不相同的感受力。差异化的感受力，显示了文化趣味和价值取向的多元，它们并非相互排斥，而是杂处共生。数字文化产品涵养的感受力，内化为用户的快感结构和思维认知。数字文化消费填补了高雅与通俗的鸿沟，带来文化消费的世俗化、民主化和常态化。文化消费的范围也更为广泛，移动直播、VR/AR 产品、网络游戏、人工智能产品、电竞、网络动漫、网络音乐、网络文学、云演艺、云展览、数字艺术等形态交错杂陈，消费内容也必须相应进行革新，以更好地适合即时性、互动性的新载体。

六、加强文化人才队伍建设

培育发展文化产业新业态、推动文化产业高质量发展的关键在人才。要坚持人才引领发展的战略地位，大力培育人才、引进人才、爱护人才、用好人才。

（一）加强对广东文化人才队伍的规划引导

深入实施人才优先发展战略，完善人才工作机制，建立符合文化和旅游行业特点的人才培养模式。制定科学的文化人才队伍建设和发展规划，编制文化产业人才开发目录，并将其列入广东人才开发总目录，实现对文化人才队伍建设的有效引导。将文化领域从事教学科研、创作表演、新闻传播、研发生产、技术保障、经营管理、非物质文化遗产传承、民间文艺表演等优秀人才分类、分级管理，建立文化人才数据库，总体实行动态管理、分类培养和定期评审。

（二）创新文化人才成长方式方法

通过倾斜政策、引进高端人才、强化职业培育、鼓励创新创业、允许柔性引进和多点执业等方式，创新文化人才成长方式方法，最大限度发挥人才在文化产业发展中的作用。在政府引导支持的同时，改变资助形式，如政府在后期投入上，用财政资金购买文化产品、文化服务和文化活动等，支持文化人才创造文化作品。深入实施文化人才“素质能力提升”工程，完善部省联训和年度培训计划，选派文化人才参加各级各类学习培训和国情、省情研修班。充分用好各类项目和资金平台，资助人才开展课题研究、艺术创作、演出展览、出版专著和调研采风等活动。在文化创新发展专项资金中列支部分资金支持人才的创业、生活并进行奖励。尝试以市场化方式助推让文化人才更多地面向市场、面向受众，让文化人才在服务群众、服务消费者的过程中，接受市场的考验，在搏击市场风浪中成长、脱颖而出。

（三）加强文化产业人才供给

加大人才引进工作力度，强化人才交流，鼓励和引导文化和旅游人才向粤东、粤西、粤北地区和基层一线合理流动。建立健全人才培养、引进和激励机制，适当放开落户限制。大力推动文化产业相关专业的学科建设，针对文化科技融合发展需要设立相关专业。加强与文化和旅游相关院校的交流合作，支持文化和旅游企业、高等院校、科研机构、艺术院团等共建人才培养基地。加大人才奖励激励力度，组织开展文化名家和作出突出贡献的高层次文化科技人才，经有关程序可破格参加高级专业技术职称评定，不受学历、资历等限制；申报专业技术资格时不受单位性质的限制，而公益性文化科技事业单位亟须引进紧缺的高层次人才，可按有关规定设置特设岗位，自主聘用。

产业观察篇

第六章 广东影视文化产业的发展

影视业作为文化产业的重要组成部分，是指影视艺术产品的生产以及与其有关的流通、服务行业。它以电影、电视剧、网络剧等影视产品为核心，是涵盖了制片、发行、播出、展览、投资等多个环节的综合性行业。其特点在于高度的艺术性、技术性和市场性相结合，既追求艺术创新又注重市场回报。随着文化产业逐渐成为国民经济的重要支柱，影视产业在其中扮演着关键角色，成为展示区域文化软实力和经济竞争力的重要窗口。

广东作为改革开放的排头兵、先行地、实验区，一直是中国的影视大省，从 20 世纪 70 年代末开始，已经成为整个中国影视业发展的重要战略要地。尤其是中国实行改革开放以来，广东影视业更是获得了发展的大好机遇，沐浴着改革开放的春风，在崭新的社会环境中披荆斩棘，奋力创业，变革观念，改良技艺，高扬爱国主义旗帜和勇于探索的精神，40 多年来逐步发展、成熟，逐步形成了自己丰富的影片样式和鲜明的艺术风格，现已成为广东文化产业的一个重要门类。

第一节 广东影视文化产业的发展历程

影视业是改革开放以来广东文化产业发展的重点行业。广东的影视业经营探索起步早，产业发展步伐比较快，市场化程度比较高。广东的影视作品贴近生活、反映生活，以生动、感性的艺术形象，寓教于乐，润物无声地发挥着教育人民、引导社会的积极作用。随着数字化和网络化的快速发展，广东影视行业正在经历前所未有的变革，不断催生新的商业模式和业态。

一、广东电影的“黄金时代”

广东电影制片业是从1924年开始的，当时黎民伟三兄弟在香港创办的民新影片有限公司搬回广州西关，当年民新公司就摄制出第一部故事片《胭脂》。同时，民新公司为广东革命政府和孙中山的革命活动摄制了一批新闻纪录片。此后，在广州先后成立了钻石动画公司、天南影片公司、华艺影片公司等29家大大小小的私人影片公司，摄制了一批故事片和粤语戏曲片。不久民新公司迁至上海，其他公司停业。1958年5月1日成立珠江电影制片厂，1985年1月25日成立深圳影业公司。

多年来，广东拍摄了不少有影响的电影，如《南海潮》《七十二家房客》《海外赤子》《大浪淘沙》《跟踪追击》《与魔鬼打交道的人》《逆光》《雅马哈鱼档》《孙中山》《乡音》《少年犯》《烈火金钢》等等。前些年的《冼星海》《心香》《情满珠江》《安居》《漂亮妈妈》《邓小平》《穿过月亮的旅行》，以及近年的《白蛇传·情》《谯国夫人》《三水女儿·红头巾》《来福大酒店》《猪猪侠大电影·星际行动》《高桩狮妹》《澳门行动》《落凡尘》等影片影响也很大。

回顾历史，广东影视界创下了多个“全国第一”。其中包括：第一部表现中国四大发明的电影故事片《毕昇》（1981年）；第一部反映城市个体户创业的电影故事片《雅马哈鱼档》（1984年）；第一部讽刺喜剧手法表现改革开放新生活的电影故事片《阿混新传》（1984年）；第一部反映特区建设的电影故事片《他在特区》（1984年）；第一部伟人传记电影故事片《孙中山》（1986年）；第一部电影艺术和商业广告植入高度融合的都市电影《给咖啡加点糖》（1987年）；第一部反映特区教育改革的电影故事片《花季·雨季》（1997年）；第一部乡土音乐电影故事片《赛龙夺锦》（1999年）；第一部由民营电影制作公司出品的重大历史题材影片《黄埔军人》（2001年）；第一部票房过亿元的动漫电影《喜羊羊与灰太狼》（2009年）；等等。

（一）珠影：岭南文化的响亮品牌

被公认为岭南文化中心地的广州，是祖国的“南大门”，中国古代海上丝绸之路的起点、近代革命的策源地和中国改革开放的前沿地。20世纪20年代，广东电影发轫于广州，后因战乱频繁，不适合电影业的存活而一度中断电影出品，但其在岭南电影发轫期的开拓、人才培养方面的功绩是不可磨灭的。中华人民共和国成立后，广州以“华南影都”著称，与珠影、深影和腾飞太空的岭南电视携手，成为岭南影视艺术繁荣的脊梁。

位于广州的珠江电影制片厂（以下简称“珠影”）是我国华南地区历史最早、规模最大、实力最强的综合性电影企业。它筹建于1956年，1958年正式投产，1985年2月改建成珠江电影制片有限公司。2006年4月，经广东省人民政府批准，珠江电影制片有限公司依法转制为国有独资有限公司，主要从事电影制片业务。2008年6月，珠江电影制片有限公司和广东省电影公司（1953年成立）共同组建成立珠江电影集团。珠江电影集团的成立标志着这两个实体在组织结构上进行了整合和扩展。

珠影作为新中国第一批六大电影制片厂之一、华南地区最大的电影基地，从1958年投产以来，摄制出许多脍炙人口，为广大观众所喜爱的优秀影视作品。其发展历程也见证了广东影视产业在改革开放中披荆斩棘、一路向前的发展历程。从筹建到1978年，其故事片年产量平均不到5部。1979年，珠影摄制了7部艺术片（5部故事片，2部舞台艺术片），第一次超过建厂时的设计标准（5部）。此后，故事片产量逐年增加。多年来，珠影已发展成为一个既能成批摄制普通银幕、遮幅式、宽银幕故事片、立体影片、科教片、纪录片，也能大批加工美术动画片等各类片种彩色拷贝的综合性电影企业。1983年，珠影开始增设电视制作部，拍摄电视剧。1984年下半年开始，珠影本着“以电影为主、多种经营”的宗旨，与内地和香港有关方面联合兴办了白天鹅音响艺术有限公司、时代艺术中心、时代美术电影制片厂、韩江影视公司以及正在为电影电视生产服务的10多家企业。自建厂到1985年底，共生产艺术片92部（故事片69部、戏曲片23部）、科教片101部（221本）、新闻纪录片283部（549本）、新闻期刊片56部、粤语翻译片47部（408本）、代制片28部（56本），加工洗印各种拷贝（以单条计）1.96万多米。1981年9月，创办了以电影文学为主的综合性刊物《银幕剧作》（双月刊）。到2005年底，珠影共生产电影故事片200多部，电影短片（新闻简报、科教片、纪录片）500多部，电视剧80多部共400多集，加工各类拷贝近3亿米。公司成立以来，有100多部影视片获260多项（次）奖励。这些影视片题材广泛，风格多样，从不同侧面反映了我国各族人民在不同历史时期丰富多彩的斗争生活。珠影为中国的电影事业的发展和社会主义物质文明、精神文明建设作出了积极的贡献，也充分展示了珠影公司艺术创作、生产的整体实力。经过近半个世纪的艰苦奋斗，珠影已经发展成为中国南方电影的重要生产基地，“珠影”也因此成为岭南文化的一个响亮品牌。

早在20世纪60—70年代，珠影就以大量富有岭南特色的影片在国内影坛独树一帜，较有代表性的故事片有《南海潮》《七十二家房客》《大浪淘沙》《跟踪追击》等。这些影片不仅真正赢得了广东乃至全国的观众，确立了岭南电影在全国影坛上的地位，也形成了岭南电影独特的风格。

电影《大浪淘沙》海报

1979年以后，随着中国电影第二个高潮的到来，处于改革开放前沿阵地广东的珠影，开创了南粤电影事业的高峰，摄制了《春雨潇潇》《与魔鬼打交道的人》《海外赤子》《乡情》《寡妇村》《逆光》《乡音》《廖仲恺》《雅马哈鱼档》《孙中山》《心香》《情满珠江》等影片。十几年间，珠影先后有数十部故事片和科教片在国内外获奖，它们风靡大江南北，广受观众欢迎。与此同时，很多对珠影充满向往之情的电影人才也从全国各地会聚到广州，到珠影实现自己的“淘金梦”和明星梦。

其中，改革开放之初红遍大江南北的电影《雅马哈鱼档》作为南派电影崛起的代表作，被誉为“广东改革开放第一张亮丽的名片”“当代广州的清明上河图”，是因为它真实地展现了改革开放大潮下的广州街头，缤纷而鲜活的市井百态。这部由珠江电影制片厂出品、1984年上映的影片，讲述了三个待业青年成为个体户，创业开鱼档的曲折故事。电影由章以武、黄锦鸿编剧，张良执导，在那个人们对商品经济仍然抱有疑惑的时代，破天荒地撕开了计划经济的一角，拍出了广州立于改革开放前沿的缤纷与鲜活，书写了中国电影史上“岭南都市电影”的新篇章。片名就大有深意。“雅马哈”寓意的是在今天广州街头已经绝迹、在当年却是最新潮的雅马哈摩托车。男主角穿T恤衫、牛仔裤，骑着雅马哈摩托车送鱼，跟他的朋友们在家跳迪斯科、组乐队，到高档酒店的音乐茶座喝茶听歌，这些在当时都是改革开放带来的新鲜事物，它们代表了一种全新的多姿多彩的生活方式。“鱼档”则是广州市井生活中的高频词，与老百姓的生活日常息息相关。导演张良运用了大量的跟拍和实景拍摄，并大胆选用高第街的个体户、佛山商场的售货员等扮演主要角色，力求展现广州人最真实的生活状态，连背景声、叫卖声都取材于真实环境。影片中狭窄的石板街上熙熙攘攘的人群，琳琅满目的商品，平凡却又亲切的鱼档、烧鹅档、水果档、粉面店、发型屋，拂晓时分的芳村水上鱼栏，成筐成篓活蹦乱跳的鲜鱼，华灯初照的西濠夜市，地道的粤式茶楼，高档酒店里的音乐茶座，以及镜头特写的叉烧、白切鸡、烧鹅、乳猪、肠粉、艇仔粥等各种广式美食……这些鲜活又日常的生活场景交织在一起，温暖又充满人间烟火气，描绘出一个热闹喧嚣又生气勃勃的广州。对于当时物质生活、精神生活双匮乏的内地观众，这无异于是一次巨大的心灵冲击；这也使全国各地无数年轻人，对广州产生了强烈的向往之情。一石激起千层浪，该片一上映，就在全国产生巨大的社会反响和共鸣。据编剧章以武回忆，当时一张电影票只要两毛钱，电影的票房收入却高达8000万元。折算一下，当时竟然有4亿多人次观看了这部电影，这个数字放到现在也高得惊人[①]。

① 广州市教育局官方微信：《建设新广州⑬｜大时代下的〈雅马哈鱼档〉——广州的色香味》，https://mp.weixin.qq.com/s?__biz=MzUxNDczNjMxNg==&mid=2247703774&idx=4&sn=a583a2ad2273669caeb8fcc59355d792&chksm=f94cf50dce3b7c1bf92470d8de2ea390abcee4b601ca1f242d36e91f041a6b327f5fad69347c&scene=27。

电影《雅马哈鱼档》剧照

自《雅马哈鱼档》1985年获文化部优秀故事片二等奖和第五届中国电影金鸡奖最佳美术奖后，珠影又连续拍摄了《给咖啡加点糖》《太阳雨》《街市流行曲》《女人街》《商界》《特区打工妹》等一批极富岭南都市风情的影片，在华南影坛引发了一场关于"岭南都市片"的热烈讨论，其影响波及大江南北，为中国电影关于如何表现当代都市众生态特别是青年心态提供了宝贵的启示。1989年摄制的《商界》（上、下集）、《阿罗汉神兽》、《女人街》等3部故事片，先后被原国家广播电影电视总局确定为中华人民共和国成立40周年献礼影片。这3部影片使改革开放以来逐渐形成、具有广东特色的"岭南都市电影"得到丰富和拓展。同年，珠影与香港银都机构有限公司合作摄制的故事片《寡妇村》，获第十二届《大众电影》百花奖最佳故事片奖和法国第六届蒙彼利埃中国电影节金熊猫奖；纪录片《蛇口奏鸣曲》获第九届中国电影金鸡奖最佳纪录片奖；故事片《花街皇后》获中央广播电影电视部优秀新片奖。

随后，珠影又相继推出一系列主旋律精品影片，也取得了相当出色的成绩：1996年的《军嫂》、1997年的《安居》、1998年的《龙飞凤舞》、1999年的《赛龙夺锦》、2000年的《走出硝烟的女神》和2002年的《荔枝红了》等6部影片，先后6次获得中国电影政府最高奖华表奖优秀故事片奖。如此成绩，在国内电影制片厂中实为凤毛麟角，为中国电影事业的繁荣和发展作出了积极贡献。

行业内人士认为，珠影在20世纪90年代以前的成功，主要经验在于创造并坚持了自己的岭南风格，多数影片都扎根于本土文化，表现具有浓郁岭南特色的故事，富有生活气息和地域色彩，为老百姓所喜闻乐见。这些于20世纪80年代中期崛起的岭南都市片具有浓郁的地方色彩，集中反映了时代精神和岭南都市的个性，是岭南电影人将地方性、思想性、艺术性进行最佳整合，同时为满足观众娱乐需要和市场商品需求而推出的新片种，因此推出后，就在全国引起了强烈反响。同时，改革开放初期，珠影的创作经营理念也走在全国前列，是国内最早改建公司的电影制片厂，较早地向市场靠近，并造就了强劲的市场竞争力。

20世纪90年代后，国家对电影发行体制进行了重大改革，珠影在转型的探索中曾一度未能跟上产业化发展的新形势，缺乏市场竞争力，制约了影视创作和生产经营的发展，一些本来的优势也被弱化。为了迎接新挑战，珠影人不断推出一系列新的重大举措。例如，在影片《邓小平》（2002年）的发行中，珠影努力尝试市场化动作，该片上映之前，影片的灯箱广告遍及广州的大街小巷，让很多电影业内人士颇感吃惊。在影片发行中，珠影首次聘请法律顾问，参与整个发行的签约过程，力求完全依法办事。为了保证影片的发行效率，珠影公司还给每个拷贝定下了票房考核指标，如果放映单位不能实现指标，就要向出品方补偿拷贝费用。所有做法，都是珠影对电影发行新的探索。《邓小平》发行才两个多月，首轮院线票房已突破千万元。

进入21世纪后，在文化产业发展大势的推动下，2008年6月28日，由珠江电影制片公司和广东省电影公司共同组建的珠江电影集团正式挂牌成立。珠江电影集团的主要子公司包括珠江电影频道、珠江电影制片有限公司、珠影影视制作有限公司、广东省电影公司、珠江影业传媒股份有限公司、广东珠江影视版权开发有限公司、广东珠影演艺有限公司、广州珠影网络文化信息服务有限公司、广东珠影文化产业投资有限公司、北京珠影影视文化有限公司、珠江电影制片有限公司。珠影作为在广东乃至全国都有着响当当名头的“老字号”，具备丰富的资源和雄厚的实力，组建集团后，继续打造具有市场竞争力的“电影战车”，再铸辉煌。

（二）深圳电影产业：与特区一起成长

深圳的电影事业与特区一道度过了充满创业的艰辛、改革的阵痛和胜利的欢欣。40多年来，深圳电影制片业从无到有，进而成绩斐然，其间拍摄的许多影片都先后在国内外获得了各种奖项，备受人们的赞誉和关注。

深圳电影制片厂（原深圳影业公司）是全国最早的特区电影创作单位，于1985年1月正式成立，1998年更名为深圳电影制片厂，实行企业化管理。2004年6月28日正式挂牌成立深圳广播电影电视集团，由原深圳电视台、深圳广播电台、深圳有线电视台、深圳电影制片厂等单位合并组建而成。集团现有深圳卫视、都市频道、电视剧频道等8个电视频道，新闻频率、交通频率、音乐频率等4套广播频率，“壹深圳”“直新闻”“深爱听”“深视频”等4个新媒体客户端和新媒体应用，以及天威视讯（股票代码：002238）、文产公司、深圳文交所等20余家产业经营企业。集团业务范围涵盖影视内容、新媒体、广告、有线网络、文化产业园区、文化金融、会展等多个领域。其中，深圳卫视是2004年经国家批准上星传输的国内唯一一家在全国落地的副省级卫视。截至2023年底，集团资产总额为114亿元；员工总数为5261人，其中集团本部1841人，下属单位3420人[①]。

深圳电影制片厂建立以来，成为岭南内地影坛上敢冲敢闯、实力不弱的生力军。从成立到2014年，其共摄制故事片40部，电视剧50部近400集，其中获国际国内各项奖近百项。表现劳教管理人员帮助失足青少年改邪归正的影片《少年犯》，是新中国第一部揭露少年犯罪真相并探究解决办法的影片，在全国引起了很大反响，获得了良好的社会效益和经济效益，先后获1985年中国文化部优秀影片奖、新时期十年电影奖最佳影片奖、中国第九届《大众电影》百花奖最佳影片奖以及第七届伊朗发吉尔国际电影节蝴蝶奖。为庆祝深圳经济特区建立十周年而拍摄的《你好！太平洋》和《联手警探》，双双荣膺1989—1990年度中国电影优秀影片奖。反映深港两地现实生活的影片《一家两制》，荣获1994年中国电影华表奖优秀影片奖，以及广东省首届精神文明建设“五个一工程”奖。影片《花季雨季》荣获1998年中国电影华表奖优秀影片奖、最佳新人奖，1998年第18届中国电影金鸡奖最佳儿童片

① 深圳广播电影电视集团：《深圳广播电影电视集团简介》，https://www.szmg.com.cn/about.html#first。

奖，广东省精神文明建设“五个一工程”奖。2001 年拍摄的我国首部义工题材的故事片《因为有爱》，荣获中国电影华表奖组委会奖、华表奖优秀电影歌曲奖，中宣部“五个一工程”奖。同时，深圳电影制片厂摄制的《深圳人》《花季雨季》《当代风流》等多部电视剧，获得全国、地区和世界性的电视节及电视奖项。

此外，由深圳万科文化传播公司拍摄的《过年》（1991 年）曾获得东京国际电影节银奖，女主角赵丽蓉获得最佳女演员奖；《找乐》（1993 年）获第 43 届柏林国际电影节新电影论坛奖、日本东京电影节青年导演奖、西班牙圣塞巴斯蒂安国际电影节尤斯卡传媒一等奖、法国南特电影节大奖、最佳亚洲电影奖、柏林国际电影节评委会特别奖、希腊赛萨洛尼基国际电影节最佳男女主角、最佳导演奖等；《兰陵王》获美国洛丽塔电影节最佳故事片奖。以上各类奖项的获得，渗透了深圳电影人的心血和汗水，体现出特区的开拓创新精神。

二、广东电视产业的风生水起

改革开放以来，广东电视剧不断取得好成绩。20 世纪 80 年代，是广东电视风生水起的经典年代。1982 年，广东电视台制作的 8 集电视连续剧《虾球传》（改革开放后国内第二部电视连续剧），红遍大江南北，刷新了当时内地电视剧的收视纪录，还成为第一部在香港及东南亚地区播出的粤产电视剧。这部剧是广东电视台拍摄的第一部连续剧，改编自作家黄谷柳的同名小说，讲述了一个叫“虾球”的流浪少年历尽磨难，最终成长为一名出色的游击队战士的故事，被认为翻开了中国电视剧的新篇章。“都说那海水又苦又咸，谁知那流浪的悲痛辛酸；遍体的伤痕，满腔的仇怨。哦！游子的脚印啊，血泪斑斑……”这首由成方圆演唱的主题曲《游子吟》，成了那个时代所有观众共同的回忆，相信如今很多老观众依然能哼唱出此曲。

在《虾球传》的基础上，广东电视台在数年内推出了多部广受好评的电视剧，例如 1986 年反映都市生活的《万花筒》，以及 1989 年反映职场女性的《公关小姐》等。进入 21 世纪以来，尽管其他卫视开始崛起，但广东电视台依然保持其一定的规模和实力。它不断推出影响力巨大的电视剧，例如《外来媳妇本地郎》，是由王岗、刘卫平等人执导，王萍、王丹丹等人编剧，龚锦堂、黄锦裳、苏志丹、郭昶、彭新智、徐若琪、丁玲等人主演的情景生活喜剧，自 2000 年 11 月 4 日在广东广播电视台珠江频道首播以来，成为中国广电史上播出时间最久、播出集数最多的电视连续剧。它先后获得了“五个一工程”奖入选作品奖、广东广播电视文艺奖、抗灾救灾优秀电视三等奖。这部系列情景生活喜剧讲述了广州西关老城区一个有着四个儿子的大家庭，娶了天南海北的四个外地媳妇，由于生活习惯和文化背景的差异，产生了一系列的喜剧故事。其一经播出便收获了极高的人气，最高收视率超过 40%，受到了其他卫视的追捧。2023 年，《外来媳妇本地郎》获得吉尼斯世界纪录，以 4330 集的新纪录成为世界上播出最长、集数最多的情景喜剧。

电视剧《外来媳妇本地郎》海报

广东电视台制作出品的 22 集电视剧《公关小姐》（1989 年 11 月 12 日首播），创下了几个“最早”：中国内地最早反映改革开放、最早反映公关行业的电视连续剧；最早反映女性和女性群体生活的电视连续剧。该剧获第九届中国金鹰奖优秀长篇连续剧奖等众多奖项。该剧选取了一个相当巧妙的角度，就是把主角设计成一个来自香港的公关人士，吸取了香港电视连续剧的优点，使得这部都市言情剧拥有一个宏大的背景，当时“一国两制”的政策已经提出，香港回归的脚步逐渐接近，人们对香港文化的了解日益加强，这样的角度让《公关小姐》在与港产剧的竞争上占据了天然优势。同时，《公关小姐》中也反映了广州出现的新鲜事，比如第一次“美在花城”选举就在电视剧中有所表现，尽管这次选美作为失败的公关案例出现，却把事情的来龙去脉交代得相当清楚，也体现了广东人对待改革开放的清醒态度。在当时港剧大行其道的背景下，该剧创下了地区收视率 90.99% 的佳绩，如果说粤港电视人始终在无形的战场上竞争，那么《公关小姐》算是打了一个大胜仗。随后，香港亚洲电视和中央电视台都买下了这部电视剧的播放权。

还有《乘龙怪婿》《七十二家房客》《情满珠江》等电视剧都取得了很好的反响。《乘龙怪婿》于 2005 年 2 月 9 日在广东电视台南方卫视都市频道首播，讲述的是皇帝为了找回岭南王写的回忆录而炮制一个假案，丢失了 6 件镇国宝物，追究侍卫首领的责任，“御狗”贾牙误以为皇帝要杀他，深夜潜逃回家，带着妻小东躲西藏十几年的故事。《七十二家房客》于 2008 年 7 月 5 日在广东大湾区卫视（原南方卫视）首播，截至 2013 年 8 月，该剧已突破 1000 集，成为惊艳业界的长寿剧。该剧改编自珠影老导演王为一 1963 年拍摄的电影版，讲述了 20 世纪 40 年代的民国时期，广东广州西关太平街生活着 72 家房客，这群“反斗”房客在和奸恶势力斗智斗勇，传颂“邪不压正”的正能量故事，充满了街坊生活的酸甜苦辣。该剧播出后受到了热烈欢迎，“鸡公福”“金医生”“太子炳”和“八姑”等诸多正、反角色成为街知巷闻的艺术形象。而后该剧获得了最佳中短篇电视剧（2008 年 8 月）、广东省“五个一工程”奖（2013 年 8 月）、广东省首届“百佳电视艺术作品奖”（2014 年 7 月）等奖项。35 集电视剧《情满珠江》（1994 年在中央电视台首播，后在广东电视台重播），是广东电视台与央视以及珠影联合出品的。该剧以全景式画卷的形式，表现了一群“敢为人先”的广东人，在改革的大潮中，不畏艰难，勇往直前的奋斗精神。这部剧播出后，曾在观众中引起巨大反响，如今我们所熟悉的“下海”“跳槽”等常用词，也是通过此剧开始流行起来的。

此外，还有《英雄无悔》《和平年代》《深圳人》等一大批电视剧精品在广东这片文化热土上诞生，开启了粤产电视剧的创作高峰。广州电视台推出的十集电视连续剧《外来妹》（1991 年在中央电视台首播），由成浩执导，谢丽虹、成浩编剧，陈小艺、汤镇宗、杨青、常戎等主演，讲述了6个从穷山沟赵家坳到广东港资公司打工的女性的命运故事。该剧创下了3个“第一”：它是第一部反映打工者生活的电视剧、第一部反映劳资关系的电视剧、第一部聘请香港演员加盟的电视剧。尽管这是一个关于变化的年代的故事，但它采用的是普通人的视角、平民化的策略，坚持了忠于生活的现实主义的创作态度。1991年，刚刚成立5个多月的深圳影业公司电视剧部拍摄的第一部作品——电视连续剧《深圳人》受到普遍好评，被认为是当时表现深圳人最深刻、最成功的电视剧，好看，也耐看。《深圳人》通过性格、志趣各不相同的同胞四姐妹到深圳特区创业的过程，表现了四姐妹各不相同的欢乐和艰辛，并由她们的坎坷经历以及他们各自的丈夫、朋友、同事的经历辐射开去，反映了特区从企业经理、经纪人到“女秘书”、打工仔、打工妹不同阶层、不同文化层次的各类人的心态，全方位展现特区奋斗者的众生相。

部分粤产电视剧海报

综上可以看到，尤其是从20世纪90年代起，广东的精神产品在全国影响最大的当数长篇电视连续剧，下面这份成绩单颇能说明问题。

《空镜子》获得第22届电视剧“飞天奖”二等奖。1994年，《情满珠江》（36集）获全国“五个一工程”奖、“飞天奖”一等奖。《农民的儿子》（16集）获全国“五个一工程”奖、“飞天奖”二等奖。《英雄无悔》

（39集）获全国“五个一工程”奖、“飞天奖”一等奖。1997年，《和平年代》（23集）被专家誉为“近年来中国电视剧的扛鼎之作”，获全国“五个一工程”奖、“飞天奖”一等奖。《钢铁是怎样炼成的》2001年获飞天奖长篇电视剧特别奖、优秀导演奖等。

这些充满时代气息和南国风情的电视剧，都在中央电视台黄金时段的收视率排行榜上名列前茅，表明了广东电视剧的巨大魅力。

在电视栏目制作上，广东也处于领先地位。无论是早期的流行音乐排行榜，还是后来的选美活动“明日之星”影视新星大赛和“美在花城”广告新星大赛、有奖问答节目《步步为赢》和《过关斩将》等，广东的电视栏目制作往往引领全国潮流。2000年6月开播的《生存大挑战》是广东电视台推出的真人秀节目，引起了全国观众的大力追捧，导致国内各大电视台争相开办类似栏目。风靡全世界的“真人秀”电视节目也就经由《生存大挑战》而开始在中国内地各大电视台风行。

有关研究表明，粤派电视剧的异军突起，表明了“广东人的当代精神——对英雄人物的呼唤，对理想主义的追求，对人的自我价值和奉献精神的认定”[①]。电视是公众了解和透视一个地区政治、经济、文化等特点的最佳视窗，通过这一窗口，人们可以清楚看到被专家称为20世纪90年代中国文化的新格局——“广东文化作为当代中国最强势的地域文化，当之无愧地与北京、上海鼎足而立，打破了城市文化双峰对峙的陈旧格局”[②]。广东文化被称为“20世纪末的新北伐”。作为中国改革开放的最前沿，邓丽君等港台歌星的声音曾同各种广货一道，由广东登陆并开始对中国内陆市场大举入侵，“正宗粤菜”“生猛海鲜”“发发发”等粤味十足的字眼和声音遍及全国城乡，广东普通话更是电视小品、相声的常用话语之一……人们起初以为毗邻港澳台的广东的文化在商品经济大潮的席卷下被“沙漠化”了，难以产生精品之作，但是，当《深圳人》《商界》《外来妹》等优秀电视连续剧，以其新颖的题材和鲜明的形象刮起强劲清新的南国都市风时，人们的思维定式开始动摇。而当《情满珠江》《和平年代》等粤派电视连续剧完全征服观众时，人们不禁感叹：珠江三角洲不仅出现了经济奇迹，而且有文化的迅猛崛起。

---

① 张木桂：《当代岭南文化特征的生动表现》，《南方电视学刊》1998年第2期。

② 杨东平：《城市季风》，东方出版社，1994，第525页。

中国在改革开放初期最先建立的四个经济特区——深圳、珠海、汕头、厦门，就有三个在广东。在一个时期内，社会上对经济特区乃至整个广东的评价可谓众说纷纭，从一定意义上说，广东的形象就是中国改革开放的形象。广东人是明智的，他们认准了电视这一传播最广、影响最大的媒体，认准了电视剧这一行之有效的表现方式，花大力气去创作精品。功夫不负有心人。广东电视剧的一次次成功，不仅极大丰富了岭南文化的内涵，而且有助于人们正确认识广东的改革开放。高昂的理想主义成为广东电视剧的基本品格。当刚刚兴起的市场经济大潮使部分人信奉金钱至上的教条时，非个体、非功利的精神成为我们时代必要的振奋剂。这也为广东电视剧在全国观众中塑造了超拔的形象：都说“广东人只会赚钱”，广东电视剧却表现了金钱物欲之上的人文精神。

三、广告选美：凸显广东影视业的“敢为人先”

进入 20 世纪八九十年代，各地纷纷开展选美活动和各种综艺节目，形成了荧屏上的一个独特景观。

而广州，也许可以称为中国选美产业的发源地。1988 年，中国最早的选美赛事——“美在花城”广告新星大赛在广州电视台诞生。虽然当时它的宗旨很单纯——为刚刚创立的广州电视台集聚更多注意力，但是我们回看历史时发现，“美在花城”广告新星大赛堪称广州敢为天下先的有力的城市形象营销。

现代社会的选美，是文化与商业结合的产物，是第三产业的一种特殊产业形态。选美产业的经营者是包括各种媒体、模特公司、公关策划公司、广告公司、美女培训学校、美容美发中心等在内的松散的群体。广东的选美活动，由于受到香港选美模式的影响，最早觉悟的是电视台，后来一度引领选美产业风骚的仍然是电视台，广东台、南方台和广州台这三大电视台都曾经各自举办过一个选美赛事。广东的广告选美活动，在 20 世纪八九十年代已成为南北驰名的荧屏盛事。

选美活动以人的内在美和外在美为核心，将艺术、审美、影视、经济等有机统一起来，是一种综合性的文娱节目。广东的选美活动在中国内地是较早开始、发展得较成熟的，受到广泛欢迎，影响波及全国。一般在下半年，在广东都在举行各种各样的选美赛事，从预赛到总决赛都有，如“美在花城”“明日之星”“新丝路模特大赛”“东方新娘”“封面女孩”“都市少女”等，以2003年为例，“明日之星”全国赛区半决赛于9月11日中秋之夜在珠江边上演，9月13日晚，“美在花城”准决赛在中山纪念堂举行，与同时在三亚举行的新丝路中国模特大赛全国总决赛形成两大赛事对垒的局面。这里以“美在花城”为例说明之。

“美在花城”是广州电视台综艺品牌节目，从1988年到2014年，“美在花城”共举办了二十一届。1988年，广州电视台推出第一届“美在花城”广告新星大赛，被认为开内地选美之先河。同年，新丝路中国模特大赛始创，开中国模特业历史之先河。在2014年（第二十一届）以后，“美在花城”停止举办。回顾其历史，从一开始的稚嫩小苗到后来成长为参天大树，“美在花城”见证了广州综艺节目和影视产业走向成熟的一个个印记。从一无所有到日臻完善，“美在花城”成为广州电视台发展历程上的一个标志品牌，在一定程度上推动了广州乃至全国综艺大赛的进程，尤其是广告界的发展，影响之广遍及港台及海外。“美在花城”26年的历程，集中体现了以广州为代表的广东敢为天下先的勇气与魄力，不仅领风气之先，带动了国内各城市选美热潮的涌动，而且造就了一个国内“选美”界历史最长、影响最大、品牌最老的生活与艺术有机结合的选美活动，并进而成为广州本地文化艺术的一张醒目标签。从第十一届“美在花城”开始，为了把“美在花城”这个魅力品牌的知名度扩大，广州电视台“美在花城”组委会经过精心策划和研究，特地把赛区扩延至哈尔滨、昆明、成都、南京、武汉等五大城市，并邀请这五个城市的电视台联合主办这一届大赛。

1988年，广州电视台举办第一届“美在花城”赛事，这届比赛在后来叫响了的“美在花城”四个字，之后还带着“首届广州地区青年电视广告模特大奖赛”这个名称，单是广州，前来报名参加的青年男女就有6000多人。在这届决赛的舞台上，选手们的装扮是当时流行的油彩浓妆：乌黑的浓眉，色彩丰富的眼影、如同庆丰收式的腮红、油汪汪的大红唇膏。男选手用喷发胶把头发塑造成头盔一般坚硬的样式；女选手则卷发高耸，据说这叫招手停，这样的包装在当年已令台下观众睁大了好奇的双眼。

两年后，第二届“美在花城”人气更为鼎盛，该届赛事所造就的获奖选手至今仍活跃在各个娱乐舞台上。第二届的总决赛晚会舞台几乎遮住半张脸的墨镜成为男女选手的首选饰物，配上当时流行的牛仔装，整齐划一。婚纱演绎令晚会的气氛达到了高潮：女选手莲步轻移，裙裾如花，一时间艳惊四座。经过前两届的积淀，“美在花城”已经具有了相当的社会影响。第三届赛事在选拔环节上已渐趋成熟，报名者素质明显提高，报名者中具有大专文化的占一半以上，这是前两届所没有的。

第四届“美在花城”选手参赛水平和技巧日臻成熟，更善于在镜头前表现自身长处。泳装一直是各个选秀活动不可或缺的一个环节，但第四届美在花城却大胆地取消了泳装表演，以豹纹紧身装替代泳装。男女选手们在紧凑动感的音乐中载歌载舞，与20世纪90年代“野性美”的时尚潮流不谋而合，让人们印象深刻。第五届大赛远赴新疆拍摄外景，留下了不少美丽镜头。总决赛舞台美轮美奂，凸显的正是“丝绸之路”的主题。

1999年，第七届“美在花城”以中国的文学、戏曲、武术、民乐、国画等国粹艺术作品或形式为晚会立意的思维及形象造型依托，写意地表达人类怀旧的情怀和憧憬21世纪美好前景的心情。这一届首次创办高素质的艺员培训班，首次设立专题摄影大赛，从这一届开始，“美在花城”改为一年一届。

2000年，第八届参赛选手中最引人注目的是来自法国的金发美女玛丽安。时年23岁的玛丽安是一位职业模特，报名时已在广州待了两年，能说一口较为流利的中文。在内蒙古拍外景时，连中餐都吃不惯的玛丽安，来到处处吃手抓羊肉的大草原，只好常常靠矿泉水“充饥”。获得“美在花城”奖项后，玛丽安知名度大增，成为广东地区知名的外籍模特之一。

第九届“美在花城”契合了九运会的主题，男女选手穿上运动装，活力四射。这一年也是广州“三年一中变”的成果检验，系列小品表演《羊城故事》把广州的真人真事移到舞台，突出广州社会的变迁。第十届“美在花城”选择在广州新体育馆举行。“十年华诞”带给观众印象最深的就是非比寻常的华丽场面。主办方斥巨资800万元有余，仅该台总决赛晚会就花费了300万元，是往届总决赛的一倍多。数千名热心观众踊跃出谋划策，成为这届“美在花城”总决赛晚会的一个亮点。数千人通过信件、传真、电子邮件、手机短信等方式给“美在花城”总决赛问答环节提供了近万道题目。第十一届“美在花城”的魅力扩大到全国，首次与成都、武汉、昆明、南京、哈尔滨五家国内省会都市电视媒体联合主办了第十一届“美在花城”广告新星大赛。

“美在花城”的成功显然并非偶然，通过历史回顾与剖析，可以发现在“美在花城”缤纷舞台的背后，是广州日新月异的时尚潮流，人们逐渐开放的审美趣味、艺术体验，以及都市消费的新鲜印记。

改革开放以来，广州一直站在时尚的最前沿，从卷发、短发到碎发，从婚纱、牛仔到豹纹，从文学、音乐、舞蹈、戏曲到美术等，诸多流行元素与艺术风情在“美在花城”的舞台上得到了表现，或许它展示的只是冰山一角。但是，不能否认，以大胆、超前的姿态引领时尚潮流，正是“美在花城”长期以来立于不败之地的主要原因之一。

这种立足于平民的雅俗共赏理念自觉随着赛事的发展日益得以凸显。从第四届起，“美在花城”有了小主题，这届的主题是“都市发展史”。选择这样具有浓重文化内蕴的主题做载体，展开各种系列活动，并不觉错位，反倒利用电视这种独特的媒介形式，巧妙地为“美在花城”营造了一个电视文化环境。1998 年起，广州开始了一场重新打造自我的新战役，广州城市形象工程一时成为街谈巷议的热门话题。当年的“美在花城”，就把“美丽”镜头聚焦广州，把魅力撒播到了珠江沿岸。“情系珠江”总决赛晚会，通过服装、语言、布景展现了广州特有的岭南风情与岭南艺术，并对广州的未来寄予希望。

虽然“美在花城”是一场广告新星大赛，但其丰富多样的比赛环节极大地激发了选手们的潜力，因此培养出了许多影视人才。这正是每年吸引众多年轻人积极参与“美在花城”的主要原因。前后十七届“美在花城”广告新星大赛，为演艺界、广告界选拔了大量的优秀影视广告模特、电视主持人和演员，如曹众、张延、苏瑾、袁伟超、赵荣等，均蜚声南方演艺圈及国内影视界，为喜欢挑战自我的年轻人提供了一个实现艺术梦想的舞台。报名参加第六届“美在花城”比赛的苏瑾被导演赵宝刚选中出演《永不瞑目》；选手姜鸿波也借助“美在花城”的声誉和影响力，进入娱乐圈，被姜文相中，出演电影《鬼子来了》的女主角。第二届“美在花城”女子冠军张延，是历届选手中发展势头最好的，在夺得冠军后，她马上被香港无线电视台相中做主持，接着又成了北京电视台《欢乐总动员》的当家花旦，接着成为多部影视剧的主演。张延凭借在“美在花城”大赛中获得的后冠，逐步迈向她的成功之路。而当届季军黄小燕获奖后，凭着流利的粤语和青春形象也签约香港无线电视台，拍摄了《南帝北丐》《烈火狂奔》等多部剧集。第八届“美在花城”男子冠军张伟飏参加“世界超级男模大赛”，获得中国区冠军、世界级亚军，是当时中国男模所获得的最高级别荣誉。

每一位参加“美在花城”大赛的年轻人，从报名之初就开启了一段专业的成长之旅。在数月的时间里，他们将经历各个阶段的专业培训，包括语言、声乐、舞蹈和形体等艺术修养方面的严格训练，这些培训均由大赛组委会邀请的著名学者、艺术家和专家亲自指导。此外，参赛者还有机会赴世界各地进行采风拍摄，参与大赛规定的活动项目。在初赛、半决赛、总决赛的规范赛事中，他们将在艺术舞台上得到充分的锻炼和磨炼。

经过多年的发展，“美在花城”形成了一个产业化的良性循环——节目的成功使它得以筹集大量的资金，大量资金的投入进一步保证了节目的质量，使其成为百姓喜闻乐见的一个文娱活动，也吸引越来越多选手报名参与，这对选手、对观众、对社会算是多赢。花城之美已不局限在广州，其影响力已经辐射到全国乃至海外。

四、民营资本进军广东影视文化产业

我国的电视剧从初试市场化到成为电视台立台和收视的重要法宝，经历了曲折的发展过程。20 世纪 80 年代电视剧开始从政治转向经济战场，90 年代电视剧面向大众市场，21 世纪电视剧成为文化产业的重要组成部分，其发展过程凝聚着民营资本的力量，而电视剧本身的功能也经历了从过去单一的舆论宣传向舆论引导与大众文化娱乐并举的渐变过程。

伴随着制播分离的改革尝试，广电系统之外的民营制作公司在市场潮流中曲折发展，按照市场需求的强烈信号，在政策的边缘地带，民营企业分外顽强地走过了从少到多、从弱到强的生存发展轨迹。在 20 世纪八九十年代的探索时期，民营资本经历了政府对其管理方面的政策空白、积极限制、消极限制和政策鼓励等不同待遇，并在 21 世纪的第一个十年最终站稳脚跟。

广东的民营资本进入影视业是从 20 世纪 90 年代前开始的。不过，开始时受到政策上的约束，只能以投资、合作、挂靠等其他方式进行。到了 2000 年，民营影视音像制作逐渐形成了一定的规模和气候。新时代以来，广东省委、省政府先后出台有关文化改革发展的政策文件，鼓励社会资金进入文化事业和文化产业，引导社会力量参与文化建设，开辟了繁荣发展社会主义文化的新路径。

民营资本涉足影视音像业主要有几种形式：一是成立独资公司，大部分民营公司都是此形式；二是以大型集团为背景投资开设分公司，如深圳万科、深圳华侨城等；三是以投资公司身份介入运营。这些公司主要集中在广州和深圳，部分分布在珠江三角洲地区。这些年来，广东民营影视制作了不少精品：深圳万科影视有限公司制作的电视剧《空镜子》获22届电视剧飞天奖二等奖；广东巨星影业有限公司拍摄的《康熙微服私访记》风靡全国，随后相继拍摄了四部系列，共计114集，创下国内古装剧集长度之最；广东强视影业传媒公司以张恨水同名小说改编的40集电视剧《金粉世家》在央视播出，收视率创下新高。音像发行也不断推出精品：广州俏佳人文化传播公司发行了《还珠格格》《康熙王朝》《激情燃烧的岁月》等名剧；2002年，由张艺谋执导的电影《英雄》开先河地拍卖VCD、DVD内地音像版权，由广东伟佳音像制品有限公司、广东飞仕影音有限公司联手以1780万元的天价，在参加竞拍的全国16家音像公司中胜出；广东11家音像机构还创新模式，联合夺得了香港热门电影《无间道Ⅲ》的内地音像版权。这样的例子不胜枚举。

回顾民营资本进军广东影视产业的进程与经验，其活力喷薄的原因在于以下几点。

第一，影视业民营化的市场效应。

民营企业在资金使用和决策方面更灵活，也更容易紧贴市场，因而能取得骄人的成绩。2001年至2003年10月，广东制作了88部共2770集电视剧，平均下来，每个月有81.5集新电视剧诞生，其中不乏民营资本的贡献。同时，市场上影碟的选择面增加。在广东音像城里，每天节目量长期都在5万个以上，其中有2万—3万个节目更是热销节目。影碟价格从200元降到10元的价格，吸引了众多消费者的目光，这是由于民营音像机构繁荣导致的市场供应量骤增，从而将影碟价格下调至合理水平。而价格的下降也推动着正版影碟市场的发展。为了迎合市场和观众的口味，民营影视制作单位想方设法制作各类题材的作品，他们琢磨观众心态的变化，也尝试开拓更多人群的市场，努力做到全覆盖。比如，为年轻人制作轻松的都市爱情剧，为中老年人制作《钢铁是怎样炼成的》之类的经典历史剧。在音像制品中，不但有电影、电视剧，医疗保健、家庭常识类节目也越来越多，众多的电视栏目也制成影碟，供观众买回家仔细欣赏。

第二，广东的市场环境。

良好的地理位置和商业氛围是广东影视业发展的天然优势。广东是众多商品的集散地，在这里可以找到音像公司生产所需要的一切配套产品，如碟片制作、封面印刷、硬盒制作等，而且由于是批发中心，所以价格比北京、上海等地便宜。生产成本的降低，吸引了全国投资者的目光。广东邻近港澳，信息反馈较快，影视音像公司可以比内地大多数地方早一步接收最新资讯，对于抢先开发产品、占领市场具有很大的推进作用。同时，广东文化的兼收并蓄吸引了众多的文化类型。

第三，广东的政策环境。

广东各级政府对影视民营公司都十分支持。政府出台多项措施，重点打击盗版专门店，扼断销售终端，营造相对安全的市场环境。同时，政府极力促成行业协会的组成，2003 年 11 月初，全国首个影视制作行业协会在广东成立，其目的就是团结各家影视机构，规划题材，调整布局，避免民企走向杂、小、乱的误区，同时还担当融资的角色，为企业与资金牵线搭桥。

新时代以来，广东出台了多项政策促进文化产业发展，这些政策包括“关于加快提升文化软实力的实施意见”“建设文化强省的规划纲要”“关于金融支持广东省文化产业振兴和发展繁荣的实施意见”等，而且各地市相继出台了一些配套的措施和相关政策。这些政策和措施的出台除了鼓励国有企业进入文化产业，也支持民营企业和社会资本等非公有制经济积极进入文化产业领域。

第二节　广东影视文化产业的发展现状

改革开放 40 多年来，广东影视文化产业获得了蓬勃发展。广东观众爱电影的热诚，已经让广东电影市场连续 22 年领跑全国，稳坐“全国第一票仓”。在如此热烈的市场氛围下，广东一直以来吸引了大量有志之士在此创办影视企业，根据相关统计，目前广东共有近千家影视制作公司，其中大部分集中在珠三角地区[①]。广东还拥有多家大型影视基地，加上当地政策的扶持，广东的影视公司得以拍摄出多样化作品，从而输送到全国乃至全世界。2022 年，全国共制作影视剧类节目（TV Drama Programs）60 738 小时，其中广东占了 3003 小时；全国制作电视剧（TV Dramas）119 6747 小时，其中广东占了 22 066 小时；全国制作动画电视（Cartoon Programs）115 803 小时，其中广东占了 38 409 小时[②]。《中国电影产业影响力数据课题报告》指出，2023 年，中国电影总票房全球市场份额占比 23%，稳居全球第二；广东仍是票房第一大省，票房最高的全国影院，前两名都在深圳；中国电影票房规模最大的城市、全国城市电影票房排名第三和第四的，分别是深圳和广州；最有影响力的电影投资机构中，广东的奥飞娱乐排名第六；最具影响力的经纪公司中，广州的音华娱乐传媒有限公司排名第四[③]。

一、广东电影再铸辉煌

如前所述，广东影视文化产业在 20 世纪八九十年代曾风靡一时，影响遍布大江南北。1994 年，随着一些美国商业大片进入中国市场并打破票房纪录，国内电影业开始了新一轮竞争，中国电影市场也发生了巨大变革。2008 年，完成集团化改制的珠影，也在市场大潮中经历严峻的考验。进入 21 世纪后，珠影厂开始了一系列的尝试和探索，希望能在变化的市场中找到新的定位。他们采取了“两条腿走路”的策略：一方面继续创作主旋律影片，另一方面开始涉足商业片领域。在改革调整后，广东影视产业重振雄风，勇于开拓，再铸辉煌。

（一）广东电影舞台不断扩大，成功“出海”

经过一段时间的沉寂，到了 2009 年，在中宣部第十一届精神文明建设“五个一工程”评选中，广东喜获丰收，获奖数量位居前列，电视剧《潜伏》、电视动画片《喜羊羊与灰太狼》、电影《夜·明》、广播剧《拔鲁》、

① 刘益帆、钟欣：《广东电影出海观察：让广东制作抵达更远的异乡》，《南方都市报》2024 年 3 月 14 日。

② 国家统计局社会科技和文化产业司、中宣部文化改革发展局编：《2023 中国文化及相关产业统计年鉴》，中国统计出版社，2023，第 116–117 页。

③ 李丽：《中国电影产业最新数据：阿里影业最会赚钱，陈思诚最懂投资》，https://baijiahao.baidu.com/s?id=1811518760442291006&wfr=spider&for=pc。

歌曲《我生在1978》、文艺类图书《国运——南方记事》等6部作品获奖。在广东省第七届精神文明建设"五个一工程"奖评选中，全省共有83部作品获奖。广东省第八届鲁迅文学艺术奖获奖作品111件。动画电影《喜羊羊与灰太狼之牛气冲天》获第15届上海电视艺术节铁象奖之年度家庭电影奖等国内外多项奖项；电视剧《潜伏》获得第15届上海电视艺术节白玉兰奖最佳电视剧、最佳男主角、最佳编剧3项大奖，电视剧《马文的战争》获得最佳女主角奖；杂技剧《西游记》获得2007—2008年度国家舞台艺术精品工程精品剧目奖，实现广东在这一领域"零"的突破。这些获奖作品形成"屏幕热播、专家热评、群众热议、市场热卖"的全国轰动效应，获得社会效益和市场效益双丰收①。特别是《潜伏》屡创新高，其网络下载量高居国产电视剧第一名，也创下了全国电视收视率新高。电视动画片《喜羊羊与灰太狼》播出后，迅速成为各地电视台最热播节目，在少年儿童中掀起一股"羊旋风"；作品先后荣获金龙奖最佳创意动画奖、全球华人"非常短片"创意大赛奖、白玉兰银奖等国内外多项奖项。音乐剧《蝶》获得韩国大邱国际音乐剧节特别奖，这是中国音乐剧首次在国外获奖②。

2019年以来，由珠江电影集团主导，相继拍摄了国内首部4K粤剧电影《白蛇传·情》、反映新时代海外赤子投身祖国建设的4K电影纪录片《我爱你，中国》、大型文献纪录电影《共和国的黎明》、粤剧电影《谯国夫人》等多部影片，并获得多项大奖，取得了很好的社会效应，展现了粤派电影的风采和魅力。

珠影还将电影舞台扩展到海外，展示中华优秀传统文化。《暴风》与《白蛇传·情》两部作品都在国际上获得奖项。2023年11月1日，《暴风》获得第19届中美电影节"年度十大金天使电影"奖，《暴风》制片人、珠影影视制作有限公司总经理刘佳箢获得"年度最佳新晋制片人"奖。珠江电影集团领衔出品的谍战动作大片《暴风》以20世纪30年代中央红色交通线上的汕头绝密交通站为故事背景，讲述了发生在隐蔽战线中迷雾重重的故事。《暴风》会聚了香港资深电影人和内地一线电影专业人员，是粤港澳大湾区电影产业集聚发展的一次高能联动。《暴风》的一大看点是富有浓烈的岭南风味。

① 李宗桂等：《广东文化改革发展40年》，中山大学出版社，2018，第76-77页。

② 广东省人民政府：《广东年鉴2010》，http://www.gd.gov.cn/govinc/nj2010/。

为了还原当年的潮汕风貌，影片全程在广东汕头实景拍摄，呈现出与以往同类型影片截然不同的质感。片中，不仅有极富魅力的潮汕方言、英歌舞、工夫茶等文化韵味，还有当年的“小公园”、邮政总局大楼、石炮台旧址等历史建筑实景重现。在中美电影节展映过程中，《暴风》向海外观众展示了汕头及广东的魅力。

电影《暴风》海报（来源：南方都市报）

由珠江电影集团、广东粤剧院、佛山文投出品的粤剧电影《白蛇传·情》可以说是传统文化“双创”的一次成功探索，其前往意大利、希腊、西班牙、南非、尼日利亚等多个国家推介及展映，并获得第四届加拿大金枫叶国际电影节最佳戏曲歌舞影片奖等，赢得了众多海外观众的青睐。《白蛇传·情》还荣获第 32 届中国电影金鸡奖最佳戏曲片提名、第二届海南岛国际电影节金椰奖最佳技术奖、全国第七届先进影像作品奖（高技术格式影像类）优秀剧情长片奖、第三届平遥国际电影展观众票选荣誉·类型之窗单元最受欢迎影片等多个奖项。影片上映后好评如潮，不到20天即刷新了中国影史戏曲类电影的票房纪录。在受众层面，《白蛇传·情》更是成功“破圈”，迄今在哔哩哔哩上的播放量超过2000万次，凭借国潮国风和现代表达受到大批年轻观众的喜爱和推崇[①]。影片精细的视觉特效，具有独特韵律的东方美感，以及传颂千年的爱情传说，展现了中国粤剧的独特魅力，赢得了众多海外观众的青睐。该片创作团队表示，影片始终有着关注传统文化价值、打造中国文化符号的愿景与目标，“用4K电影的全景声手段讲述好故事，诠释中国传统文化，推动中国传统文化的传承与传播，有助于我们树立更坚定的文化自信”[②]。《白蛇传·情》的成功，是广东电影在国际舞台上一次重要的高光展现。

电影《白蛇传·情》海报（来源：南方都市报）

《谯国夫人》是由中共广东省委宣传部、广东省电影局、广东省文化和旅游厅指导，珠江电影集团、广东粤剧院、广东珠影影视制作有限公司联合出品，广东珠影影视制作有限公司摄制，中共茂名市委宣传部联合摄制，曾小敏领衔主演的粤剧电影，于2024年7月5日在全国上映。粤剧电影《谯国

① 梁燕芬：《粤剧电影〈谯国夫人〉再现岭南风云》，《新快报》2024年6月14日。

② 刘益帆、钟欣：《广东电影出海观察：让广东制作抵达更远的异乡》，《南方都市报》2024年3月14日。

夫人》讲述南北朝时期著名的政治家、军事家冼夫人为维护国家统一、促进民族团结、推动岭南发展作出卓越贡献的故事。该片呈现了这位传奇女性精彩的一生：从“少女族长”到百越首领，最终成长为岭南地区的“定海神针”。冼夫人文化、粤剧艺术是岭南文化的重要组成部分，如今这两种元素联起手来，打开了跨界“出圈”的新空间。粤剧电影《谯国夫人》，正是“冼夫人文化＋粤剧艺术＋电影工业”强强联手的跨界融合。除了坚持戏曲特色表达，《谯国夫人》剧组还采用大量实景拍摄，前后选景15处，设计场景33个，这些具备真实质感的场景为演员提供了更为广阔的表演空间。外界更关注的是，这是继《白蛇传·情》之后“粤剧电影创新三部曲”的第二部。这样一部具有特殊地位的影片，再现了“中国巾帼英雄第一人”冼夫人的传奇人生。《谯国夫人》获得第36届中国电影金鸡奖最佳戏曲片奖，助力粤剧电影在全国戏曲电影创作领域中再次脱颖而出。在2024年3月举行的第28届香港国际影视展上，《谯国夫人》在一众国内大银幕新作中获得外界高度关注。来自电影界、戏曲界、评论界的专家一致认为，该片与《白蛇传·情》同为粤剧电影，却呈现出截然不同的艺术魅力。与如梦如画如幻的《白蛇传·情》相比，《谯国夫人》是一部同时具有史诗规模、审美表达、文化理想及创新精神的戏曲电影，“将中国戏曲电影创新探索进程又推进了重要一步”[①]。

电影《谯国夫人》海报（来源：南方都市报）

① 梁燕芬：《粤剧电影〈谯国夫人〉再现岭南风云》，《新快报》2024年6月14日。

粤剧电影《三水女儿·红头巾》是珠江电影集团和广东粤剧院联手打造的“粤剧电影创新三部曲”中的第三部曲，该片聚焦20世纪初下南洋谋生的广东三水女性群体“红头巾”，再现其吃苦耐劳、自强不息的精神风采。前两部曲《白蛇传·情》和《谯国夫人》取得颇佳的反响，大批年轻观众因为粤剧电影而对粤剧产生兴趣，接下来，珠影将继续用更年轻化、电影化的语言传承传统文化。该影片在2024年开拍。

（二）小众艺术电影屡创佳绩

在小众艺术电影领域，广东出品亦频获佳绩。广州光云影视传媒有限公司重视电影的国际版权发行，其出品的多部艺术电影版权销往法国、西班牙、加拿大及日本等地，据相关负责人称，“出海”发行国际版权已成为公司回收电影成本的重要途径。

广州薄壳文化传媒有限公司第一部担任出品及制作的剧情电影《人海同游》，顺利入围了2023年第28届釜山国际电影节主竞赛新浪潮竞赛单元，成为当时新浪潮入围作品中唯一的中国影片。同时，本片还赴荷兰第53届鹿特丹国际电影节、瑞典第47届哥德堡电影节进行影展巡游，收获来自欧洲观众的热烈反响。该片导演蔡杰表示：“作为一个广东土生土长的青年创作者，当我想创作第一部长片作品的时候，我最想讲述的还是我最熟悉的故事。”[①]广东团队以广东故事走到了国际舞台，在电影“出海”领域，广东电影拥有了自己的赛道。

与此同时，近几年来越来越多国产影片选择把故事舞台设置在东南亚，巨大的创作空间吸引了国内很多拍摄犯罪类型片的电影人。2024年，这股创作势头依然没有减弱。出品方亚太国影（深圳）影业有限公司透露，由热卖影片《怒潮》原班人马拍摄的犯罪动作类型片《重生》已宣布杀青，本片拍摄地点是泰国，剧照海报中四位领衔主演联袂演绎狠辣、残忍、神秘和暴戾，画风生猛，剧情引人遐想。这部广东出品的影片，是电影市场上出现的一部风格鲜明的犯罪动作类型片。让广东制作“走出去”，给广东各大影视企业寻求到新的发力点。

① 刘益帆、钟欣：《广东电影出海观察：让广东制作抵达更远的异乡》，《南方都市报》2024年3月14日。

（三）广东纪录片精彩纷呈

纪录片是广东影视的一大名片。2024 年 3 月 11 日，以第 28 届香港国际影视展广东馆为平台，第 21 届中国（广州）国际纪录片节全球征集发布会在此举行。中国（广州）国际纪录片节创始于 2003 年，由国家广播电视总局和广东省人民政府主办，是国内唯一具备纪录片投融资、交易功能的国家级专业平台，促进了海内外优秀纪录片的交流与交易。

近年来，广东向海外输出了深具社会价值和艺术价值的纪录片。纪录电影《追光万里》由广东省委宣传部指导并扶持，广州品瑞文化传播有限公司、腾讯影业文化传播有限公司、珠江电影集团联合出品，著名导演张同道执导，以首位华人奥斯卡金像奖终身评委卢燕的视角，讲述了郑正秋、黎民伟、蔡楚生、黄柳霜、李小龙、阮玲玉等一批从广东走出的电影先辈对电影事业的热忱和坚守。片中既有对粤地文化、粤人精神高度浓缩的呈现，也有对华裔电影人在海外奋斗历程的书写，是弘扬电影人精神的用心之作。《追光万里》获得 2022 年第 18 届中美电影节年度最佳纪录电影奖，入围 2023 年美国红花石国际电影节，片中主角卢燕凭此片获第七届中加国际电影节最佳女演员奖，同时获终身成就奖。

2023 年，广东持续加大粤产纪录片创作生产引导扶持力度，涌现了一批富于思想性、艺术性、观赏性的粤产精品佳作。在国家广播电视总局公布的 2023 年度国产纪录片及创作人才扶持项目评选结果中，广东省推荐的共 7 个项目获优。其中，深圳广播电影电视集团等联合制作的《闪闪的儿科医生》被评为优秀系列长片。该片是一部大型治愈系医疗纪实节目，节目精选深圳市儿童医院代表科室及代表医生，通过 24 小时全景记录，生动呈现了他们在成为“了不起”的儿科医生的道路上自我成长的过程。广东声屏传媒股份有限公司等联合制作的《深中通道》被评为优秀系列短片。该片以“智能建造”“大国重器”“百年工程”“中国速度”等作为选材方向。用精彩的影像、生动的视角、专业的观点，真实记录了伶仃洋上的建设者们在设计和建设超级跨海通道过程中所呈现的匠人精神，展现了中国超级装备和高新技术在国家交通强国重要战略中发挥的巨大作用。同时，该片摄像韩玉文被评为优秀摄像。深圳市腾讯计算机系统有限公司等联合制作的《我的美食向导》被评为优秀国际传播片。该片导演陈晓卿以独特的视角，跟随各行各业的美食向导，带领观众徜徉于中国八个不同地区，寻访美食并探讨食物背后的故事。此外，深圳市腾讯计算机系统有限公司被评为优秀制作机构，广东广播电视台卫视频道被评为优秀播出机构，广东省广播电视局被评为优秀组织机构。

二、广东电视剧百花齐放

在电视剧方面，广东出品也交出了亮眼的答卷。2024 年 9 月 21 日，第 34 届电视剧“飞天奖”、第 28 届电视文艺“星光奖”颁奖典礼在厦门举行。广东卫视热播剧《人世间》《三体》《县委大院》《我们这十年》《狂飙》《天下长河》《风吹半夏》获“飞天奖”优秀电视剧奖，粤产大剧《珠江人家》获提名；广东卫视大型杂技文化节目《技惊四座（第二季）》获“星光奖”优秀电视综艺节目提名，大型文化探访节目《丝路汇客厅（第四季）》获“星光奖”优秀电视文艺栏目提名。

由中央电视台、中共广东省委宣传部、广东广播电视台、广东卫视文化传播有限公司、广东广视传媒有限公司等多方联合出品的《珠江人家》，于 2023 年 10 月 15 日至 11 月 9 日在央视一套播出，并在腾讯视频、爱奇艺、优酷视频同步播出；11 月 20 日起在央视八套重播，在黄金档收视位居前列。据广电总局“中国视频大数据”，《珠江人家》在央视一套黄金档最高收视率突破 3%，在全国同时段电视剧收视率中排名第一[①]。播出期间，该剧热度持续攀升，单集最高收视份额达到 6.62%，荣膺央视一套年度收视亚军，微博相关话题阅读量超 1.1 亿次[②]。该剧由高满堂担任总编剧，吴斌执导，柳桦编剧，作品以 1927—1950 年为时代背景，以粤中医药、粤菜、粤剧三条职业线与内忧外患的家国线交织呈现，讲述陈山河、陈卫、陈立夏三兄妹被迫离散后又寻找、团聚的壮美故事，不仅呼应了抗日救亡的时代主题，还与传承千年的粤地文化进行了深度融合，融入了众多岭南文化元素，将粤医药、粤菜、粤剧三个代表性行业呈现得细腻而丰富。过去广东在电视剧方面有良好的基

① 蔡丽怡：《10 部粤产作品获广东省文艺精品扶持专项资金激励》，《南方都市报》2024 年 9 月 6 日。

② 广东卫视：《“飞天奖”“星光奖”揭晓！广东卫视多部热播剧获奖，三个作品获提名》，http://k.sina.com.cn/article_1830679800_6d1df4f801904uhqm.html。

础，曾推出《情满珠江》《外来妹》等经典作品，不管是年代剧还是现代戏，根植于岭南文化的故事都有很大的表现空间。目前《珠江人家》在海外知名视频平台 YouTube 上首集的播放量，达到了 46 万次观看[①]。“画面考究，故事出彩，岭南风味十足”[②]，获得了观众的一致好评。

电视剧《珠江人家》海报

① 刘益帆、钟欣：《广东电影出海观察：让广东制作抵达更远的异乡》，《南方都市报》2024 年 3 月 14 日。

② 蔡丽怡：《10 部粤产作品获广东省文艺精品扶持专项资金激励》，《南方都市报》2024 年 9 月 6 日。

广东卫视大型杂技文化节目《技惊四座（第二季）》将传承千年的中华杂技艺术“流行化、年轻化”，以“文化”为核心，以“比赛”为形式，将杂技与其他中国传统文化形式融合创新，深入浅出打造“杂技+”新模式，实现杂技“出圈”。节目在“中国视听大数据”最高收视率为0.296%，同时段最高排名全国第四，全网传播量突破10.73亿次，获得微博、抖音等平台榜单348个，在海外社交媒体触及人数为8709.6万、互动量为183.1万、总播放量为1465.5万次，相关内容被美联社等352家海外主流媒体网站转载[①]。

广东卫视大型文化探访节目《丝路汇客厅（第四季）》，节目努力开创“一带一路”视域下的全球传播新范式，国际视野、湾区表达，每集围绕一件“丝路信物”展开叙事，聚焦一个“丝路主题”，深度挖掘背后的故事，讲述与百姓生活息息相关的鲜活景象，用现实烟火折射出“一带一路”高质量发展成果。节目还邀请中外学者、嘉宾交流互动，画龙点睛，彰显世界文明交流互鉴语境下的国家相册。节目在“中国视听大数据”中的平均收视率为0.174%，在广东省内各期均位列同时段地方卫视节目收视率第一，多个话题登上微博同城热搜，总阅读量超680万次，多条国际传播系列短片在460多家海外媒体播出，全球总曝光量超750万[②]。

在网剧方面，随着近年来网剧质量的提升，受众对网剧的刻板印象开始扭转，国内不少网剧开始被海外观众发掘。由广州莱可传媒出品的校园爱情剧《惹上冷殿下》先后被Netflix翻译成26种语言，在全球190多个国家和地区播出；深圳善为出品的《九义人》由腾讯平台在海外播出，该剧是善为影业继《环太平洋2》《少主且慢行》等作品之后，首次承制平台定制剧。《九义人》目前在YouTube首集观看量是36万次[③]。目前，在网剧和网大之后迎来了短剧的浪潮，广东的影视企业将发力生产出更多具有广式趣味的短剧。

2024年9月5日，“广东省广播电视局官方发布”微信公众号发出一则通知——广东省文艺精品（文艺人才）扶持专项资金2024年度第一批电视

① 广东卫视：《“飞天奖”“星光奖”揭晓！广东卫视多部热播剧获奖，三个作品获提名》，http://k.sina.com.cn/article_1830679800_6d1df4f801904uhqm.html。

② 同上。

③ 刘益帆、钟欣：《广东电影出海观察：让广东制作抵达更远的异乡》，《南方都市报》2024年3月14日。

剧（网络剧、网络电影）项目公示。该公示显示，根据省广电局《关于申报2024年度广东省文艺精品（文艺人才）扶持专项资金电视剧及网络剧片剧本孵化、精品创作、播出激励项目的通知》，经专项评审程序，广东省文艺精品（文艺人才）扶持专项资金拟对2024年度第一批10个电视剧（网络剧、网络电影）项目给予扶持激励。公示显示，电视剧《食南之徒》《寻》，网络剧《藏锋》被列入“剧本孵化专项扶持项目”，而电视剧《那年香港雪在烧》《围猎》，网络剧《无尽的尽头》及网络电影《冲锋》被列入“精品创作专项扶持项目”，电视剧《珠江人家》《小满生活》及网络剧《南海归墟》被列入“播出激励专项激励项目”。

这十部电视剧（网络剧、网络电影）项目，均为“广东出品”。其中尚在剧本孵化阶段但已备受瞩目的就有，根据马伯庸同名小说改编，由广州市凤舞九霄文化传媒有限公司参与出品的电视剧《食南之徒》，原著小说以西汉时期南越国为创作背景，以小见大，用岭南之地美食，综观维护世界和平的关键点，从历史缝隙中寻找很多可能性。由马伯庸小说改编的电视剧作品，曾产出过《长安十二时辰》《风起陇西》《风起洛阳》等精品佳作，业界认为《食南之徒》会是一部极具爆款潜质与岭南文化厚重感的电视剧作品。此外，由善为影业股份有限公司制作的电视剧《寻》，讲述20世纪90年代，怀揣不同理想的四组人物乘坐同一列火车来到深圳，赶上改革开放浪潮的故事，是一部极具粤派特色的年代剧；由深圳市腾讯计算机系统有限公司出品制作的《藏锋》，改编自吕铮的同名小说，讲述从事文职工作的“字警”如何在特警队逆风翻盘的故事，也是当下市场热度极高的悬疑剧种。

被列入“精品创作专项扶持项目”的四部粤产大剧，有《那年香港雪在烧》，该剧由中央港澳办、香港中联办、广电总局指导，华谊兄弟电影（佛山）有限公司出品制作，该剧聚焦1884年到1899年的香港，讲述了主人公于港生在屈辱中不屈不挠寻找出路的爱国主义慷慨悲歌。由佛山市红制作影视文化有限公司参与出品的《围猎》，改编自纪实文学作品，由著名导演李少红执导，王阳、张宥浩、俞灏明、邓恩熙领衔主演，讲述了缉毒警察杨一鹏历经多年不懈追捕，将潜逃多年的毒贩缉拿归案的故事，是一部热血澎湃的刑侦缉毒剧。《无尽的尽头》是由臧溪川执导的悬疑题材电视剧，由任素汐、高伟光、刘琳等实力派演员主演，忆光年（广州）影视文化传媒有限公司出品。此外，由深圳市腾讯计算机系统有限公司出品制作的网络电影《冲锋》，也在精品创作专项扶持项目之列。

“播出激励专项激励项目”涵括了三部2023年热播的粤产大剧，其中有广东广播电视台出品制作的年代传奇大剧《珠江人家》。此外，《小满生活》由深圳市中汇影视文化传播股份有限公司参与出品，汪俊执导，秦昊、蒋欣领衔主演，是一部温情诙谐的现实主义家庭剧。2023年11月，该片在CCTV8、优酷同步播出后，收视率峰值突破2.4%，位居同时段全频道电视剧第一，2024年2月10日，该剧获得中央广播电视总台第二届中国电视剧年度盛典年度优秀电视剧提名。网络剧《南海归墟》由深圳市腾讯计算机系统有限公司出品制作，是“鬼吹灯”IP系列改编网剧的第四部，该剧通过强大的想象力、美术设计和特效制作，构建出一个深海奇观探险世界，也体现出独特的中式文化底蕴，播出期间，腾讯视频站内热度突破26 000，也是一部爆款剧①。

三、粤港澳大湾区协同推进影视产业发展

新时代广东影视产业之所以能再铸辉煌，不断涌现富于思想性、艺术性、观赏性的粤产精品佳作，离不开广东持续加大对粤派影视创作生产的引导扶持，也离不开粤港澳大湾区相关部门协同发力，共同推动影视产业的发展。

（一）广东出台系列政策扶持影视创作生产

近年来，广东制定出台系列电影创作扶持和奖励制度，营造良好影视生态环境。2023年，广东设立了文艺精品创作扶持专项资金，每年重点支持2部精品电影创作，每部最高可扶持2000万元。广东制定了电影项目资助奖励标准，对电影全产业链各领域进行扶持奖励，单部影片前期资助最高达2000万元，票房奖励最高达1000万元，宣发扶持最高达500万元，获奖奖励最高达800万元，对获得国家电影精品专项资金资助的影片，按1 ∶ 1比例配套资助。在广东立项的合拍影片，也获同等力度扶持。值得一提的是，广东电影局在2023年设立重点影片项目库，资助了一批优秀电影作品，并全力打造全领域统筹、全生命周期扶持、全要素配置、全链条开发、全方位宣推的扶

① 蔡丽怡：《10部粤产作品获广东省文艺精品扶持专项资金激励》，《南方都市报》2024年9月6日。

持体系。

为深入贯彻落实《国家广播电视总局办公厅关于进一步加强网络微短剧管理实施创作提升计划有关工作的通知》等文件精神，积极探索具有广东特色的“微短剧 +”“+ 微短剧”融合创新之路，推动广东网络微短剧行业持续健康繁荣发展，2024 年，广东省广播电视局发布《推动广东省网络微短剧健康繁荣发展工作举措》（以下简称《工作举措》）的通知，要求各地级及以上市文化广电旅游（体育）局，广东广播电视台、珠江电影集团有限公司、广东省广播电视网络股份有限公司，各地级及以上市广播电视台（集团），广东省网络视听新媒体协会，各持证（备案、登记）网络视听节目服务机构，各广播电视节目制作经营机构等，结合实际抓好落实。

《工作举措》提出了八大举措。第一项举措是加强创作规划引导。要求相关单位组织贯彻“找准选题、讲好故事、拍出精品”工作要求，围绕重大主题、重要节点加强选题策划。其中包括：开展各类主题优秀微短剧剧本征集评选活动，定期举办精品内容创作生产推进会，指导播出平台和制作机构建立“选题评议交流机制”。

第二项举措是推动拍摄基地建设。要求立足适应未来大视听新业态发展，按照“政府推动、政策引领、企业主体、市场运作”的模式，推动建设线上线下相融合、有全产业链集聚效应的拍摄基地（园区）。其中包括：推动打造“湾区国际数智视听服务谷”，与“智慧视听”云产业园（区）建设一体发展，并构建微短剧创作生产全流程服务体系。

第三项举措是优化审核管理机制。要求落实好分类分层管理制度，优化微短剧审核流程，提高管理效能。具体实施上，包括缩短微短剧备案发行办理周期；扩充微短剧内容审查专家库；在省内 1—2 个有条件的地区建立微短剧内容审查专家站。

第四项举措是对优秀作品给予播出支持。扩大优秀作品传播范围和社会影响，营造良性传播环境。具体举措包括：遴选 8—10 家重点机构，打造精品微短剧传播矩阵；鼓励引导精品微短剧在广播电视媒体播出；支持鼓励社会组织和网络视听平台开展粤产精品微短剧扶持计划；对汇聚播出优秀作品的微短剧小程序，予以其运营主体开设多个小程序账号。

第五项举措是加强技术赋能和文艺创新。具体举措包括：支持建设智慧视听和数字文旅产业（广州）发展研究院，发布湾区微短剧产业指数；积极探索微短剧与AIGC（人工智能生成内容）等前沿技术深度融合；推动“微短剧+”，促进微短剧与多元产业深度融合；推动“+微短剧”，促进微短剧与传统固有IP深度融合。

第六项举措是推动优秀微短剧“走出去”。该举措主要是为了支持引导机构创作适应海外市场的优秀作品，具体举措包括：积极为优秀微短剧在海外平台发行播出做好服务支撑；每年组织机构参加有国际影响力的影视节展，设立展台并举办微短剧推介活动。

第七项举措是打造人才培养高地。聚焦微短剧产业链各环节，大力构建人才培养机制。具体举措包括：布局打造“湾区国际创作者生态谷”；推进与行业组织、协会在学术研究、人才培训、行业活动等方面的合作；加强与影视传媒职业技术院校的合作；联合院校建立微短剧IP素材库。

第八项举措是健全奖优罚劣机制。在扶持激励方面，《工作举措》提出要着重扶持优秀微短剧作品：广东省广播影视奖中增设微短剧类一等奖1个，二、三等奖若干个；广东省原创网络视听精品项目库中，增加微短剧入库数量，每年评选入库数量最高可达40部；对优秀微短剧作品给予剧本孵化和拍摄制作资金扶持，剧本创作阶段每部作品最高不超过10万元，拍摄制作阶段每部作品最高不超过20万元；推动省内各地制定出台微短剧扶持政策。同时，也强调要加强监管，维护合法主体和作品权益。在违规惩处方面：落实违规微短剧和违规微短剧小程序退出制度；对违规经营行为和违规主体依法依规予以严肃查处[①]。

（二）广州推动影视产业“出新出彩”

广州高度重视包括影视业在内的文化产业发展。为加快推进广州文化创意产业发展，提升城市文化软实力，2018年11月28日，广州市政府常务会议审议通过了《广州市关于加快文化产业创新发展的实施意见》（以下简称《意见》）。该《意见》是广州出台的首份支持文化产业发展的综合性政策文件，主要由总体要求、主要任务、政策措施及制度保障四部分构成，共

① 蔡丽怡：《省广电局发布八大举措，探索具广东特色的微短剧融合创新之路》，《南方都市报》2024年9月6日。

二十五条。其中提出，广州将从设立文化产业专项资金、加大文化产业投融资力度、全面落实各项税收优惠政策、保障文化产业用地、扩大提升文化消费、大力引进和培养文化产业人才、推动文化产业融合发展等方面对文化产业发展进行扶持。《意见》明确了文化产业在广州的高端战略定位。根据《意见》提出的目标，未来五年，全市文化产业增加值努力实现年均增长 12%，稳步提升文化产业占全市生产总值比重；到 2035 年，文化产业成为全市重要的战略性支柱产业，文化产业的综合竞争力明显增强，基本建成国际性文化产业枢纽城市。《意见》针对广州的产业优势，提出了突出重点发展的领域，即巩固和壮大数字内容产业、打造动漫游戏产业之都、推进传媒影视融合发展、建设全国艺术产业中心、培育全球文化创意设计之城、打造全球文化装备制造中心、超前布局文化产业前沿领域。同时，广州将深化文化产业“互联网 +”，推动、加强大数据、云计算、人工智能等科技创新成果的应用，利用现代科技推动传统产业创新。《意见》还提出要大力发展数字互动娱乐、数字视听、网络文学、网络影视、网络出版、数字音乐、数字教育等以数字内容为核心的相关产业。在传媒影视方面，加快传统媒体与新兴媒体融合发展，打造一批有国际影响力的传播平台和标杆型媒体企业。充分利用现代科技和信息技术，培育制作一批网络剧、微电影、网络大电影、网络综艺等影视精品。另外，广州将继续办好中国（广州）国际纪录片节、中国国际儿童电影节等影视品牌活动。

广州目前拥有珠影文化创意产业园、银都电影数字摄制基地、1978 电影小镇、广州市黄埔区优创合影 4K 内容创新制作基地、小洲影视文化产业园、紫泥堂影视旅游文化产业基地、先力公司摄影基地等一批涵盖电影拍摄、后期制作、电影发行等产业链条的电影产业基地和园区，推动广州从票房重镇转变为产业重镇。

为推动电影产业高质量发展，广州积极适应新形势新特点，努力打造产业相对完善、结构布局合理、整体技术水平先进、经济效益显著的发展格局，进一步优化提升电影产业整体环境。在现有《广州市文化和旅游产业发展专项资金管理办法》的激励促进基础上，2024 年 3 月，广州市人民政府办公厅印发《广州市扶持电影产业发展规定》，指出：设立广州电影产业专项扶持经费，由市电影主管部门纳入部门预算安排。广州市电影主管部门结合每年申报项目、资金总额等因素，统筹安排专项扶持经费；推动重点影片创作，开展广州市重点电影选题创作规划，突出动漫、纪录电影创作生产，坚持社会效益和经济效益相统一，评审确定重点电影项目，根据进程在剧本创作、拍摄制作、宣传发行等阶段给予资助；支持在广州进行电影取景拍摄及生产制作；鼓励电影发行和放映；鼓励电影研发和生产；支持重大电影活动；促进电影版权交易；推动广州电影角逐各大影展奖项；鼓励电影投资；大力引进和培育电影人才；等等。该规定还指出："全面落实国家和广东省电影产业税收优惠政策，落实《广州南沙深化面向世界的粤港澳全面合作总体方案》，广州市电影产业相关机构、项目在上级政策规定的范围及时间期限内享受相应税收优惠"，"优秀青年导演首次独立拍摄制作电影，择优一次性给予资助"。这些措施，将进一步推动广州电影产业的发展。

海纳百川、求新求变的广州，以科技手段传播新时代影视文化精华。作为亚洲规模最大的纪录片专业节展，中国（广州）国际纪录片节自 2003 年创办以来，累计参评参展作品 3.3 万多部，意向交易额超过 33 亿元[①]。该节致力于讲好中国故事，传播中国声音，以国际化、产业化、专业化的思路与视角搭建中外纪录片的沟通桥梁，倾力打造展示中国纪录片繁荣发展的国际舞台，见证了中国与世界的文化交流与融合发展，为全世界观众带来了一场场视觉与心灵的盛宴。

（三）深圳推动影视产业的快速发展

为了构建深港影视产业融合发展新引擎，2024 年深圳市罗湖区正式发布《罗湖区支持影视产业高质量发展十条措施》（以下简称"影视十条"），为企业提供强有力的支持与保障，也为深港两地影视企业合作描绘了广阔的空间，彰显罗湖推动影视产业大发展的决心。罗湖作为改革开放的前沿阵地，拥有丰富的文化资源和独特的城市魅力，是影视创作的天然宝库，为影视创作提供了丰富的素材。"影视十条"明确提出，对于主要在罗湖取景、以罗湖元素为主要创作内容、展示罗湖改革发展成果的项目，给予大力扶持。"影视十条"以全产业链扶持为核心，覆盖影棚建设、剧本创作、项目融资、取

① 周佩文、陈俞彤、穗文广旅宣：《第 28 届香港国际影视展首设广州展区，展示"广州创造"风采》，《南方都市报》2024 年 3 月 13 日。

景拍摄、后期制作、微短剧备案、院线发行、平台播映等影视产业全流程，为扎根罗湖发展的影视企业提供全生命周期保障。特别是针对微短剧和院线，罗湖首次推出专项条款，进一步丰富文化产品供给，帮助辖区院线企业增加票房收入，标志着罗湖区在推进影视产业发展上迈出了坚实的一步。在政策的具体实施上，“影视十条”更是亮点纷呈，覆盖了影视产业发展的各个方面。从资金奖励到空间支持，从技术创新到市场拓展，全方位助力影视企业在罗湖茁壮成长。

“影视十条”政策首先以资金奖励为切入口，对首次纳入统计的影视企业提供最高 100 万元的启动资金奖励。对于在随后两年内保持稳健增长的企业，每年还将继续给予最高 50 万元的奖励，确保企业有足够的动力持续前行。在解决企业“安家”问题上，“影视十条”同样不遗余力，不仅为符合条件的影视企业提供购房租房的财政扶持，购房最高可获得 1 亿元的巨额补贴，租赁办公物业的企业也能享受三年 30% 的租金扶持，可以极大地降低企业的运营成本，助力其在罗湖安心发展。技术创新是影视产业持续发展的活力。为此，“影视十条”特别设立了新技术应用扶持专项，鼓励企业积极应用 AIGC、超高清、虚拟制作、云计算、区块链等前沿技术。对于在罗湖区建设和运营影视级虚拟制片影棚的企业，以及符合文化创意产业服务平台建设要求的企业，政策将根据实际投入给予高额扶持，最高可有数百万元，旨在推动影视产业的技术革新和产业升级。

在市场拓展方面，“影视十条”同样给予大力支持。不仅为电影发行放映企业提供初次纳统补贴和加盟拓展奖励，还针对影视作品创作播映设立了丰富的奖励机制。无论是取得公映或发行许可的影视作品，还是在央视、上星卫视或重点网络视频平台首播的作品，均有机会获得高额奖励，极大地激发企业的创作热情和市场拓展动力。为了表彰在影视创作领域取得突出成就的企业和个人，“影视十条”还设立了影视作品精品奖项奖励。对于获得国家级常设性奖项且获得市级以上文化产业发展专项资金扶持的影视作品，政策将按照不同级别给予企业配套奖励，最高可达 200 万元。

随着微短剧市场的兴起和影视取景地的日益重要，“影视十条”也及时关注了这些细分领域。政策对在罗湖区新设立的微短剧审核中心及首次纳统的网络微短剧企业给予一次性奖励，并对符合条件的横屏、竖屏网络微短剧提供高额扶持。同时，对于在罗湖取景且达到一定时长和播放量的影视作品也给予奖励，并鼓励以罗湖元素为主要创作内容的项目。这些措施将进一步挖掘罗湖影视产业的市场潜力，推动其多元化发展。

2024年，深圳市宝安区文化广电旅游体育局起草了《宝安区关于促进影视产业发展的若干措施》，优化提升宝安影视产业营商环境，发挥政策对不同市场主体共同促进影视产业壮大发展的扶持导向，通过精准扶持范围、完善扶持标准、加大扶持力度，实现影视产业规模和实力的快速提升。这些措施共十项，分别明确了区外上市影视企业、主营业务收入达到一定额度、从事影视后期制作、具备原创项目的优质影视企业落户本区的奖励范围和奖励标准；文化产业园区（基地）内外入驻影视企业房租补贴的补贴范围和补贴标准；电影、电视剧在不同时段、电视频道播出的奖励范围和奖励标准；电影在国内院线公映票房分级奖励的奖励范围和奖励标准；电影、电视剧获得国内外影视主要奖项或提名奖励的奖励范围和奖励标准；电影、电视剧体现宝安本土题材或主线讲述宝安人物故事、在宝安取景拍摄的奖励范围和奖励标准；影视企业承办经区政府批准的重大影视产业活动奖励的奖励范围和奖励标准；对原创产业化影视设备研发项目投入奖励的奖励范围和奖励标准；对影视企业开展影视专业人才培训资助的资助范围和资助标准；影视产业项目获得国家、省、市影视类产业资金奖励和扶持的配套奖励、资助范围和标准；等等。

（四）粤港澳三地积极开展影视合作

《粤港澳大湾区发展规划纲要》实施以来，粤港澳三地的文化交流合作不断深入，尤其是在影视制作生产、电影人才交流等方面的持续沟通，在进一步推进粤港澳大湾区人文交流、凝聚人心共识，特别是推动青少年交流交往和交心交融方面发挥了显著作用。

广州积极利用穗港澳山水相连、文化相融、语言相通的文化圈层影响力，建立穗港澳影视产业常态化合作机制，建成国际影视文化交流的广州模式。2023年，首届穗港澳影视产业项目对接会在广州成功举办，汇聚穗港澳52家影视机构、行业协会及重点网络平台，发布《加强穗港澳影视产业协作倡议书》，初步实现三地影视机构良性合作和可持续、一体化发展。对接会还促成《我在湾区等你来》等一批项目协议签约，与美国纽约电影学院、香港电台等10余家机构达成合作意向。

2024年3月，在第28届香港国际影视展上首设广州展区，广州带领29家市属机构参加展会，集中展示近年来广州影视产业硕果，涵盖电视剧、动漫、纪录片等多个领域，多部参展项目为各大网络平台联合制作出品，通过精湛的制作技术和独特的艺术视角，向国际买家展示广州影视产业的创新力和实力，让“广州创造”迅速触达亿万观众，进一步推进粤港澳大湾区广播电视和网络视听融合发展。

2024年7月27日—29日，由国家广播电视总局网络视听司、中央政府驻港联络办宣传文体部、中央政府驻澳联络办宣传文化部、广东省广播电视局、中共广州市委宣传部指导，中国网络视听协会、广东省网络视听新媒体协会、广州市文化广电旅游局、香港特区政府文化体育及旅游局、澳门特区政府文化局主办，香港特区政府文创产业发展处、香港电影发展局、香港贸易发展局协办的第二届穗港澳影视产业高质量发展交流会暨“潮起珠江”网络视听专题创作活动在广州举办，以期积极探索广州与全球影视产业优势互补、共赢发展的有效途径，为我国加快构建现代化大视听发展格局作出积极贡献，不断推动以新质生产力为支撑的视听产业集群高质量发展。本届活动特别设立穗港澳影视招商展会，吸引三地37家影视机构代表，带来《真实生长》《落凡尘》《逃名者》《金莲》等一批优质影视项目，以及港澳影视节展和拍摄宣发资助计划。展会“以交易为核心，以展示为载体”，面向资深选片人、版权方进行业内推介，与市场合作方进行一对一的商业洽谈，为内容生产机构提供了一个展示创意、探索市场潜力的绝佳平台。此外，活动还推出穗港澳影视展映，聚焦穗港澳影视IP，轮播三地《回到土地》《舞火麒麟》《追光万里》等优秀影视作品，向参与活动的机构、个人展现三地影视作品的艺术品位及创新能力，拓展“文化+”新模式新生态。

2024年9月29日，粤港澳大湾区电影激励政策及综合服务推介会，在广州电影产业交易博览会上召开。推介会上，来自香港、澳门、广州、深圳、珠海、东莞、惠州、佛山、中山、云浮十城代表上台分享各地影视资源、政策及协拍情况。当天，粤港澳大湾区九城共同倡议成立影视综合服务城市联盟，以充分发挥粤港澳大湾区的整体优势，促进影视产业全链条的融合发展，共同打造具有国际影响力的影视服务品牌。倡议书中提到以下三大目标。

一是构建粤港澳大湾区影视综合服务联盟机制。畅通粤港澳大湾区各地影视协拍交流渠道，搭建影视综合服务合作平台，充分整合各地资源优势，推动形成影视协拍合力，建立各城市间绿色审批通道、转场无缝衔接、一站式专业化综合服务平台，构建以协拍为抓手的可持续发展影视产业城市合作联盟。

二是构建粤港澳大湾区影视资源信息共享平台。联动粤港澳大湾区各地影视产业，实现影视全产业链配套服务信息互联互通，包括但不限于拍摄取景地、摄影棚、服化道、食住行、拍摄技术等配套服务。

三是构建粤港澳大湾区影视产业项目合作高地。围绕影视创作生产、宣传发行、投资融资等核心环节，开展高效、务实、创新的影视项目合作，实现资源共享、优势互补，共同构建粤港澳大湾区影视产业项目合作高地[①]。

第三节　广东影视文化产业的发展思路

在新媒体时代，新技术、新需求驱动影视文化产业加速变革，未来将进入“新影视时代”：短视频和微视频将成为影视内容的核心；上述两类视频将通过各种形式的系列化进行呈现；影视内容将成为文化产业的入口，影视将充分带动文化产业链上下游的跨界融合。为了有效应对这些变革，广东影视产业应采取以下发展思路，推动影视文化产业的高质量发展。

一、深化文化体制机制改革，为影视文化产业发展创造良好的体制政策环境

推进中国式现代化、发展新质生产力，给影视文化产业的发展带来更广阔的空间，也要求文化体制机制要与社会主义市场经济体制、与新质生产力更相适应。要深化文化体制机制改革，进一步提高文化治理能力，激发全民族文化创新创造活力。要打破地区、部门乃至所有制的界限，做大做强跨媒体、跨行业、跨地区、跨所有制的文化产业集团，整合相对分散的文化产业资源，为全面发展创造条件；鼓励和支持影视文化企业进行股份制改革，建立现代企业制度；设立影视文化产业发展科技进步基金，扶持影视文化企业

① 李丽：《粤港澳大湾区成立影视综合服务城市联盟，第三批广州拍摄取景地公布》，《羊城晚报·羊城派》2024 年 9 月 30 日。

的科技开发，提升影视文化产业的科技含量，推动影视文化产业的高质量发展，等等。要构筑良好的政策法治环境，综合运用法律、行政、经济等手段加强对文化领域的宏观管理，加大文化执法力度，维护合法经营，保护知识产权，严厉打击各种文化侵权活动，坚决禁止制造和传播不良文化的行为，净化文化发展环境。

二、实行投资主体的多元化，鼓励民间资金和外资的投入

高投入、高风险、高效益的影视业需拥有大量资金，这是一种客观需要。要制定吸引资金的各项优惠政策，尤其要向民营资本倾斜。影视业基础设施的建设也可以引进外资。资金的大投入已成为影视业界的共识。其中的高风险也应当引起足够重视，必须采取必要的市场手段规避这些风险。在市场经济条件下，资金的募集应当完全通过市场机制来实现。即便是国家资金的介入，也应当遵循市场规则来进行。要改革影视业的投资体制，就要让生产经营主体在国家宏观调控和市场机制作用下独立自主地发展文化产业，让各种所有制形式在公平的政策环境中发展文化产业。为此，要放宽市场准入，坚持“谁投资、谁所有、谁受益”的原则，鼓励国家、社会和个人投资文化企业，形成以国有文化企业为主导、多种所有制共同发展文化产业的格局。要像鼓励发展民营经济那样鼓励发展民营文化企业。进一步拓宽融资渠道，用好用活社会资金。

要建立完善的市场机制和市场法则，通过有效手段（如信息、金融、交通）提高文化资源配置的效率，为影视文化产业的发展提供适宜的经济环境。实行投资主体的多元化，在国家政策法规允许的范围内，鼓励民间资本和外资进入文化领域开展经营活动，并在规划建设、土地征用以及从业人员的职称评定等方面与国有影视文化企业一视同仁。根据影视文化产品的属性划分营利性文化部门和非营利性文化部门，采取不同的发展方针。对营利性文化部门而言，应积极推进以市场方式经营文化的改革；对非营利性文化事业，则要加大扶持力度。

三、以新质生产力赋能影视文化产业的发展，提高产业的创新能力

发展影视新质生产力，是数智时代影视高质量发展的新机遇和新挑战。

影视产业是典型的新质生产力，是文化和科技深度融合的新兴产业。目前，AI的降本增效是业内期待的重点。短剧、互动游戏、虚拟拍摄等创新内容和形式带动新需求，中国影视行业生态将更加繁荣。

广东的影视文化产业应加快发展新质生产力，增强产业的创新能力，进一步提高产业规模、水平和发展速度。应加强对影视制作和发行等领域的研发投入，通过引进先进的影视技术，如VR、AR、4K/8K超高清等，提高影视作品的质量和表现力。同时，还要加大对影视技术创新和研发的关注，推动技术的升级和进步，为影视文化产业的发展提供技术支持。集团的发展应当以品牌战略为先导，以科技力量为支撑，以传播方式为组织，以网络功能为后劲，以营销方式为突破，最终获得大发展、大效益、大成功。要进一步完善现代企业制度，借鉴国外影视大型航母的组织结构形式，以传媒为核心结构力量，以影视产品为主要内容，以高科技为强力基础，以连锁频道进行电视传播，以连线影院实现电影放映，以多种形式的重组和科学合理的布局来做强做大集团。资本重组，产业集聚，以多种样式组建大型影视制作企业，培育影视业市场巨人，是发展的必由之路。而教育机构和影视机构也要加强合作，共同培养具有创新意识和技能的影视人才，鼓励行业内的专业人才进行跨领域合作，以此来推动影视文化的创新发展。

在影视制作环节，政府和行业组织也应积极鼓励创新思维，提倡行业人才打破传统框架，尝试新的表现形式和叙事手法。多进行海外合作，吸引欧美日韩的资金和演员，注重发行，培养人才。在拍片方面，可选择一些能为国际市场所接受的题材。对于具有创新性和独特性的影视作品，也应给予一定的奖励和支持，还可通过举办影视文化创意大赛、设立创新奖项等活动，激励更多创新人才的涌现。

四、鼓励推动影视文化产品“走出去”，参与国际文化市场竞争

要充分利用全球文化市场，发挥自身比较优势，制定和实施“走出去”战略，推动更多的影视文化产品和文化企业走向世界市场。第一，进一步改革现行文化外贸体制，放宽文化产品出口的审批权，简化出口手续，大力鼓励影视文化产品出口。第二，积极发展外向型影视文化企业，鼓励支持广东

省更多的文化特色产品打入国际市场，扩大广东传统文化产品在海外的知名度和市场占有份额。以文化产品走出去带动文化企业“走出去”，推动整个文化产业走向国际市场。并积极运用现代国际营销手段创建广东影视文化品牌，增强广东影视文化产业的国际影响力。第三，大力拓展对外文化交流渠道，组织广东省学术研究团体和艺术表演团体等进入国际市场，在国外举办有影响的文化节庆和会展活动，如中国广东文化周、广东影视展、广东书画展和粤剧节等，通过各种文化体育活动和现代传媒手段，扩大广东文化的知名度。第四，积极开展与世界跨国媒体集团的合作，合资兴办影像制作、装潢设计等项目，利用跨国集团的市场体系和网络系统，开拓国际影视文化市场。

五、进一步在全社会形成尊重知识、尊重人才，有利于影视文化人才脱颖而出的社会环境

一切行业的竞争，说到底，是人才的竞争。具有知识密集型特点的影视业，其重要特征是需要大量“知识型人才”。影视业的进步是在科技进步中进行的。随着信息化革命的深入，影视业高科技风云骤起，在科技进步中将更加大展拳脚。因此，科技人才将会是重点培养对象。培育影视业，从某种意义上来说，就是培育艺术创作人才、生产制片人才、资本运作人才、科技人才，还包括懂得产业化运作的经营人才。要培育人才，首先，要着力营造一种鼓励支持创新创业，有利于吸纳和集聚人才进行影视文化生产服务的社会氛围，构建一种合理开发利用人才资源，以利于推进影视文化体制和技术创新，生产适销对路的大众文化产品和优质文化精品的发展机制。其次，要不断完善人才培养和激励政策，研究制定文化技术、创作成果等要素参与分配的办法，充分调动各类文化人才的积极性。加快文化人才资源配置市场化步伐，鼓励专业人才创办文化企业，对有突出贡献的影视文化产业经营管理、艺术创作和工程技术人才设立奖励基金。再次，要大力培养和引进文化产业经营、管理、技术人才特别是熟悉和掌握国际规则和国际惯例的文化创新人才和复合型人才。以人才为纽带，带动影视文化产业的跨越式发展，为广东影视文化产业增添异彩。

第七章 广东动漫产业的发展

动漫产业作为文化产业的重要组成部分，受到政策扶持和市场关注。动漫产业对青少年人格塑造和思想道德建设具有不可忽视的重要作用，是具有强大教育功能，关乎数千万未成年人健康成长的可持续发展产业。它在不断创造新娱乐形式的同时，积极推动资讯科技和文化产业的快速发展。改革开放以来，广东动漫产业取得了丰硕的成果，产业规模不断增大，内容创作亮点频出。新时代，广东动漫产业要进一步提升竞争力，应准确定位，选择科学的产业发展模式，促进动漫产业向“全产业链”和“全年龄段”发展。

第一节　动漫产业的价值与意义

动漫产业是指以“设计创意”为核心，以动画、漫画为表现形式，包含动漫图书、报刊、电影、电视、音像制品、舞台剧和基于现代信息传播技术手段的动漫新品种等动漫直接产品的开发、生产、出版、播出、演出和销售，以及与动漫形象有关的服装、玩具、电子游戏等衍生产品的生产和经营的产业。

国家经济实力是动漫产业腾飞的强大支撑，也是动漫产业的发展机遇。2018 年，习近平总书记在全国宣传思想工作座谈会上指出，要推动文化产业高质量发展，健全现代文化产业体系和市场体系，推动各类文化市场主体发展壮大，培育新型文化业态和文化消费模式，以高质量文化供给增强人们的文化获得感、幸福感。2022 年，在党的二十大报告第八部分中，着重阐述了未来我国民族传统文化建设的开发方向和前景，强调要推进文化自信自强，铸就社会主义文化建设新辉煌，并且明确提出了健全现代文化产业体系和市场体系，实行重大文化产业项目带动战略，以推动文化事业的蓬勃发展。中国作为文明古国拥有着上下五千年的文化，博大精深的中华优秀传统文化是推进中国式现代化的动力源泉。中国要在21世纪屹立于世界舞台上，就要有文化自信。文化自信是一个国家、一个民族能够站稳脚跟的深层次根源。一个国家、一个民族最基本、最深沉、最持久的力量就是深厚的历史积淀与深邃的文化根脉，传承不绝的民族精神与执着于心的信念追求。因此，国家将重铸文化自信升级为国家战略性地位，中华民族伟大复兴必须建立在对本民族文化自信的基础上。

动漫产业是现代文化产业中重要的一环，而且是一种知识、资金双重密集型的内容产业，具备以重大文化产业项目带动战略的能力，是新时代文化经济的核心产业，是文化产业振兴过程中一个新的经济增长点。优质且具备民族特色的动漫作品可以作为一种新兴渠道传播城市形象、传播国家形象，是对外彰显中国特色社会主义文化整体实力和竞争力的一张亮丽文化名片。2017年，动漫产业被纳入我国数字文化产业着力发展的重点领域。2021年，《中华人民共和国国民经济和社会发展第十四个五年规划和2035年远景目标纲要》明确提出，要实施文化产业数字化战略，鼓励数字文化产品“走出去”。《广东省关于加快文化产业发展的若干政策意见》则指出，要“支持发展4K/8K电视、数字出版、动漫网游、数字娱乐、移动新媒体、网络视听、虚拟现实/增强现实等，打造领军全国的文化新业态集群”，要“推动演艺、游乐、动漫、创意设计服务等融入旅游业，重点发展红色旅游、文物古迹游、南粤古驿道游等，建设粤港澳大湾区文化遗产游径”。[①] 这可以说是对广东动漫产业发展面临的新形势所作的全面而准确的把握。广东大力发展动漫产业，既符合国家文化产业发展的根本方针，又适应当今广东经济社会发展的内在要求，也必然成为广东建设文化强省的重要引擎。

一、大力发展动漫产业，有利于培植新的经济增长点

纵观文化的发展历程，文化产业作为从事文化产品生产和提供文化服务的经营性行业，一开始就是文化与经济相结合的产物，是先进生产力发展到

① 广东省文化和旅游厅：《关于制定〈广东省关于加快文化产业发展的若干政策意见〉的公示》，https://whly.gd.gov.cn/open_newggl/content/post_2799347.html。

一定阶段的结果。它随着全球范围内工业化和现代化而产生并发展起来，是一个集中代表现代经济、社会和文化发展的全球性新兴产业。而动漫产业作为目前世界上最具吸引力、最具魅力的文化产业，启动快、扩张强、发展空间巨大，是继 IT 产业之后又一快速发展的新兴产业，受到了世界各国的大力追捧。据统计，早在 2018 年，全球动漫产业产值便已达 2500 亿美元。其中，日本、美国和欧洲是全球最大的动画市场。根据日本动画协会（Association of Japanese Animations）2023 年 12 月发布的《动画产业报告 2023》（下称“产业报告”），2022 年，日本动画产业（包括电影、电视剧、商品和活动）在全球范围内持续增长，价值达到 200 亿美元（合 2.9 万亿日元），规模同比增长 6.8%[①]。整体而言，日本动画产业的扩张仍在继续，且增长率超过日本许多其他产业。在美国好莱坞的几大制片公司里，华特迪士尼公司是当仁不让的老大，是迄今为止唯一一家没有被交易过的好莱坞大公司。通过几十年来的吞并和资本运作，迪士尼先后收购了独立电影界巨头米拉麦克斯、3D 动画霸主皮克斯、动漫巨头漫威和卢卡斯影业，更加巩固了自己作为顶级电影公司的地位，成为世界级的娱乐业巨头。《冰雪奇缘》《爱丽丝梦游仙境》《海底两万里》《美女与野兽》《玩具总动员》等众多家喻户晓的动画电影都出自华特迪士尼公司。他们拥有强悍的实力和资本，在美国甚至全国动画市场中占有举足轻重的地位。

随着全球经济的稳步增长，越来越多资金流入动漫市场，推动技术的进步和内容的创新，动漫产业迎来了新的发展机遇。同时，稳定的经济增长也为动漫企业提供了更好的发展环境，使他们能够更好地进行市场拓展和品牌建设。此外，随着科技的发展，AI 技术在动漫产业中的应用也越来越广泛，为动漫创作带来了无限可能。从传统的漫画、动画到现在的虚拟偶像、游戏、周边商品等，动漫文化已经渗透到生活的方方面面。据统计，全球动漫市场规模已经超过 2000 亿美元，并且还在以每年 10% 以上的速度增长。动漫产业投资回报高，有力地推动了社会生产力的进步。据有关部门调查，动漫产

① 斯芬克艺术留学：《3000 亿元的新蓝海，动画赶上了“黄金时代”？！》，https://mp.weixin.qq.com/s?__biz=MzA4MzQwMDEwNA==&mid=2650323933&idx=1&sn=6a1b4fee9a036d8b06d238056ece85ef&chksm=862d6cfd7686b7a2c564791d9372aa6c0babddeed95704e1ba22e18732666866ae0e3de90c54&scene=27。

品投资回报率为 2—50 倍。例如美国动画片《狮子王》，这部电影前期投资 4500 万美元，斩获了 7.8 亿美元票房，而它的衍生品收入更惊人，高达 20 亿美元[①]。有人甚至戏称，《狮子王》是迪士尼制造出的“印钞机”。动漫产品还可以得到多次、多地域、主产品和衍生产品的综合性永久回报，制作一部动漫片特别是大部头动漫片，犹如给投资者栽上了一棵“摇钱树”，如美国迪士尼的动漫片《米老鼠和唐老鸭》，在获得长达 80 年丰厚回报后的今天仍然经久不衰。可见，发展动漫产业，对于刺激内需、优化结构、拓宽领域、扩大就业、提高服务业竞争力、促进国民经济的可持续发展以及提升文化软实力，有着十分重要的意义。

在全球动漫产业不断发展的同时，中国的动漫市场也在快速增长。国家大力发展文化软实力，人们精神文化需求得到提升，开始对动画产品的质量和数量都有了更高的要求，由此，中国的动漫行业也呈现出蓬勃发展的态势。尤其是近些年来，我国动漫产业快速发展，势头强劲。以 2023 年为例，国内共有 137 部动画电影通过备案，在全年上线的国产动画电影中，有 14 部票房过亿元，2 部票房超过 10 亿元，累计总票房超过 50 亿元。2023 年，中国动漫产业总产值突破 3000 亿元人民币[②]。全国首个潮玩与动漫产业蓝皮书《中国潮玩与动漫产业发展报告（2024）》显示，中国潮玩产业市场规模从 2015 年的 63 亿元一路高歌猛进，预计在 2026 年达到 1101 亿元[③]。2025 年，中国动画电影《哪吒之魔童闹海》掀起观影热潮，不断创造新的纪录：超过《星球大战：原力觉醒》北美单一市场票房，荣膺全球影史单一市场票房冠军；成为中国影史首部票房破 100 亿元的电影以及首部观影人次破 3 亿的电影；登顶全球动画电影票房榜，并成为全球影史票房榜前 10 名里唯一一部非好莱

---

①《动漫衍生品形象决定销售〈狮子王〉收入达 20 亿》，《中国文化报》2012 年 2 月 22 日。

② 斯芬克艺术留学：《3000 亿元的新蓝海，动画赶上了“黄金时代”？！》，https://mp.weixin.qq.com/s?__biz=MzA4MzQwMDEwNA==&mid=2650323933&idx=1&sn=6a1b4fee9a036d8b06d238056ece85ef&chksm=862d6cfd7686b7a2c564791d9372aa6c0babddeed95704e1ba22e18732666866ae0e3de90c54&scene=27。

③《直击漫博会，国字号展会“潮”向东莞》，《每日经济新闻》2024 年 10 月 25 日。

坞电影[①]。动漫文化消费的需求如此庞大，促使动漫产业成为创造社会财富的一个新的源泉，成为文化产业中新的经济增长点。尽管市场如此庞大，但我国动画仍有巨大的成长空间。即便在动画电影票房达到2020—2022年均值两倍以上的2023年，全年上映的62部动画电影中，也仅有4部国产动画电影票房过亿元，这对于广东建设文化强省来说，是机遇也是挑战。

此外，动漫产业作为智力型、清洁型、增值型的文化产业，尤其注重创意与创新。广东发展动漫等创意产业，可以推动创意人才和创意经济的形成和集聚，使整个区域的创新能力不断提高，从而实现“打造具有全球影响力的产业科技创新中心”的战略目标。同时，动漫产业对资源和能源的依赖小，对环境和生态的破坏也小，符合“绿色发展”的要求，是可持续发展的绿色产业。很多动漫作品还具有环境保护的教育功能。例如，《环保剑》就是一部以环保理念为主题的动画片，在“中国动画2005年会”上获得“第二届中国动画成就奖”。

二、大力发展动漫产业，有利于传播社会主义先进文化和促进广东文化强省建设

中国式现代化是物质文明和精神文明相协调的现代化。经过改革开放40多年的快速发展，广东省在经济建设方面取得了巨大的成就，与此同时，加快建设文化强省是广东现代化建设的坚强思想保证、强大精神力量、有利文化条件。动漫产业的重要载体——动漫作品通过现代科技手段，把传统文化所表达的价值观和其他各种精神追求，与其现代表达方式有机地结合在一起，构成鲜活的当代文明成果。从更深的层次来考察，动画片肩负着娱乐和教育的双重功能，发展动漫产业事关我国的文化主权和文化安全。

目前，中国正在成为世界最大的动漫消费市场。目前，我国14岁以下的儿童有4亿人左右，占全国人口的30%，且以每年2000万的数字增长。又根据抽样调查数据，中国儿童消费占家庭总支出的33%左右，全国0—12岁的孩子每月消费总额约40亿元，中国85%的家庭花在孩子身上的钱占家庭总

①《吒儿继续加油！〈哪吒2〉距全球第4不足10亿元》，大象新闻，https://baijiahao.baidu.com/s?id=1828077842756462881&wfr=spider&for=pc。

支出的30%，用于“娱乐”方面的支出占到8.1%[①]。儿童消费在整个社会消费中的比例越来越大，占家庭总消费比重也越来越大，家长对孩子投入从不吝啬。可以说，我国儿童是世界上最大、最固定的动漫产业消费群体。2004年以来，随着中国政府对影视动画产业的重视，中国原创动画数量呈现“井喷式”增长。但需要指出的是，动漫是21世纪发展潜力巨大的朝阳行业，近年来我国每年有动画专业毕业生2万余人，还有更多希望从事动漫行业的非科班生，但国内动漫产业人才紧缺问题依旧存在，《数字经济全景白皮书》显示，动漫产业人才缺口超过80万人[②]；此外，令中国观众喜闻乐见的动画形象仍屈指可数。在电视和网络动画领域，能打破既有受众圈层的爆款作品也屈指可数。国产动画在国际市场能见度还不高，能被外国人广泛认知的IP或作品有限，能在国际重要动画节展上获得奖项的更是少之又少。数年前有一项调查显示，中国青少年最喜爱的20个动漫形象中，19个来自海外，本土动漫形象只有一个“孙悟空”[③]；“在我国青少年最喜爱的动漫作品中，日本动漫占60%，欧美动漫占29%，而我国原创动漫包括港台地区的比例只有11%”[④]。虽然当前这种状况得到了极大改变，但日本和欧美的动漫对于我国青少年产生的影响依然不容忽视。

众所周知，青少年正处于社会化的关键时期，是世界观、人生观、价值观的形成时期，如果我国动漫市场长期被国外占据，则势必对青少年的思想政治教育产生重要影响，青少年对外国文化的过分热衷很有可能导致与中国传统文化割裂的后果。当代的青年人是伴随着动漫长大的一代，每位青年人心中都有一部最喜爱的动漫作品。动漫中的积极因素会对一个人的一生产生积极影响。不少青少年把动漫人物当成自己的偶像，一方面，相对于现实生活中的真人偶像，这些二次元的动漫角色往往能够将自己的优秀特质保留较长时间，产生人设崩坏的可能性较低；另一方面，一些动漫作品，如热血少

① 中研网：《我国14岁以下的儿童占全国人口总数30% 儿童乐园系列具有很大的成长空间》，https://www.chinairn.com/hyzx/20210602/090621622.shtml。

② 叶怡霖、王柯宇、鲁杰：《每年毕业生“2万+” 动漫行业为何依旧“求贤若渴”？》，《钱江晚报》2024年6月6日。

③ 孙正国：《留住民间文学中的民族记忆》，《光明日报》2018年12月1日。

④ 陈艳月：《日本动漫对中国青少年的影响现状简述》，《建筑工程技术与设计》2018年第29期。

年类动漫的故事情节跌宕起伏、紧张曲折，情感表达丰富夸张，对视觉听觉的冲击力较强，因此青少年在观看此类动漫作品的时候会产生代入感，对动漫人物的行为产生情感上的认同，会去崇拜甚至模仿这些动漫角色的行为。因此，发展国产动漫不仅仅可以应对国外动漫产品的入侵，更具有重新夺回思想政治教育阵地的意义。大力发展动漫产业，事关占领文化产业发展的高地，事关我国的文化主权和文化安全，事关未成年人的健康成长。青少年是祖国的未来，文化强省的建设尤其要重视对青少年的文化教育。动漫形式活泼，再加上多媒体等现代科技手段，青少年百看不厌，对此，我们必须高度重视。正如网络一样，动漫是传播知识和文化的一种形式，我们要学会利用好这种教育形式，赋予其社会主义核心价值观的教育内容。目前，广东已有不少学校的生活行为、禁毒教育都采用了漫画形式，教育动漫化是未来动漫产业发展的战略方向之一。要从促进社会主义先进文化和未成年人思想道德入手，从传播社会主义先进文化和实现文化强省建设目标的高度来发展动漫产业。

第二节　广东动漫产业的发展现状

目前，我国动漫产业主要布局在国内，在国际市场的占有率低、用户规模小、国际影响力差、竞争力长期处于弱势地位，与动漫强国相比还有较大差距。从维基百科连续多年发布的“世界最赚钱的知识产权（IP）”排名来看，直到2024年，我国才有一个原创游戏IP上榜，全球最赚钱的IP前20名长期被美、日动漫游戏IP充斥，动漫产业的标准和制高点长期被这些国家占据，制约了我国动漫产业的发展。中国米哈游的《原神》是榜单中唯一上榜的中国IP，其总收入在2024年初公开数据中是37亿美元[①]。面对国际动漫业竞争的新态势，亟须研究新对策，加快我国动漫产业的发展。

改革开放以来，广东的动漫产业从无到有，从小到大，取得了长足进展，呈现出欣欣向荣的发展态势。广东不仅拥有南方影视传媒集团、深圳广播影视传媒集团等大型国有影视传媒，而且到2006年底已有民营影视节目制作经营机构468个，占全国总量的1/4，仅2005—2006年就制作生产了电视动画

① 搜狐网：《2024年全球最赚钱的124个IP》，https://www.sohu.com/a/775472480_121894854。

片 55 部共 1695 集，占全国总产量的 30%[①]。品牌化是广东动画电影产业持续发展的最重要保障，经过十几年的发展，广东已经形成熊出没、喜羊羊与灰太狼、猪猪侠等在中国极具影响力的动漫 IP。在动漫领域，喜羊羊、熊出没、猪猪侠国内三大动画 IP 均出自广东企业之手，全国 1/3 的动画片来自广东，大量动漫衍生产品由广东制造。2022 年，广东共有动漫企业 59 家，利润总额为 283 565 万元，这两项指标均居全国首位[②]。2022 年，广东动漫产值超 600 亿元，约占全国 1/3 的份额。2023 年，广东动画电影累计备案 32 部，数量位列全国第一[③]。2024 年发布的《粤港澳大湾区动画电影产业发展报告》显示，截至 2023 年，广东影视相关企业已突破 9 万家，数量居全国之首。广州、深圳、佛山等地大力发展文化影视产业，涵盖影视拍摄、后期制作、发行放映等全产业链条。观众对电影的热爱更让广东电影市场连续 22 年领跑全国，成为“全国第一票仓”。2022 年，广东动漫产值超过 600 亿元，约占全国 1/3 的份额。省内动漫企业有 20 多万家，在全国占比 13%[④]。广东动画企业呈现多元化、集约化等特点，主要集中在广州市和深圳市，珠海、佛山等地也有分布。其中较有代表性的企业包括华强方特（深圳）动漫有限公司、广州奥飞文化传播有限公司、广东咏声动漫股份有限公司等，它们在广东乃至全国的动画产业中具有重要影响力。

动漫产业要发展，核心是人才。广东省内有近 20 所高校开设了动画专业，每年为行业输送大量优秀人才。同时，近年来广州、深圳、东莞、汕头等地密集出台扶持政策，助力当地动漫产业高质量发展，并已取得一系列亮眼成果。

广东是全国动漫杂志销售的最大市场，各种漫画杂志的销售量远多于上海、浙江、北京等动漫重点城市，动漫文化基础较好，也吸引了大量国内著名的工作室入驻广东，原创力量居全国前列。经过多年的发展和沉淀，动画

① 谭天、谭奋博：《影视：广东创意产业发展突破口》，《中国广播电视学刊》2007 年第 10 期。

② 国家统计局社会科技和文化产业统计司、中宣部文化改革发展局编：《2023 中国文化及相关产业统计年鉴》，中国统计出版社，2023，第 191–193 页。

③ 北青网：《1/3 中国动画片“广东造”！粤产动漫既“潮”又好“玩”》，https://baijiahao.baidu.com/s?id=1813968841964824440&wfr=spider&for=pc。

④《〈粤港澳大湾区动画电影产业发展报告〉发布》，《南方都市报》2024 年 10 月 24 日。

电影已经成为广东电影的一大亮点。每年的优秀粤产电影中，都有动画电影的身影，例如2024年的《熊出没·逆转时空》《猪猪侠大电影·星际行动》《落凡尘》。广东动画电影同样在全国电影票房中占据了重要位置。据灯塔专业版统计，已有近百部粤产动画电影公开上映，累计取得100多亿元票房的佳绩。其中，“熊出没”系列大电影的总票房已突破77亿元人民币，显示出强大的市场吸引力。《熊出没·伴我“熊芯”》在2023年全国电影票房榜上位列第八，票房成绩达到14.95亿元。2024年春节档的《熊出没·逆转时空》，票房更首次突破20亿元，成为档期的最大黑马。此外，“喜羊羊与灰太狼”系列的9部大电影已收获超10亿元票房。“喜羊羊与灰太狼”系列第九部大电影《喜羊羊与灰太狼之守护》在2024年7月19日正式上映，这也是系列大电影首度进军暑期档。这部由黄伟明担任总监制，黄俊铭、陈力进执导的作品上映3个月，票房已突破9000万元。由深圳市环球数码影视文化有限公司和佛山柏铭影视传媒有限公司联袂打造的“潜艇总动员”系列电影已上映10部，合计共取得超3.8亿元票房。咏声动漫出品的“猪猪侠”系列也已有9部正式和观众见面，总票房高达4亿元。“雄狮少年”第一部引发多方关注和热议，票房突破2.5亿元，成绩不俗。由广州易动文化传播有限公司制作的《雄狮少年2》在2024年底正式与观众见面[①]。

广州是广东动漫产业发展的重镇，是中国动漫产业的发源地之一，在国内动漫行业发展历程上扮演着领头羊的角色。广州拥有超500家动漫企业，诞生了喜羊羊与灰太狼、猪猪侠、小飞侠等动漫IP形象。2023年，广州动漫产业营业收入达250亿元，约占全国1/5[②]。广州本土动漫IP坚持自主创新，用优质动漫内容推进岭南优秀传统文化创新性发展，撬动广东文化产业发展新动能。2005年8月，经国家新闻出版署批准，在广州软件园建立了“国家动漫网游产业发展·广州基地”（简称“广州网游动漫基地”），在此之前，此基地已有浏览点击率在全球网站前500强的南方动漫网。“广州网游动漫基地”是国家新闻出版署在全国规划建立的，继北京、上海、成都之后的第四个国家级动漫网游产业发展基地。从影视动画地区发展数据统计来看，珠三角城市群内基尼系数整体呈“升高—下降—升高”趋势，主要变化集中在

①《〈粤港澳大湾区动画电影产业发展报告〉发布》，《南方都市报》2024年10月24日。

②《广植文脉之根　广开交流之门》，《广州日报》2024年6月2日。

2018—2020 年，在此期间基尼系数快速升高，观察数据发现其主要原因在于广州和深圳拉开差距，2018 年两城市影视动画制作量接近，但 2018 年后广州市影视动画制作量井喷，与深圳市及珠三角地区内其他城市拉开明显差距[①]。

近年来，广州市积极推动动漫产业发展，建立完善的机制，不断加强政策和投入，打造优质的动漫产业链，将动漫产业培养成战略性的数字文化支柱产业，《广州市战略性新兴产业发展“十四五”规划》中明确将打造“动漫游戏文化产业之都”作为重中之重，大力支持动漫产业发展，建立专项基金，加强人才培养和创作服务，成功举办国家动漫金龙奖、中国漫画家代表大会、中国国际漫画节等一系列产业活动，营造良好的动漫创作氛围，成功打造喜羊羊与灰太狼、猪猪侠、小林漫画等一批高质量动漫 IP；由广州美术学院团队设计的 2022 年北京冬奥会吉祥物冰墩墩全球“圈粉”，也成为“广州设计”和广州文化 IP“出海”、走向世界的一个标志性事件；《如果历史是一群喵》更是入围“让党中央放心、让人民群众满意”大型成就展；等等。由此可见，广州市一直贯彻多措并举打造“动漫之都”，成效显著。

尤其值得一提的是，诞生于广州、由广东原创动力文化传播有限公司出品的动画系列片“喜羊羊与灰太狼”红遍全国，被誉为“中国动画产业的复兴代表之作”。截至 2024 年 7 月，“喜羊羊与灰太狼”共播出作品 41 部共 2961 集（主线 29 部共 2282 集、网络短剧 12 部共 679 集）、电影 11 部（动画电影 9 部、真人电影 2 部）、舞台剧 5 部[②]，并获得国家广电总局颁发的“优秀国产动画片一等奖”、2019 年“年度十大最具商业价值动漫 IP”奖等多项奖励。截至 2023 年 4 月 3 日，“喜羊羊与灰太狼”最高收视率达 17.3%，大大超过了同时段播出的境外动画片，排名第一。在衍生产品销售方面，“喜羊羊与灰太狼”系列漫画书、毛绒玩具等衍生品价值高达 10 亿元，尤其是其系列电影《喜羊羊与灰太狼之牛气冲天》，仅仅投资 600 万元左右，票房收入就达到 1.1 亿元，它已出版漫画图书 118 种，销量超 1200 万册，开

① 张烜源：《中国动漫产业的城市分布格局与优化策略研究》，硕士学位论文，北京邮电大学，2023。

② 百度百科：《喜羊羊与灰太狼》，https://baike.baidu.com/item/%E5%96%9C%E7%BE%8A%E7%BE%8A%E4%B8%8E%E7%81%B0%E5%A4%AA%E7%8B%BC/936250?fr=ge_ala#reference-139。

发出衍生产品1000多种。“喜羊羊与灰太狼”系列的成功，凸现了广东动漫产业“敢为人先”的“领头羊”精神。

深圳是全国最早的动漫制作基地之一，其动漫企业和国际接轨较早，先后参与制作美国迪士尼《花木兰》《狮子王》《人猿泰山》等大型动画电影；第一家港资动漫公司也落户在深圳。日中天与中央电视台合作的动画片《小糊涂神》，在全国产生很大影响。深圳职业技术大学则在国内较早开设动画专业，已经成立了动画学院。近年来，深圳的动漫产业取得了进一步的发展，从原创舞剧《咏春》到各种动漫展会，深圳正逐渐成为二次元文化的新兴热土。深圳的动漫相关企业数量在过去几年中大幅增加，涵盖了动画制作、游戏开发、IP孵化等多个领域。深圳先后建立了怡景国家动漫画产业基地、深圳动漫城、南山数字文化产业基地等动漫产业园区。不少国际知名的动漫品牌纷纷选择在深圳设立分公司或办事处，与本地企业展开深入合作。这种合作不仅促进了技术交流，还为本土动漫作品走向世界提供了更多渠道。深圳出台的《深圳市文体旅游发展“十四五”规划》指出，优化文化产业结构，大力发展数字文化产业和创意文化产业，推动文化产业向数字化、智能化、融合化方向发展，进一步提升内容原创力和科技含量，培育新型文化业态和文化消费模式[①]。

近年来，东莞市提出要壮大潮流玩具等文化产业，打造“潮流之都”等城市文化名片。2022年召开的东莞市第十五次党代会提出，要全力推进文化强市建设，抓好国家文化和旅游消费试点城市建设，壮大动漫游戏、潮流玩具等文化产业，促进文旅消费升级。2022年4月，全市宣传思想工作会议紧扣“思想引领+文化供给”这一核心，发展壮大文化产业，突出打造潮流文化等“七大文化”，明确城市形象新定位，提出打造“潮流之都”等城市文化名片。2023年7月，在第十三届中国国际影视动漫版权保护和贸易博览会启动仪式上，东莞获得全国唯一的“中国潮玩之都”称号。“潮玩”，即“潮流玩具”，是一种融入艺术、设计、潮流、绘画、雕塑等多元素理念的玩具，融入设计师和艺术家的理念，又被称作“设计师玩具”，主要分为手办模型、盲盒、BJD（球关节娃娃）、艺术玩具四类。在年轻人不断寻求自身

① 深圳市文化广电旅游体育局：《深圳市文体旅游发展“十四五”规划》，http://wtl.sz.gov.cn/xxgk/ghjh/fzgh/content/post_9578808.html。

价值和社会认同的背景之下，潮玩这种以潮流为核心、以玩具为载体、彰显个性的商品，成为如今“Z世代”[①]群体自我表达的符号和途径；互联网的高速发展，改变了“Z世代”的消费习惯，他们更愿意尝试网红产品或新品，更容易被关键意见领袖或熟人“种草”。潮玩同时也是社交媒介，可通过爱好结交同好，找到属于自己圈层并构建圈层文化；同时，潮玩具有精神慰藉功能，不少消费者把潮玩作为情感联结和精神陪伴，希望集齐全系列，从中获得精神满足。“我们的社会正在全面的迪士尼化，消费不再是目的本身，而变成体验的一部分，空间设计也由满足功能需求转向了去提供情绪价值。”英国学者艾伦·布里曼（Alan Bryman）曾提出“社会迪士尼化”这一社会学概念。这一概念，在潮玩行业更为显现。玩具及文体用品制造业是东莞市四大特色产业之一。据东莞市工信局统计，2021年，全市玩具及文体用品制造业共有规模以上工业企业410家，实现规模以上工业总产值524亿元，同比增长28.1%；完成规模以上工业增加值150.6亿元，占全市规模以上工业增加值3%，同比增长21.9%。其中，2021年，东莞市涉及潮玩生产的规模以上企业为57家，工业总产值128.31亿元，同比增长35.8%，增长幅度远高于玩具行业增速，带动作用明显。据中国玩具协会统计，目前全球动漫衍生品80%由中国制造，其中超过1/3在东莞生产。2021年，东莞玩具出口再创佳绩。据海关总署广东分署数据，2021年1—12月，东莞市玩具出口总额约为73.87亿美元，同比增长71.22%[②]。

经过不懈努力，东莞潮玩已成为广东动漫的名片。越来越多的原创IP在东莞涌现，潮玩企业精准把握消费者需求，深化本土文化的创新性表达，加速成为集IP开发运营、生产制造、渠道销售于一体的全产业链型文化企业，持续“圈粉”年轻人。2020年，有168家潮玩企业位于广东，数量位居全国第一，产业链完善。其中，东莞是中国潮玩产品的主要生产集聚地，产业配套完善，生产能力强，生产了中国85%以上的潮玩产品。从更具体的数据来看——全球动漫衍生品1/4由东莞制造，截至2022年，东莞涉及潮玩生产的

① Z世代，指1995年至2009年出生的一代人，又称“互联网世代”。

② 中共东莞市委党校课题组：《关于发展潮玩产业　打造“潮流东莞”的建议》，《东莞日报》2023年1月9日。

规模以上企业共计 87 家，工业总产值达到 166.57 亿元[①]。2024 年 2 月，驻守在中国空间站的航天员手持“欢乐春节”吉祥龙向全国观众拜年，吉祥龙是东莞茶山本土企业东莞皓奇乐文化产业有限公司生产制造，是 2024 年“欢乐春节”的吉祥物。2025 年，东莞多家潮玩企业接住了国产动漫电影《哪吒之魔童闹海》（简称《哪吒 2》）带来的“泼天富贵”，探索出一条潮玩制造与热门 IP 深度合作之路。在沃工场、威斯潮玩等头部企业带动下，全市涌现出超百家潮玩企业，形成从 IP 设计、3D 建模到生产制造的完整产业链。沃工场在春节前火速交付首批《哪吒 2》衍生品订单，春节后再次接下了超亿元的订单。据该公司总裁介绍，仅此一单便超过去年的总产值[②]。

东莞潮玩产业的每一步发展都离不开地方政府的关注和支持。这不仅体现在政策引导上，更体现在对企业实际需求的精准把握和快速响应上。面对潮玩企业的产能瓶颈，东莞市政府迅速行动，在全国范围内为企业招工，确保“要人马上有人，要设备马上有设备”。在政策支持和市场驱动下，东莞潮玩产业正加速从“制造”向“创造”转型。2023 年，东莞的本土原创 IP 产值首次超过代工业务，占比达到 53%c。一家家潮玩企业从东莞出发，走向全球。2024 年 10 月 24 日，第十四届中国国际影视动漫版权保护和贸易博览会在“中国潮玩之都”——东莞开幕。中国国际动漫博览会是广东省人民政府主办的三个展会之一，是我国以影视动漫为主题的唯一“国字号”展会。在本届漫博会启动仪式上，发布了全国首个潮玩与动漫产业蓝皮书《中国潮玩与动漫产业发展报告（2024）》，显示我国的潮玩企业数量呈现集聚发展的态势，主要集聚在广东、北京、陕西、山东、浙江等地。本届漫博会，“中国潮玩之都·东莞”潮玩专区汇聚了 TOYCITY、摩动核、漫博潮玩、哈一代等知名东莞潮玩企业。在原创 IP 与仪式感满满互动方式的加持下，这里成为本届展会人气最足、最受关注的打卡点。东莞潮玩的“出圈”点，近两年也发生了转变——从生产制造到品牌打造与营销，随之而来的是越来越多年轻

① 南方 Plus：《南方观察 | 为什么越来越多年轻人爱上东莞潮玩》，https://baijiahao.baidu.com/s?id=1813940248603337831&wfr=spider&for=pc。

② 谭志红、曹丽娟：《从制造基地到文化高地——东莞潮玩产业的突围之路》，《中国文化报》2025 年 3 月 24 日。

③ 同上。

人的关注。在年轻人友好的赛道上，东莞潮玩再次抢跑。本届漫博会现场，一体近 3 米高的可穿戴机甲“吕布”吸引了不少参展商和市民驻足互动。这是东莞本土原创 IP“星甲魂将传”的经典机甲形象。“星甲魂将传”IP 由东莞市东秀文化传播有限公司旗下模玩品牌摩动核打造，以三国历史人物或古代神话人物为原型，将国风元素融入现代模型玩具，造型独特，既赛博又玄幻。2021 年，“星甲魂将传”同名漫画在腾讯漫画上线，几年间收获了近百亿人气、过百万收藏。在动漫及动漫周边领域，东莞也不乏亮眼表现。本届漫博会，东莞市心田动漫文化传播有限公司带着 16 集励志动漫《莞蓝星空》亮相，这是“一部真正属于东莞、代表东莞”的原创音乐动画。可以说，从代工起步到原创品牌层出不穷，当流行变化莫测时，雄厚的产业基础成为东莞潮玩最大的竞争力。

第三节　广东动漫产业的机遇与挑战

新时代新征程，随着中国式现代化的不断推进，广大人民迅速增长的精神文化需求，要求我们进一步深化文化体制机制改革，建立科学合理、灵活高效的管理体制和文化产品生产经营机制，发展壮大文化产业，推进繁荣文化事业，与时俱进，开拓创新，以崭新的姿态走向未来，走向世界，为中国特色社会主义文化的繁荣作出新的贡献。

广东动漫产业的发展，正面临着前所未有的大好机遇。

机遇一：国家及广东省对发展动漫产业高度重视，为动漫产业的发展创造了良好的政策环境和发展空间。

文化产业的迅速发展已成为一种世界潮流，也将成为 21 世纪中国经济的支柱产业。国家及广东省都非常重视文化建设和文化产业的发展，并出台了一系列相关政策来促进动漫产业的发展。从发展历程来看，我国的动漫产业政策经历了多个阶段的发展。从“八五”至“十五”时期，相关政策主要围绕“加强社会主义精神文明建设”进行，为动漫文化在中国的发展奠定了基础。在“十一五”时期，规划首次提出“发展动漫产业”；“十二五”时期，规划提出推进文化产业结构调整，大力发展动漫等重点文化产业；“十三五”时期，规划提出要“推动中华文化走向世界”“加快发展动漫游戏等新兴产业”；“十四五”时期，规划提出鼓励影视剧、游戏等数字文化产品“走出去”，加强国家文化出口基地建设。为了扶持动漫产业发展，国家出台了一系列具体措施。2004年，国家广电总局推行《关于发展我国影视动画产业的若干意见》，提出发展我国影视动画产业是推进我国文化产业建设的必然要求，之后又颁发了《关于对国产电视动画片实行题材规划的通知》《关于促进我国动画创作发展的具体措施》《广电总局关于2004年度全国电视动画片题材规划申报立项剧目的批复》等文件，为我国动画产业的发展提供了政策上的支持。2006年，广电总局又规定，禁止各级电视台在17—20点黄金时段播出境外动画片，必须播出国产动画片或国产动画节目，并规定在播出比例上国产动画片的播出总量不得少于60%，这些行政规定也为国产动漫的发展提供了契机。2006年4月，国务院转发财政部等十部委《关于推动我国动漫产业发展的若干意见》，提出力争5—10年使我国动漫产业的创作开发和生产能力跻身世界动漫大国和强国行列；2009年，国务院又发布了《文化产业振兴规划》，对调整文化产业结构，扩大文化消费，促进动漫产业的发展具有重要意义，进一步从思想上统一了全党全国人民的认识。可以说，《“十二五”时期国家动漫产业发展规划》、《文化部“十三五”时期文化发展改革规划》、《“十四五”文化发展规划》以及《文化和旅游部关于推动数字文化产业高质量发展的意见》（文旅产业发〔2020〕78号）等一系列利好我国动漫产业文件的出台，激发了中国动漫行业的生机与活力。

2021年，文化和旅游部编制的发展规划《“十四五”文化产业发展规划》强调“鼓励和支持文化企事业单位、个人加强内容原创和产品研发，推动戏剧、音乐、舞蹈、美术、动漫、创意设计、工艺美术等文化产品创作生产，推出更多以互联网、移动终端等为载体的数字文化产品”；并在“优化重点文化行业供给”部分，指出：“动漫业：提升动漫产业质量效益，以动漫讲好中国故事，生动传播社会主义核心价值观，增强人民特别是青少年精神力量。打造一批中国动漫品牌，促进动漫‘全产业链’和‘全年龄段’发展。发展动漫品牌授权和形象营销，延伸动漫产业链和价值链。开展中国文化艺术政府奖动漫奖评选。”①

正是在这样的大视野下，广东省委、省政府积极推进文化体制机制改革，

① 中华人民共和国文化和旅游部：《文化和旅游部发布〈“十四五”文化产业发展规划〉》，https://zwgk.mct.gov.cn/zfxxgkml/zcfg/zcjd/202106/t20210607_925031.html。

继2002年提出建设文化大省后，2009年7月又出台了《关于加快提升文化软实力的实施意见》，首次提出建设文化强省。建设文化强省战略的提出，为在更高的平台上推动广东省的文化产业发展，打造广东动漫产业的“航空母舰”提供了良好的政策环境和发展空间。在产业扶持政策方面，广东近年来出台了一系列有利于动漫行业发展的政策，以期为企业和创作者提供更大的支持。这些政策文件包括《广东省文化和旅游发展“十四五”规划》、《中共广东省委广东省人民政府关于推动文化产业高质量发展的意见》、《广东省省级文化产业示范园区管理办法》、《广东省国家电影事业发展专项资金征收使用管理办法》（粤影〔2023〕9号）等，从深化文化领域“放管服”改革、培育文化产业发展新动能、促进文化科技融合发展、推动文化产业集聚发展、完善文化产业用地政策、强化对文化企业的金融支持、加强文化产业人才政策保障、强化文化领域知识产权保护与转化应用、强化国有文化资产管理、引导和扩大文化消费、加大财政税收扶持力度等方面，有力推动广东动漫产业的发展。

机遇二：雄厚的产业基础和强大的技术力量，为广东动漫产业的腾飞插上强有力的“翅膀”。

广东产业基础良好，规模技术全国领先。经过改革开放40多年的发展，在技术、人才、产业运营等方面都积累了良好的发展基础。在技术方面，与欧美、日本、韩国等国家和地区，以及国内的香港、台湾等地区的动画企业开展广泛合作，学习并掌握代表动画发展的高端水平技术，了解动漫文化发展的最新理念；长期的动漫生产制作实践为广东的动画产业积累了较多的人才储备，毗邻港澳的优势也使广东能够积极引进香港的动漫人才；衍生产品产业发达；发育完善的市场机制使广东在产业运营上具有得天独厚的优势。此外，广东影视动画产业的资本大多存在于民营企业，他们拥有雄厚的资金，积累了丰富的市场运作经验，为快速发展广东国产影视动画产业探索出一条符合社会主义先进文化前进方向、符合社会主义市场经济发展要求的影视动画产业发展道路，并提供了良好的经济条件。

机遇与挑战并存。在面临大好机遇的同时，广东动漫产业发展也面临着挑战。

挑战一：动漫产业的产业链协作机制有待健全。

广东动漫产业虽取得了一定成就，但品牌众多、规模较小且分散在各地，不利于形成规模和品牌。按国际惯例，完善的动漫产品开发链条一般是：漫画创作—图书出版发行—影视动画片生产—影视播放—音像制品发行—衍生产品开发和营销。而广东的企业往往"重动轻漫"，先开发出动漫影视，然后开发动漫图书和其他的衍生品，导致本土动漫通常停留在卡通片阶段，或者延伸到音像制品阶段，对后续阶段衍生产品的开发缺乏力度，对于立体的产业链形成还有待进一步打造。

挑战二：资金还比较短缺，制约了动漫产业的进一步发展。

资本对一个产业的发展是非常重要的，尤其是动漫这种新兴文化产业。然而，金融机构、民间资金、风险投资等资本形式均对动漫产业支持度不够。融资方面，由于动画产业前期投资巨大，一般民营企业难以承受，而银行的贷款条件是要用固定资产做抵押，动画企业有的只是著作权和版权；再加上动画行业生长周期长，风险投资基金往往也不愿投资。此外，现有的投资方式也存在一些问题：投资企业都是等动画片制作出来后，才设计相关的衍生产品，而不像日本等动漫发达国家那样，投资企业在动画片制作初期就参与卡通形象的设计，将自己的延伸产品贯穿在整个动画片之中。

挑战三：原创力不足，创作方向有待进一步拓展。

从整体而言，目前国产动画原创力不足，是诸多因素共同作用的结果。中国动画发展早期，以上海美术电影制片厂为代表的国营制作单位将国画、剪纸、皮影、木偶等传统艺术手法与彼时的手工动画技术相结合，创作出以《小蝌蚪找妈妈》《大闹天宫》为代表的一批具有中国特色的经典动画电影作品，创造了国产动画艺术的高峰。20 世纪 90 年代，电视兴起，市场对动画的需求量激增，原有的动画生产效率一时间难以跟上市场扩张的节奏，于是引进大量外国动画。这些外国动画快速占领市场，成为那个年代孩子童年记忆的一部分，也对动画创作带来深远影响。随着改革开放进一步深入，各种民营、合资的动画公司出现，主要以承接外国动画代工项目为营利模式。中国动画人受日本、欧美动画创作理念和美学观念影响，即使独立创作，也有意无意地模仿照搬，使创作呈现"二手美学"倾向。国产动画在题材选择上体现了鲜明的中国特色，但在美术呈现方面还没有建立起一套独特完整的体系。有的 2D 作品充满日本二次元的风格。无论是背篓中会眨眼睛的植物的设计，还是打篮球的运动少年的形象，都能看出模仿痕迹。3D 动画里则出现一些“欧美范儿”的“建模脸”，似乎“共享”了一套高鼻梁、深眼窝以及僵硬的面部表情。还有部分作品把古老的历史、当下的现代和未来的想象放在同一个情境中。古今中外，各种风格、元素杂糅拼贴，给观众带来混乱之感。

广东本土动漫具有制作能力的企业在数量上还不够多，部分动画制作公司只是加工企业，没有自己的知识产权，自身产品研发制作能力不高。此外，动漫创作方向相对狭隘，忽略成人视角研究，“少儿化”长期左右着广东动画的创作方向。这种惯性一般体现在剧本的匮乏，大多数的动画剧本创作者总是立足于给儿童写故事，塑造儿童喜欢的形象，而恰恰忽略了成人视角。需要指出的是，日本动画的观众群体很广泛，一般的作品没有主要针对某一年龄段的观众。也就是说，除了一些限制级的动画，基本上是全年龄人群适合观看的动画片。庞大的观众基础，正是日本动漫产业成功的一个重要原因，动画片已成为当代日本生活的一部分。而相对而言，中国的观众群比较贫乏，动画制作出来后，消费群体主要是以 4—13 岁的儿童，适合 13 岁以上观众观看的动画基本上没有。可以说，创作方向有待进一步拓展。

第四节　广东动漫产业的发展思路

经过改革开放 40 多年的经济快速发展，广东具备了发展动漫产业的基础与条件，加快发展动漫产业正当其时。虽然广东动漫产业已经取得可喜成就，但还面临一些困难和挑战。对此，必须采取切实有效的措施，努力开拓，进一步壮大产业，推动产业高质量发展，为建设文化强省、提升广东的文化软实力作出更大贡献。

一、调整产业结构，集中动漫产业基地并合理调整其产业布局

动漫产品的投资是巨大的，它往往要求动漫公司有足够的资金实力和技术实力进行开发。为了更有效地发挥资源，充分利用好产业政策，必须调整产业结构，合理规划整体产业布局。首先，动漫基地的建设要根据所在区域进行市场定位。动漫基地根据位置、周围环境、场地规模等，在自身定位上进行市场细分，有的动漫基地可以专门集中为动画制作、游戏制作的基地，有的可以集中为动漫教育基地，有的可以集中为动漫设备与配套产品销售商

城，有的集中为动漫产品开发与策划中心，还有的可以集中为专卖店与动漫游乐城。要加强动漫基地建设，通过整合各种资源，促进企业集体化生产，打破条块割据和行业间壁垒，理顺动漫产业运营管理机制，起到孵化、培育动漫企业的作用，并最终形成完善的动漫产业集群。

二、打造成熟的动漫产业链，提高原创力，扩大产业影响力

动漫产业链包括创作、发行、播出、授权、产品开发等各环节。动漫产业只有通过衍生产品的开发，才能实现较丰厚的利润。要注意打造成熟的动漫网游产业链，进一步扩大扶持产业的扶持范围，不仅在产业政策上扶持动画制作，所有在动漫产业链里比较重要、比较落后的产业项目都应该制定有针对性的产业扶持政策。将扶持政策从单纯的“动画制作、网络游戏制作”扩大到“动漫策划与推广、动漫产品设计与开发、漫画图书音像”等领域。近年来，随着 3D 技术发展，游戏业蓬勃发展，很多成熟的动画人才转投游戏领域。面对经营压力，一些动画制作公司开始承接游戏广告片、过场动画等利润相对更高的项目。这些代工经历使中国动画形成一种重技术轻艺术、重画面轻故事的固有思维。对此，要扭转思路，将创作重心放在提高原创水平上，不怕出错，不断试错，探索具有中国特色的动画故事和美术风格。在美术呈现上，动画人应从中国传统文化角度出发寻求解决方案，探索中国动画美学的突破口。比如动画片《大理寺日志》，虽然是架空故事，但其在美术上遵循唐代风格，打造较为真实可信的美术情境，使观众产生代入感。在题材选择上，可以积极投入短片创作。动画短片集在创制上与动画电影、电视动画等相比投入更低，自由度更高。它不仅可以成为新人或跨界者入行的敲门砖，亦可以通过互联网传播发酵，发掘观众新的观赏需求，筛选出具有创新可能性的选题。例如，《中国奇谭》中的《小妖怪的夏天》，因具有社会话题性的切入视角和与之匹配的复古美术风格，被观众津津乐道，主创已立项，打算将其改编成电影。广州美术学院的毕业设计短片《落凡尘》，因独特的人物设定以及新颖的故事架构受到网友喜爱，很多人表达希望看到电影版的诉求，主创用五年时间将其拓展为长片。这些成功经验值得业界推广借鉴。此外，要充分发挥播出平台优势，带动衍生产业向动漫原创投资，把产业链下游业务与动画紧密结合起来，在抓好动漫产业的事业性质的同时，也

抓紧动漫产业的经济实体性质，利用“共同利益再分配”吸引产业链各个环节间互补协作提高效益，促进行业的整体繁荣，形成卡通运作经营过程的全局观念。

三、实施品牌化战略，培育一批有影响力的动漫品牌

品牌是动漫产业的核心竞争力。动漫产业 70% 的利润来源于衍生产品的开发，但衍生产品的开发依赖于卡通形象和品牌的建立。可以说，动漫品牌总是衍生于动漫原型和动漫作品来生成品牌力的，比任何其他品牌更具有自己独特的灵魂，往往不需要再通过精心策划去为自己添加一个无中生有的品牌故事。为此，广东发展动漫产业必须实施品牌化战略，培育一批有影响力的动漫品牌。培育品牌需要较长时间，虽然广东已经出现喜羊羊这样的国内著名品牌，但到目前为止还没有出现像迪士尼这样真正意义上的国际动漫制作品牌企业。对此，应加大扶持力度，注意通过政策推动和对原创的支持，培育具有较强竞争力的市场主体，创造一批具有中国风格和国际影响力的动漫网游品牌，努力让既有自主价值取向，又有自主知识产权的广东原创产品和健康向上的动漫产品占据国内市场主导地位，并不断扩大国际市场份额，走出一条动漫网游产业健康发展的广东道路。此外，广东的动漫企业应该打破以往的传统思维，根据不同层次、不同收入水平的顾客开发出满足不同需求的动漫产品。从长远来看，市场化运作才是动漫产业可持续发展的根本之道。可以通过资助产品成功销售的企业创作动漫形象，逐步强化企业品牌效应。

四、培养与引进动漫产业创意与营销人才，为动漫产业提供人才支持

动漫是 21 世纪发展潜力巨大的朝阳行业，近年来我国每年有动画专业毕业生 2 万余人，还有更多想从事动漫行业的非科班生，但国内动漫产业的人才紧缺问题依旧存在，《数字经济全景白皮书》显示，人才缺口超过 80 万人[①]。广东地区尤其是珠三角地区的动漫、广告企业较多，发展也很快，因此动漫人才缺口比较大，有经验兼通艺术与技术的复合型人才还不够。为此，

① 叶怡霖、王柯宇、鲁杰：《每年毕业生“2 万 +” 动漫行业为何依旧“求贤若渴”？》，《钱江晚报》2024 年 6 月 6 日。

要围绕广东省动漫产业的发展需要，积极引导和支持本地高等院校充分利用教学资源，组建相关的学科专业，加强职业教育和专业技术培训，采用多种模式培养、培训一大批与动漫产业相关的设计和技术开发人才，为动漫产业提供后续力量。要高度重视人才引进，凝聚国内外科技人才资源，特别要完善相关的人才引进政策，充分利用好广东省科技交流会等平台，用优惠的政策吸引有良好技术、管理和市场工作经验的海外留学人员来广东省工作或者创业。对境外科技人员及出国留学人员来广东省创办的动漫企业或者研究开发机构，在注册登记、场地使用及其他方面给予政策倾斜。专业院校、制作公司、媒体平台也应为构建更有利于提高原创力的体制机制、营造健康的行业生态和良好的社会环境作出努力。例如，在储备人才上，深耕产学研一体化，培养创新型动画艺术人才，让课堂教学、技术研发、产业实践三者相互促进、相辅相成，形成“教学为主导、科研为支撑、产业为导向”的培养机制，按照产业链条布局专业模块，组建工作室，以“项目制教学”形式由企业、学校共同开展实践教学，用行业生产流程、岗位标准和职业导向强化人才培养，实现专业模块与就业岗位的无缝对接。在行风建设上，在全社会范围内大力倡导保护原创、鼓励原创、尊重原创的理念，严厉打击抄袭剽窃行为，保护原创权益。此外，要积极借鉴香港经验，香港动漫产业在创意、设计、研发、市场体系、创意人才、投资机制以及管理运营等方面积累了丰富经验，要充分利用毗邻港澳的优势，聘请香港动漫创意、技术和企业经营管理专家来粤讲学和工作，合力打造粤港澳大湾区最强的动漫板块。

第八章 广东游戏产业的发展

随着网络信息技术的进步，我国游戏产业获得了快速发展，并成为文化产业的重要组成部分。尤其是近年来，随着5G、云计算、VR等产业加速演进，“宅经济”占比增大，游戏市场规模进一步扩大。2023年，中国游戏用户规模为6.68亿人，同比增长0.61%，为历史新高。2023年，中国游戏市场实际销售收入为3029.64亿元，增长370.80亿元，同比增长13.95%，首次突破3000亿元关口。其中，移动游戏市场实际销售收入2268.60亿元，增长338.02亿元，同比增长17.51%[①]。而我国游戏产业的出口也不断扩大，现已成为文化“走出去”的主力军，为国家经济发展作出了重要贡献。2024年8月，首款国产3A游戏《黑神话：悟空》正式上线，火爆全网，成为现象级游戏，也成为中国游戏“出海”的成功典范。

在文化产业界，有句话是“世界游戏看中国，中国游戏看广东”，虽然此话可能有些夸张，但从这些年的数据来看，确实如此。《2023广东游戏产业报告》显示，2023年广东省游戏营业收入规模达到2450.8亿元，年增长率为15.8%，高于全国增速，广东游戏产值全国占比达到80.9%[②]。广东游戏产业影响力已覆盖全国，走到世界舞台的中央。然而，游戏产业在为社会创造巨大经济价值的同时也带来不少问题，一度引发强烈的社会负面舆论。对此，我们必须加强研究，采取有力措施，推动游戏产业的健康有序发展。

① 李哲：《2023年中国游戏市场营业收入突破3000亿元　出海仍然前路多艰》，《中国经营报》2023年12月22日。

② 陈培均：《广东游戏产值全国占比首次超八成，市场营业收入规模超2450亿》，《南方都市报》2024年1月24日。

第一节　游戏产业的发展概况

游戏自古以来就是人们生活中不可缺少的一部分。随着时代的发展，游戏的模式也被不断改变，游戏产业的形成不仅带动了经济的快速发展，同时，也在无形之中对游戏所承载的文化起到了巨大的传播作用。

一、游戏产业的内涵及分类

（一）游戏和游戏产业的定义

游戏产业中的“游戏”并非传统的意义上的玩耍、游乐，它是指在数字化设备平台上进行的各种虚拟游戏的总称。由于“游戏”诞生于国外，所以我国对于“游戏”的称呼始终基于对国外英文叫法的翻译，如电子游戏（electronic games）、数字游戏（digital games）、视频游戏（video games）。

一般认为，游戏的商业起点是 1972 年美国雅达利公司的成立。这家以生产游戏街机和与之配套的街机游戏为主的公司，为美国开启了全新的游戏产业领域。而随着游戏产业在美国的蓬勃发展，嗅到商业机遇的日本企业任天堂和世嘉也先后加入，从事街机及街机游戏的生产。日本在 20 世纪 80 年代，不仅在街机领域且在家用游戏机领域都超过了美国，自此全球游戏产业形成了美国与日本两强竞争的局面。早期的游戏产业链中还包括了游戏机设备（街机、家用游戏机）生产这一重要环节，而随着电脑游戏在 20 世纪 90 年代的兴起和繁荣，人们逐渐认识到游戏产业的核心不在于选择什么样的游戏设备平台，而在于所玩的游戏内容，因此内容为王作为游戏产业的核心被确立。至此，游戏产业也就成为从事各类游戏产品研发、生产、销售的产业门类，而不再包括所使用的游戏设备。

游戏行业，通常指涉及电子游戏的开发、发行、销售、推广、运营以及相关服务和产品的一系列经济活动的集合。根据运行平台分类，游戏可分为 PC 游戏、移动终端游戏（简称“手游”）和专用游戏设备游戏（也称“主机游戏”，包含掌机游戏和家用机游戏），其中 PC 游戏可进一步分为单机游戏和网络游戏，网络游戏又包含客户端游戏、网页游戏和社交游戏。根据游戏类型来分，游戏可分为动作游戏（ACT）、角色扮演游戏（RPG）、射击游戏（STG）、策略游戏（SLG）、体育游戏（SPG）、竞速游戏（RAC）、卡牌游戏（CAG）、音乐游戏（MUG）、模拟游戏（SIM）、益智游戏（PUZ）等。根据题材分类，游戏可分为玄幻/魔幻、现代、文化融合、军事、科幻等。

（二）网络游戏产业的内涵和特征

网络游戏产业是游戏产业的一个重要分支，它涵盖网络游戏的研发、运营、销售等多个环节。随着科技的进步和互联网的普及，网络游戏作为一种新兴的娱乐方式，在全球范围内迅速发展和普及。

网络游戏，又叫在线游戏（game online），属于电子游戏的范畴，是以互联网技术为平台，通过人与人之间的互动达到交流、娱乐和休闲目的的一种新型的电子游戏。网络游戏综合了文本、图像、音频、视频等各种媒介符号形式，允许使用者进行多层次的信息传播和交互行为，能最大限度地满足现代社会中年轻人的体验需求，因而发展非常迅速，形成了一个需求旺盛的网络文化消费市场。

网络游戏产业是集电子信息技术、网络技术、文艺传媒以及文化创新于一体的高度复合化产业。其本身无污染、绿色环保，产业附加值高，且能够带动IT、电信等周边相关行业共同发展。游戏产业虽然只有几十年历程，但已涌现出主机（单机）、端游（客户端游戏）、页游（网页游戏）、手游（手机游戏、移动游戏）、VR和AR等多种形态，产品的迭代速度极快。按玩法特征不同，游戏产品可分为电子竞技游戏与非电子竞技游戏。随着我国互联网的发展，网络娱乐也异军突起，其发展突飞猛进，不仅包含传统的单机游戏扩展到互联网环境的特点，还融入了社交、竞技、策略等多种元素，进而促进了网络游戏产业的发展。

网络游戏与传统游戏在实现方式上有着很大不同，传统的游戏形式是一种“面对面”的游戏，游戏的获得和实现程度要受到时间、空间等客观因素的制约。计算机互联网的出现，使这种基于现代信息技术的游戏形式呈现出了一些与传统游戏完全不同的特点：第一，规模大。从游戏主体来看，网络游戏的参与人员更多，规模更大。据报道，盛大网络公司的网络游戏《传奇》同时在线人数有100多万人，这对于传统游戏来说是不可想象的。第二，主体广泛性。从地域范围来看，网络打破了地域的限制，使网络游戏超越地域范围而更为广阔，形成了网络游戏行为主体的广泛性。第三，低成本。网络游戏具有进入的低成本性，网络消费的低价格使得网络游戏的初期参与并不需要很大的投入，便于普及。第四，具有连续性、累积性。由于网络游戏的经历具有连续性，结果具有累积性，使得游戏者的成就感得到进一步强化。这几个特点使得网络游戏参与者在网络游戏的非现实世界里形成了一个虚拟空间，进而使网络游戏从单纯的虚拟游戏向虚拟社会转换，并且使游戏者在网络游戏里实现了从个人角色向社会角色的转变，在网络游戏里产生了一种虚拟意义上的真实。而这些则是传统的游戏产品和游戏方式无法实现的。相对于网络游戏，传统游戏规模小，参与范围窄，参与人员少，新鲜程度低，缺乏延续的基础和平台，对参与者的价值或者说能够给参与者带来的效用就要相对低得多。

网络游戏产业产值远高于电影票房、电视娱乐节目、音像制品发行等传统娱乐内容产业，还有数量庞大的年轻消费群体，对周边相关产业的拉动作用也十分明显。另外，网络游戏产业的海外出口表现也是可圈可点的。产业不断增强的影响力，逐渐引起了相关管理部门的注意，使得政策导向也逐渐趋于支持产业的发展。利好政策反过来又促进了产业的继续成长、壮大。产业与政策的这种互相促进的模式值得其他门类的文化创意产业来借鉴。

二、游戏产业的发展历程

网络游戏发源于欧美国家。最早可以追溯到 1969 年，瑞克·布洛姆（Rick Brooke）效仿麻省理工学院学生开发的《太空大战》，为“柏拉图”系统编写了一个可以同时供两个用户远程连线游戏的软件。这个甚至没有被正式命名的游戏软件，就是网络游戏的鼻祖。20 世纪 70 年代，全球第一台街机诞生，也意味着一个属于街机的时代正式开启。20 世纪 90 年代，街机可谓风靡全球。当时甚至在我国的偏远小县城，都会有街机厅的出现。

1978 年，就读于英国艾塞克斯大学（University of Essex）的罗伊·杜伯萧（Roy Trubshaw）和理查德·巴特尔（Richard Bartle）利用美国数据设备公司（DEC）生产的 PDP-10 型计算机，编写出一款名为 *Multi-User Dungeon* 的网络游戏，就是这款 MUD1 迈出了多人在线网络游戏的第一步。至此，网络游戏开始其几十年的技术成熟和完善阶段。1997 年，《网络创世纪》正式推出，用户人数很快即突破 10 万大关，《网络创世纪》的成功加速了网络游戏产业链的形成，随着互联网的普及以及越来越多专业游戏公司的介入，网络游戏的市场规模迅速膨胀起来。20世纪，世界各主要发达国家和地区的现代网络游戏产业格局雏形已经基本形成，到20世纪末开始成熟并向大规模发展。

进入21世纪，科技的发达让全球进入数字娱乐时代，中国游戏产业与世界数字娱乐产业一起经历着快速的发展与变革。在美国，游戏是一种包含美术、音乐、文学等内容的艺术品。虽然这种论断在中国还没有得到承认，但是美国艺术基金会（National Endowment for the Arts，NEA）于2011年宣布游戏已经是一种艺术，同年，美国有线电视新闻网报道，美国最高法院在一项裁决中称，游戏是一项艺术，和其他艺术形式一样受到美国宪法第一修正案的保护。

我国的游戏产业起步于20世纪90年代。1994年4月，中国全功能接入互联网，成为国际互联网大家庭中的第77个成员。从最早的PC单机游戏探索，到八位机FC（任天堂公司发行的第一代游戏机）兼容游戏的制作；从国产游戏机概念的诞生，到各种兼容山寨机的横行；从街机厅的盛行，到玩家们回归客厅，再到网吧的兴起、网络游戏的一日千里。中国的游戏产业随着时代的发展，经历了由荒芜到如今在中国经济中崛起的过程，而这一变化仅仅历经二十余年的发展。我国的游戏产业日渐市场化、国际化、专业化和规范化，现已成为我国国民日常生活的重要组成部分。广东也大力扶持本地游戏产业的发展，使其占据了全国游戏产业的主要阵地。总的来说，我国游戏产业的发展大体可分为以下三个阶段。

（一）萌芽发展阶段（1997—2003年）

这个时期是以代理运营为主和原创萌芽的产业形成阶段。1997年，互联网广告业开始发展，国外游戏产品大举涌入，“大型网络游戏”（MMOG）的概念开始出现，联众、盛大、网易等一批网络游戏公司相继成立，中国网络游戏产业开始发展。

1999年4月，乐斗士工作小组在北京正式成立，一个月后推出了国内第一款简易的图形文字MUD游戏《笑傲江湖之精忠报国》。1998年网吧业开始兴起，6月我国出现第一款真正意义上的互联网游戏《联众游戏世界》。联众游戏是我国最早自主研发和提供网络棋牌及其他休闲网络游戏的综合网络休闲娱乐服务商。之后，华彩软件代理的《万世之王》（2000年7月）、智冠的《网络三国》（2000年9月）和华义代理的《石器时代》（2000年10月）等相继进入内地网络市场。《万王之王》作为我国第一款引进版互联网游戏，经新闻出版总署审查批准后出版，标志着中国互联网出版业开始起步。此时，我国网络游戏主要以代理运营韩国和日本的产品为主，还不具备产业规模。

2002年，网络游戏的内容生产商和网络游戏的平台运营商开始全面合作，网络游戏产业链开始建立。2003年，文化部开始正式介入对网络游戏的监管，发布《互联网文化管理暂行规定》，将网络游戏产品纳入“互联网文化产品”，对“经营性互联网文化单位”实行许可制度，我国网络游戏产业开始进入政策监督时代。2003年11月18日，国家体育总局将电子竞技确定为第99个体育运动项目。这一时期，网络游戏产业的特点是产业链初步形成，国家关于网络游戏的政策开始出台。

广东在这一阶段开始积极发展本地网络游戏产业。2003年，组织召开了广东首届网络游戏文化高层研讨会以及广州国际电脑（网络）游戏嘉年华。国家“861”行动计划出台后，广东省政府办公厅紧接着在《2003年广东省关键领域重点突破项目招标公告》中设置了“互联网文化娱乐软件开发”一项，该项目提供的扶持资金高达1000万元，比国家高技术研究发展计划（863计划）的500万元翻了一倍。

在广东网络游戏的发展中，网易和腾讯QQ走出了各具特色的两条道路，这是中国最早的两家互联网公司。1997年6月，网易创立于广州，比1998年11月11日在深圳注册成立的腾讯要早一年，同时，网易在2001年后陆续推出经典风靡全国的《大话西游Online》《梦幻西游》时，腾讯也才初入游戏领域，摸着《QQ游戏》平台过河。2001年，网易率先推出了首款自主研发的大型网络角色扮演游戏《大话西游Online》，2002年开发了《大话西游OnlineⅡ》，2003年推出大型Q版网络游戏《梦幻西游Online》。而腾讯QQ则依靠QQ用户群主营休闲游戏，2003年8月，腾讯公司推出QQ游戏。虽然以打怪、练级、换装备以及对抗为主的角色扮演类游戏依然是市场的主导产品，但是，在政府网络游戏产品结构调整的政策影响下，再加上网络游戏用户倾向于多元化，越来越多的上班族和女性加入了这个队伍，棋牌类游戏和 Q 版等休闲类游戏开始出现较好的发展势头。

（二）快速发展阶段（2004—2006 年）

这个时期是快速发展与模仿研发的阶段。经历了代理阶段的资本、经验积累后，我国游戏产业进入了快速发展的阶段。

首先，产业规模大增。2004 年，我国举办第一届 ChinaJoy 游戏盛会，标志着我国网络游戏产业已初具规模。2005 年，在广州召开了首届中国游戏产业年会。2006 年，中国网络游戏消费者人数达到 3260 万人，同期我国宽带上网人数为 7700 万人[①]。

其次，自主研发成为产业发展的主导方向。代理运营既要受制于国外开发商，又会因为无自主知识产权而难以通过衍生品扩大获利渠道。此外，大量国外游戏产品进入国内市场，不仅不利于我国游戏产业的可持续发展，而且危及了我国文化安全。因此，自主研发成为政府、企业、学界的共识。政府从技术、资金、人才、投融资、市场监管、配套设施等方面出台了一系列推动游戏产业自主研发的政策。以游戏运营、游戏开发商、媒体、网吧及消费者等构成的完整产业链，以游戏为载体形成的周边市场（如玩具、食品、音乐、动漫电影等）开始受到关注。2004 年 6 月，腾讯成为第一家在香港主板上市的中国互联网企业。这一阶段，核心企业群基本形成，开始出现企业之间的并购。

（三）稳定发展阶段（2007 年至今）

以 2007 年 7 月 16 日正式启用“网络游戏防沉迷系统”为标志，我国游戏产业进入稳定发展阶段。在此阶段，我国网络宽带逐渐完善，游戏开发技术飞速发展，网络游戏产业高速增长。尤其是在 2008—2009 年世界金融危机带来经济衰退的背景下，我国的网游业依然呈现强劲稳定的发展势头，这表明经济衰退期间人们减少了外出娱乐，反而有更多的空闲时间花在网游产业上。2001 年我国网络游戏注册用户只有约 576 万人，到 2010 年用户规模已突破 4 亿人[②]，其惊人的增长速度是传统产业无法比拟的。再比较 2008—

① 中国互联网络信息中心：《中国互联网络发展状况统计报告（2006/7）》，2006 年 7 月，第 25 页。

② 李大凯、于力：《我国网络游戏产业消费行为与竞争战略研究》，经济科学出版社，2015，第 1 页。

2023年我国游戏产业发展的数字，可以看到我国游戏产业在短短十来年迅猛发展的势头。2008年中国游戏市场实际销售收入只有185.6亿元，到2023年达3029.64亿元，同比增长13.95%；2008年中国游戏用户规模为0.67亿人，2023年达6.68亿人，同比增长0.61%；2008年中国移动游戏市场实际销售收入只有1.5亿元，2023年达2268.60亿元，同比增长17.51%，创下新的纪录，移动游戏实际销售收入占游戏市场总体规模的比例为74.88%①。

除了市场规模的持续扩大、产业环境的进一步优化、自主研发能力进一步提高，还开始出现跨国界的产业合作及海外上市。2008年12月24日，我国文化部与韩国文化体育观光部签订了《中华人民共和国文化部与大韩民国文化体育观光部关于游戏产业及文化合作谅解备忘录》，启动我国网络游戏产业的国际合作机制。盛大、完美、金山、巨人等大型网络游戏企业相继在海外上市。近年来，我国游戏行业持续探索“出海”赛道，寻找海外市场增量，或将国内发行的游戏做本土化改编之后进入海外市场，或直接面向海外市场开发新产品。2022年，中国自主研发游戏在海外市场的实际销售收入为173.46亿美元；中国移动游戏的“出海”游戏收入前三名国家分别为美国、日本、韩国，收入占比分别为32.31%、17.12%、6.97%②。

2020年，我国网络游戏产业在走出版号审批暂停的低谷后，迎来第三轮发展机遇。在新冠疫情的影响下，人们宅家带来娱乐消遣的需求，与传统的第三产业相比，网络游戏这种依托于硬件设备，足不出户就可以完成娱乐和社交的新兴产业成为不少人消磨时间的首选，网游产业因此取得短期弹性和持续增长。由于新冠疫情对整体经济的影响，多项市场指标明显下滑，2022年我国网络游戏产业处于承压蓄力阶段，移动游戏实际销售收入在总收入中的占比出现近五年以来首次下滑，但客户端游戏占比达到了23.08%，略高于

---

① 数据来自中国音数协游戏工委（GPC）、伽马数据（CNG中新游戏研究）国际数据公司（IDC）编写：《2018年中国游戏产业报告》，中国书籍出版社，2018；陈培均：《广东游戏产值全国占比首次超八成，市场营业收入规模超2450亿》，《南方都市报》2024年1月24日；卢扬、韩昕媛：《2023年中国移动游戏市场实际销售收入2268.60亿元》，《北京商报》2023年12月15日。

②《中国音数协发布〈2022年中国游戏出海情况报告〉：短期挑战增加，长期趋势看好》，界面新闻网，https://baijiahao.baidu.com/s?id=1757773564078834741&wfr=spider&for=pc，2023年2月14日。

上一年[①]。2023 年，走出疫情后的中国网络游戏产业继续保持增长，国内游戏市场实际销售收入首破 3000 亿元，用户规模创历史新高。而 2024 年 8 月 20 日发布的国产首款 3A 单主机游戏《黑神话：悟空》将中国神话与游戏世界的梦幻结合，引爆了热搜。该游戏在销售平台拿下全球预售销量第一名，被称为“国游崛起的里程碑”，代表国产游戏新潮流，不仅推动了网络游戏产业的发展，还引发国际关注，推动了中华优秀传统文化的传播。《黑神话：悟空》的爆火，不仅仅是一款国产游戏的偶然“出圈”，而是基于文化自觉自信而实现的中华优秀传统文化的世界表达，由此推动中国游戏产业迈向成熟的发展阶段。

广东游戏产业实现了逆势增长。《2023 广东游戏产业发展报告》显示：2023 年，广东游戏产业（包括移动游戏、客户端游戏、网页游戏和其他游戏）预计营业收入规模将达到 2450.8 亿元，占全国市场份额进一步扩大到 80.9%；广东网络游戏“出海”营业收入规模达到 385.4 亿元，同比增长 4.1%，广东游戏产业凭借自身实力，实现了逆势增长。[②]可以说，继 3G 移动互联网用户红利、4G 手游重度化付费红利后，当前我国网络游戏产业正迎来 5G 时代的第三轮发展机遇，核心驱动逻辑是“5G 创新起点 + 出海 + 渠道分散化”带来的内容议价能力提升，发展前景依然乐观。

三、游戏产业的龙头企业：腾讯和网易

作为广东乃至全国网络游戏产业的龙头企业，腾讯和网易在相互竞争与布局发展中走向 IP 化、电竞化，其发展道路反映了中国网游产业的主要方向是高质量发展。腾讯，作为中国手游市场的龙头企业，其在 2023 年 9 月的全球手游发行商排行榜上稳坐第一的位置。2023 年第一季度，腾讯游戏收入 483 亿元，同比增长 10.8%；2023 年第二季度，腾讯游戏业务实现收入 445 亿元，其中本土市场游戏收入与去年同期持平，为 318 亿元，国际市场游戏收入增长 19%，至 127 亿元（排除汇率变动的影响后，增幅为 12%）；2023

① 陈溢波、吴可仲：《2022 年中国移动游戏市场收入占比近五年来首降 客户端市场收入逆市增长》，《中国经营报》2023 年 2 月 19 日。

② 黄宙辉：《2023 年广东游戏产业预计营业收入规模达 2450.8 亿元，占全国市场份额逾八成》，《羊城晚报》2024 年 1 月 24 日。

年第三季度，腾讯游戏业务营业收入 460 亿元（国内外游戏业务收入总和），同比增长约 7%，整体表现回暖。其中，本土市场营业收入 327 亿元，同比增长 5%，环比增长 3%；国际市场营业收入 133 亿元，同比增长 14%（排除汇率变动影响后，增幅为 7%），环比增长 5%，且已实现连续三季度增长。腾讯该季度本土市场游戏收入增长，主要得益于其发布的《命运方舟》《无畏契约》《冒险岛：枫之传说》，以及《王者荣耀》《DNF》等长青游戏的收入增加[①]。

2023 年第一季度，网易游戏相关业务收入 201 亿元，同比增加 7.6%，游戏业务营业收入占比达 80.4%；2023 年第二季度，游戏及相关增值服务净收入 188.0 亿元，同比增长 3.6%；2023 年第三季度，净收入 272 亿元，公司游戏净收入 218 亿元，同比增加 16.5%。其中，手游净收入 158.36 亿元，同比增加 32.9%，端游净收入 45.71 亿元，同比减少 16.2%。新游戏《逆水寒》手游收入和用户增长强劲，《全明星街球派对》登上中国 iOS 畅销榜榜首；经典游戏《梦幻西游》《蛋仔派对》《第五人格》《永劫无间》热度不减[②]。与腾讯相比，网易的游戏业务的增速仍然出色，虽然体量是腾讯一半左右，但网易游戏业务的增速是其两倍。

回顾腾讯的发展道路，其一个成功经验在于拥有出色的游戏开发团队，不断创新，不断改进游戏内容，以满足玩家的需求。《王者荣耀》作为一款多人在线竞技游戏，已成为中国年轻一代的热门选择，吸引了数以百万计的忠实玩家。其深入的游戏机制和各式各样的英雄使得游戏充满了挑战，为玩家提供了令人满足的游戏体验。不仅如此，腾讯还拥有强大的全球分发网络，这使得其游戏可以轻松进入各大市场。腾讯的全球化战略不是单纯地将游戏翻译成不同语言，而是根据不同市场的文化和玩家需求进行深入分析，以确保游戏能够与当地玩家产生共鸣。这种个性化的方法帮助腾讯将其游戏在全球范围内推广得如火如荼，同时保持高度的用户忠诚度。腾讯游戏在海外市场的收入占比正逐渐提高。腾讯集团 2023 年第一季度财报显示，第一季度腾讯游戏国际市场游戏收入 132 亿元，同比增长 25%，排除汇率波动影响后，

---

① 搜狐网：《腾讯 VS 网易的 IP 化、电竞化》，https://www.sohu.com/a/741405085_121124406。

② 同上。

增幅为 18%[①]。

作为腾讯的竞争对手，网易一直在全球手游市场中保持竞争力。网易的一个成功经验是坚持创新，其自主研发的游戏题材往往取自中国传统文化，在此基础上推出一系列令人印象深刻的游戏。2016 年，《梦幻西游》手机游戏联手《舌尖上的中国》团队，共同制作了《舌尖上的梦幻》，打造了一部传统文化与现代科技传承与创新的纪录片，制作精良，展示了皮影戏的魅力。而《全明星街球派对》《阴阳师》《荒野行动》《蛋仔派对》等游戏成为网易的代表作，成功吸引了大量玩家。网易的战略包括与全球知名游戏开发商合作，将一些受欢迎的游戏引入中国市场，同时积极将自家游戏推向全球市场。这种合作伙伴关系不仅有助于吸引玩家，还可以加速游戏的开发和改进。通过与其他知名游戏公司合作，网易获得了技术和创意上的支持，从而不断提高其游戏的质量和吸引力。其中，《全明星街球派对》是一款由网易独立研发的类似街头篮球竞技手游，在游戏中，玩家可以亲自操作像库里、詹姆斯这样的篮球巨星，开展激烈的对抗，对玩家而言颇具吸引力。

从腾讯与网易两大巨头相互之间的竞争与发展，可以看到网络游戏产业行业竞争的两大关键要素——“内容”和“成本”，已经在当下逐步得到确立，高质量发展是根本方向。

首先，内容的创新是决定产品成败的核心要素。游戏作为将多种艺术与科技融为一体的文化，对创新有着超高的要求，中国游戏行业要实现提升和突破，必然依靠内容创新。

其次，游戏产业的起伏背后，增长已经不再是游戏品牌关注的核心，实现“高质量增长”才是各大厂商发力的关键。第三方调研机构 Sensor Tower 发布的《2022 全球手游买量白皮书》指出：“降本增效”将成为行业未来的共同选择。而围绕“如何降本增效”这个命题，头部厂商业已经给出了自己的答案。一方面是 IP 化，把同样的 IP 开发成不同的游戏，从而实现对存量用户的充分转化，并大幅度节约开发和宣传成本，例如《阴阳师》和《决战平安京》。另一方面则是电竞化，举办电竞赛事虽然要支付额外的成本，但无形中节约了游戏宣发的费用，更可以大幅度延长游戏的寿命，典型案例就是游

① 搜狐网：《腾讯 VS 网易的 IP 化、电竞化》，https://www.sohu.com/a/741405085_121124406。

戏行业的常青树《英雄联盟》[①]。因此，从腾讯和网易的发展路径可以看到，未来网游产业不管是生态建设还是电竞布局，都必须走高质量发展的道路。

四、《黑神话：悟空》：国内首部 3A 大作

2024 年 8 月 20 日发布的中国首款 3A 单主机游戏《黑神话：悟空》，是由深圳市游科互动科技有限公司开发的一款西游题材单机动作角色扮演游戏。随着其在全球发售，不仅让游戏圈沸腾，也带火了中国古建筑，更让中国文化一跃“出海”。国内玩家纷纷给出好评，迅速火爆全网，与此同时，这股浪潮也席卷至大洋彼岸，引起海外玩家们的强烈反响和关注。《黑神话：悟空》官方微博发布数据显示，截至 2024 年 8 月 23 日晚 9 点整，该游戏全平台销量破 1000 万套，最高同时在线人数超 300 万人。据证券时报，《黑神话：悟空》标准版售价为 268 元，以此计算，目前该游戏收入至少超过 26.8 亿元（未计算实体收藏版销售收入），而根据此前报道，《黑神话：悟空》的投入成本大概为 4 亿元[②]。

《黑神话：悟空》海报

① 搜狐网：《腾讯 VS 网易的 IP 化、电竞化》，https://www.sohu.com/a/741405085_121124406。

② 每日经济新闻网：《〈黑神话：悟空〉全平台销量破 1000 万套，收入或超 26 亿元！华强北组装电脑生意被带火，PS5 卖断货》，https://baijiahao.baidu.com/s?id=1808195051951754320&wfr=spider&for=pc。

3A 游戏，意为高成本、高体量、高质量的单机游戏，占据世界游戏市场“金字塔尖”。“3A”的概念起源于美国，往往代表着游戏行业的最高制作标准。有人说是“a lot of money”（大量金钱）、“a lot of resources”（大量资源）以及“a lot of time”（大量时间）；还有人说是“a grade quality”（高质量）、“a level in”（高投入）、“a grade sales”（高销量）。总结下来，“3A 大作”就是研发周期长、资源投入大的高质量产品[①]。与手机游戏等小型游戏不同的是，优秀的 3A 游戏不仅能够吸引庞大的游戏粉丝群体，还往往能打破游戏行业内部的壁垒，成为跨文化交流的载体。业内人士指出，这类游戏不仅提供娱乐，更承载着深刻的艺术与社会内涵，能够激发广泛的讨论，影响主流文化，甚至塑造一种新的文化潮流。过去，3A 产品的缺失一直是我国游戏行业的短板。近年来，我国游戏产业实现快速发展，但整体生态发展不平衡、不充分，“短平快”的轻量化休闲游戏市场占有率、用户规模持续增长，高标准、好口碑、能“破圈”的产品特别是在海外市场能站住脚的产品少之又少。部分厂商依然在走换皮、山寨的“老路”，期待以“国产替代”的成熟商业模式，诱导玩家“氪金”赚快钱。

以中国神魔小说《西游记》为背景的《黑神话：悟空》横空出世，填补了国产 3A 游戏的空白，是中国游戏产业的一次飞跃，向世界证明了国产游戏在全球市场上的竞争力和吸引力，也为国产游戏走向国际市场、为我国游戏产业的未来发展探索了道路。该游戏采用全球领先的“虚幻引擎 5”技术开发，静态光影、动态特效、游戏画质均可达电影级别。玩家在游戏中扮演一只猴子，前往多个西游故地，探寻各色人物背后的故事。这款以西游记为背景的游戏，包含中国多地知名古建筑，其建筑模型是游戏团队实地考察并还原的，如重庆大足石刻千手观音等，其中小西天、玉皇庙、铁佛寺等均取自中国各地文化古迹。随着该游戏的火爆，取景地也跟着热度飙升，引发一波文旅业界“打卡热”。该游戏 36 个取景地中有 27 个源自山西，让玉皇庙、崇福寺、小西天等景区热度飙升。此外，游戏中的“金色千手观音”画面取自世界文化遗产重庆大足石刻，云南大理崇圣寺、福建泉州开元寺也成为游戏战斗场景的背景画面。这些古建筑不仅为游戏提供了丰富的视觉素材，也

① 中国经济网：《〈黑神话：悟空〉火爆全球！外交部回应》，https://www.163.com/dy/article/JA6T5LGC0514CQIE.html。

通过游戏这一现代媒介得到了更广泛的传播和认知。有玩家感叹："游戏中的每一条道路、每一座寺庙、每一座雕刻、每一棵树、每一处悬崖，都是将中国的文化元素蕴含在内，取景地均是来自中华大地。"[①]据报道，山西隰县小西天景区旅游接待股工作人员称，从游戏取景地被公布后，该景区2024年8月20日售出的门票比2023年8月20日增长300%[②]。

《黑神话：悟空》的"火出圈"，还引发了一系列效应。例如，电竞酒店客流激增：一OTA（空中下载技术）平台数据显示，截至2024年8月20日发售当天19点，当晚电竞房搜索热度环比前一日增长40%，且平台上超过七成的电竞酒店都在紧急下载《黑神话：悟空》，准备迎接组团"取经的天命人"[③]。8月20日当天，在连续创造单机游戏在线人数历史全球第一、使用带宽峰值打破Steam历史纪录等骄人成绩后，A股市场也闻风而动，在三大指数均跌1%左右的背景下，游戏股逆势上扬，旗天科技、中信出版、国旅联合、浙版传媒等均涨停，迅游科技等跟涨。对于资本市场掀起的这股"悟空概念股"热潮，民生证券指出，这款游戏的推出标志着中国本土开发商已具备全球认可的3A大作研发实力，推动了游戏工业化水平的进一步提升。恒泰证券则认为，当时游戏板块处于估值底部，加上暑期档爆款新游催化，游戏行业的拐点已经显现[④]。与游戏本体一样火爆的还有《黑神话：悟空》的周边和联名商品。截至2024年8月底，英伟达、海信、联想、滴滴青桔、瑞幸咖啡、京东等超10个品牌已宣布与《黑神话：悟空》展开联动，从游戏产业链到服饰，在品牌联动上，衣食住行都"卷"了个遍。8月19日，"瑞幸联名《黑神话：悟空》"的话题冲上热搜，瑞幸咖啡也通过官方微博回应称，粉丝热情远超团队预期，表示非常抱歉，并快速制定补货计划。此外，海信

①《南方都市报》官方微信：《疯狂刷屏！外交部发声》，https://mp.weixin.qq.com/s/rQOF5J7tZ_gH1Z-sDvmsvQ。

②《中国青年》杂志官方微信：《〈黑神话：悟空〉取景地门票销量"暴涨"，多地文旅"邀人"，外交部也回应了……》，https://mp.weixin.qq.com/s?__biz=MzA3NjI5MjUwMw==&mid=2651038293&idx=1&sn=099b82069301b5c7215880a76b8b9066。

③《南方都市报》官方微信：《疯狂刷屏！外交部发声》，https://mp.weixin.qq.com/s/rQOF5J7tZ_gH1Z-sDvmsvQ。

④苏冉：《"悟空"金箍棒搅动A股，游戏概念股逆势涨停》，https://new.qq.com/rain/a/20240820A08PDU00。

推出《黑神话：悟空》官方定制电视及官方合作显示器，长江存储旗下固态硬盘品牌致态宣布成为指定合作存储品牌，联想开启游戏联名定制版电脑预售，中信出版对外回应称："中信出版为《黑神话：悟空》做周边产品的公司之一，将为这款游戏出版发行一本设定集。"更让国内玩家兴奋的是，英伟达为《黑神话：悟空》定制的 Game Ready 驱动程序也伴随游戏的正式登场而上线，加之《黑神话：悟空》也引入了英伟达最新的 RTX（实时光线追踪）技术，这些技术加持提高了光线追踪图像质量，让玩家获得更高帧率和更快响应速度的游戏体验[①]。

《黑神话：悟空》被称为中国游戏行业的里程碑、现象级游戏。它不仅成功地将中华优秀传统文化与现代游戏技术相融合，还在全球范围内引发了极大的关注，受到国际玩家的青睐。2024 年 8 月 21 日，中国外交部发言人毛宁主持例行记者会，路透社记者就 8 月 20 日正式上线的游戏《黑神话：悟空》向发言人提问，电子游戏《黑神话：悟空》首次上线以来，席卷了游戏界，中国文化特色给国际玩家留下了深刻的印象。请问中方对此有何评论？对此，毛宁表示："我不了解电子游戏，但是感谢你让我关注到这款游戏。从名字看这款游戏取材于中国古典文学名著《西游记》，我想这也反映了中国文化的吸引力。"[②]业界普遍认为，该游戏的设定新颖独特，深深植根于丰富的中国文化。游戏制作精良，加之"孙悟空"这个超级 IP 集齐了爆款游戏应有的元素，在全球市场极具竞争力。目前，随着多家海外媒体发布评测评分，该游戏在全球游戏评分网站 Metacritic 的评分超 80 分[③]。在亚马逊平台上，英文版《西游记》的销量飞速增长，不少商店显示售罄。来自美国弗吉尼亚的游戏博主特拉维斯告诉记者："我没有去过中国。在认识《悟空》前，我也不知道《西游记》。"他在看完游戏的序章后，就喜欢上了孙悟空，还马上在亚马逊网购了英文版《西游记》，"它无所畏惧的样子，非常有感染

---

① 苏冉：《"悟空"金箍棒搅动 A 股，游戏概念股逆势涨停》，https://new.qq.com/rain/a/20240820A08PDU00。

②《中国青年》杂志官方微信：《〈黑神话：悟空〉取景地门票销量"暴涨"，多地文旅"邀人"，外交部也回应了……》，https://mp.weixin.qq.com/s?__biz=MzA3NjI5MjUwMw==&mid=2651038293&idx=1&sn=099b82069301b5c7215880a76b8b9066。

③ 光明网：《"黑神话悟空"全球爆火！外交部回应了！》，https://baijiahao.baidu.com/s?id=1808080043851475480&wfr=spider&for=pc。

力”[①]。更有甚者，为了了解《悟空》的背景故事，有博主去找了1986年版的《西游记》连续剧“在线补课”。《黑神话：悟空》的成功再度验证：经典IP经过时间检验，可以承载人类情感，其背后是情感和价值的深度共鸣。不少文化学者认为，《西游记》是四大名著中与西方世界文化接近性最强的作品。学者李奭学就曾指出：“取经的历险旅程，和荷马的《奥德赛》有许多相互呼应的地方。书中表现的个人英雄主义情怀，能让西方读者对孙悟空迅速产生认同感。”《哈佛商业评论》中文版主编何刚认为，IP背后是情感和价值的深度联结。一个IP要走出国门、走向世界，一定要找到能够跟不同民族、不同国家对话的情感或价值观的联结。西游IP的基本价值观，恰恰就带着这样明显的世界属性——不畏强权、勇于挑战的孙悟空所代表的，既是中华民族的精神特质，也是追求自由和正义的人类共同价值观。在情感的维度上，指向的都是人类最稳定、最深层的共鸣。《悟空》之所以迅速征服了国外玩家，很重要的一点，正是凭借过硬的游戏品质，强化了这样的文化共鸣[②]。

《黑神话：悟空》的火爆，不仅是一款国产游戏的偶然“出圈”，而是文化自信的必然产物。从《西游记》等经典小说，到如今的《黑神话：悟空》，在古往今来中探究、在历史与现实中挖掘，在中华优秀传统文化的创造性转化、创新性发展中，在对中国历史文化资源的传承、开发和利用中，不断提升国家文化软实力，中华文化的国际影响力更加凸显。相信随着对中国文化IP不断深度挖掘，更多现代科技将让中华优秀传统文化更具时代穿透力。

第二节 游戏产业的相关政策

在我国，游戏产业的迅猛发展给社会带来了深远影响，政府作为监管部门，其制定的游戏产业政策对产业的发展起到了重要的引导、规范和建设作用。改革开放40多年来，政府对游戏产业的态度，从早期的冷淡、压制到现在的积极对待、多方面扶持，管理体制从空白到初成体系，政府行为和政策的变化促进了中国游戏产业的良性发展。

---

① 张彧、詹丽华、唐骏垚、丁书董：《〈黑神话：悟空〉成功出海的启示（上）：这只“猴子”做对了什么》，《浙江日报》2024年8月23日。

② 同上。

一、改革开放以来我国颁布的游戏产业政策

1994 年，我国政府制定并颁发了我国历史上第一个关于互联网文化产业发展的政策文件《中华人民共和国计算机信息系统安全保护条例》。该条例在安全保护制度、安全监督、法律责任等方面做了相关规定。但此时中国刚刚接入互联网，不存在产业的问题，互联网的应用也仅限于官方和学术界，未能全面普及。1994 年 4 月，中国与 Internet 全功能网络连接，标志着我国正式接入国际互联网络，从此进入网络时代。为了规范我国公民和机构的互联网行为，制定我国游戏产业发展标准，保护国家网络安全，国务院、信息产业部、公安部等部门先后出台了一系列政策文件。具体见表 8-1。

表 8-1　1994—2024 年我国网络游戏产业主要政策文件

序号	文件名称	颁布机构	颁布年月
1	《中华人民共和国计算机信息系统安全保护条例》	国务院	1994 年 2 月
2	《关于规范“网吧”经营行为，加强安全管理的通知》	公安部、信息产业部、国家工商行政管理局	1998 年 12 月
3	《互联网上网服务营业场所管理办法》	信息产业部、公安部、文化部、国家工商行政管理局	2001 年 4 月
4	《文化部关于加强网络文化市场管理的通知》	文化部	2002 年 5 月
5	《互联网出版管理暂行规定》	新闻出版总署、信息产业部	2002 年 8 月
6	《互联网上网服务营业场所管理条例》	国务院	2002 年 9 月
7	《关于加强网络游戏产品内容审查工作的通知》	文化部	2004 年 5 月
8	《关于落实国务院归口审批电子和互联网游戏出版物决定的通知》	新闻出版总署、国家版权局	2004 年 7 月
9	《关于实施“中国民族网络游戏出版工程”的通知》	新闻出版总署	2004 年 8 月
10	《关于网络游戏发展和管理的若干意见》	文化部、信息产业部	2005 年 7 月
11	《防沉迷系统开发标准（试行）》	新闻出版总署	2005 年 8 月

续表

序号	文件名称	颁布机构	颁布年月
12	《关于规范网络游戏经营秩序查禁利用网络游戏赌博的通知》	公安部、信息产业部、文化部、新闻出版总署	2007 年 1 月
13	《关于规范“网吧”经营行为加强安全管理的通知》	公安部、信息产业部、文化部、国家工商行政管理局	2007 年 2 月
14	《关于保护未成年人身心健康实施网络游戏防沉迷系统的通知》	新闻出版总署、中央文明办、教育部、公安部、信息产业部、共青团中央、中华全国妇女联合会、中国关心下一代工作委员会	2007 年 3 月
15	《关于规范进口网络游戏产品内容审查申报工作的公告》	文化部	2009 年 4 月
16	《关于加强网络游戏虚拟货币管理工作的通知》	文化部、商务部	2009 年 6 月
17	《关于加强对进口网游审批管理的通知》	新闻出版总署	2009 年 7 月
18	《关于改进和加强网络游戏内容管理工作的通知》	文化部	2009 年 11 月
19	《关于加强网络游戏市场推广管理制止低俗营销行为的函》	文化部	2010 年 7 月
20	《“网络游戏未成年人家长监护工程”实施方案》	文化部、中央文明办、教育部、工业和信息化部、公安部、卫生部、共青团中央、全国妇联	2011 年 1 月
21	《关于印发〈网络文化市场执法工作指引（试行）〉的通知》	文化部	2012 年 7 月
22	《文化部关于推动互联网上网服务行业转型升级的意见》	文化部	2014 年 12 月
23	《文化部关于加强网络游戏宣传推广活动监管的通知》	文化部	2015 年 3 月
24	《网络出版服务管理规定》	国家新闻出版广电总局、工业和信息化部	2016 年 2 月
25	《关于移动游戏出版服务管理的通知》	国家新闻出版广电总局	2016 年 5 月
26	《关于推动数字文化产业创新发展的指导意见》	文化部	2017 年 4 月
27	《关于严格规范网络游戏市场管理的意见》	中共中央宣传部、中央网信办、工业和信息化部、教育部、公安部、文化部、国家工商总局、国家新闻出版广电总局	2017 年 12 月

续表

序号	文件名称	颁布机构	颁布年月
28	《国家新闻出版署关于进一步严格管理切实防止未成年人沉迷网络游戏的通知》	国家新闻出版署	2021 年 8 月
29	《“十四五”文化发展规划》	中共中央办公厅、国务院办公厅	2022 年 10 月
30	《未成年人网络保护条例》	国务院	2023 年 10 月
31	《网络暴力信息治理规定》	国家互联网信息办公室、中华人民共和国公安部、中华人民共和国文化和旅游部、国家广播电视总局	2024 年 6 月

二、对相关政策的审视

审视我国关于游戏产业的政策，可以看到中国游戏产业的发展环境在不断得到优化，政府的管理体制也从起初的空白到逐渐形成体系。如前所述，20 世纪 90 年代是我国游戏产业的萌芽发展阶段，国外游戏产品大举进入中国市场，在带来经济效益的同时也产生了不少社会问题。例如，有些未成年人沉迷于电子游戏而无心向学，因此，人们一开始对游戏产业的普遍态度是抵制，相关管理部门也曾有打压、限制游戏市场的行为，如 1998 年出台的《关于规范“网吧”经营行为，加强安全管理的通知》，明确规定网吧“不得经营电脑游戏”；2000 年出台的《关于开展电子游戏经营场所专项治理的意见》，要求“大力压缩（电子游戏）经营场所的数量”，并严厉规定“面向国内的电子游戏设备及其零、附件生产、销售即行停止。任何企业、个人不得再从事面向国内的电子游戏设备及其零、附件的生产、销售活动”。

但是，自 20 世纪 90 年代末开始，随着计算机应用的普及和互联网的迅猛发展，以及境外大批网游产品的进口和成本降低的推动，电子游戏市场并没有因为社会的非议和政府的压制而停步不前，反而在短短几年里迅速扩大市场规模，电子游戏玩家也在快速增长。面对新的情形，若仍然用过去“打、压、禁”的方法来对待游戏产业，则显然不合时宜，也不符合市场经济发展的要求。但游戏产业带来的负面影响依然存在，且有越演越烈的趋势，为了更好地引导和规范网络游戏产业的发展，2001 年 4 月，信息产业部、公安部、文化部、国家工商行政管理局发布《互联网上网服务营业场所管理办法》，允许互联网上网服务营业场所依法经营内容健康的游戏。2002 年 8 月，新闻出版总署和信息产业部联合出台《互联网出版管理暂行规定》，对互联网出版（包括互联网游戏出版）实行归口管理，自此互联网出版被正式纳入出版行政部门管理。随后，国家成立了电子和网络游戏专家审读委员会，制定电子和网络游戏审读管理办法和审读付费标准。这些措施表明，政府对游戏的态度已经从起初的抵制改为引导，互联网出版活动进入一个有法可依、有规可循的新阶段。2007 年出台的《网络游戏防沉迷系统开发标准》，被认为属于中国政府管理部门的首创，得到社会的肯定。

进入 21 世纪，游戏产业进一步发展，一方面创造了大量的就业岗位，另一方面也实现游戏产品的海外出口并带来经济效益，游戏产业已成为国民经济的一个新的增长点。此前，关于游戏产业的政策多以引导为主，而真正转向政策扶持是在 2004 年，新闻出版总署发出《关于实施“中国民族网络游戏出版工程”的通知》，开始对民族网络游戏出版进行扶持，鼓励自主研发。此后，陆续出台了《关于金融支持文化产业振兴和发展繁荣的指导意见》（2010 年）、《国务院关于推进文化创意和设计服务与相关产业融合发展的若干意见》（2014 年）、《关于推动数字文化产业创新发展的指导意见》（2017 年）等文件，从税收优惠、专项补贴等方面对优质网络游戏企业尤其是本土游戏企业的发展进行扶持，鼓励游戏产业的健康发展。

总的来看，改革开放以来，我国对于游戏产业的政策文件，主要涉及以下三个方面的内容。

第一，在对游戏文化传播媒介（网络）及重要传播场所（网吧）的规控与管理方面，相关文件有《关于开展电子游戏经营场所专项治理的意见》（2000 年）、《互联网出版管理暂行规定》（2002 年）、《关于加强网络游戏产品内容审查工作的通知》（2004 年）、《关于进一步加强网吧及网络游戏管理工作的通知》（2007 年）、《关于防止未成年人沉迷网络游戏的通知》（2019 年）、《未成年人网络保护条例》（2023 年）等。网吧安装监管软件、网吧实名制上网、网络游戏防沉迷系统在全国的推广，对网络游戏消费者的网络游戏时间进行了限制，并规范向未成年人提供游戏付费服务，在一定程度上防止了青少年沉迷游戏与沉迷网络。

第二，在对负面文化传播的监管，包括对青少年的保护及境外有害文化的防禁方面，相关文件有《互联网信息服务管理办法》（2000年）、《关于加强网络游戏产品内容审查工作的通知》（2004年）、《中共中央国务院关于进一步加强和改进未成年人思想道德建设的若干意见》（2004年）、《文化部关于改进和加强网络游戏内容管理工作的通知》（2009年）、《文化部关于加强网络游戏宣传推广活动监管的通知》（2015年）、《网络出版服务管理规定》（2016年）、《关于严格规范网络游戏市场管理的意见》（2017年）、《网络暴力信息治理规定》（2024年）等等。这些文件规定出版内容、传播内容不得含色情、淫秽、赌博、暴力、迷信、非法交易敛财和危害国家安全等不良信息；不得含有诱发未成年人违法犯罪行为和恐怖、残忍等有害内容；严把进口关，既要筛选进口外国的优秀文化产品，又要防止境外不良文化的入侵；等等。同时，除了要求相关职能部门要做好游戏内容审查、主体审批、经营监管等，还广泛发动社会力量来维护未成年人合法权益，例如由原文化部联合七部委共同印发《“网络游戏未成年人家长监护工程”实施方案》，落实“家长监护工程”监管责任，协同解决未成年人沉迷网络游戏问题。

第三，鼓励游戏产业优化升级，打造民族品牌。随着游戏产业的发展，发展绿色网游、绿色上网成为社会的共识，不断出台的配套政策使得产业环境进一步优化。尤其是党的十八大以来所营造的政策环境，有利于发展文化新业态、激发文化新动能。党的二十大报告指出，“繁荣发展文化事业和文化产业”，“健全现代文化产业体系和市场体系，实施重大文化产业项目带动战略”[①]。这明确了新时代我国文化产业发展的总目标、总任务，当然也就指明了文化产业的组成部分——游戏产业的前进方向。

从国家的宏观政策来看，发展方向是支持实施游戏精品战略。2022年，中共中央办公厅、国务院办公厅印发《“十四五”文化发展规划》，提出：“推出更多优秀的网络文学、综艺、影视、动漫、音乐、体育、游戏产品和数字出版产品、服务，推出更多高品质的短视频、网络剧、网络纪录片等网

① 习近平：《高举中国特色社会主义伟大旗帜 为全面建设社会主义现代化国家而团结奋斗——在中国共产党第二十次全国代表大会上的报告》，《人民日报》2022年10月26日。

络视听节目，发展积极健康的网络文化。”[①] 由此可见，国家对游戏产业发展的态度是非常明确的，要求“发展积极健康的网络文化”，推出更多优秀的网络游戏产品和高品质的网络视听节目，提高产业发展的质量和效益。

从具体的政策实施和推进来看，为了适应计算机网络环境下的著作权保护，近年来我国修订了《中华人民共和国著作权法实施条例》《信息网络传播权保护条例》等法规，规定权利人享有的信息网络传播权受法律保护。原国家新闻出版广电总局作为游戏出版归口管理部门，积极探索结构化、体系化监管改革，先后出台了《网络出版服务管理规定》《关于移动游戏出版服务管理的通知》等文件，加强游戏出版监管，做好网络出版管理，务求提升游戏出版的数量和质量。原文化部也出台了《文化部关于推动互联网上网服务行业转型升级的意见》《文化部关于加强网络游戏宣传推广活动监管的通知》等文件，推动上网服务行业健康有序发展，加强对网络游戏宣传推广活动的监管。

第三节 游戏产业发展的审思

过去，在国人的观念中，游戏产业一直登不得大雅之堂，处在社会主流文化的边缘地带，社会认同感较低。尤其是近年来，青少年网游成瘾问题屡屡出现，备受社会关注，网络游戏甚至被认为是“电子海洛因”，饱受诟病。但是，游戏产业的发展速度之快超过了人们的预期，游戏 IP 泛娱乐化、电子竞技普及化、游戏直播平台全民化等诸多现象，以及强大的产业消费群体的快速增长和持续支撑，使我国成为世界上最大的游戏市场之一。在 2002—2024 年这短短 22 年里，中国游戏产业实现了上百倍的扩张，对其他产业而言是难以想象的发展速度。而 2024 年火爆出圈的《黑神话：悟空》，被称为中国游戏行业的里程碑、现象级游戏。它不仅成功地将中华优秀传统文化与现代游戏技术相融合，还在全球范围内引发了极大的关注，受到国际玩家的青睐，成为中华文化成功出海的案例。然而，在“黑神话：悟空”热的背后，值得我们冷静思考的深层次问题依然存在：游戏其实至今还没有得到整个社会的普遍认可；仅凭一部《黑神话：悟空》并没有彻底改变当前游戏创新的

① 中华人民共和国中央人民政府：《中共中央办公厅 国务院办公厅印发〈“十四五”文化发展规划〉》，https://www.gov.cn/zhengce/2022-08/16/content_5705612.htm。

困局。那么，应如何推动游戏的正能量传递，从而实现游戏的正面文化价值？如何促进游戏产业健康有序发展，从而实现社会效益与经济效益的双赢？认真审思游戏产业发展的相关问题，非常重要。

一、网络游戏的原罪争论与文化身份合法性追问

网游是否为网瘾原罪？发展游戏产业是否会导致“玩物丧志”？在我国游戏产业的发展过程中，关于游戏的原罪争论一直没有停息，其产业发展总是背负着社会道德伦理上的阴影，原因主要在于网络游戏本身的复杂性及其对部分青少年所产生的负面影响。譬如前些年围绕《王者荣耀》这款手机游戏的争论，反映的其实是网络空间的治理能力和治理手段尚不能与蓬勃发展的网络文艺活动相匹配的深层次矛盾。

从现有的研究成果来看，学界对网络游戏体现出了两种态度：一种是对网络游戏作为新教育平台的肯定，另一种是对其给青少年带来的负面影响的担忧。对于网络游戏本身，有学者质疑“原罪”说，并从审美文化和艺术的层面来分析网络游戏产品所具有的价值，认为其在表现形式上具有网络艺术的特征。而另一方认为，网络游戏产业的高速发展符合市场逻辑和消费文化的发展规律，网络游戏推动了消费文化的发展，在市场利益的驱动下，网络游戏产业不仅成功地吸引了大量年轻的消费群体，而且赢得了政府层面的认可。

不管学界如何争论，客观的事实是：游戏产业一直随着网络技术和新媒体的发展而快速扩张，尤其是2008年之后，随着智能手机市场的兴起和3G网络的成熟，手机游戏产业得到快速发展，出现了网络游戏、移动电竞等融合发展。

2018年8月，6个电子竞技项目列入印度尼西亚雅加达亚运会，备受关注。这是电子竞技第一次登上亚运会的舞台，虽然只是竞演项目，但反映了快速发展的电竞产业的巨大产值与影响力已经超越了很多传统体育赛事，这也成为一个让社会重新审视游戏产业的机会。因此，与其继续将游戏产业视为洪水猛兽，不如冷静观察和认真思考如何引导其健康发展的问题。

笔者认为，在新时代，应多管齐下，努力构建游戏正面的文化价值。

当前，我国游戏产业出现了整合发展与融合发展的趋势：电子游戏、电

视游戏、电脑游戏将借助技术平台深度整合；不同的文化艺术形态如文学、影视、动画、漫画、音乐等都可以和游戏在新媒体上实现融合发展。这客观上为优秀传统文化和社会主义核心价值观的传播，提供了更丰富的载体和媒介。《黑神话：悟空》就是把现代传媒方式与中华传统文化结合的大胆创新，游戏基于《西游记》原著的背景设计了主线、支线剧情，并以“天命人”悟空的形象为主角，重走危险与惊奇的西游之路；游戏中的建筑风格、服饰设计、神话传说等元素，都是对中华传统文化的精彩呈现，玩家在游戏过程中，不仅能享受刺激的战斗体验，还能沉浸在“东方体验”中，深入了解中华传统文化的丰富内涵。

客观地说，游戏本身就是文化传播的一种载体。包括电子游戏、网络游戏等在内的游戏产业，既是文化产业新业态、是新兴的朝阳产业，也应该是承载社会主义核心价值观的文化新业态，应该给游戏产业一个健康向上的新形象。虽然游戏是一把双刃剑，但只要我们利用得好，也可以使其成为承载与弘扬优秀文化、传播积极健康的主流价值观的工具，《黑神话：悟空》就是如此。文化价值导向、虚拟社会环境和用户身心感受，是评价游戏质量的基本维度。游戏的本质，是通过虚拟情境构建虚拟社会，再将现实社会中的人吸引到这个虚拟社会之中。一款好的游戏，就是一个虚拟社会。技术创新、内容创新，是游戏行业的基本特征。而游戏产业能够持续发展的关键在于内容创意产品，具有健康内容与精妙创意。因此，必须从游戏产业的监管与规制、网络游戏产品的内容设计与开发、网络游戏企业的责任与担当等方面着手，努力构建游戏正面的文化价值，实现游戏的正能量传递，促进游戏产业健康有序发展。

二、政府的监管与政策引导

打造良好的游戏环境、培养健康的游戏文化，应当以正面引导为主，从政府管理层面和企业的社会责任两方面入手。政府作为管理者和社会各方利益的仲裁者，必须对游戏的负面作用进行规制。在游戏文化呈现的话语博弈体系中，政治话语体系占主导地位，在协调各方利益与话语矛盾的同时，政府通过规训性权力机制的监视、检查、管理，直接影响、引导、规划着游戏的文化呈现与文化生态。从 1998 年《关于“网吧”经营行为，加强安全管理的通知》的发布，到2013年党的十八届三中全会提出深化文化体制改革，国家新闻出版广电总局正式成立并成为游戏出版产业最高主管部门，游戏文化在整个社会文化生态中，经历了“监管—监管与引导—监管、引导与建设—独立文化形态”的确认方式。

如前所述，对游戏产业存在或潜在的文化影响，尤其是涉及青少年保护、负面文化的传播、传播内容的审查，政府部门主要通过法规文件、行政公文等规训性权力机制来监管和审查。经过十多年的努力，政府逐渐建立起游戏产业的监管体系，通过出台一系列政策，提高游戏市场准入门槛，强化内容监管和网吧管理，打击各种违法违规行为，对游戏产业的快速健康发展起到了很好的推动作用。

从最新的行业监管情况来看，近年来主管部门、游戏开发商和运营商、电商平台等共同规范游戏市场，在一定程度上减少了不良网络游戏可能对未成年用户造成的负面影响。例如，2018年6月，文化和旅游部发出通知，在全国开展为期2个月的涉赌牌类网络游戏专项整治行动，严查涉赌牌类网络游戏，进一步加强牌类网络游戏市场监管工作。在中宣部指导下，2018年12月，国家成立了网络游戏道德委员会，并对首批20款网络游戏作品作了评议，在此基础上，责成其中11款游戏认真整改，对另外9款则不予批准。网络游戏道德委员会的成立，能从专业的层面评判游戏产品的道德取向，从而引导网络游戏企业自觉遵守社会公德和职业道德、履行社会责任，也为管理部门提供决策参考。2019年10月，国家新闻出版署出台《关于防止未成年人沉迷网络游戏的通知》，要求实行网络游戏用户账号实名注册制度，规范向未成年人提供付费服务。2021年8月，国家新闻出版署颁发《关于进一步严格管理切实防止未成年人沉迷网络游戏的通知》，严格限制向未成年人提供网络游戏服务的时间，落实网络游戏用户账号实名注册和登录要求。

在加强监管的同时，政府相关管理部门也着手对游戏文化形态与文化生态进行引导和规范，主要通过政策支持和保障，加大对民族游戏的扶持力度，引导游戏文化形态与文化生态朝着健康有序的方向发展。2004年8月，新闻出版总署发布《关于实施“中国民族网络游戏出版工程”的通知》，开始启动“中国民族网络游戏出版工程”（以下简称“民族网游工程”）。截至2015年9月，“民族网游工程”已分10批推出具有中华民族优秀文化特色、内容健康向上的网络游戏出版项目总计214个，入选的作品内容涉及中国历史、古典文学名著、神话传说、益智类游戏等。此外，还推出了中国出版政府奖、“原动力”中国原创动漫出版扶持计划、中华优秀出版物奖、中国“游戏十强”等扶持与奖励措施。通过各种政策的推行，实施对游戏文化生态的引导。

在政府的监管规制、设计引导下，我国的游戏文化生态尤其是文化表现形式发生了根本性改变。2003年以前，我国网络游戏以韩国、日本、美国的游戏为主，到2014年，无论是在符号体系还是游戏世界架构上，“民族”成为网络游戏的主要文化表现方式。相关部门在公开场合开始逐渐减少游戏与“未成年人保护”等负面话语的捆绑使用，更多地使用“民族文化传承与传播”“文化与科技融合”“新型文化业态”“网络强国”等词语对游戏产业进行描述、要求、规划和引导，至今已列入文化产业数字化战略。2017年5月，中共中央办公厅、国务院办公厅印发的《国家“十三五”时期文化发展改革规划纲要》，要求“加快发展动漫游戏等新兴产业”，实质上是在政治上和政策上确认了网络游戏作为一种文化形态的独立性。2021年公布的《中华人民共和国国民经济和社会发展第十四个五年规划和2035年远景目标纲要》进一步指出：“实施文化产业数字化战略，加快发展新型文化企业、文化业态、文化消费模式，壮大数字创意、网络视听、数字出版、数字娱乐、线上演播等产业”，“积极发展对外文化贸易，开拓海外文化市场，鼓励优秀传统文化产品和影视剧、游戏等数字文化产品‘走出去’，加强国家文化出口基地建设”[①]。

在政府引导和制度规制方面，目前虽然有网络游戏防沉迷系统，但不排除一些未成年用户使用成人身份账号来破解系统的情况，因此有必要进一步建设绿色健康的游戏制度。可考虑对游戏实施分级制，尤其是蕴含“暴力”“性”有关元素的游戏，应该分级在16+档，因为这些游戏中蕴含的“暴力”和“性”元素，不管是显性的还是隐性的，对于16岁以下的未成年人以及年幼者都会带来不可忽视的负面影响。目前，日本实施网络游戏评级制度，

① 中华人民共和国中央人民政府：《中华人民共和国国民经济和社会发展第十四个五年规划和2035年远景目标纲要》，http://www.gov.cn/xinwen/2021-03/13/content_5592681.htm。

共五个级别：全年龄对象、12 岁以上对象、15 岁以上对象、17 岁以上对象、18 岁以上对象，并在手机终端、第三方网络机构都设立了审查监视系统，对不良信息进行监视。美国的娱乐软件分级委员会为游戏以及游戏网站进行分级，并制定了具体的法规，诸如法律规定，游戏卖场必须将“18 禁”游戏挂到 1.5 英尺（1 英尺 =0.3048 米）以上，以防被未成年人拿到。此外，也对售卖“18 禁”游戏的游戏卖场处以 2000 美元的罚金等。但我国现在对于游戏的分级仍处于空白，日本、美国等国家的经验值得我们借鉴。

三、企业的社会责任与产业内容的构建

网络游戏产业的主要参与者包括游戏开发商、游戏运营商、玩家等，周边产业还包括门户网站、平面媒体、游戏对战平台、视频网站、电商平台等。由于网络游戏时常被当作“精神鸦片”，造成了游戏行业在我国的“地位”一直被边缘化。例如，2004 年 4 月，国家广播电视总局出台了《关于禁止播出电脑网络游戏类节目的通知》，彻底堵死了中国电子竞技产业通过电视转播盈利的渠道。这一问题的出现，与网络游戏产品良莠不齐的质量有关，暴力、色情的游戏场面屡见不鲜、饱受诟病，从而影响了企业规模的扩大与资金的投入。从游戏产业的生态系统来说，不管是政府还是企业，不管是资本、技术还是基础设施，所有服务最终都是为了用户的身心健康，因此，从服务游戏产业的用户尤其是未成年用户的终极目标来审视，为了营造健康良好的游戏生态，保障未成年用户的身心健康，除了政府的规制、媒体的导向外，更重要的是游戏企业自身要担负起应有的社会责任，实现社会效益和经济效益相统一。

对于游戏产品的功能与定位，国家早在 2009 年就有明确的界定。是年，文化部出台《文化部关于改进和加强网络游戏内容管理工作的通知》，指出：“网络游戏产品和服务承担着娱乐、审美、教育、交流等重要的文化使命和社会责任。网络游戏经营单位应当将社会效益放在首位，在游戏的研发运营中以社会主义核心价值体系为指导，增强产品的文化内涵，大力弘扬时代精神和民族优秀文化，为实现人的全面发展与社会和谐服务。”由此可见，网络游戏产品除了娱乐功能，还有“审美、教育、交流”的文化使命与社会责任。2015 年，中共中央办公厅、国务院办公厅印发了《关于推动国有文化企

业把社会效益放在首位、实现社会效益和经济效益相统一的指导意见》，也指明了文化企业的社会担当："文化企业提供精神产品，传播思想信息，担负文化传承使命，必须始终坚持把社会效益放在首位、实现社会效益和经济效益相统一。"游戏产业属于文化产业，对于游戏企业来说，不管是国有企业还是民营企业、合资企业，因为文化生产领域具有精神文明建设的特殊性、文化产品具有价值引导的特点，决定其作为生产或经营机构，必然有跟一般企业不同的特点。在中国特色社会主义文化建设中，文化产业必须兼顾社会效益与经济效益，营造健康的文化生态。因此，探讨文化企业的使命或者说社会责任，是在新时代建设社会主义文化强国不能回避的问题，游戏企业在吸金的同时，还须有更多的社会担当与反哺，不能见利忘义、唯利是图而忽略游戏生产的社会责任、文化效益与价值道义。

对我国的游戏企业来说，要使产业得到持续的良性发展，首先必须从内容做起，用心打造积极健康的虚拟世界。也就是说，在政府的引导和政策法规的规制下，游戏开发商、游戏运营商、网络运营商、内容提供商以及各类相关企业必须担负起应有的社会责任，共同营造良好的游戏生态环境，开发出一大批不仅有自主知识产权，而且内容健康、符合主流价值观、形式丰富多样的优秀游戏产品，这样才能使我国的游戏产业健康发展，真正在国内外享有良好声誉。发展的方向是鼓励与开发优秀题材，实现文化与教育并重。例如近年青少年关注的新宠——网游文学，作为新兴的文学类别，可以在疏导青少年沉迷网络的同时提升其文化内涵，实现网络游戏与阅读书籍的有效结合，实现社会效益与经济效益的双赢。而 2024 年 8 月上线的中国首款 3A 单机游戏《黑神话：悟空》之所以能取得巨大成功，首先因为其取材于中国神话故事，《西游记》与孙悟空是最能代表中国文化的 IP 之一，如游戏科学创始人兼 CEO 冯骥所言"让全世界玩家，因为这个载体去深入了解中国文化"[①]，它是中国传统文化复兴和文化输出共同作用的结果。一方面，随着国家综合实力的提升和文化自信的增强，越来越多的国人开始重新审视和珍视自己的传统文化；另一方面，游戏产业的快速发展也为传统文化的传播提供了新的平台和渠道。而《黑神话：悟空》正是抓住了这一历史机遇，通过

① 央视网官方澎湃号：《〈黑神话：悟空〉大火！是谁放出了这只猴子？》，https://m.thepaper.cn/newsDetail_forward_28478408。

创新和融合，将传统文化与现代科技完美结合，创造出了具有全球影响力的文化产品，让一个国产游戏能够引发一场脱胎于中国经典IP的世界级文化狂欢。

为此，游戏企业一方面应扎根于中华优秀传统文化与先进文化，对游戏内容进行净化和优化，配合政府管制发展绿色网游，开发健康积极的游戏产品；另一方面，更要根据游戏产业的主要消费群体——青少年这个特殊人群的特点进行游戏的开发，实现教育与文化传播并举。要按照国家的教育内容，在游戏中加入人文教育的元素，让游戏成为有效的教育工具，促进未成年人健康成长。将游戏转化为教育的载体，让青少年在良好环境中进行游戏，可以既满足他们的娱乐需要和精神享受，也能在游戏中阅读到丰富的文化内涵，在潜移默化中培养起高尚的道德情操和文化品格。

第九章 广东文化产业的案例

改革开放以来，广东加快建设文化强省，全面深化文化体制改革，出台和完善相关政策，全面发力文化领域“放管服”和供给侧改革，文化产业在规模扩张、结构调整、提质增效等方面取得较好成效，整体实力显著提升，取得了可喜成就，进入了高质量发展新阶段。在新时代新征程，要充分利用建设粤港澳大湾区、共建“一带一路”等重大机遇，优化区域文化产业布局，完善文化产业结构，推动文化数字化发展，进一步培育和发展文化产业新业态，发展线上线下融合型文化消费模式，加强文化人才队伍建设，推动广东文化产业高质量发展，助力文化强省建设。从以下几个案例，可以看到改革开放以来广东文化产业发展所走过的路程、成功经验、启示思考等。

第一节 构建文化建设综合评价体系

在评估文化建设的成效方面，佛山市南海区先行一步，做了有益探索。2012 年，南海区制定了《南海区文化引领促进科学发展综合评价体系》（以下简称《评价体系》），并委托第三方开展对南海文化服务体系的首次考核，在建立综合评价指标体系的基础上，通过定量问卷调查等多种方法收集主客观数据，加权计算后得出南海区公共文化服务体系指数评价结果，总结出南海在公共文化建设中的亮点及需要重点改进的短板，并提出对策建议。该评价体系的出台，在佛山市乃至广东省都属于首创，得到了社会的强烈反响和高度评价。可以说，南海文化评价体系从文件的出台到贯彻落实，体现了文化创新的意义，对于推动广东文化体制机制改革具有重要的启示。笔者曾参与有关课题的调研，对南海构建文化引领综合评价体系进行了考察。本节拟以南海为例，对如何构建科学规范的文化建设考核标准进行探讨。

一、构建文化建设评价体系的意义和原则

对于经济建设，我们有系统完整的考核指标，但对于文化建设一直缺乏全面系统、科学规范的考评标准。佛山市南海区为了加快推进南海区作为广东省“文化改革发展综合试验区”建设，大胆创新，探索建立了文化建设评价体系。2012 年，南海文体旅游局以《评价体系》为基础，委托独立第三方调研机构对“文化改革发展综合试验区”建设进行年度综合评价。《评价体系》的创新之处，就在于首次由第三方社会组织来完成政府服务项目的评估，不仅针对公众进行满意度及需求的调研，也对评价体系中的客观数据进行收集整理及统计分析，从主客观两个方面进行综合评价，真正做到独立客观评估。该评价体系的出台，对南海文化具有重要意义，对全广东省文化体制的改革也有重要启示。自 2017 年成功创建广东省公共文化服务体系示范区以来，南海区以实干为路径方法，以争先为价值导向，凝心聚力推动公共文化服务体系繁荣发展，在改革创新体制机制、构建现代公共文化服务体系、弘扬优秀传统文化等方面先走一步。

（一）建立综合评价指标体系的意义

《评价体系》的构建，以文化惠民为目的，在加强各项基础设施建设的同时，不断完善管理服务，强调公众对公共文化服务体系的满意度，重视和不断了解群众需求。《评价体系》对南海文化发展的意义，主要体现在以下三个方面。

第一，有利于推进南海文化体制改革，推动南海向文化强区跨越。

率先建立南海区文化引领促进科学发展综合评价体系，是南海区根据广东省提出建设“文化强省”的要求，进行文化体制机制改革的一个重大突破，通过转变思想观念，形成文化自觉，加快推进经济社会的发展和经济增长方式的转变。通过建立、完善评价指标，创新评价方式，健全监督机制，形成科学规范合理的评价体系和机制，客观反映南海区科学发展的真实情况，对加快南海由经济强区向文化强区跨越、推进经济社会全面发展提供强有力的保障。

第二，有利于及时总结南海文化改革与发展经验，扩大南海文化发展的影响力。

文化引领促进科学发展综合评价体系的建立，可以及时总结南海文化改革与发展经验，有助于进一步扩大南海文化发展的影响力和示范作用。在南海区建立文化引领促进科学发展综合评价指标体系，开展对各镇街在文化建设中的综合考核，对推动《佛山市南海区建设“广东省文化改革发展综合试验区”实施方案及配套政策》文件的贯彻执行具有重要的现实意义。

第三，有利于及时了解公众需求，为更好地改善公共文化服务提供建议参考，真正做到文化惠民。

《评价体系》通过对客观指标数据的收集了解各项工作进程及完成情况，收集和了解公众对公共服务评价体系的评价及对公共文化服务的需求，运用定性（深度访谈和田野观察）与定量（结构化问卷街头拦截访问）的调研方法进行评价，尤其是田野观察方法的运用有效地刻画了南海公众公共文化服务现状与需求，综合评估文化引领促进科学发展综合评价体系完成情况，能够为更好地改善公共文化服务提供建议参考，真正做到文化惠民。同时，这还能有效展示公共文化服务体系建设成果，使公共文化服务体系示范项目顺利验收。

（二）评价体系指标的构建原则

评价指标的设计和指标体系的构建是一项技术性很强的工作，必须遵循一定的原则。对一级政府而言，评价指标设计最基本的原则是指标体系的设计和具体评价指标的选择必须从价值取向出发，从而保证评价指标体系有效地反映文化建设的绩效。此外，为了更好地进行组织实施、开展成果应用，构建文化引领促进科学发展综合评价体系必须有较强的实践指导作用。为此，要体现以下几个基本原则。

1. 科学性原则

文化建设的评估需要建立一套科学合理、便于操作并行之有效的综合评价指标体系，而科学性是构建文化引领促进科学发展综合评价体系最基本的原则。首先，在指标项的选择方面，既考虑了体系的完整性，各方面的工作不能有遗漏，又注意指标的代表性，即每一个单项指标的确定都考虑此项指标在整个指标体系中的地位和作用。在指标的选择上，突出了简明扼要，抓住了关键变量。南海从众多指标中遴选出最能说明文化建设本质特征的优化指标，并就权数设定、指标内涵、考核方式等进行了定义阐述和量化分析。

其次，收集的资料尽可能做到准确、可靠、易于采集，尽量利用和开发统计部门现有的资料，统计口径和包含范围一致。《评价体系》的量化指标还运用科学的数据收集和统计方法，而评价体系的最终使用形式则是计算机软件，这些都体现出测评方式的科学性。

2. 系统性原则

“文化引领促进科学发展”活动是一项内容丰富、形式多样的文化建设活动，同时又是一项复杂的系统工程，因此，其评价指标既要反映精神生活的过程，又要反映精神生活的环境；既要反映文化建设和思想道德建设的成果，又要反映经济建设的成果；既要对其基础设施建设进行评价，又要对其制度建设进行评价，还要了解“公众对文化发展满意度”，务求较为全面地考察南海各街镇开展“文化引领促进科学发展”活动的实际情况和所达到的水平。系统性原则要求各个具体指标在其含义、口径范围、计算方法、计算时间和空间范围等方面要相互衔接和相互协调。

3. 定量指标与定性指标相结合原则

定量指标是对所考察的事物应用数量指标来加以描述和评价，目的是加强对事物的准确性叙述和科学性判断，它是指标评价体系的主体。定性指标是在定量指标无法比较准确描述事物的时候，加以辅助说明的指标，是对其性质和价值的判断。定量指标具有精确性、客观性且便于统计分析和比较的优点；而那些较难或不宜定量化的，则用定性指标来衡量，这也是指标科学性的要求。在《评价体系》中，有些指标比较适合采用数量化和计量化的方式来衡量，但是有些指标则很难或不宜采用数量化或计量化的方式来衡量，而比较适合用语言来进行定性的描述。所以，在构建文化引领促进科学发展综合评价体系时，南海区根据不同评价内容或指标的不同性质，采用不同的描述形式。定量和定性指标相互结合，互为佐证，相互补充，这样对事物的描述和判断才能更加准确和全面。

4. 可测性原则

指标体系的可测性主要包括评价指标本身的可测性和指标在评价过程中的现实可行性两方面。《评价体系》要与南海区的整体工作协调一致，并对南海区的工作有指导作用，这就要求指标考核体系具有较大的可行性和操作性，不能脱离南海区的具体情况。如果标准定得太高，则很难做到，那么达标率就会很低，或者导致弄虚作假；如果标准定得太低，则很容易做到，也失去文化创建活动的意义。因此，文化引领促进科学发展综合评价体系既要有一定的难度，又要有可操作性。

5. **可比性原则和相对稳定性原则**

指标的可比性主要包括纵向（与历史数据）和横向（与其他地区）两个方面的比较，与历史数据比较是评价体系的主体。指标体系的稳定性是指考核的指标要保持相对的稳定，这样可以强化被考核者的预期，以便尽早确定工作努力的方向。文化引领促进科学发展的考核评比既是一个动态的过程，同时也具有一定的静态特征。尤其是对于南海区这种经济社会的发展处于全国领先地位的行政辖区，这种相对的静态就更为明显。因而在指标构建过程中，除了一些必要的绝对指标，还要有一些动态的相对指标，通过这种相对指标的变化来体现出文化引领促进科学发展活动过程中的可比性。同时，这种可比性原则要求指标的制定具有一定的历史延续性和继承性，具有相对稳定性。在建构文化引领促进科学发展的评价指标时，必须从我国文化建设的实际出发，选取行政辖区一级普遍具有的发展要素设计指标，使其具有区际可比性，可以在不同区域之间进行横向比较。同时，还应做到按指标所获得的统计材料可以反映过去、现在和将来的情况，即具有发展的纵向可比性。

6. **实用性原则**

构建文化建设指标体系的基本目的，就是要把文化建设目标变为可以度量、计算、比较的数字和数据，以便为制定公共文化服务建设的总体规划及方针政策提供定量化的依据。衡量一个体系的好坏，绝不是看它投入了多少、如何先进，而是看它是否真正满足公众需求、是否真正实用。因此，在进行文化建设规划时，应始终不忘实用性原则，努力保证投入落在实处，保证建设出来的成果切切实实是所需要的，而不是光有一个外表而没有实际的内容。

二、评价体系的影响因素和指标构成

《评价体系》从酝酿到出台，经过反复的研讨、修订、完善，最终得以确立。《评价体系》的基本构成，充分体现了文化引领促进南海区科学发展的指导思想和设计思路。

（一）选取指标的影响因素

在《评价体系》的指标选取上，有以下三方面的影响因素。

1. 公众需求

公共文化服务的服务对象是本地区的公众，他们的需求和诉求就是公共文化服务的导向，也是指标体系的重要内容之一。政府最根本的职能是服务职能，在公共文化建设的过程当中，政府的角色由管理者转变为服务者，为公众日益增长的文化需求服务，就成为一种必需和必然。

2. 城市发展程度

城市发展程度是一个城市的经济发展、社会发展、生态环境、人口发展程度的总和。城市发展程度的不同，客观上也必然影响到构成城市的公共文化服务体系的指标不同。南海在经历了多年高速发展后，城市发展已经较为成熟，其发展程度将会决定公共文化服务的种类、服务质量和水平，从而影响评价指标的确定。

3. 公共文化的地位

公共文化服务体系必须满足城市文化历史发展的需求，为城市文化的传承、保护提供保障。南海区提出文化引领促进科学发展的概念，不仅让公共文化服务成为常态，而且让公共文化作为驱动力，促进城市的科学发展。

（二）指标体系的构成

《评价体系》结合南海实际，摆脱传统做法，设置了客观和主观两大指标，既反映了南海文化建设的客观情况，又反映了人们对南海文化建设的主观感受。

1. 客观指标

《南海区文化引领促进科学发展综合评价指标体系》的客观指标由五组指标构成：文化基础建设投入强度、文化引领产业发展强度、文化引领城市发展强度、文化引领环境优化强度和文化引领和谐社会强度，详见表9–1。

表 9-1　客观指标体系

一级指标	二级指标
文化基础建设投入强度（0.10）	财政文化投入占财政一般预算支出的比例（0.1）
	财政文化投入增幅与财政一般预算支出增幅的比例（0.1）
	文化项目投资占全社会固定资产投资的比例（0.2）
	社会资金占文化项目投资的比例（0.2）
	各级政府采购文化服务支出与文体活动投入的比例（0.1）
	人均文化事业经费（0.2）
	人均公共文体设施面积（0.1）
文化引领产业发展强度（0.15）	文化产业增加值占地区生产总值（GDP）的比例（0.2）
	文化产业增加值增长率与 GDP 增长率的对比（0.1）
	文化服务业增加值占服务业增加值的比例（0.05）
	文化产业投资占产业投资的比例（0.1）
	产品商标、专利、版权的数量与万元 GDP 的比例（0.15）
	外观设计专利占全部专利的比例（0.1）
	上市、获得省级及以上名牌或驰名商标的企业占全部规模以上企业数量的比例（0.15）
	规模以上企业文化艺术团体数量占全部规模以上企业数量的比例（0.15）
文化引领城市发展强度（0.2）	进行文化规划评价的建设项目占城市公共建筑和公共设施报建项目的比例（0.2）
	文化建设项目建筑面积占城市公共建筑面积的比例（0.2）
	社区文体设施占地面积与社区公共设施占地面积的比例（0.1）
	文化遗产保护经费占文化建设投入的比例（0.2）
	文物保护单位和非物质文化遗产保护项目数量（0.2）
	文化特色（街道）区、历史文化名镇、名村和历史（街道）区数量（0.1）
文化引领环境优化强度（0.10）	主要污染物排放量（0.1）
	城乡生活垃圾处理率（0.2）
	人均公共绿地面积达标率（0.2）
	绿道建设里程数（0.1）
	每万人公共自行车拥有量（0.1）
	城市环境空气质量优良天数（0.1）
	全区河涌水质达Ⅳ类以上的比例（0.1）
	生态示范村占全部村居的比例（0.1）

续表

一级指标	二级指标
文化引领和谐社会强度（0.25）	人均文化产品消费与人均消费品零售总额的比例（0.1）
	智慧城市指数（0.2）
	万人文体活动开展次数（0.1）
	文体活动数量与刑事案件数的比例（0.1）
	注册义工占常住人口的比例（0.1）
	公益服务类社会组织和社区社会组织占全部社会组织的比例（0.2）
	“四星健康村”占全部村居的比例（0.1）
	“六好”平安和谐社区占全部村居社区的比例（0.1）

2. 主观指标

在主观指标方面，围绕“公众对文化发展满意度”，设置了四个方面的指标：对文化发展现状的感知、对文化建设力度的感知、对文化产业与消费的感知、对文化服务体系的感知，详见表 9–2。

表 9–2　主观指标体系

一级指标	二级指标（X）	三级指标（Y）
公众对文化发展满意度（MYD）	1. 对文化发展现状的感知（α_1）	A. 文化发展满意度（β_1）
		B. 文化建设改善程度（β_2）
		C. 文化建设信心（β_3）
	2. 对文化建设力度的感知（α_2）	D. 建设力度（β_1）
		E. 重视程度（β_2）
		F. 文化投入（β_3）
	3. 对文化产业与消费的感知（α_3）	G. 产业发达程度（β_1）
		H. 项目丰富程度（β_2）
		I. 消费方便程度（β_3）
	4. 对文化服务体系的感知（α_4）	J. 文化设施管理程度（β_1）
		K. 服务内容满意度（β_2）
		L. 服务态度满意度（β_3）
		M. 服务专业化水平（β_4）
		N. 服务效率满意度（β_5）

三、评价体系的组织实施

文化引领促进科学发展绩效评价的对象是南海区文化引领科学发展工作的综合评价。前两年是评价的摸底和试验阶段，主要了解整个南海区文化引领科学发展工作的综合情况，并根据实际情况不断调整评价指标和权重，完善综合评价指标体系。同时，将完成情况相对较弱的指标由文化部门细化到下一年的镇街领导干部文化建设工作考核方案，并将相关指标的收集统计纳入机关单位年度绩效考核方案。

评价工作的组织和程序如下。

（1）由区政府委托区文体旅游局牵头，组织区发改、经贸、财政、统计、科技、教育、规划、建设、交通、水务、市政、环保、民政、公安、城管、共青团、监察、审计等部门组成南海区文化引领科学发展工作评价领导组（以下简称“评价领导组”），开展对整个南海区文化引领科学发展工作完成情况进行评价。具体评价工作可以委托社会第三方负责完成。评价领导组办公室设在区文体旅游局。

（2）每年 12 月底前，相关部门和各镇街将本年度本地区、本部门负责的文化建设工作进展情况和文化建设目标完成情况进行自查和打分，并形成自查报告送评价领导组办公室。

（3）评价领导组在收到自查报告后，于次年 1 月初组织（包括专家、部门领导和第三方机构）现场核查，对全区的文化建设工作及目标完成情况进行综合评价和监督检查，形成综合评价报告，于 1 月 30 日前报广东省文化改革发展综合试验区工作领导小组审核。

在评价结果的处理与应用方面，评价结果通过审核后，由广东省文化改革发展综合试验区工作领导小组审核后向社会公布。评价结果作为南海区改进文化建设工作的重要参考，将完成情况相对较弱的指标由评价领导组办公室细化到下一年的镇街领导干部文化建设工作考核方案。

四、南海文化引领评价体系对于广东文化体制机制改革的启示

2012 年 6 月，《评价体系》初稿出台后，南海区有关部门多次召开座谈会，广泛征求意见，并根据反馈的意见进行了修订和完善，形成终稿。雷厉

风行的南海区，当年就以正式出台的《评价体系》为依据，委托第三方——广州零点市场调查有限公司开展对南海区文化服务体系的首次考核，在建立综合评价指标体系的基础上，通过定量问卷调查等多种方法收集主客观数据，加权计算后得出南海区公共文化服务体系指数评价结果，总结出南海区在公共文化建设中的八大亮点及需要重点改进的短板，并提出对策建议。可以说，南海区文化评价体系从文件的出台到贯彻落实，体现了文化创新的意义，对于推动广东文化体制机制改革具有重要的启示。

（一）文化建设要坚持和突出“人民性”，既要有硬实力的考核标准，也要注重民众的主观感受，实现“硬与软”双赢

习近平总书记指出：“要坚持以人民为中心的创作导向，把人民放在心中最高位置，把人民满意不满意作为检验艺术的最高标准，创作更多满足人民文化需求和增强人民精神力量的优秀作品，让文艺的百花园永远为人民绽放。”[①] 坚持以人民为中心的创作导向，坚持以人民性为旨归的文化生产和创造，推动社会主义文化的繁荣发展，应该成为我们文化工作者的共同目标。

文化建设的一切内容和所有措施，归根到底都是为了人民。然而，在深化改革开放、加快转变经济发展方式的攻坚时期，文化的“人民性”正在经历来自理论和实践两方面的解构或挑战。具体来说，在实践层面，就是一些文化产业正在试图以其生产的“大众性”娱乐来实现“人民性”的替代；在理论层面，则是受到西方社会理论影响的“公民性”诉求试图完成对“人民性”的改写。实际上，这两种倾向的出现有着共同的现实根源。那就是与改革开放以来社会主义市场经济的迅速发展相适应，文化领域的产业化进程也不断走向深入，它一方面使文化产业受到市场驱动而更专注于利润追逐，另一方面也促进了市民社会中的公共领域的扩展，因而在实践层面推动了以快速消费为目的的“大众性”文化生产，在意识形态层面推动了以西方现代社会结构为蓝图的“公民性”想象。这给我们如何理解文化的“人民性”制造了不同程度的混淆，也给我们创造真正的人民性文化造成了不同方面的困扰。换言之，当前强调坚持文化生产和创造的“人民性”方针，恰恰是一种及时

① 习近平：《在中国文联十一大、中国作协十大开幕式上的讲话》，《人民日报》2021年12月15日。

的澄清和反拨，因而立足产业化进程探讨文化的“人民性”命题，是有着突出的现实意义和理论意义的。

南海区文化引领综合评价体系的出台，正是坚持了社会主义文化建设“人民性”的特点，坚持“文艺为了人民”、文化建设为人民的方向。从《评价体系》的各项指标设置来看，综合评价体系既有客观的硬指标，也有主观的软考核，从以下三个特点可以看出其“以文化人”的旨归。

一是具有全面统筹性。综合评价体系包括6个一级指标，41个二级指标，考核衡量的领域涉及经济、社会、政治、文化、民生等方面，能够准确全面反映科学发展观的基本内涵和基本要求。尤其是在主观指标方面，进行了定量拦截访问、深度访谈、田野观察访问等环节，开展主观指标数据收集暨公众满意度及需求调研。在调研和访谈过程中，针对本地文化领域专家学者及意见领袖了解公共文化服务建设情况，从专家角度分析目前公共文化服务体系中存在的问题及建议；针对政府相关工作人员了解公共文化服务建设工作情况，了解工作中存在的问题和困难；针对本地公众了解对公共文化服务的评价，深度挖掘公众满意及不满意的原因，深入了解公众需求。

二是具有延续性。综合评价体系以南海“十二五”规划和科学发展内容为依据，科学设计了基础投入、产业、城市、环境和社会、群众满意度等6个方面的指标体系，统筹考虑当前发展和长远发展，协调推进经济建设、政治建设、文化建设、社会建设和生态文明建设。它是南海区“十二五”规划的具体落实。

三是具有指导性。综合评价体系的评价方法相对合理，评价指标具有代表性、可量化性及可对比性。考核评价规范，评价结果能够客观、真实地反映文化引领科学发展的程度以及薄弱环节，对今后的工作起到指导作用。

（二）在评价体系中引入群众对公共文化服务体系的感知，注重保障外来务工人员等特殊群体的公共文化权益

着眼于公共文化服务体系创建工作的难点和工作任务，南海区出台了公共文化服务体系创建规划。创建规划明晰创建的基本条件、指导思想、基本原则、主要目标和保障体系，从文化设施建设、文化产品供给、文化服务均衡化、文化服务机制、文化人才队伍建设等方面提出主要的规划思路，并对创建任务进行量化。调查显示，公众对南海区文化发展规划的满意度得分为

89.83 分，表明公众对于南海区公共文化服务体系的创建规划是比较认可的。而评价体系的一个亮点就是：引入群众对公共文化服务体系的感知，注重保障外来务工人员等特殊群体的公共文化权益。

公共文化服务的均等化，不仅体现在城乡之间，也体现在不同群体之间。尤其是外来务工人员、老年人、残障人士等特殊群体或弱势群体的权益保障，做好这些群体的公共文化服务也是南海区努力创建公共文化服务体系示范项目的方向之一。作为珠三角产业发展重地，南海区企业众多、工厂云集，吸引了众多外来务工人员在此工作居住，外来人口已成为公共文化服务不可忽视的群体。为保障外来务工人员的公共文化权益，南海区推行“六个一”（谱一首厂歌、办一份厂报、设一个宣传橱窗、建一个员工活动室、树一种企业精神、建一支文体团队），提出城乡各类公共文化设施免费或优惠对外来务工人员开放，扶持企业建立职工书屋，开展产业文化节、企业达人秀、球类比赛等文体活动丰富外来工人的文化生活。

在考核的调查中显示，受访居民对“妇女、未成年人、老年人、残疾人、外来工等群体也享有同等的公共文化服务”的感知度得分为 88.59 分，表明公众较为认可南海区对妇女、未成年人、老年人、残疾人、外来工等群体公共文化权益的保障；而且，在文化发展现状的满意度评价上，未成年人和 60 岁以上老人的满意度分别达到 61.3%、75.9%，均高于总体满意度水平（58.4%），这也说明了南海区较为关注对青少年、老年群体的公共文化服务。可以说，在文化引领评价体系中引入群众对公共文化服务体系的感知和评价指标，强调保障外来务工人员等特殊群体的公共文化权益，值得全省在进行文化体制改革时参考。

（三）注意弥补农村公共文化建设短板

补齐农村公共文化建设短板是南海创建国家公共文化服务体系示范项目的重要目标。在建设过程中，南海区通过在财政投入、产品供给、资源配置、人才培养等方面给予倾斜，加大文艺作品在农村的展演次数，缩小城乡公共文化建设差距，较好地推动城乡公共文化服务均衡的发展。在南海区文化引领综合评价体系中，专门设置了“城镇和乡村的公共文化建设同等重要，正向均等化发展”的指标，而该项指标的考核满意度得分为 89.67 分，表明受访居民认可城乡公共文化服务均等化建设的成绩。

从调查结果来看，公共文化硬件设施的改善是当前南海推进城乡公共文化服务均等化最重要的成果，56% 的农村受访者表示其居住的社区最近一年内文化设施 / 场馆有增加，而这一比例在城市受访者中间只占 49.4%，这也体现出南海区在公共文化硬件设施建设上向农村地区做出的倾斜。

（四）实行“公司化政府”管理体制

中国城市管理中逐渐出现“公司化政府”现象：地方化的政策选择与经济发展目标的约束，表现为城市经济、社会与文化发展越来越成为衡量城市管理水平的基本标准。“公司化政府”在确保经济发展速度上的优越性显而易见，其最显著的效能表现在资源动员效率与项目启动速度方面。从土地、金融、人力到行业政策、信息和行政服务，这种管理体制的能力大大显现出来。

在城市追求利益最大化时，一个城市可能拥有的最大的经营资源包括四个方面：土地、信息、行政服务和特殊政策资源。南海区的特殊政策资源的优势非常明显，即文化引领促进城市科学发展政策。

在评价本地区文化建设的成效方面，南海区并没有“既做运动员又做裁判员”，而是委托第三方——广州零点市场调查有限公司开展对南海区文化服务体系的首次考核，表明了一种中立的态度和立场。根据考核和调研的结果，第三方分析了南海区目前在公共文化服务体系建设方面存在的问题；阐述公众评价及需求，为进一步改善公共文化服务提供建议。这些对策建议包括加强公共文化空间建设，为公众参与公共文化活动提供参与空间；加大资金投入、改进设施布局合理性以提升公共文化服务硬件建设；针对群体差异化需求打造多样化的公共文化服务内容，并注重服务细化等。可以说，这也体现了“公司化政府”管理体制的方向。

“公司化政府”在操作时，需要注意以下三个方面。

第一，城市经营管理者，在更大意义上将是一个使用高效率商业运营规则去利用城市资源进行高回报经营设计与实施的职业经理人，虽然他也需要平衡考虑城市公共政策需要，但同时将更多地从商业运营效率的角度来启动、安排和控制相关资源的使用行为。

第二，城市投资者及服务供应者获得了更为常规的咨议渠道，对于城市的管理政策与措施提供较为经常的意见，并在正式的论坛中交换意见及平衡利益分歧。

第三，专设的政府权力机构则淡出经营行为领域，专司法定的执法权力。城市法人制也在很大意义上明确界定了它的管理模式的高度服务取向，在合法的前提下，城市管理模式、组织架构、人力资源运用、盈利管理、细分的投资者群体组合吸引策略、公共关系策略将更多地遵循高效、优质的原则。在城市服务模式上，不同城市之间也存在一定的竞争，城市管理者应着眼于培育城市的主要竞争力，从而最大限度地提升城市的综合竞争力。

（五）建立可持续发展的长效机制

任何改革探索，都需要有坚强的后盾和充足的保障，要善于在重点领域和关键环节上总结形成长效的机制体制。南海对“文化引领经济社会发展”的改革，在实践中制定一系列加快推进文化建设的具体措施，建立完善组织、政策、财政等保障机制，确保文化建设走上机制创新、制度保障的快车道。从扶持文化事业、文化产业及文化人才集聚发展、文化引领产业发展、促进文化企业上市、文化消费补贴、城市规划建设、社会力量参与文化领域、服务外来务工人员等方面制定的 12 项配套制度政策，是理论与实践的结合，既有宏观方面也有微观方面，能有针对性地助推文化改革发展实践的顺利深入。此外，为了确保这些制度政策的落实，南海区大胆进行创新，设立了文化引领综合评价体系，开展一年一度的考评。文化发展长效机制的建立，有助于形成有效的文化发展模式，及时指导文化建设。

第二节　广佛肇红色旅游资源整合与协同发展

红色旅游资源是一种具有意识形态宣传功能和经济效益的特殊旅游商品，它的开发具有重要的现实意义。广东作为我国近代民主革命的策源地，拥有非常丰富的红色旅游资源，但要打造成红色旅游强省，需要解决的问题包括红色旅游资源分散、没有品牌优势等，所以当务之急就要大力加强广东各地红色旅游资源的整合和协同发展，打造广东红色旅游资源品牌。鉴于此，本节拟从广州、佛山、肇庆三地红色旅游资源的基本共性分析出发，剖析红色旅游资源整合与协同发展的必要性和可行性，提出红色旅游资源整合与协同发展的基本对策，为广东从红色旅游资源大省向红色旅游强省的转变做出努力和探索。

一、广佛肇红色旅游资源的基本共性

广佛肇三地各有丰富的红色旅游资源，也有一些基本的共性，主要反映在以下三个方面。

（一）红色旅游资源丰富，历史文化价值大

广佛肇地区是广东著名的革命老区之一，在广东乃至全国的近现代革命史上都有着重要的地位和作用，革命遗址、遗存很多。据 2010 年广东省党史研究室开展的广东省革命遗址普查统计，广州现存的革命遗址共有 183 处，佛山 88 处，肇庆 161 处，其中相当一部分已经成为爱国主义教育基地、全国重点文物保护单位。广州的历史旧址和遗迹中，光全国重点文物保护单位就有广州苏维埃政府旧址、国民党“一大”会址、中华全国总工会旧址、省港罢工委员会旧址、广州农民运动讲习所旧址、黄埔军校、广州起义纪念馆、孙中山大元帅府纪念馆、十九路军淞沪抗日阵亡将士陵园、中山纪念堂等 10 余处，居全国城市前列，各类省、市、区级文物保护单位更是达上百处之多。佛山则拥有西海抗日烈士陵园、中国人民解放军粤中纵队纪念馆、三谭革命事迹展览馆、高明历史文化名人馆、宝贤义学、文选楼等红色旅游资源。肇庆地处两广之咽喉，历史上曾五次成为岭南或大西南各地军事指挥中心和政治、文化中心，特别是近代以来，风起云涌的革命活动在肇庆留下了不可复制的历史足迹，为中国的民族民主革命作出了巨大贡献，其中叶挺独立团团部旧址被列为国家级爱国主义教育基地和省级中共党史教育基地，广宁县烈士陵园和怀集县革命烈士陵园被列为省级重点烈士纪念建筑物保护单位。

（二）“红”“绿”“古”三色融合，相映生辉

广佛肇三地物华天宝，地杰人灵，生态资源得天独厚，历史文化源远流长。近代以来，风起云涌、波澜壮阔的革命活动又留下了许多不可复制的历史足迹，为广东乃至中国的革命和建设事业作出了巨大贡献。“红”“绿”“古”三色融合，“红”即红色旅游资源，“绿”即生态旅游资源，“古”即历史旅游资源。悠久的革命历史、优美的自然生态环境和独特的人文历史资源交相融合，红色旅游、人文风情游和自然风景游相映生辉，使广佛肇成为集爱国主义教育和旅游观光于一体的旅游胜地。

（三）红色旅游具有巨大的客源市场优势

广佛肇的红色旅游客源市场有着巨大的潜力优势，除了三地本身的游客，三地社会经济的发展和投资环境的改善，吸引了大批海外投资者和商务客人，为红色旅游的发展提供了大量海外客源。此外，广佛肇三地的华侨和港澳台同胞多达数百万人，随着社会经济的繁荣，他们往来故乡更加频繁，这也必将成为广佛肇红色旅游可以发展的客源市场之一。

二、广佛肇红色旅游资源整合与协同发展的必要性和可行性

对于广佛肇三地来说，有效整合红色旅游资源并进行合理开发与利用，协同发展、形成品牌，是非常有必要和可行的。

（一）必要性

第一，打造国际化的岭南文化中心的必然要求。《广佛肇经济圈发展规划（2010—2020 年）》提出广佛肇经济圈要“以提高建设社会主义先进文化的能力为导向，提供优质文化产品，整合同源文化资源，满足人民日益增长的精神文化需求，为区域率先发展、科学发展、和谐发展提供动力，打造国际化的岭南文化中心”。随着“一带一路”建设以及粤港澳大湾区建设的深入推进，广佛肇协同发展步伐加快，《广州都市圈发展规划》（粤府〔2023〕92 号）指出广州都市圈范围除了包括广州市、佛山市全域，还包括肇庆市端州区、鼎湖区、高要区、四会市在内，提出“广佛肇发展轴”的重要概念[①]。近代中国革命史被视为岭南文化的强大生命力，近代以来，正是源自广东的先进思想、变革和革命，辐射全国，深刻地影响和改变了中国。从洪秀全、洪仁玕到康有为、梁启超再到孙中山，广东成为民主革命的策源地，岭南文化在近现代中国民主化的历史进程中发挥了巨大作用。因此，加大挖掘和整合广东各地的红色旅游资源的力度，是打造国际化岭南文化中心、塑造岭南文化“灵魂”的基础性工作。

第二，提升广东红色旅游市场整体档次的必然要求。近年来，全国红色旅游发展迅速，国内红色旅游市场一片红火景象。《中国红色旅游发展报告

① 百度百科：《广州都市圈发展规划》，https://baike.baidu.com/item/%E5%B9%BF%E5%B7%9E%E9%83%BD%E5%B8%82%E5%9C%88%E5%8F%91%E5%B1%95%E8%A7%84%E5%88%92/63862046?fr=ge_ala。

（2023）》显示，红色旅游市场规模接近万亿元，全国红色旅游接待游客已突破20亿人次[①]。但在全国红色旅游“大蛋糕”中，广东所占的比重还比较小。2017年，国家发展改革委公布了《全国红色旅游经典景区名录》，全国共有300处红色旅游经典景区入选，其中广东省有13个景区榜上有名；但在全国AAAAA级红色景区中，广东没有一家。这说明广东的红色旅游资源虽然数量多，文物价值和历史价值也很高，但开发结果不是太理想，大都没有跻身“国字号”，更没有形成集群式发展趋势，产品开发的形式比较单一。虽然拥有独特而庞大的红色资源宝库，广东却在红色旅游开发热潮中寂寂无闻，这很值得我们深思。

第三，加强爱国主义和革命传统教育、建设和谐幸福广佛肇的必然要求。广佛肇地区为近代中国民族民主革命作出了历史性贡献。追思前人，缅怀先烈，我们有责任和义务把这些具有代表性的近现代史上的文物古迹和历史名人事迹进行深度挖掘、精心修缮、科学整合，整体规划、整体开发、整体推介，让遍及广佛肇各处的近现代革命史迹得以集中展现，更好地释放出红色文化的内涵和教育功能，进一步丰富文化强市的精神内涵，为广佛肇作为国家历史文化名城和国家优秀旅游城市提供重要的文化支撑。文化与经济共融，经济活动没有文化支撑就会缺失活力和持久发展的动力。文化与旅游并存，旅游资源离开文化引领就会缺少魅力和厚重的底蕴。广佛肇红色旅游资源的整合和协同发展，有利于加强对红色文化遗产的保护和利用，有利于推进文化强市的建设，有利于提升外界对广佛肇的了解和认知，有利于加强爱国主义教育。

（二）可行性

第一，广佛肇文化同源，一衣带水，一脉相承。在文化的传承上，广佛肇都是岭南文化的重镇，具有同根同脉的内在关联，这是推动红色旅游资源整合发展的重要基础。

第二，广佛肇三市政府都高度重视红色旅游资源的开发，为红色旅游资源的整合和协同发展提供了良好的外部环境。例如，广州先后出台了《关于进一步加强红色革命史迹保护利用工作的若干措施》《广州市红色旅游发展

① 李怡蒙、齐征：《让红色旅游之火燃得更旺》，《中国青年报》2024年11月2日。

分工方案》等政策文件，有效促进了广州红色旅游的蓬勃发展。2021 年，广州市文化广电旅游局首次发布《广州红色旅游印记》手册，并向红色旅游景区、导游协会、旅游院校、研学机构等相关单位代表赠送《广州红色旅游印记》纪念手册，共同开启广州红色旅游印记打卡活动。2011 年 2 月，佛山市旅游局公布了《关于加强佛山市红色旅游工作的意见》，并组织 2011 年佛山最具代表性红色旅游线路（景点）、红色旅游建设突出贡献单位评选。2022 年 8 月，肇庆公布“红十景”名单，并在叶挺独立团团部旧址阅江楼广场举行授牌、揭牌仪式；同时，启动“红十景”研学游，进一步保护红色遗产、弘扬红色文化、传承红色基因，打造红色旅游精品，推动肇庆文旅名城建设。

第三，旅游地空间距离近，互通组合交通便利，服务设施配套，发展条件互为补充。广佛肇三市位于珠江三角洲腹地，地域相连，其中广佛之间陆域接壤地区连绵约 200 公里，佛肇之间陆域接壤地区连绵约 130 公里。经过近几年大力发展交通，民航、铁路、公路、水运发达，交通网络呈立体化格局，已初步形成以国家铁路和城际轨道为主骨架、以城市轨道为补充，与区域经济发展相适应、与城市土地利用相协调，规划合理、布局完善的轨道交通网络体系，做到广佛肇轨道“无缝连接”，中外游客出行都十分便捷。而高铁的开通，更让广佛肇形成一体。优越的地理位置和完善的交通网络，为打造广佛肇红色旅游品牌的发展奠定了基础。

第四，成功的实践。2011 年，广州、中山、佛山、肇庆共同举办“广佛肇中旅游大串门暨踏寻辛亥百年之旅”活动。游览线路包括广州的中山纪念堂、孙中山大元帅府以及中山市孙文纪念公园、孙中山故居，佛山的祖庙、南风古灶，肇庆叶挺独立团团部旧址纪念馆、七星岩风景区等景点。此次跨地串游的活动一经推出就受到广大游客的欢迎，为广佛肇红色旅游资源的整合和协同发展做了探索和铺垫。

三、广佛肇红色旅游资源整合与协同发展的对策

在高铁时代，广佛肇同城化向纵深发展，三市的红色旅游资源可以优势互补，共同开发，打造广佛肇红色旅游精品路线，组成综合旅游路线，形成红色旅游品牌。

第一，加强广佛肇红色旅游精品路线的开发，打造广佛肇红色旅游品牌。

一是设计广佛肇红色文化旅游线路。要科学谋划，以战略性的眼光、前瞻性的思维、长期性的策划，精心设计广佛肇红色文化旅游路线，并给予足够的资金支持。可考虑由三市的旅游局合作牵头，规划广佛肇红色旅游精品路线，以广州为中心，拓展辐射至佛山和肇庆，并与旅行社等相关团体合作，结合岭南风情风物开展红色文化旅游专线等。

二是深入挖掘整理红色旅游档案，完善旅游路线资料。首先，有关部门应发挥文化学者的专家策划指导作用，组织专家学者对广佛肇红色旅游资源进行详细摸底，包括革命遗址遗迹、革命名人故居调查确定：现存有多少红色革命遗址遗迹、多少革命名人故居、标注位置、记录名称，在此基础上挖掘红色旅游资源的文化使用价值。其次，组成研究团队深入档案馆、图书馆查阅文献资料，实地考察采访调研，广泛搜集三地的革命故事、名人逸事、研究著作、书画诗词作品、手迹、影像等资料，建立红色旅游专题库、革命历史名人资料库、革命名人档案库，加强长期研究，深入挖掘、传承其中的文化精髓，着力维护广佛肇红色旅游文化原貌原型。最后，吸引社会力量参与，由政府主导，发动企业家积极投资红色旅游线路的开发，形成全社会齐参与的合力，最大限度地整合广佛肇红色旅游资源，继承发扬红色革命文化。

三是宣传红色旅游文化内涵，努力扩大影响。宣传、弘扬红色旅游文化是广佛肇红色旅游路线形成的基础工作，也是打响“红色旅游品牌”的必然要求。首先，利用广佛肇红色文化资源丰富、革命史迹众多的人文优势，明确广佛肇红色资源旅游开发的定位。可将散落的革命史迹由点串联成线，形成红色爱国教育游览路线、重温岭南文化、广府风情游览路线，加强革命史迹、名人故居与周边景区的联系，满足具有高层次的精神文化享受的红色文化旅游。其次，对革命历史名人文化内涵进行深入挖掘和现代解读。革命名人文化资源，是历史的积淀，是时代的见证，具有丰富的人文内涵。围绕挖掘近现代革命名人在广佛肇的历史足迹，凸显广佛肇名人荟萃、英才辈出的历史文化名城形象，挖掘整合近现代革命遗址，提升近现代革命史迹的文化内涵和教育功能，彰显广佛肇在广东近现代革命史上的重要地位。

第二，正确处理社会效益和经济效益的关系，充分发挥广佛肇红色旅游资源的爱国主义教育基地作用。

在挖掘、开发广佛肇红色旅游资源的过程中，要正确处理社会效益和经济效益的关系。红色旅游资源是一种特殊的旅游资源，具有爱国主义教育和精神文明建设的功能，社会效益是首位的。挖掘、整理、保护广佛肇珍贵的红色资源，将其建设成为爱国主义教育基地，能对培育和践行社会主义核心价值观产生巨大的作用。要充分挖掘广佛肇红色旅游资源里最宝贵和最能打动人心的精神品质和时代精神，与城市人文精神结合，大力弘扬广佛肇红色文化，使人感觉到浓郁的红色旅游文化氛围。针对没有故居、遗迹等有形资源的革命历史名人，通过宣传革命名人之精神，结合社会主义核心价值体系的弘扬，塑造广佛肇城市精神新形象。

对广佛肇红色旅游资源进行合理开发，能产生明显的经济效益。在社会主义市场经济条件下，通过规划红色旅游线路，开发红色旅游产品，能获得一定的市场利益。社会效益是保护红色旅游资源的根本和基础，经济效益是开发红色旅游资源的动力。因此，在广佛肇红色旅游资源整合与协同发展的过程中，要始终坚持把社会效益放在首位，树立社会效益和经济效益相统一的理念，充分发挥广佛肇红色旅游资源的爱国主义教育基地的作用，提高爱国主义教育基地的利用效率。

第三，红色旅游应结合三地独特优势，准确定位，细分客源，错位发展。

广佛肇三地的红色旅游资源各有特点，例如：广州的“中共三大会址品牌”、近现代中国第一所新式军校的“黄埔品牌”；佛山高明作为佛山市乃至珠三角地区著名的革命老区，拥有中国人民解放军粤中纵队纪念馆、三谭革命事迹展览馆、高明历史文化名人馆、宝贤义学、文选楼等红色旅游资源；叶挺独立团团部旧址纪念馆是肇庆市突出的红色旅游资源，搜集陈列了独立团的文物、图片等，该独立团是中国共产党最早领导的武装部队，也是中国共产党在连队中建立党组织的最初实践，在七星岩、鼎湖山都可寻找叶挺独立团野外作战训练基地。

对于广佛肇三地各有特点的红色旅游资源，可以进行准确定位，抓住重点，细分客源，进行资源整合、错位发展。例如，在史迹利用和宣传领域，可考虑以“中国共产党在广佛肇的发展历程”“国共合作”等专题引领，组合广佛肇有关史迹资源，提炼文化内涵和交流价值，促进三地在“近现代革命策源地文化”背景下的全方位、宽领域、多层次红色文化资源整合，开设广佛肇红色旅游串联路线，提升相关旅游项目的知名度。在广州，可考虑将黄花岗七十二烈士墓园、“三·二九”起义指挥部旧址纪念馆、孙中山大元帅府旧址纪念馆、中山纪念堂、先烈路近代民主革命烈士墓群、中共三大旧址、国民党“一大”旧址、“团一大”纪念广场、黄埔军校旧址、广州农民运动讲习所旧址总共10个重点近现代革命旧址（群）和纪念性建筑（群）作为文化资源共同体，建设全国海峡两岸交流基地，作为新形势下穗台文化交流的平台。在佛山，可以把中国人民解放军粤中纵队纪念馆、铁军公园、“三谭”革命事迹展览馆、康有为故居、佛山市博物馆、南海博物馆、顺德区博物馆等红色旅游资源与岭南文化风情旅游等资源有机结合起来，按照爱国主义教育基地、全国重点文物保护单位、国家级风景名胜区等标准化要求，深入发掘红色旅游文化的内涵、创新旅游发展模式、提高旅游解说服务、完善旅游标识系统、强化景区管理，努力打造富有佛山特色的红色旅游品牌。在肇庆，七星岩阆风岩、聚星桥和鼎湖山麓是叶挺独立团野外作战训练的场所，可考虑组织大学生“红色军训团”，策划“铁军”精品旅游路线，与爱国主义教育与党性教育有机结合，组织游客到“铁军”诞生地肇庆阅江楼参观历史展览，到七星岩、鼎湖山寻找“铁军”野外作战训练基地，到中国最美绿道肇庆星湖绿道骑游或徒步，体验“红”“绿”“古”的结合。

总之，广佛肇三地在中国近现代民主革命中具有独特的历史地位，发挥了重要的历史作用；通过整合三地红色旅游文化资源，能有效提高广佛肇的文化软实力和影响力。在开发过程中，要坚持政府主导与市场运作相结合的原则、社会效益和经济效益相统一的原则、资源保护与合理开发并重的原则、旅游与文化互相促进的原则，深入挖掘革命历史文化、岭南文化的内涵和历史价值和现实意义，打造红色旅游文化品牌。

第三节　文旅融合视角下广州夜间经济的发展

在新时代，发展夜间经济成为促进文化旅游业增长的重要动力。2019年8月，发布《国务院办公厅关于进一步激发文化和旅游消费潜力的意见》，提出发展假日和夜间经济，鼓励有条件的旅游景区在保证安全、避免扰民的情况下开展夜间游览服务，丰富夜间文化演出市场，优化文化和旅游场所的夜间餐饮、购物、演艺等服务，鼓励建设24小时书店。同年8月至10月，广州先后发布《广州夜间消费地图》《广州市推动夜间经济发展实施方案》《广州市推动夜间经济发展实施方案》三个文件，发展夜间经济，打造国际知名的“广州之夜”品牌。

作为千年商都，广州的夜生活底蕴深厚，是中国夜间经济发展的深度参与者与重要推动力量。从20世纪80年代设立的国内第一个灯光夜市——西湖路灯光夜市，到近几年大力发展的“Young城Yeah市”夜间消费节IP，广州持续挖掘、释放夜间消费活力，构建起全方位、立体式的夜经济图景。夜间经济一直是广州旅游消费的长板，在新时代文化旅游融合发展的背景下，通过发展夜间经济、刺激特色夜间旅游消费新增长点，可以为广州文化旅游产业的发展提供新思路。

一、发展夜间经济有利于推动文化与旅游深度融合

文化与旅游融合发展是文化传承、旅游发展的有效途径。以融合创新来推动文化旅游产业高质量发展，一个重要抓手就是促进文化和旅游的融合，扩大文化消费，做大产业蛋糕。人们常用“诗和远方”形容文化和旅游的牵手：文化与旅游融合，文化可以走向“远方”，旅游也会更有“诗意”；文化与旅游的互动，将促进彼此产业链的增值，产生巨大的社会经济价值。

早在2009年9月，文化部和旅游局联合发布了关于促进文化和旅游结合发展的意见，首次提出了“文旅融合”的概念。为了推动文化事业、文化产业和旅游业融合发展，2018年3月，中华人民共和国文化和旅游部批准设立。近年来，文化旅游产业作为推动国民经济发展的“朝阳产业”、促进绿水青山建设的“绿色产业”和反映国民幸福指数的“幸福产业”，日渐成为各个国家和地区争相扶持和大力发展的产业领域。各地纷纷将文化旅游产业作为当地国民经济社会发展的主导产业、战略性支柱产业，优先鼓励和支持其发展，同时将其作为服务业的龙头产业进行培育和发展。广东也不例外，2015年5月，广东省文化厅、广东省旅游局、中国人民银行广州分行印发《关于促进文化旅游融合发展的实施意见》，提出“切实推进文化与旅游融合发展，促进广东文化强省和旅游强省建设”；广州也高度重视文化旅游的融合发展，2018年6月，广州市旅游局印发《广州市旅游局关于印发广州市旅游发展奖励扶持资金实施办法的通知》，对旅游国际化宣传营销体系构建、旅游基础设施建设（包括住宿业）、旅游资源品牌打造、旅游目的地项目建

设等进行资金扶持。

不断丰富的旅游产品和持续壮大的文化消费，促进了旅游与相关产业的融合发展，实现了文化旅游的大突破。“文化 + 旅游”的模式，正释放出巨大的发展新动能。而在文旅融合发展的进程中，夜间经济的发展同样方兴未艾。从“火树银花不夜天”的灯光秀到绚丽多彩的各式夜游，从新兴的夜间博物馆到 24 小时书店，夜间消费已成为拉动我国经济增长的一大动力。

“夜间经济”（英文 night-time economy）本是一个舶来词，最早由英国在 20 世纪 70 年代提出，主要目的是改善城市中心地区夜间空巢现象。夜间经济一般是指上班族下班后至次日清晨（晚 6 点至次日早 6 点）时间段的经济活动。作为一种新业态，夜间经济通常包括餐饮、购物、娱乐、住宿、旅游、体育、文艺、康养、教育等全链条消费经营活动，既涵盖美食、购物、旅游、演出等传统消费方式，还涉及博物馆夜游、24 小时书店等全新旅游方式。2019 年，我国商务部的一份城市居民消费习惯调查报告显示，我国有 60% 的消费发生在夜间，由此可见，夜间经济已成为城市繁荣、经济增长、文旅融合的重要引擎。

夜间经济虽是外来词语，但早在殷周时期，我国就有了夜间经济的雏形——夜市，到了唐宋，夜市更是盛况空前。尤其是在宋代，消费主体几乎遍布各个阶层，而且充满情调，商业与文化水乳交融，极具特色。这使得宋朝成为我国古代“夜市”发展的顶峰时期。在 21 世纪，世界各国十分重视夜间经济的发展，我国也高度重视夜间经济的发展，从国家到地方，纷纷出台一系列鼓励措施。除了广东、广州，其他省市也出台了相关政策。例如，北京从 2019 年印发《关于进一步繁荣夜间经济促进消费增长的措施》（“夜经济 1.0 版政策”），到相继推出“夜经济 2.0 版政策”“夜经济 3.0 版政策”，再到 2024 年 4 月，北京市商务局等八部门联合印发《促进多元消费业态融合高质量发展行动方案》，陆续出台激励政策，不断点亮京城新“夜”态，激活夜间消费活力，推动夜经济提档升级。在上海，2024 上海夜生活节围绕夜购、夜食、夜秀、夜娱、夜游、夜动、夜读等维度，推出一批夏夜特色活动。深圳于 2020 年出台的《深圳市关于进一步激发消费活力促进消费增长的若干措施》明确提出大力繁荣夜间经济，加强“1+N”夜间经济街区规划布局，重点打造海上世界、欢乐海岸等地标性夜间经济示范街；搭建“夜游、夜赏、夜购、夜品、夜娱”等主题场景，打造一批夜间消费网红打卡地。深圳各区也纷纷出台相关文件，在消费环境打造、基础设施完善、重点项目建设、夜间消费氛围营造、夜间促消费活动举办、多元消费模式构建等方面进行“真金白银”支持，促进了深圳市夜间消费潜力的释放。“夜经济”已逐渐成为积极扩大就业、激发消费活力、促进城市繁荣、拉动经济增长的有效途径。

夜间经济是城市经济发展过程中衍生的产物，是城市推进文商旅活化建设的重要途径。夜间经济见证着社会的进步，它不仅仅是餐饮消费，也不仅仅是夜市和灯光秀，其丰富的内涵决定其会成为消费需求的蓝海。文化无疑是其中的代表。以延长博物馆开放时间为例，广州在夜间开放的博物馆已达到 12 家，提供与日间基本一致的服务，借此打造在全国乃至全球知名的广州“文化 IP”“文化打卡地”。可以说，作为文化旅游产业的重要内容，夜间经济的发展能有效推动文化旅游融合，激发旅游经济、消费经济的活力，对推动文化旅游产业转型升级具有积极作用。

二、广州发展夜间经济的基本情况及存在问题

从我国市场经济发展的历程来看，广州是我国改革开放后发展“夜市经济”的先行者。20 世纪 70 年代末，广州东方宾馆开办了国内第一家营业性的音乐茶座，吸引了不少市民夜晚过来听歌喝茶，“边喝茶，边听歌”的娱乐方式逐渐普及开来，广州成为大城市中第一个有夜生活概念的城市。1985 年，广州举办国内首个灯光夜市——西湖路灯光夜市，把生意做到了夜晚。该灯光夜市被认为是 20 世纪 80 年代中国时装的窗口，为很多年轻人圆了生意梦。所以说，广州具有发展夜间经济的良好的历史基础。而且，广州的夜间经济一直随着改革开放前进的步伐快速发展。

（一）广州夜间经济的发展概况

改革开放以来，广州夜间经济整体活跃，局部有亮点。例如《广州市推动夜间经济发展实施方案》里提到的一批精品文化项目，这些项目中包括“上下九商圈”“沙面异域风情美食街”“花地休闲美食天地”等广州著名景点，在市民和游客心中都具有相当高的认同度。新的事实也在佐证打造国际知名的“广州之夜”品牌这一目标的可能性。2019 年 11 月，广州入选“夜间经济十强城市”，广州长隆国际大马戏入选“游客喜爱的十大夜间演艺”，广州

西汉南越王博物馆入选“游客喜爱的十大文化场馆”。自2020年开始，由广州市商务局牵头推出的“Young城Yeah市”夜间消费品牌，凭借国际化、年轻化、个性化的消费特征逐渐深入人心，持续挖掘、释放夜间消费活力。

广州发展夜间经济成绩斐然。《2024年广州夜间经济发展报告》显示，广州夜间20：00—21：00客流峰值有1700多万人次，午夜十二点消费热力分布范围较北京、上海、重庆、长沙更广，外围区域仍有较强热力分布；结合抖音用户夜间打卡量数据来看，广州居2023年抖音平台夜间打卡量TOP30城市首位。可以看出，广州夜间消费活动持续时间长、覆盖范围广，夜间消费活跃度强[①]。广州市的夜间经济指数位居全国第五，天河区、白云区及番禺区夜间消费活力势头强劲。2024年第一季度，天河区的夜间消费总额位列广州市各行政区第一。从夜间客流活力来看，2024年第一季度，天河路商圈以968万人次的夜间分时客流遥遥领先，位居广州各商圈夜间客流第一。有趣的是，从商圈夜经济品牌数量看，占比前三的商圈为海塱商圈、宝能演艺中心—泰广场商文旅体融合商圈及广州塔—琶醍美食聚集区[②]。广州天河区入选2024夜间经济优选城区。

2024年伊始，由广州市商务局牵头，联合市公安、交通、文广旅、市场监管、城管等部门，广州市首批都会级羊城夜市先行区的认定工作在全市范围内开展，标志着广州夜间经济发展步入新的台阶。本次认定的首批羊城夜市先行区覆盖广州市的11个行政区，其中越秀区、海珠区、天河区、番禺区分别有2个，其余行政区各有1个，共15个。首批认定的15个都会级羊城夜市先行区为——越秀区：北京路－海珠广场商圈、环市东商圈；海珠区：广州塔—琶醍美食聚集区、江南文商旅融合圈；荔湾区：大西关（上下九—永庆坊）商圈；天河区：猎德街区、天河路商圈；白云区：白云新城七彩音乐商圈；黄埔区：宝能演艺中心—至泰广场商文旅体融合商圈；花都区：广州融创文旅城；番禺区：长隆万博商圈、祈福缤纷世界商圈；南沙区：蕉门河内湾核心商圈；从化区：海塱商圈；增城区：增城广场生态休闲商圈。

① 赢商网：《2024年广州夜间经济发展报告：有为政府＋有效市场，激发夜间消费新活力》，网易，https://www.163.com/dy/article/J0ILD09605158BF0.html。

②《广州夜间消费指数位居全国第五》，《广州日报》2024年4月25日。

具体来看，广州的夜间经济有以下几个特色。

第一，在餐饮业方面，广州有众多特色鲜明的餐饮集聚街区和美食中心，“食在广州”声名远播，“夜宵文化”更是中国“深夜食堂”的典型代表。广州人的夜生活丰富多彩，其中，“吃宵夜”无疑是最具代表性的活动。如果说早茶是唤醒广州人的“闹铃”，那么宵夜则是促进广州人酣睡的“多巴胺”。广州的宵夜文化不仅是一种生活方式，更是这座城市独特魅力的体现。广州的宵夜种类繁多，从粥底火锅到肠粉、滚粥、打边炉、啫啫煲，应有尽有。广州市商务局公布的数据显示，广州夜间营业的餐饮店铺已超过 15 万家，零时仍在营业的餐饮商家占比超 25%。[①] 南都大数据研究院于 2023 年 8 月 31 日至 9 月 5 日发起的网络问卷调查结果显示，在众多夜间消费业态中，夜间餐饮的选择比例最高，占 73.20%，其中八成受访广州年轻人夜间会外出觅食，排在其后的是深圳，比例均高于其他地市[②]。有需求就有市场，根据《广州夜间经济大数据图鉴》，广州全市餐饮店数量超 20 万家，其中 15% 餐饮店晚上 11 点之后仍在营业。中国银联统计，广州夜间餐饮消费占全天餐饮消费近五成，与上海、深圳并列全国首位；2023 年抖音美食品类夜间打卡量统计同样显示，广州美食类夜间打卡量居全国之首，在打卡品类方面，粤菜是八大菜系中抖音用户打卡量最大的地方菜。而夜市、小吃等让广州充满烟火气，相关的视频内容同样令用户流连忘返[③]。

第二，在住宿业方面，广州的酒店数量众多，服务较好。广州的星级旅游饭店和五星级旅游饭店数量均居全省第一。截至 2024 年 5 月，广州有星级饭店 114 家，其中白金五星级 1 家、五星级 24 家、四星级 29 家、三星级 49 家、二星级 11 家[④]。广州民宿以北部山区生态、中部都市文创、南部滨海水乡三大特色片区的总体空间布局为基础，主要分为八大类型：山水生态、温泉康养、农园景观、森林康养、滨海水乡、老广州文创、新广州时尚和古镇古村。

① 梁彧：《上半年餐饮消费数据显示：年轻人忙着在街头和夜间“寻味”》，《新快报》2023 年 8 月 14 日。

② 谢小清、黎馨徽、韩欣爱、辛颖：《23 时后仍营业深夜食堂达 3 万家！食在夜广州，镬气暖街巷》，《南方都市报》2023 年 9 月 18 日。

③ 同上。

④《广州市星级饭店名录 114 家（2024 年 5 月更新）》，广州市人民政府官网，https://www.gz.gov.cn/zwgk/zdly/lysc/cyzl/content/mpost_9928443.html。

第三，在娱乐业方面，广州夜间娱乐消费水平较高。广州的电影院超过200家，具有巨大的消费市场。夜间时段是电影消费的高峰。其中，19时后的电影场次约占全天场次的四成。夜间娱乐消费主要集中在社交聚会场所，棋牌室、茶馆和网吧电竞在广州的店铺数量均超过1000家，DIY手工坊和KTV（含量贩式KTV和唱吧）超过500家[①]。新店增长率超过10%的夜间娱乐种类有密室推理、新奇体验、桌面游戏、酒吧、轰趴馆和VR等项目。

第四，在旅游业方面，广州一直是热门的旅游城市。广州的夜间旅游可分为娱乐夜游和创新夜游两类。观光游船、主题灯会、文化体验活动是重要的内容。珠江夜游是广州夜间旅游的主打品牌项目，是国内十大人气游船第一位，是全国人气最高的夜游项目。2025年春节8天，客轮公司珠江游共开出航班近900个，接待旅客超14万人次，同比上升超15%[②]，为市民和游客提供了丰富多彩的水上出行体验，让市民游客在欢乐、祥和的年味里，感受高质量珠江游。2022年，广州塔旅游区入选国家级夜间文旅消费集聚区，广州塔成为夜游热门地，夜间客流占比超过80%。作为广州景点“顶流”，巨量引擎城市研究院数据显示，广州塔是2023年抖音用户广州打卡目的地TOP1，且遥遥领先于其他景区[③]。整合珠江夜游资源、提供“水、陆、空”立体观光体验感受的“江塔联游”是广州塔旅游区制胜法宝之一。在“空”中，这座中国第一、世界第三的旅游观光塔所有项目均实施夜间开放；在地面，“粤韵广州·名家周末大舞台”“潮墟·CPARTY”“岭南之窗”非遗展览等多元文旅产品在旅游区内集聚；在水上，游客可从广州塔财富码头等珠江沿岸码头登上游船，开启珠江夜游之旅，一边沿途欣赏城市璀璨夜景，一边体验独具特色的水上移动文旅项目。行夜市、品美食、登游船、打卡博物馆之夜、游赏海心沙之美……对许多游客和市民而言，到广州塔旅游区开展夜间文旅活动早已成为一种生活方式。

第五，在购物方面，广州是千年商都，古往今来，都是“买买买”的好

① 徐静：《广州夜间经济：动力足，亮点多，潜力大》，《广州日报》2019年12月3日。

② 卢梦谦、谢彦：《接待旅客超14万人次，珠江游春节假期成绩单出炉》，《广州日报》2025年2月7日。

③ 张欣、傅纪岚、黎馨徽：《广州服务业产值过半来自夜经济，23时仍营业餐厅达3万家》，《南方都市报》2023年10月24日。

地方。2023年，广州经济总量和社会消费品零售总额均位居全国第四，人均可支配收入及人均消费性支出均居全国第三，仅次于北京及上海，消费潜力可观[①]。南都大数据研究院问卷调查数据显示，超六成受访青年2023年以来有过夜市消费经历，其中七成人平均每次开销超过100元。也就是说，超四成受访青年每次逛夜市消费上百元[②]。广州典型市级商圈的异地到访客群占比均接近40%，仅次于长沙，高于北京、上海、重庆、成都、深圳等城市，对外地消费者有强吸引力。2024年第一季度，广州高级次品牌（S/A级次）新开门店数量达125家，位居全国首位[③]。广州市商务局调查数据也显示，广州服务业产值有55%来自夜间经济[④]。

第六，在文化消费方面，广州的夜间文化消费也很发达。广州夜间文化消费的主要类型包括演唱会、戏剧、音乐会、LiveHouse等舞台演出，还有博物馆、美术馆展览和书店等。海心沙亚运公园、广州体育馆、宝能国际体育演艺中心和中山纪念堂是广州举办演唱会的重要场地。音乐会、戏剧、话剧等舞台演出是广州夜间文化消费的重要部分。近年来，广州市加快建设国际演艺中心，不断提升城市演艺发展能级。据统计，2024年广州共举办营业性演出超14万场，同比增长近30%，其中5000人以上大型演出159场，稳居演唱会之城第一梯队。同时，办好中国戏剧梅花奖、广州艺术季、名家大舞台等活动，打造超级草莓音乐节等演艺品牌。2024湾区音乐汇系列活动16.5万人现场参与，全网曝光超14亿次，票房收入近亿元[⑤]。2023年，广州市区域内备案博物馆有73家，藏品169.5万件，广州市属7家博物馆为国家一级博物馆，占全省总数近一半，基本形成以国有文化部门所属博物馆为主体、

---

① 赢商网：《2024年广州夜间经济发展报告：有为政府+有效市场，激发夜间消费新活力》，网易，https://www.163.com/dy/article/J0ILD09605158BF0.html。

② 张欣、傅纪岚、黎馨徽：《广州服务业产值过半来自夜经济，23时仍营业餐厅达3万家》，《南方都市报》2023年10月24日。

③ 赢商网：《2024年广州夜间经济发展报告：有为政府+有效市场，激发夜间消费新活力》，网易，https://www.163.com/dy/article/J0ILD09605158BF0.html。

④ 张欣、傅纪岚、黎馨徽：《广州服务业产值过半来自夜经济，23时仍营业餐厅达3万家》，《南方都市报》2023年10月24日。

⑤《广州加快建设国际演艺中心　推动演艺产业经济高质量发展》，文化和旅游部官网，https://www.mct.gov.cn/whzx/qgwhxxlb/gd/202501/t20250122_958039.htm。

行业和非国有博物馆为重要补充的博物馆体系。2023 年广州全市各博物馆入馆人数约 2100 万人次，创下新高[①]。阅读消费是广州夜间经济中文化消费的潜在发力点和增长点。广州的特色书店一般开设在商场和大型购物中心，大部分经营至夜间 10 时。

可以说，广州发展夜间经济具有相当好的基础和比较优势。在开放性和包容性都很强的广州，现代国际都市文化容易扎根。在多元业态融合发展、传统市场创新发展、引进新兴业态方面，广州也是劲头十足，发展夜间旅游经济可谓是实现“老城市新活力”的顺势而为。

（二）存在问题

虽然广州的夜间经济发展取得了一定成绩，但也存在一些问题。受新冠疫情影响，广州的夜间经济曾一度受到打击。总的来说，“因地制宜”是一切发展的基本原则，广州的夜间经济可探索空间大，经济发展传统存量市场在新形势下需要有效探索转型新出路。深挖广州夜间经济存在的问题，才能为可持续发展找到新的路径。

第一，部分景点项目夜间运营时间短。为了促进夜间经济发展，广州增开了“夜游博物馆”等旅游项目，但部分景点项目夜间运营时间短，未能充分满足市民和游客的需求。例如荔枝湾涌，是荔湾区近年来打造的一个新旅游亮点，其中的游船项目吸引了众多游客。但游船项目的开放时间仅为 9：30—17：00（周六至周日为 9：30—18：00 开放），而沿涌的灯光也十分昏暗，使得本想多停留一会儿的游客，仅能“到此一游”，便匆匆离去。地方曲艺本是游客景点打卡中较感兴趣的游览点，但荔枝湾的粤剧大戏台仅安排在双休日表演，没有任何夜间场次，这使得许多想领略岭南戏曲风情的游客扫兴而返。旅游消费中，驻足时间的长短在很大程度上决定了经济消费的多少，特色景点的夜间开放时间过短或者不合理，大大限制了游客夜间的消费。

第二，基础配套设施不够完善。不同于传统单一的夜市消费，如今的夜间经济讲求的是全链条全覆盖的夜间消费模式，这就对夜间消费周边的基础设施提出了很高的要求。广州新城区的夜间消费配套设施相对较好，但老城

① 周佩文、马玉尘、穗艺博宣：《广州市区域内备案博物馆有 73 家，2023 年入馆人数创新高》，《南方都市报》2024 年 5 月 18 日。

区因为历史和现实原因，可以拓展的空间受限，基础配套设施相对不够完善。以荔枝湾涌和沙面为例，笔者发现，在这两个文化氛围极其浓厚的景点圈，周围的住宿点十分稀缺，仅有个别酒店和质量参差不齐的一些民宿，且住宿皆因缺乏特色，对游客吸引力不足。无法让游客安顿下来住宿，就无法延长游客在这里的夜间消费时间。

第三，文化元素融入还不够充分。随着游客素质的不断提升，过去那种“上车睡觉，下车拍照”的旅游模式已经慢慢转变为对旅游目的地的深度文化游，有文化点嫁接的游览项目，更能激发游客的消费欲望。以荔湾为例，西关作为岭南文化的聚集地，有很多独具特色的文化景观和非物质文化遗产，但是目前西关的夜间旅游仅体现在游船、灯光河涌、水上花市等项目上，缺乏有较大影响的粤剧表演等。从广州的整体情况来看，也缺乏游客比较喜爱且旅游收入相对较高的夜间游览项目，比如介绍岭南文化的大型实景演出。在这方面，杭州的“宋城千古情”和“印象西湖”等融合了文化元素的夜间游览项目值得借鉴。

三、多措并举，推动广州夜间经济和文旅融合

近年来，广州采取了一系列措施，出台了一系列政策来发展夜间经济。2019 年 8 月，广州市商务局发布《广州夜间消费地图》，涵盖全市各区的商场、食肆，提出进一步打造北京路步行街、天河路商圈、珠江琶醍等 15 个消费集聚区成为“夜广州”消费地标，提升夜间经济对广州市经济的贡献。2019 年，广州出台《广州市推动夜间经济发展实施方案》，加快建设国际消费城市和文化中心，推动广州市夜间经济有序、健康发展。2023 年，出台《广州市关于培育羊城夜市先行区助力国际消费中心城市建设的若干措施》，从夜间消费载体、夜间经营监管、夜间活动组织、夜间配套支撑 4 方面，提出 18 条促进广州夜间消费的具体措施，擦亮“羊城夜市（Young 城 Yeah 市）”城市夜间消费品牌。其中包括培育并认定 30 个左右都会级羊城夜市先行区，打造社区微夜市示范点，简化外摆审核流程，优化营业性演出审批管理试点，打造分时制步行街等。

为推动新时代广州夜间经济的发展，需要多管齐下，推动广州夜间经济发展和文旅融合。尤其是如何增加游客的黏性，让游客愿意来，并且能待得久？这需要采取有针对性的措施。

（一）根据需求挖掘夜间旅游新亮点，打造夜间消费新模式

游客需求是旅游发展的导向。例如，在成都宽窄巷子里大量夜间茶馆开设的采耳体验，以及设在餐馆的变脸表演等，都很好地将城市文化体验嫁接至夜间消费中，形成夜间旅游消费的新亮点，迎合了游客的消费欲望。既然是夜间消费，那夜间设置的旅游项目就必须区别于白天的消费亮点，既要提供给游客不同于白天的旅游体验，又要符合游客夜间旅游的习惯。2019 年中国旅游研究院的夜间旅游调研报告显示，游客对景色、活动、餐饮、休闲等夜游要素的诉求相对均衡，35.7% 的受访者人群关注可供欣赏的美景，夜晚活动、休闲氛围、安全保障、美食 / 夜市的诉求比重为 23%—28%[①]。这些数据为我们挖掘夜间旅游新亮点提供了参考。

结合广州实际，我们可以打造以文旅融合为基础、岭南风情更为丰富的旅游项目，特别是增加一些文化体验项目和休闲放松项目等。例如，增加以西关大屋为载体的岭南市井生活体验餐馆，将广州人以前特有的生活方式、面貌以文旅融合的方式吸引游客来用餐消费；在一些有条件的餐馆、茶室或游船上，设置粤剧戏台展示粤剧粤曲的魅力，打造夜间茶室和夜间粤剧场，在夜间消费中大力注入岭南文化元素，使之成为吸引游客的特色项目。

（二）合理延长夜间经营时间，满足游客夜间游览需求

就市民而言，由于广州一线城市的工作节奏快，上班族一般很难抽出白天时间出游；就游客而言，由于游玩时间受限，只能通过拉长每天的旅游时间来尽量做到深度游玩。为此，夜间旅游项目的经营时间应该相应拉长，特别是对于一些夜游效果很好、创收可观的游船或实景演出等项目，应该增加夜间场次，以满足消费者的需求。

我们最熟悉的延长夜间营业时间的例子应该是电影院，很多城市的电影院都开设夜场电影，有些电影的首映场甚至是零点场。例如，美国漫威电影《复仇者联盟 4》在中国的零点首映场，曾创下了观影人次高达 304 万人的纪录。又如，桂林阳朔大型实景演出“印象刘三姐”、福建武夷山的“印象大红袍”、河南开封的“东京梦华”等大型演出的夜场时间几乎持续到晚上 10

① 199IT– 互联网数据资讯网官方微博：《中国旅游研究院：2019 年夜间旅游市场数据报告》，https://weibo.com/1787567623/Iu1nyeVnG。

点，而观演人次也几乎每场爆满，且票价不菲，少则数百元多则上千元。从这些数据不难看出，随着夜游的盛行，游客对演艺类文化产品的需求强烈，更多具有当地文化特色的夜间旅游精品演出将迎来广阔的市场，博物馆或展览馆夜游已成为夜间旅游的趋势，因此，有必要根据实际情况，适当延长开放时间。

如前所述，荔枝湾涌游船只营业到下午 5 点，粤剧大戏台更是仅安排周末演出，对于市民和游客而言，这样的经营时间都是远远不够的。我们应该适当延长游船时间，增加粤剧大戏台的演出时间，特别是夜间场次，让西关这两个旅游亮点吸引更多的消费人群。另外，我们可以深入挖掘粤剧艺术博物馆、陈家祠、西关老屋等历史文旅景点的夜游特点，因地制宜打造老城区经典景点的夜游新亮点，增添市民和游客的新体验。

（三）加大政府资金投入，完善夜游基础设施

要增加夜间游览者的黏性，增加消费时长，就必须加大资金投入，完善夜间出游的配套基础设施，让消费者安心驻足，尽情游玩。

首先，要提高夜间交通便利度。要延长地铁线路、公交线路、巡游出租车等交通工具的营运时间，保证消费者的夜间出行便利。例如，北京地铁多条线路周五和周日延长运营时间、公交缩短 36 条夜间线路发车间隔等举措，都是在积极配合夜间经济的推行。其次，要引导打造一批有特色的酒店和民宿，让游客住得下来，玩得安心。如前所述，在荔枝湾涌、沙面等改造景点旁，因为缺乏相应的住宿条件，所以在一定程度上限制了游客驻足的时间，影响了夜间消费。目前，在景点周围仍有大量西关老屋空置着，政府可以鼓励并引导商家将其开发为特色酒店或者民宿。再次，兴建一批高质量的公共厕所、母婴室等一些必备的配套措施，也能增加游览者夜间游览的良好体验。最后，加大夜间造景力度。夜间造景是提升夜游体验质量的一个非常重要的方面，而灯光设施在其中发挥了不可替代的作用。夜游和夜景密不可分，灯光秀本身就可以成为旅游项目之一，例如广州、伦敦、里昂的灯光节。再以荔枝湾涌为例，荔枝湾涌的灯光过于昏暗，不但夜间摄影受限，游客整体感受也会有影响。在这方面，我们应该以改善灯光设施为基础，再下力气完善荔枝湾涌的夜间造景，让涌景更具魅力。

（四）加大运营推广，做好管理支撑

在市场经济条件下，旅游不是“酒香不怕巷子深”的项目，而需要大力运营推广。在信息时代，相关部门采用何种方式把“广州之夜”“夜广州”中各项目的特点推广出去，是能否搞好夜间经济的重要一环。广州各区有自身的特点，必须明确各区夜间经济发展的主题，有的放矢地进行开发。可以邀请专业团队设计富有感染力的品牌形象，合理选择新媒体、平台等合作方，结合打造的夜间项目，针对老、中、青不同群体，进行有针对性的推广。

夜间经济的发展不是单打独斗，要靠政府、企业、市民联合协作，靠各政府部门共同联动，才能持续发展。其中，政府要发挥统筹作用，协调各部门的运作，尤其是在治安、消防等方面协调好公共资源，保证夜间经济的平稳发展，让夜间游客游得安心、舒心。

总而言之，夜间经济已是新时代文旅融合发展的潮流趋势，而广州在发展夜间经济和文化夜游方面又有着良好的基础和得天独厚的优势，应把握机遇，打造广州夜间旅游新名片，推动广州文化旅游融合发展。

第四节　广州市历史文化街区的保护与活化

历史文化街区的保护提升是城市发展的重要议题。文化是一座城市发展的灵魂，历史文化街区则是城市文化的肌理。历史文化街区承载着一座城市的记忆，留存着城市居民的生活印记，是承载着乡愁的精神家园，是留给今人的优秀历史文化遗产。

习近平总书记十分重视城市对于历史文化的保护与传承。2018 年 10 月，习近平总书记到广州考察，来到荔湾区西关历史文化街区永庆坊，沿街察看旧城改造、历史文化建筑修缮保护情况。他指出：“城市规划和建设要高度重视历史文化保护，不急功近利，不大拆大建。要突出地方特色，注重人居环境改善，更多采用微改造这种‘绣花’功夫，注重文明传承、文化延续，让城市留下记忆，让人们记住乡愁。”①

广州作为首批国家历史文化名城，一直致力于提升名城保护的规划治

① 《习近平在广东考察时强调：高举新时代改革开放旗帜 把改革开放不断推向深入》，《人民日报》 2018 年 10 月 26 日。

理能力，探索保护文化遗产的多元化路径，倡导历史文化资源的合理利用。2021年，广州贯彻落实中共中央办公厅、国务院办公厅《关于在城乡建设中加强历史文化保护传承的意见》，在全国率先出台《广州市关于在城乡建设中加强历史文化保护传承的实施意见》，进一步加强新时代广州历史文化保护传承顶层设计。目前，广州已完成7个名镇名村、26片历史文化街区、815处历史建筑、30个传统村落保护利用规划编制，建立了点、线、面相结合的全要素保护体系，形成"市域—历史城区—历史文化街区和历史风貌区—历史文化名镇名村和传统村落—不可移动文物和历史建筑—非物质文化遗产"六个层次的保护体系。本节以广州市荔湾区恩宁路历史文化街区为例，探讨广州市历史文化街区保护提升的相关问题。

一、广州市荔湾区恩宁路历史文化街区的保护情况

荔湾区作为广州市的老城区，其拥有的历史文化街区数量在全市11个区中居首位。近年来，荔湾区坚持历史文化街区保护与旧城改造相结合、与打造宜居宜商宜游的城区环境相结合，取得了一定的成效。恩宁路历史文化街区就是其中一个成功例子。

建于1931年的恩宁路老街，是当时西关最繁华的商业街，洋行、戏台、服饰店、餐厅等应有尽有。恩宁路曾被誉为"广州最美老街"，拥有广州最完整和最长的骑楼街，至今仍保留清末及民国时期广州西关商贸区的布局形态。恩宁路一带是西关大屋的集中地，分布了十几处文物历史古迹，如李小龙祖居、泰华楼、粤剧名伶故居、詹天佑故居、民国大宅、銮舆堂、八和会馆，以及陶陶居、莲香楼等众多"老字号"，具有良好的文化生态环境和戏曲文化氛围，是一个还活着的、粤剧兴旺的特别社区，是一条集民间观演文化之大成的特色骑楼街。恩宁路沿街现阶段大部分是经营食品、日杂及耗材的店铺，现有西关打铜传统工艺店十多家。

到20世纪90年代，随着城市化进程的加快，我国城市更新改造开始以空前的规模和速度展开。而荔湾区历史文化街区均属老街老巷，不可避免地涉及旧城改造问题。恩宁路一带建筑大多属于危破房，生活设施简陋、消防隐患突出，严重影响居民的生命财产安全，2007年广州市委、市政府决定启动恩宁路的旧城改造。在改善民生的同时，加强对恩宁路改造项目中广州文

化特色元素的保护开发，如700米的骑楼街、李小龙祖居、泰华楼、八和会馆、宝庆大押旧址、西关大屋等，力求通过“拆、改、留”三种改造形式实现美化、绿化、生态化，将恩宁路项目建设成为具有浓郁西关风情、延续传统生活氛围、体验岭南民俗情景的精品消费区和荔湾老城区怀旧旅游的人文休憩中心。2011年6月，《恩宁路旧城改造更新地块控制性详细规划导则更改》通过，提出街区整治和修复“整旧如旧”“新旧建筑风貌相融”“保留原有街巷肌理”“引入新产业”的原则。2012年12月，广州市名城委审议通过规划，恩宁路被增补为历史文化街区。

2012年6月，广州市决定“将恩宁路地块除博物馆用地以外的土地及已征收的保留房屋整体打包，交由荔湾区按照‘历史文化名城保护和岭南文化名城建设’的要求进行建设开发、经营管理”，荔湾区通过引入社会资本推动恩宁路片区微改造的BOT（建设—经营—转让）模式浮出水面。广州采用BOT模式进行旧城微改造，恩宁路项目是第一个。恩宁路项目改造分三期，第一批为示范区，第二批为修缮复建区，第三批为新建区。按照“老城市、新活力”的总体要求，这里将建成历史与现代交融、中西文化荟萃，最广州、最国际、高品质的历史文化街区和都市生活区。主要业态为文化创意类产业、特色餐饮与品质休闲类商业、展贸与共享办公、长租公寓与民宿等，主要服务广州市民的都市新生活，兼顾外地游客的西关文化体验。经过二期改造项目，荔枝湾涌揭盖复涌改造完毕，昔日“一湾溪水绿，两岸荔枝红”的美丽景象重现两岸，然而，两岸拆迁留下的荒地如何开发，现有的历史文化建筑如何利用，如何活化利用恩宁路一带宝贵的土地资源，依然是我们亟须解决的课题。

二、恩宁路永庆坊改造的实践与经验

在推进老旧社区改造的工作中，如何处理好“新”与“旧”、“改”与“护”问题，让居民望得见山、看得见水、记得住乡愁？永庆坊是恩宁路历史文化街区更新改造的第一个试点片区，是广州第一个历史文化街区的微改造项目。永庆坊改造既是城市更新，更是民生所需。永庆坊在推进片区活化利用，打造传统与现代融合、独具粤韵情调、能够代表广州西关的最美街区上具有得天独厚的资源和优势。永庆坊改造的实践与经验，给予我们很多启示。

（一）改造背景

恩宁路永庆坊地块位于西关核心区，东接上下九步行街，约占荔湾老城区面积的 3%，改造用地总面积 11.37 万平方米，原有建筑 1352 栋，共有居民 2760 户。该地块有广州保存最为完整的骑楼建筑群，周边有李小龙祖居、八和会馆等非常具有历史特色的建筑，粤剧曲艺、广彩、广绣等传统文化和民间手工艺曾在此集聚发展，具有厚重的历史文化街区。但是，20 世纪 90 年代，该地块成为广州市危旧房最集中的辖区之一，辖内危破旧房密集，公共基础设施薄弱，亟须修缮维护及更新改造。

（二）改造思路及成效

2018 年 10 月，习近平总书记在永庆坊考察时指出，城市规划和建设要高度重视历史文化保护，不急功近利，不大拆大建。恩宁路永庆坊地块的改造一直在沿着总书记指引的方向精心推进，主要有三个创新：一是改造观念转变，以保护历史文化为前提，第一次提出做减量规划，保护旧的街区肌理和传统骑楼街，恢复河涌，实现红线避让紫线。二是改造模式创新，探索出“政府主导、企业承办、居民参与”旧城更新的新路径，通过公开招商引入企业建设及运营，激发市场主动性、创造力，缓解财政资金压力。三是探索共同缔造，率先成立广州首个历史文化街区更新公众参与组织——恩宁路历史文化街区共同缔造委员会，举办超过 20 场“共同缔造”讨论活动，共收集问题意见 100 多条，听取接受专家意见建议 15 份。

目前，恩宁路永庆坊片区粤剧艺术博物馆已建成开放、荔枝湾河涌综合整治工程完成，永庆坊一期于 2018 年完成并对外开放，二期共分 8 个片区分阶段推进，现在骑楼段、示范段、滨河段、粤博西段、粤博东段已对外开放并设置了广州首个非遗街区，2020 年 8 月 22 日，西关永庆坊旅游区成功挂牌国家 AAAA 级旅游景区。整个片区改造达到了“环境提升，文化传承，功能转变，老城新生”的效果：一是历史文化传承。充分尊重历史，保护现存文物建筑及旧城风貌，使城市文脉得到有效保护和延续，成为传统文旅活化提升区建设的一大亮点。二是人居环境改善。通过改造，建筑物翻新排危，麻石街面重新规整铺砌，建筑适度抽疏，增加了两处街头绿地、广场，街区整体环境和风貌得到提升。三是产业提升。改造后引入文创、科技研发等新型产业，逐步提升区域业态水平，形成了创客空间、科技研发、文化创意、民宿、轻餐饮等多种业态复合共生的状态，实现文化的复兴和产业的提升。四是人口结构优化。街区原有居住人口低保、残障人士较多，老龄化十分严重，经改造后疏散了部分人口，同时引入各类新型产业，相应的就业、居住人口较多集中在年轻一代，优化了片区的人口结构，增加了老城区的活力。

如今，永庆坊一、二期改造成功让老城市注入新活力，永庆坊已成为市民喜爱的“网红打卡地”。永庆坊从广州市危旧房最集中、公共基础设施薄弱的老街区，蝶变成网红打卡地，从一期由星星之火点亮的商业街，到二期集文化体验、餐饮酒店、美术展览等于一体的文商旅活力区，昔日沉寂的老街区焕发出勃勃生机。泮塘五约也逐渐成为居民休闲好去处。《西关复兴——恩宁路永庆坊保护活化项目》还获得了 2021 年国际风景园林师联合会亚太地区风景园林专业奖（城市和文化类、优秀奖），成为全球获此殊荣的 233 个项目之一。

（三）经验启示

土地资源短缺是我国城市化首当其冲的资源约束，因此，对旧城进行改造，提高中心城区土地利用效率，合理配置土地资源，实现城区土地资源的集约利用和精细化管理，是一个亟须解决的难题。永庆坊片区改造项目符合城市可持续发展需要，取得了“环境提升，文化传承，功能转变，老城新生”的效果。永庆坊项目改造的经验和启示，有以下几点。

第一，创新改造模式，引入社会资本。永庆坊项目率先创新采取“政府主导，企业承办，居民参与”的模式实施永庆坊片区微改造，制定了《永庆片区微改造建设导则》《永庆片区微改造社区业态控制导则》，通过 BOT 的方式引入社会资本（广州万科），由企业负责改造、建设和运营，解决资金缺乏问题。运营期满后交回政府，实现政府、民众和企业的“三方共赢”。

第二，传承历史文化，引入非遗文化产业。永庆坊在改造过程中，充分尊重历史，保护现存文物建筑、历史建筑及旧城风貌，使城市文脉得到有效保护和延续，成为传统文商旅活化提升区建设的一大亮点，为广州市历史文化街区活化利用提供了可以借鉴参考的案例。另外由政府牵头，引进 10 家非遗大师工作室，包括广彩、广绣、珐琅、骨雕、榄雕、醒狮、饼印、箫笛、古琴等，让非物质文化遗产能够在历史文化街区更好地传承。

第三，升级基础设施，改善人居环境。通过改造，市政、绿化、通信、消防四方面都得到了全面提升。建筑物翻新整饰，麻石街面重新规整铺砌，建筑适度抽疏，增加了邻里花园和敞开空间，街区整体环境和风貌得到改善。关注建筑物的安全使用，改造后房屋结构更稳固，抗震设防烈度升级为7度，结构强度与新建现代建筑一致；对消防设施进行大改造，加装全新消防管网和喷淋设备，增设小型消防站，配备消防管理员。“三线”也重新进行了规整，将街巷上空杂乱的线网进行规整，实现大部分线网落地，并增建配电房；市政管网重新进行了铺设。

第四，提升老城产业，业态复合多维发展。改造后引入文创、科技研发等新型产业，逐步提升区域业态水平；尊重居民意愿，合理置换居住人群，腾挪产业空间，形成了创客空间、科技研发、文化创意、民宿、轻餐饮等多种业态复合共生的状态，实现文化的复兴和产业的提升。

三、恩宁路历史文化街区的发展路径

如前所述，荔湾区在历史文化街区的保护与活化方面取得了一定的成效，尤其是恩宁路永庆坊片区的保护与活化，成绩斐然。但是，从恩宁路历史文化街区的整体保护情况来看，仍存在一些问题：服务配套不完备，历史文化街区范围和体量相对偏小；街区整体品牌形象不突出，除了骑楼建筑，其余历史文化资源比较分散；等等。对于这些问题，需要采取有效措施加以解决，从而促进历史文化街区的可持续发展。

（一）强化恩宁路历史文化街区的整体规划

要按照街区原有的历史风貌进行规划保护和开发建设，提出街区活化利用的策略并进行品牌形象定位，为恩宁路一带量身定制高水平、有特色的区域性文化旅游发展专项规划，并作为今后一段时期该区域文化旅游产业发展的指南。

第一，要做好街区内的历史建筑、传统风貌建筑的保护规划。通过搜集“百年恩宁”的历史和故事，确定有“荔湾故事”的历史建筑，把历史建筑的保护、修缮与旧城改造相结合，不破坏历史建筑物的外观和基本结构格局，只在内部设施上进行现代化改造，使历史建筑与旧有环境、旧有建筑形成有机的整体，并在保留历史街区及其固有建筑形态特色的基础上进行有序开发，街区内的装饰可广泛使用岭南地区的“独门绝技”——西关套色玻璃刻画和西关趟栊门，通过这些装饰定格旧时光影，使之成为西关民居特色的展示区，打造独特的西关旅游资源，使整个历史文化街区成为最有“广州记忆”、再现“西关风情”的“广州文化印记”。

第二，在规划的布局上，要充分考虑到与周边地区的有机联系。可通过规划建设慢行系统，串联上下九步行街、恩宁路、粤剧艺术博物馆、荔枝湾、泮塘五约等文化景观节点，形成“最广州”文商旅活化利用提升带。整体考虑“提升带”保护范围，规划不同的功能分区，各片区要做到布局合理、功能清晰又能突出片区特色。为了加强各片区之间的有机联系，在各个片区之间建设和导入相关的建筑和产业，使各个片区之间的联系紧密又过渡自然。

第三，要在广泛征求意见的基础上科学规划并严格执行。可邀请有权威的规划团队，在广泛协商讨论，充分听取相关单位和当地民众的意见的基础上，从区域经济、文化、社会可持续发展的高度制定相关的保护和开发规划方案，并加强对规划实施情况的后续监督、管理工作，使规划能够真正落到实处。同时，也要特别注意历史文化街区保护规划与其中的文物保护单位保护规划的衔接。

（二）将传统文化与现代业态相结合，赋予历史文化街区新的灵魂

第一，要把传统特色与现代文化表现方式及现代社会生活方式相结合。首先，要突出传统特色。发挥街区内历史建筑的文化特色，把相关文化产业与历史文化建筑实现嵌入式发展，深入挖掘民俗风情、饮食、建筑、中医、商贸、曲艺、园林、禅宗、书画、传统工艺等十大文化元素，对街区原来盛行的民俗节庆、信仰活动等也应进行弘扬，再现“百年恩宁”的历史和传统生活方式。其次，要适当增加现代生活元素。运用现代科技手段对历史文化街区进行包装和宣传，通过VR影像技术，在互联网上展现街区内的传统文化生活方式，使用二维码贯穿于游客游玩的始终，适度发展动漫一条街等现代游乐场所及豪华电影院等高端休闲设施，扩大游客群体，构建既有文化旅游，又有休闲旅游、购物旅游、美食旅游以及现代游乐的全覆盖、立体式的旅游资源体系。再次，要丰富和拓展旅游区内涵和品质，不断创新旅游产品。适时推出体验式、互动式、怀旧旅游专线等新产品，如举办“广州记忆”摄影比赛，西关美食评选、外国人看西关征文和摄影比赛、岭南画派作品巡展

等，使恩宁路一带成为人们到广州寻古、探幽、休闲、美食必到的地方，成为认识和体验西关文化的“窗口”。

第二，要把粤剧艺术博物馆展现岭南文化和开发利用相结合。粤剧艺术博物馆是恩宁路街区内一座仿古园林建筑，其建筑风格与周边骑楼等历史建筑能很好相融，馆藏的物品资源也非常丰富。应该充分发挥其功能作用，将其作为恩宁路历史文化街区的重点区域来打造。一是要加大社会宣传力度，增强其影响力。建设博物馆网站，定期更新网站内容，提高社会群众的关注度；定期组织活动，如现代粤剧粤曲创作比赛、动漫粤剧创作大赛、私伙局比赛，针对中小学生组织粤曲历史文化讲座、粤曲培训班，为学生利用课余时间开展文化活动、活跃文化生活提供条件；不定期策划举行比较有吸引力的主题展、作品展，加大社会的宣传力度。二是要充分利用现有场馆内部空间和外部空间，进行产业开发，其形态除传统的展厅、会议中心外，还可包括影剧厅、书店、画廊、工作室（坊）等特色文化空间，主题餐厅、咖啡厅、茶座、饮吧及主题店铺等休闲休憩空间，甚至可尝试设立工作室（坊）、创客空间等产业孵化空间。三是要尝试走市场化经营的道路，减轻财政负担。可以向上级部门申请专项经费补助，也可以结合博物馆主题，与周边的景点联合进行商业化运作，寻求与粤剧文化相关公司的赞助或通过构建产业链获得部分资金收益。

第三，要把传统文化艺术的展演与旅游工艺品开发相结合。旅游工艺品不仅能带动经济的发展，还是旅游品牌的无声代言，是旅游宣传的重要窗口。在恩宁路历史文化街区内，已经有初具规模的“手工打铜”这一传统文化技艺，在将来还可以陆续引入“三雕一彩一绣”等非遗产业。要将这些传统文化艺术的展示、表演和旅游工艺品开发结合起来，在体现当地特色，发扬传统文化的同时，也能适应现代旅游业的发展。一是要注意收集与汇聚与传统文化有关的艺术产品，如国家近年发行了《粤剧艺术》的邮票，粤剧艺术博物馆和相关部门尽早收集储备邮票，制作邮册、邮品，开展极限明信片设计比赛，作为历史文化街区的旅游工艺产品、纪念品。二是要以市场为导向，引入先进技术开发现代旅游工艺品。在保持传统文化特色的基础上，融入时代特色和现代人文特色，开发出既有传统工艺精品的神，又有当代文化的形的工艺品，让不同类型层次的游客都能接受，突出荔湾的文化特色。三是要将展示和体验相结合。在展演传统手工技艺的同时，也要迎合当下都市人追求个性、动手体验的心理，在街区范围内设立手工艺产品开发体验区，定期安排不同手工艺课程，顾客可以参加培训班，打造属于自己的工艺产品，如设计明信片、制作广彩工艺品等，吸引更多群体参与的同时，也树立起文化街区的品牌特色。

第四，要将政府资源利用与社会资源整合助推文化街区发展相结合。荔湾区作为历史文化积淀深厚的城区，在政府部门和社会上都有着众多的历史文化资源，如区政协、区文化广电旅游体育局、区档案局都收藏有众多优秀的书画作品，在民间众多艺术收藏爱好者中也有很多精美的艺术品。作为粤曲粤剧发祥地，区内各种规模的民间“粤剧私伙局”就有近百个，中小学、少年宫的粤剧、小红豆教育培训也储备了大量粤剧人才资源。这些传统历史文化的资源是荔湾区的文化特色，也是恩宁路历史文化街区品牌打造可以利用的优势资源。政府相关部门要充分利用各类资源，转变以承担实施具体活动项目为主的工作方式，更多地把着力点放在整合资源和有效引导上来。首先，通过整合活动资源，引导打造文化品牌。可充分利用区粤剧博物馆的表演场地，结合相关传统节日，配合岭南文化的传统特色，选拔优秀的“私伙局”队伍展演，举办全区中小学生粤剧表演比赛，在荔枝湾涌的游船项目中增加红船展演项目，举办各类书画作品和工艺美术品展览，在丰富群众文化活动的同时，打响荔湾区粤剧粤曲之乡、岭南文化之乡的品牌。其次，通过整合市场资源，引导文化事业发展。采取行政推动和市场导向相结合的形式，积极引导社会力量特别是民营经济力量参与推动文化事业的建设和发展，鼓励文化企业在街区内组织策划开展各种文化创意活动，营造浓厚的文化氛围和良好的商业氛围，为“活化”历史文化街区增添内容、丰富内涵。

第五，要把政府宣传推广与省市旅游部门的联动合作相结合。历史文化街区的“活化”，其目的是吸引众多游客，为街区内的产业注入活力。区有关部门要加强与省市旅游部门的深度合作，在网络互通、信息交流、互送客源等方面开展全方位合作，联手进行市场宣传推介，联手设计旅游产品，积极开发省区市综合性旅游产品，努力实现互惠互利，做大荔湾文化旅游市场，扩大历史文化街区品牌的影响力。同时应该加强应急联动、现场指挥，努力实现重大活动和突发事件的联合指挥机制，完善旅游安全管理机制。

（三）创新投资方式，拓宽社会化融资渠道

第一，建立政府主导，社会广泛参与的投资模式。历史街区的保护和活化，虽有一定的经济效益，但更多的是社会效益。因此，政府要切实承担起责任，作为投资主体加大对历史街区保护开发的投入力度。考虑到区政府的财力有限，应该积极争取市的财政支持，区政府可向市职能部门申请争取市文物保护资金、传统商文旅活化区改造专项资金、微改造资金等。同时，应该积极引入社会资金作为补充。目前，荔湾区永庆坊片区的微改造已经走出成功探索的路子，下一步要深化提升和推广，探索分类招标、分片招标或以功能投资招标，吸引社会投资。

第二，组建专业管理公司进行市场化运营。历史街区开发中保护传统风貌的完整性，有利于保持和延续历史文脉，使传统文化得以继承和发扬。如果没有统一的经营管理，很容易出现街区中商家为了追求利润，出现破坏街区传统文化意境的装修、经营不符合街区文化内涵等有损街区整体形象的行为。因此，应该组建专业管理公司，负责整个历史文化街区的管理和旅游开发的商业化运作，制定标准化的制度规范、标准化的物流管理等，对街区商业进行标准化管理。

四、结语

从荔湾区恩宁路历史文化街区的保护与活化实践中，我们得到许多有益的启示和思考，其中，有三条“坚持”是值得在全市历史文化街区保护提升中推广和运用的：第一，坚持“政府主导”，大力实施以文化引领和有机更新的旧城改造理念；第二，坚持以人为本、保护历史文化、为民改造宗旨，积极稳妥推进历史文化街区亮点项目；第三，坚持“文化引领”，将文化和生态贯穿于历史文化名城保护和利用始终。

综观整个恩宁路街区的改造规划，早在2006年，恩宁路街区就被列为广州市的旧城改造试点项目，当时，老城区拆迁改造为了要做到经济平衡，倾向大拆大建模式，要么提高容积率做增量规划，要么迁走原居民变居住为商业，该方案因会破坏原有的整体建筑风貌和历史文化肌理，且需以驱赶原居民为代价，遭到大部分居民的反对，因此改造一度陷入僵局。直至2016年，广州市政府出台了《广州市城市更新办法》及配套文件，同时，吸取在前十

年的改造探索中得出的历史文化街区改造无法脱离公众参与的经验教训，提出“政府主导、企业承办、居民参与”的创新改造模式，恩宁路永庆坊街区微改造项目才得以真正实施开展。“政府—企业—居民”三方协调模式最突出的优势在于，在改造过程中，在满足街区房屋多功能利用符合保护规划要求的前提下，“改不改”“改什么”“怎么改”，都给原居民以选择权，充分尊重原居民意愿，而政府扮演的是主导者的角色。通过编制并不断完善政策、规定，不断创新工作机制，例如推行专家论证制度、建立公众咨询委员会机制、居民理事会制度等，通过“微改造”艺术工作坊、社区规划师考察等途径，拓宽社会参与渠道，推动单一的经济利益向多元的公众利益转化，实现政府、民众和企业的“三方共赢”。

因此，在广州未来的历史文化街区保护中，我们要做的是从“缔造”延伸到“共治”，将公众参与更好地融入历史文化街区建设中。要培育共融共享意识，推动岭南文化创造性转化、创新性发展。例如，结合广州各区的文化风俗传统，每年定期举办本土特色活动，如岭南醒狮民俗文化节、炫彩缤纷花灯会、春暖羊城鲜花展等，通过这种在地化与生活化的方式让公众共同参与并融入其中，让游客领略南粤风情，让广州老城区居民的生活方式和生活气息得以存留，注重文明传承、文化延续，让城市留下记忆，让人们记住乡愁，实现历史文化街区的保护提升，从而让岭南文化艺术瑰宝共融共享流传。

第五节　广州西关文化品牌的塑造与提升

荔湾区地处广州市西部，俗称“西关”，是广州历史文化名城中心城区，历史文化资源丰富，文化积淀基础雄厚。西关文化是荔湾地区吸引力、凝聚力与辐射力发挥和扩展的基础，是荔湾生存、竞争和发展的巨大动力和无形资产。

西关文化包含物质文化和非物质文化两个层面：西关物质文化是指荔湾地区建筑、城市道路、城市布局、饮食、服饰等可感知的、有形的各类基础设施和文化景观等，例如西关大屋、骑楼街；而西关非物质文化主要是指西关人民在社会历史实践过程中所创造的各种精神文化，例如戏曲类的瑰宝粤剧、西关民俗、民间手工技艺类的“西关五宝”（玉雕、牙雕、木雕、广彩、广绣）等。在西关物质文化与非物质文化中，以西关小姐、西关名人、西关民俗为代表的西关人文，以西关大屋、骑楼街、“西关五宝”为代表的西关物品，以及记载包括十三行文化在内的大量历史文献典籍成为研究西关文化的三类重要载体。因此，深入研究和发掘西关文化精髓，打好“人、物、志”三张文化品牌，对于培育、宣传西关文化品牌具有重要的历史价值和现实意义，能为荔湾区打造岭南文化的窗口发挥积极作用，推动岭南文化的传承与发展。

一、打造西关文化品牌的重要价值和现实意义

要增强西关文化的影响力和辐射力，必须着力培育文化品牌。西关“人、物、志”三张牌，是西关文化的特色和亮点所在，是塑造西关文化品牌的重要载体。

（一）挖掘西关名人资源，打造“西关名人”文化品牌，有利于弘扬名人精神，提升荔湾文化品牌魅力

历史名人是体现地方特色的重要文化资源。历史名人是城市历史和文化的一个代表，是城市的骄傲，也是城市的名片。近年来，“名人效应”在全国各地引起高度关注，并逐步成为地区发展的竞争优势和重要资源。“名人文化资源”包括历史名人及其思想事迹和遗迹等。“名人文化资源”的利用，有助于一个地方因“名人辈出”或因“名人的强大影响力”而产生巨大效应，并由此进一步推动文化建设的实践及上升到理论层面的经验探索。

自古以来，荔湾人杰地灵，不仅经济发达、商业繁荣，而且人才辈出。源远流长、内涵丰富的西关文化，孕育和滋养了西关儿女。荔湾历史上涌现出众多风云人物，其丰功伟绩，垂范后世，他们有的出生在荔湾、有的生活在荔湾、有的工作在荔湾、有的贡献在荔湾，遍及政治、经济、科教、艺术等诸多领域，在历史的长河中发挥了重要作用。正是有了这些名人，见证并谱写了源远流长的西关历史，建立了伟大的业绩，也形成了西关的鲜明文化风情特色。

“西关名人”汇聚了西关历史文化的重要组成部分和最典型体现。因此，充分挖掘利用荔湾丰富的“西关名人”文化资源，有利于彰显西关文化的完整性，有利于完善西关文化资源的结构，有利于发展西关名人旅游路线，有

利于弘扬名人精神在当今政治、经济、文化、社会发展中的作用，是西关文化活的灵魂，具有一定的感召力、影响力。

（二）做好西关文化资源的保护、开发和利用，有利于继承和弘扬岭南文化，提升西关文化影响力

荔湾区是广州古城的中心区域，具有丰富的历史文化资源。作为广州老城区，荔湾承载着广州 2200 多年从没中断的历史和丰厚的文化遗产，是广州作为古代海上丝绸之路发祥地、岭南文化中心地的缩影和窗口。荔湾在古代就是中国对外文化交流的桥头堡，1700 多年前达摩祖师就是在荔湾的“西来初地”登陆，举世闻名的广州十三行是清代我国唯一的对外通商口岸，中国最早的海关粤海关设在荔湾区。荔湾在近代发展迅速，西关、西堤财富群的崛起，使得荔湾聚集了岭南建筑——西关大屋、骑楼街、岭南工艺、岭南园林等岭南文化代表样式，这些都是西关著名的文化品牌。荔湾也是广州的繁华商埠，拥有广州市第一条商业步行街上下九步行街；荔湾还具有各类特色交易市场，其中广州 apM 时代国际、黄沙水产交易市场、岭南花卉市场等专业市场于 2023 年荣获广州市首批商品交易市场优化升级试点市场表彰。历史文化遗产是不可再生、不可替代的宝贵资源。近年来，广州市荔湾区第五批传统风貌建筑认定名单经区城市规划和历史文化名城保护委员会 2024 年度第 3 次会议审议通过，认定荔湾区第五批传统风貌建筑 30 处。至此，荔湾区完成了全部文化遗产普查数据筛选工作，荔湾区传统风貌建筑增加至 415 处，数量为全市各区第一[①]。丰富的历史遗存和文化资源，是荔湾彰显西关文化、建设世界文化名城核心区不可复制的战略基础。

西关丰富的传统历史文化资源很多，其中最有开发价值、最能代表西关文化品牌的当数西关大屋、骑楼街和“西关五宝”。西关大屋和骑楼属于西关建筑文化品牌，具有较高的艺术欣赏价值，其艺术风格、建筑造型等颇有岭南风情。“西关五宝”，即“三雕一彩一绣”：牙雕、玉雕、木雕、广彩、广绣，是西关工艺文化品牌，这五种具有鲜明西关特色的民间工艺，历史均至少五百年。其中牙雕与广绣在 2006 年国务院公布的《第一批国家级非物质文化遗产名录》中占据了两席之地，玉雕入选 2008 年的《第二批国家级非物

①《再添 30 处！数量全市第一！》，“广州荔湾发布”官微，2024 年 8 月 13 日。

质文化遗产名录》。西关大屋、骑楼街作为西关建筑文化品牌、“西关五宝”作为西关工艺文化品牌，是荔湾区文化特色资源的产物，也是荔湾区的文化遗产和宝贵财富，具有重要的历史价值、艺术价值和经济价值，做好以西关大屋、骑楼街和“西关五宝”为代表的西关文化资源的保护、开发和利用，能增强西关文化的竞争力、吸引力、辐射力和影响力。

（三）发掘、整理、开发和利用西关文化的文献典籍，有利于宣传、推广西关文化品牌

西关靠近珠江主航道，自古商贸发达，是旧广州的商贸中心和中国对外通商的重要口岸。对于西关的地域、发展历史、文化风情，史料和文学作品等诸多文献典籍均有记载和描述。如对西关地域范围的记述，对十三行文化、西关建筑文化、书院文化、饮食文化等的记载和研究，都有丰富的文献典籍。

由于西关历史文献典籍记载和反映了西关地区的基本面貌与历史发展过程，记录了岭南文化和西关文化的发展流变，所以其对相关部门传承、研究、弘扬岭南文化和西关文化具有宝贵的历史参考价值和史料佐证作用。在我区实施文化引领、建设“五区一街”历史文化名城的决策过程中，这些历史文献典籍可以提供宝贵的历史人文资料，为政府有关部门提供决策依据和对策参考。例如，在“广州十三行博物馆”的建设过程中，对于建设地点、建筑形式，都可以在历史典籍资料中找到相关的依据。在对“三雕一彩”传统工艺品的开发上，如何将历史文化与现代制作工艺相结合，以恢复传统工艺品的生命力，也可以在历史文献典籍中找到依据。而对西关大屋、骑楼街、陈家祠、名人旧居等西关特有的历史建筑，通过发掘、整理相关的历史文献典籍，能从中追溯到这些旧居和建筑背后的文化沉淀和历史文脉，为打造西关大屋博物馆和开发利用名人故居等提供历史说明，使其更有历史文化的吸引力。通过整理粤曲粤剧的文献典籍，能为振兴地方传统文化提供史料基础。大量事实证明，西关历史文献典籍是对岭南文化和广府文化的传承和研究中尤为珍贵的社会资源，应当得到更好的开发利用。

二、打造西关文化品牌的现状

荔湾作为拥有丰富历史文化资源、岭南文化特色浓郁的地区，在坚持以经济建设为中心的同时，一直积极推动西关文化的繁荣发展，做到“两手抓，

两手都要硬”。尤其是近年来，荔湾牢牢把握文化改革发展主导权，勇于担当，主动作为，把文化建设纳入经济社会发展总体规划，不断审视文化工作政策和机制，不断推动文化改革发展迈向新台阶。在打造西关“人、物、志”三张牌，推动西关文化品牌的创新与发展方面，荔湾取得了一定的成效。

（一）“西关名人”文化资源开发与保护利用现状

第一，取得的成效。

一是做好名人旧居的保护利用工作。目前荔湾区现有名人旧居 19 处，有 5 处已批准为市级保护单位，包括蒋光鼐旧居、陈廉仲旧居、陈廉伯旧居、黄宝坚石屋、泰华楼；有 3 处已确定为市登记文物保护单位，包括对山园（黄冠章别墅）、小蓬仙馆（康有为祖居）、岭南艺苑旧址（赵少昂旧居）；有 11 处已确定为文物线索单位；有多处已打造为旅游观光景点。汇集了多位名人在内的旧居所在地聚龙村于 2012 年正式被认定为第三批广东省古村落之一。

二是编辑名人传记相关书籍。编制了《广州西关风华》《西关明姝》等书籍，分别从革命先锋、政坛才俊、演绎翘楚、体坛精英等角度推介在荔湾工作、学习、生活过，在政治、经济、军事、科学、技术、文化等领域做出过重大贡献或产生重要影响的西关人物史迹。在《荔湾风采》中专门开辟专栏“近代历史名人在荔湾选记”介绍历史名人在荔湾光彩照人史事，开辟“艺坛精英”专栏介绍艺人生平及贡献。

三是以名人名字冠名建筑或机构。目前，荔湾区内学校以名人名字冠名的有詹天佑小学、蒋光鼐纪念小学、何香凝纪念学校、康有为纪念小学、广州市陈嘉庚纪念中学、林凤娥小学等。通过冠名，促使名人精神融入各学校办学理念，成为校园文化的一部分，达到名人精神财富的教育功能。

第二，存在的问题。

一是名人档案资料有待进一步梳理。目前，对西关名人档案资料缺乏系统收集与梳理，内容比较散落，未形成专门的史料档案，对查阅资料和资料存档的连续性和延续性造成一定影响。

二是名人资源开发有待进一步深化。目前，对名人历史文化资源开发力度不够，缺乏深度挖掘和有效提升。部分遗迹虽然开发成旅游项目，但停留在表面开发，缺乏历史文化内涵，体验不到当时的历史氛围和风土民情，旧址内部的历史文物资源比较薄弱。

三是名人文化推广有待进一步推进。目前，对名人资源的开发着重于有形资产的保护开发，对名人无形资产的挖掘、宣传、推介、继承不够充分。

第三，下一阶段可以着力推介的西关名人：詹天佑。

西关的名人数量虽然较多，但不可能把有限的资金、资源和力量做到面面俱到、遍地开花，对此，建议在今后的工作中，抓住重点，有针对性地塑造名人名片。在众多的西关名人里，根据其在西关活动的历史记载、保存下来的档案文物及其影响力等来判别，下一阶段，西关最需着力推介的名人是詹天佑。

首先，詹天佑在全国具有很高的声誉和知名度。詹天佑是我国近代史上杰出的爱国知识分子、近代科学与工程技术史上的先驱、举世闻名的铁路工程师，被誉为“中国铁路之父”“中国铁路第一人”。他的事迹，已经被收入小学新课标六年级上册语文书第五课、小学六年级语文S版上册第十七课、苏教版小学语文六年级上册20课（2012年秋季）和小学冀教版五年级下册第二十五课，家喻户晓。

其次，詹天佑是土生土长的荔湾人。1861年4月26日，詹天佑出生在广州西关十二甫西街42号，12岁时到香港报考了清政府筹办的“幼童出洋预习班”，留学美国。可以说，西关既是詹天佑的出生地，也是他童年和少年成长期的重要故地。相较于其他名人，詹天佑更有在西关土生土长的说服力和充分的证据。

再次，对詹天佑的名人推介已有一定的基础。2005年4月，中共荔湾区委、区政府在詹天佑一家三代曾经居住过的十二甫，重修了詹天佑故居，建造詹天佑故居纪念馆，并正式对外开放。荔湾区政府及各相关部门也十分重视宣传詹天佑事迹，曾出版和协助出版了多本关于詹天佑的图书，如《广州西关风华之西关与詹天佑》《詹天佑图片手迹故事集》《詹天佑书信选集》《詹天佑》等，并编辑出版了詹天佑旧图片的明信片。

（二）西关大屋、骑楼街和“西关五宝”文化品牌的保护利用现状

第一，保护的情况。

近年来，随着城市飞速发展和人口急剧增长，旧城民居不断拆迁，商品房大肆兴建，不少富有地方特色的西关建筑正面临严峻的考验。西关大屋在

人为拆建下日益稀少，部分西关大屋因修复理念不当造成不伦不类的效果，从而失去艺术欣赏价值。西关大屋在鼎盛时期本有800多间，现今仅存100多间，且大多破坏严重，尚有保留价值的只剩余10间左右。

针对西关骑楼建筑保护的问题，荔湾区做了不少努力。1995年9月30日，荔湾区开通了广州市第一条商业步行街——上下九商业步行街，由上九路、下九路和第十甫路组成，经过不断修整建设，迄今已有各类商业店铺238间和数千商户，经过十多年的维护，上下九商业步行街逐渐成为荔湾区的重要旅游街区。2010年在广州市的支持下，荔湾区对荔枝湾及周边社区进行综合整治，荔枝湾河涌重见光明，周边的西关大屋也得到整饬。如今，荔枝湾景区已成为荔湾区一处新的观光胜地。

“三雕一彩一绣”在新时期也面临困境。20世纪80年代开始，由于国际濒危野生动植物种公约组织为了保护大象，对象牙贸易逐步加以限制，使得牙雕工艺原材料锐减，广州的牙雕工匠只能利用库存象牙和国家定点供给的极少量象牙进行加工。随着人们环保意识的加强，如何在工艺发展与环境保护中寻求平衡点，是广州牙雕业面临的一个严重问题。木雕业则面对机械化技术冲击的问题。20世纪90年代起，大批机械化批量生产的木雕厂产生，原本的国有厂家经营渐趋衰落，如广州木雕家具工艺厂在21世纪初只剩展场及个别留守人员。

近年来，荔湾区政府加大扶持力度，部分西关民间工艺逐渐呈现出复苏的景象。如今，越来越多人认识到广彩的价值，广彩精品的价钱不断提高，广彩市场开始回暖。下九路、长寿路一带曾是广州民间玉器交易的集散地，过去管理混乱，龙蛇混杂，现经过改造，已成为国内最大的玉器加工基地和批发市场，规模宏大，种类全面，每日客商云集，交易量极大。

第二，存在的问题。

一是环境空间问题。西关一带人口密度大、路段复杂、交通容易堵塞，更有不少违规店铺占道经营，不利于旅游路线的组织，也不符合消防安全的要求。例如，荔枝湾与恩宁路骑楼街都存在人流量大、路面复杂的问题，道路狭窄造成旅游大巴停靠不便。此外，西关一带多为老房屋，20世纪60年代后建起的住宅多为6—9层，体量大，外观破旧，与旅游风情区的风格极不协调，加之有不少临建或违章建筑，区内环境质量不佳，降低旅游景点的档次。

二是开发模式问题。西关文化旅游开发模式单一，缺乏创意。西关大屋与骑楼街建筑群以其岭南文化特色为主要卖点，多建设成特色小街，如龙津西骑楼式的沿街小商店、古玩一条街、荔枝湾沿岸西关大屋建筑群等，但风情区的周边配套设施不够完善，如缺少公厕、公共电话、邮箱、指示牌，衍生的旅游服务项目相应较少。同样的问题也出现在“三雕一彩一绣”上，不少西关民间工艺单纯靠学徒、家族手把手传承工艺，走私人作坊路线，力量单薄，难以打入高端市场。

三是资金筹集问题。无论是旧房修葺、拆迁补偿、设施升级、人才培养都离不开资金投入，这些经费单靠政府的财政支持远远不够，单一的资金筹集模式也不利于西关文化可持续的良性发展。

四是工艺传承问题。目前，“三雕一彩一绣”面临着后继无人的尴尬境地。民间工艺从业人员普遍年龄都在四五十岁以上，年轻一代对“三雕一彩一绣”了解不深，怕苦怕累，很多人甚至还停留在旧时代的印象。即使出身工艺世家的年轻人，也未必愿意继承家传手艺，手工作坊一徒难寻。

（三）整理开发西关历史文献典籍的现状

第一，取得的成效。

一是系统整理广州十三行的文献典籍。荔湾区档案馆从 2001 年起开始收集广州十三行的历史文献资料，先后出版了多本广州十三行史料研究书籍，拍摄了《帝国商行》电视纪录片以开展十三行文化的宣传，荔湾区委、区政府先后多次举办广州十三行历史文化研究的研讨会和十三行图片展。2012 年，荔湾区委、区政府开展了《广州十三行博物馆》建设立项工作，十三行历史文献典籍研究为博物馆建设规划提供了不可或缺的史料依据。

二是挖掘西关地区文化教育史料。区教育局组织挖掘西关地区文化教育名校名人史料，为打造地区教育名校提供了良好的舆论环境和文化背景。历史名校文献资料的研究开发不仅丰富了学校的文化内涵，而且为培养和拓展优质教师资源，推动荔湾教育的均衡发展起到了重要的引导作用。

第二，存在的问题。

一是历史文献典籍的收集还不完整。由于各种历史原因，保留在西关的历史资料非常有限，特别是广州十三行的历史文献资料，虽然区档案馆从国家第一历史档案馆复制了大量的涉及广州十三行清宫档案，并从美国购买了部分的美国档案，但对于更为庞大地散落在当时国际贸易国中的珍贵历史资料无力开展查询和征集工作，使得广州十三行文化的开发利用无法进一步地拓展。结合荔湾区“广州十三行博物馆”的建设规划，将“广州十三行博物馆”打造成文化精品，必须下大力气开展相关史料的搜集工作，特别是相关贸易国家的史料征集。

二是缺乏对历史文献典籍开展研究的复合型人才。由于西关历史文献典籍涉及面广泛，文献典籍的收集、整理和开发不仅需要深厚的中国传统文化知识和历史知识，更需要懂得当时国际贸易国历史背景和古语言的特殊人才。而这些，问题在现有的工作体制下是较难克服的瓶颈，也严重制约了西关历史文献典籍的深入研究。在现有的管理机制和体制下，仅仅依靠机关事业单位现有的人员是无法满足工作需求的，应考虑通过购买服务、文化项目公开招标等创新方式开展相关史料的征集、梳理和归纳。

三、打造西关文化品牌，发展西关文化的对策建议

荔湾丰富的“西关名人”文化资源，以西关大屋、骑楼街为代表的西关建筑文化品牌，以及以“西关五宝”为代表的西关工艺文化品牌，是西关文化的特色和精髓。做好这些文化资源的保护、利用和开发，不仅可以带动区域的商贸旅游业，为西关经济发展注入新的活力，促进经济和文化共同发展，还能推动西关文化品牌的创新与发展，传承历史文化遗产，保护与弘扬西关文化，提升城区文化核心竞争力，从而进一步提升西关文化的经济价值和影响力。对此，本文提出以下几方面的对策建议。

（一）做好西关名人文化资源的保护、开发和利用，塑造西关名人文化名片

第一，深入挖掘整理名人档案资料。首先，有关部门应组织专家学者对西关名人物质载体进行详细普查，确定现存多少名人故居、标注位置、记录名称，在此基础上挖掘名人物质载体的文化使用价值。其次，广泛搜集名人逸事、书画诗词作品、著作、手迹、影像等资料，建立历史名人资料库、名人档案，加强长期研究，深入挖掘、传承其中文化精髓，着力维护荔湾名人文化原貌原型。最后，吸引有文化品位的企业家积极投资，吸引文化学者专家策划指导，吸引广大民众参与建言，形成全社会齐参与的合力，最大限度

地继承发扬这一历史人文资源。

第二，建设物质载体支撑文化灵魂。塑造西关名人故里的名片，选址建设西关名人纪念馆、西关名人事迹展览馆、名人系列雕塑、纪念建筑、文化小景、壁画等，通过物质载体展现浓厚的历史情境和文化记忆，强化环境的艺术意蕴。目前，有些名人名胜资源遭到自然和人为的双重破坏，需要制定切实有效的保护和开发名人物质载体的措施。加大对詹天佑、何香凝等名人故居的发掘和保护力度，将具备条件的名人故居建成“微型”纪念馆或博物馆，让西关名人文化“动”起来，“亮”起来。

第三，宣传名人文化内涵扩大影响。宣传、弘扬是保护开发利用的最基础工作，也是打响“西关名人”牌的必然要求。

一是利用荔湾区老城区文物文化资源丰富、古迹众多的人文优势，明确西关名人文化资源旅游开发的定位。建议将现有名人故居设牌告知，有所标记，将散落的旧居由点串联成线，形成红色爱国教育游览路线、重温千年商贸古都游览路线，加强名人旧居、名人故居与周边景区的联系，满足具有高层次的精神文化享受的历史名人文化旅游。二是对历史名人文化内涵进行深入挖掘和现代解读。挖掘近现代名人在荔湾的历史足迹，凸显西关名人荟萃、英才辈出的历史文化名区形象。挖掘历史名人最宝贵和最能感人的精神品质、时代精神，与城市人文精神结合，培育荔湾城区的名人文化，使人感觉到浓郁的历史文化氛围。针对没有故居、遗迹等有形资源的名人，通过宣传名人之精神，结合社会主义核心价值体系，塑造荔湾城市精神新形象，丰富人们的文化生活，培育名人文化。

第四，开设平台促进名人文化交流。历史名人文化资源包括有形的名人遗迹和无形的名人事迹两种，是一种有形资源和无形资源的有机统一体。对于搭建平台开发利用这一人文资源，必须充分考虑到两个维度。

一是打造名人文化资源的交流平台：成立名人研究会，深入探讨、学习、研究名人文化资源，加强名人项目课题研究；发挥故居馆藏作用，在故居开展各种相关的文化传承活动。二是打造名人文化资源的宣传窗口：创作一批宣传历史名人生平事迹的影视作品、文学作品，开办专门宣传名人文化的刊物；利用文化节、艺术节等重大节庆活动，提升历史名人的知名度和影响力；出版发行一批经典文献，调研形成一批理论成果；创办历史名人群体网站，展示名人著述、名人传记、名人故事、名人纪录片等，立体展示西关名人，让名人文化走进百姓生活。

第五，打造“詹天佑故里—广州西关”文化品牌。如前所述，詹天佑具有打造成西关名人名片的优势条件，但目前对詹天佑的名人研究、宣传和推介力度依然不够。例如，现有材料显示，詹天佑故居共有两处：一为广州詹天佑出生地，即荔湾区恩宁路十二甫西街芽菜巷42号；二为湖北省武汉市江岸区洞庭街51号，建于1912年，是詹天佑任汉粤川铁路会办兼总工程师期间由他本人设计监造的。但在全国的知名度上，广州詹天佑故居远不及武汉詹天佑故居的名气大，武汉的詹天佑故居保存完好，并于2001年被国务院公布为全国重点文物保护单位，而广州詹天佑故居纪念馆目前只是广州市爱国主义教育基地、广州市党员教育基地。因此，下一阶段可重点投入打造詹天佑名人品牌。

一是完善广州詹天佑故居和纪念馆的配套设施，整治周边环境，推动广州詹天佑故居申请成为广州乃至全国的物质文化遗产和全国重点文物保护单位；二是组织力量宣传詹天佑文化，在荔湾人流聚集的地方如上下九步行街竖立詹天佑塑像并挂“詹天佑故里—广州西关”的巨幅广告牌，在电视或网络媒体上投放相关宣传广告；三是开展詹天佑研究与推介，成立广东詹天佑研究会，定期举办相关学术论坛与讲座，出版有关的学术论著和普及读物；四是设立詹天佑文化旅游路线，通过旅游局与旅行社等相关团体合作，结合西关大屋和西关风物开辟詹天佑文化旅游专线；等等。

（二）做好西关历史文化资源的保护、开发和利用，擦亮西关大屋、骑楼街和“西关五宝”文化品牌

第一，建立科学的管理体制。

对西关文化资源进行开发利用，须立足于可持续发展原则。一是在不破坏传统风貌、尊重历史真实性的基础上，对西关建筑进行经济性的开发。以西关大屋风情区为例，其发展以旅游商贸为主、旅游业住宅为辅，因此在管理上要注意维护传统民居的特色，房屋修复“整旧如旧”，保证西关文化的原汁原味，同时按需增加一定的配套设施，加强环保意识，提升旅游品位，提高文化产品质量。二是可多管齐下，做好配套开发。以往的管理模式过于单一，可考虑采用多种渠道开发利用西关文化资源，如在西关大屋风情区内

增加住、吃、玩等各种体验项目，亲手制作工艺品之类。在旅游产品设计上，也可考虑专题品牌旅游路线，如专门针对中西建筑文化的、专门针对青少年开展的民间工艺教育的等等。三是将文化宣传与提升群众文化素养相结合，不断提升文化服务质量，提升文化服务效能，满足人民群众日益增长的精神文化需求，借举办多种民间文化艺术节等群众性文化活动之机，宣传西关文化。

第二，解决资金不足问题。

实行多方筹措，多元化融资。一是政府可提供必要的启动资金、房源地块进行扶持，后续资金在每年预算中逐年安排；二是招商引资，政府给予一定政策优惠，吸引投资者参与建设，引入外资或吸纳企业的资金投入开发；三是对民间工艺行业，政府投入一定的资金扶持民间工艺行业的经营发展，整合零散作坊，组建创意园，每年收取一定比例的盈利，进行滚动式投入。

第三，专业技术人才的培养。

任何一门文化传承都离不开人才，培育西关民间工艺的人才不能单靠工艺从业人员。一是在学校开设相应工艺课程，高中、大学开设西关文化工艺的兴趣班或选修课程，以培养鉴赏能力为主；在相关中专、大专学院开设专修工艺课程，以手工技能为主，毕业后为民间工艺输送人才。二是定期开展民间工艺交流会，邀请民间工艺大师“出山”亲传工艺技术，通过交流与学习，使工艺从业人员的素质得到提高。三是以政府或民间学会名义，举办民间工艺评选活动，通过嘉奖优秀手工艺人员的方式提升其地位和知名度，使更多人了解民间工艺这一行业。四是改善民间工艺从业人员的待遇和工作环境。五是提高民间工艺精品的文化品位。要在区内选择适当地点建造“中国民间工艺精品博物馆”，展现民间艺人工匠的伟大创造力。在此博物馆内，可设“广东馆”“苏杭馆”等，吸引更多游客。六是编辑出版与“西关五宝”有关的资料和专著，定期召开学术研讨会或发展论坛，着力推介一些富有历史文化内涵、带有生动传说故事的工艺产品。七是架设更多的市场桥梁，使民间工艺精品更好地步入室内装饰、庭院造景、环境艺术的创作空间，产生更大的社会效益、文化效益和经济效益。

第四，整理利用西关历史文献典籍，弘扬西关文化。

一是通过加大宣传力度，普及西关历史文献知识，提高人们对西关文化的认识。在西关历史文献典籍的研究中，要充分利用现代媒体的作用，通过报纸、网络和电视等多种媒体宣传和扩大人们对西关文化历史的认识，通过国内外历史史料和西关文化产生发展历史背景的研究，纠正以往学术界对西关文化认识上的一些偏见或误读，通过正确的舆论导向，弘扬西关文化中重商、务实、包容和创新的精髓，为本地区经济发展和人文建设提供服务。

二是大力发掘、整理和利用西关建筑历史文献典籍，为打造西关建筑风情旅游提供参考。通过加强对西关大屋、骑楼街、陈家祠、仁威庙和名人旧居等古建筑的历史资料的挖掘整理，以及广州十三行博物馆的建设，使西关成为具有文化沉淀的旅游商贸区、由系列微型博物馆群组成的历史文化传承区。没有文化背景的古建筑就如同没有灵魂的木乃伊，如何将这些珍贵的古建筑与在此衍生的历史文化相结合是文化旅游开发的关键。对相关历史文献典籍的挖掘整理，不仅能使人们正确地认知西关历史文化，更能为西关文化的深度开发和利用提供创意的源泉。

三是重点开展广州十三行博物馆的建设，将博物馆的建设与五区一街的建设规划以及白鹅潭经济圈的建设有机结合起来。由于历经战火和人为破坏，广州十三行留存的历史遗迹少之又少，人们只能从史料中去发现和猜想当时的十三行是如何的辉煌和繁荣。广州十三行博物馆的建设，就是使西关这段辉煌的历史有个承载的实体。因此，十三行博物馆的建设要本着打造文化精品的态度来开展。简单的陈列或者不伦不类的重建只能破坏广州十三行在人们心中的美好印象。十三行博物馆的建设要做到有主题、有精神、有精品、有文化，在建设规划前应更多地参考世界各国海洋贸易博物馆的设计理念和思维，结合传统中国建筑的风格，尽可能发掘、利用、展示更多的珍贵史料和文物，把十三行博物馆打造成岭南文化和西关文化的一张亮丽名片。

四是发掘、整理和利用西关饮食历史文献典籍，为塑造西关饮食文化品牌提供史料佐证。在饮食文化方面，西关既有驰名的老字号品牌，又有多家中外合资星级酒店。荔湾荟萃了中西美食，各种西关小食更是历史悠久、品种繁多，也由此获得“食在广州，味在荔湾”的赞誉。在知名的老字号方面，有“广州第一家”之誉的广州酒家，其前身是西南酒家，创建于1936年，其正店位于西关繁荣地带的文昌路口；坐落在西关荔湾湖畔的泮溪酒家，曾是古南汉御花园昌华苑的故地，有过“白荷红荔、五秀飘香”的盛景，现为全国最大的园林式酒家。陶陶居位于第十甫路20号，创建于1885年，是广州最古老的茶楼之一。在商业繁华的上下九步行街、第十甫路，更是形成了“五步一档，十步一店”的食肆景观，富有地方风味的各种荔湾小食令人目不暇接。因此，从区的层面，系统整理、开发和利用西关饮食历史文献典籍，从中发掘西关美食与西关文化的渊源、研究西关美食与粤菜、中华菜系的关系，能为打造西关饮食文化品牌、提升西关饮食文化在中华饮食文化中的地位和作用提供有力的史料佐证。在此基础上，可出版相关书籍，拍摄《舌尖上的西关》之类的电视纪录片，宣传、推介西关饮食文化品牌。

第六节　打造广州市荔湾区滨水创意产业带

2016年8月，中共广州市委十届九次全会审议通过了《中共广州市委广州市人民政府关于进一步加强城市规划建设管理工作的实施意见》（以下简称《意见》），提出“广州建设枢纽型网络城市”，“重点建设三大国际战略枢纽，优化提升一江两岸三带，形成‘多点支撑’的发展格局”。

2024年，《广州市国土空间总体规划（2021—2035年）》（以下简称《规划》）获国务院正式批复，立起了广州新一轮大发展的“四梁八柱”，为广州在进一步全面深化改革新征程上开好局、起好步注入强劲动力。《规划》系统谋划了广州到2035年的空间蓝图，提出完善区域协调、城乡融合的城镇体系，优化构建“一带一轴、三核四极”的多中心、组团式、网络化城镇空间结构，推动珠江高质量发展带、活力创新轴建设成为引领湾区发展的战略廊道。[①]其中，“推动珠江高质量发展带”，为整合珠江沿岸优质资源，提升建设两岸经济带、创新带和生态景观带，为珠江两岸注入创新内涵，也为打造广州市荔湾区滨水创意产业带注入了崭新动力。

地处广州市西部的荔湾，俗称西关，因拥有“一湾溪水绿，两岸荔枝红”的千年名胜荔枝湾而得名。如今的荔湾，融合了老荔湾和芳村两个区域的资源，成为传统与自然的结合体。作为广州市独具岭南特色的中心城区和广佛同城化的核心区，荔湾是广州唯一拥有“一江两岸三带”的城区，自然生态资源得天独厚。广州市珠江城市景观带重点区段（三个“十公里”）设计方

① 董鹏程：《2035年广州空间发展蓝图什么样？这场新闻发布会话你知！》，《羊城晚报》2024年9月23日。

案里，第一个“十公里”就在荔湾，即西10公里：从白鹅潭到广州大桥，是中西合璧、展现城市变迁的花园式滨水长廊，体现广府风韵的历史景观风貌。近年来，荔湾区积极开展珠江黄金西岸滨水创意产业带、花地河新经济产业带、荔湾北路设计港等产业园区集群建设。结合“推动珠江高质量发展带”契机，荔湾应以弘扬西关文化品牌为依托，深入挖掘优秀传统文化，充分利用文化创意资源，全面推动和大力发展文化产业，积极打造滨水创意产业带。

一、广州市荔湾区滨水创意产业带的概况

荔湾区珠江黄金西岸滨水创意产业带位于荔湾区南片，北起珠江隧道，南至鹤洞大桥，东起白鹅潭，西至芳村大道东，处于“白鹅潭经济圈”的核心位置。产业带占地约50万平方米，江岸线约2.8公里。

荔湾区充分利用这里曾是清末民初广州最有名的码头仓储区的旧工业文明遗址优势和滨水自然环境优势，大力实施白鹅潭经济圈战略，通过实施“退二进三”和“腾笼换鸟”的方式，加快产业转型升级。荔湾将该产业带上原广东水利水电厂房、金珠江双氧水厂、协同和机器厂、亚细亚花地油库、广州织金彩瓷厂等旧厂房、旧仓库，打造成具有时尚、怀旧、经典等特色的建筑物，总占地面积达16.4万平方米，建筑面积超过10万平方米。

以珠江黄金西岸荔湾滨水创意产业带为标志的创意产业园区显现良好发展态势。2006年至今，产业带内实现“退二”重点企业5家，释放26.20万平方米土地面积和20.19万平方米厂房面积，建成信义·国际会馆、1850创意园、宏信922创意园等创意产业园区5个，成为荔湾区经济发展中具有发展潜力的新兴产业之一，同时被评为广东省首批现代服务业集聚区。

从1850创意园所走过的轨迹，可窥见荔湾区滨水创意产业带的发展历程。1850年是值得广州人骄傲和自豪的一年，当年广州市是世界上最大的商业城市，在中国城市排名第一，在全世界城市排名第四，1850创意产业园的取名正是源于此意。1850创意产业园占地5万多平方米，目前已经成为荔湾区滨水创意产业带的龙头园区，聚集了一批国际型创意产业项目，已成为全国比较集中和比较专业的创意产业园区，文化创意产业集群效应明显。其中，占据国内动漫十强企业之一的缤果动漫公司，将研发和设计中心从江门整体搬迁到1850创意产业园。有着2500平方米公共展示空间的1850创意展馆，是园区配套的公共展示交流平台，迄今为止已举办过动漫节、国际跨界艺术

节等近百场活动。根据荔湾区滨水产业带的发展态势，下一步，将以文化传媒、工艺制造、时尚消费等文化创意产业为主导，在该产业带着力培育引进创意企业总部，打造创意产业品牌，推动创意产业集聚融合发展。

二、广州市荔湾区滨水创意产业带存在的问题

目前，虽然荔湾区白鹅潭经济圈的滨水创意产业园区发展布局已经形成一定规模，特别是1850创意产业园、信义·国际会馆等园区在创意产业领域具有一定知名度和影响力。但是，也应清醒地看到，1850创意产业园等的发展现状和发展优势与广州市的T.I.T创意园、太古仓比较，无论在总体的规划布局和建设规模，或者是品牌的知名度和影响力方面，都仍存在一定的差距。荔湾区滨水创意产业带在集聚发展方面仍存在一些问题。

（一）缺乏龙头企业和强大品牌的集聚

由于滨水创意产业带的大部分文化创意企业发展时间不长，大多处在发展的初期阶段，而且从外部引进领军企业的力度不够，跨行业、有较强带动力的龙头企业缺乏，具有影响力的文化创意品牌不多，企业组织形式还处于小规模分散经营状态，有很多企业只由几名设计师组成，企业间在开发、生产和营销等环节上缺乏技术交流与专业分工合作。文化创意产业总量不足，规模小，产品单一，产业链不完整，产业之间的有机联结不密切，产业群体没有很好地形成，产品的规模优势没有得到发挥，文化附加值低，与文化创意产业发达地区的差距较大，没有实现规模经济，对地区生产总值的拉动作用依然不明显。

（二）缺乏专业人才和智力资源的集聚

人才是产业发展的核心资源。文化创意产业的发展不仅需要具有创新精神和创新能力的专业人才，也需要既通晓创意产业运作又擅长经营管理的管理人才。由于荔湾区辖区内没有高校，而且没有形成积极有效的人才引进和培育机制，滨水创意产业带内具备创新、运营、营销综合能力的复合型人才缺乏，成为产业带继续向前发展的一个瓶颈。人才的匮乏和创新能力的不足导致对工业遗存文化的创意包装不够，资源的利用率、商品转化率程度不够高，丰富的文化特色资源没有得到根本的发掘和释放，资源优势没有转化为产业优势。

（三）缺乏服务平台和交流机制的集聚

由于缺乏相关行业协会进行规范和协调，文化创意产业园区之间的沟通不够顺畅，园区在建设中各自为政，不顾自身的特点，没有结合基础资源情况去建设，造成了一些文化创意园区缺乏自身特色，存在重复建设、资源浪费等问题，同质化现象严重。各个产业之间的关联性不够，地理上的靠近只是打造了一个集聚基础，并没有使创意产业集群产生规模效应。园区在招商的过程中还存在着激烈的竞争，甚至可以说是恶性竞争，一些文化创意产业园区为了提高入驻率，赚取租金，从企业自身的利益考虑，在招商过程中不进行筛选，引入了一些不具备集聚产业特色的企业甚至是根本与文化创意无关的企业。

三、打造荔湾区滨水创意产业带的对策建议

当前，荔湾区要以《规划》为指导，抓住建设珠江高质量发展带的战略机遇，加快推进滨水创意产业带的集聚发展。

（一）政府发挥“有形手”的作用，强化规划布局

第一，加强政府宏观领导和组织协调。政府及有关职能部门在发展创意产业中，要扮演统筹全局、主导规划、积极引导的重要角色，对创意产业的布局及建设作出具有前瞻性、可行性的规划。加强政策引导，推动产业发展。加大政策资金支持力度，对符合政府重点支持方向的项目通过租金补贴、奖励等方式予以扶持，支持文化创意企业做大做强。特别是对于从事创意产业园区或平台建设的单位，应通过多种途径，在政策和资金上给予进一步的支持。2024 年，广州市荔湾区文化广电旅游体育局印发了《广州市荔湾区促进文化创意产业高质量发展办法》，从资金支持、产业聚集发展支持、文化金融支持、数字化转型支持、创意设计产业发展支持、艺术品拍卖发展支持、重大活动支持、文化艺术创新支持、旅游产业发展支持、企业研发支持、企业成长支持、文化创意人才支持等方面，提出了具体办法。对此，应加强宏观领导，推动相关措施的落实，并对产业带进行整体规划，对产业发展的一系列重大方针、政策、工作中涉及的重大事项和问题进行研究和决策，统筹协调和指导创意产业的发展。通过政府扶持，能较好解决园区由于资金压力而盲目招商的短视行为，并引导园区业主主动进行功能定位，鼓励其“招大

引强”，对一些不符合自身定位的企业进行置换和交流，走特色化、专业化发展道路。

第二，政府主导，成立专家咨询委员会。聘请国内外著名的行业专家，成立创意产业发展咨询委员会，为创意产业带规划布局、建设进行调研、论证和评估，对出现的重大问题和存在的风险提供咨询意见或解决方案，并参与质量审查。

第三，连片开发，扩大集聚效应。目前，信义·国际会馆、1850创意产业园、宏信922创意园等几个创意园区各自开发，互不相连，难以带来规模效应。荔湾区应科学利用这些旧工业文明遗址和滨水自然环境优势，推进沿江2.8公里创意产业区连片开发和集聚发展，整合信义·国际会馆、1850创意产业园、宏信922创意园等创意园区资源，打通节点，推进河南港务公司码头、芳村水上消防中队、大冲口加油站及省、市粮仓的搬迁，形成文化品位高、创业环境好、产业特色鲜明的创意产业聚集区。打造“一区多园”结构模式，加强各类园区的互动和协作，实现功能互补、资源共享、联动发展；打造统一明显的园区标识，树立标志性的形象，实现最大限度的整体展示，提升创意产业集聚区辨识度和知名度。

第四，加强周边产业布局引导、互促提升。着力打造以唯品会和广佛数字创意园为代表的花地河电子商务产业带，引导广州岭南V谷、广州圆及广船地块未来的产业布局，以现代高新技术为依托，培育发展文化创意、工业设计、服务外包、电子商务等现代产业；着力打造陆居路、明心路的连片开发，建设高档写字楼，进行产业集聚招商，大力吸引总部型企业落户；充分挖掘历史遗迹潜力，将聚龙村、协同和机械厂、毓灵桥、德国教堂打造为旅游文化带。荔湾区美食出名，素有“食在广州、味在西关、源自泮塘”之说，河南港务码头的改造可借鉴太古仓的做法，适当增加餐饮配套，引进地方特色餐饮。各产业共同构建具有较强产业竞争力、特色鲜明的荔湾产业体系，与滨水创意产业带遥相呼应，共同提升荔湾区的投资吸引力。

（二）加强载体建设，引导园区合理发展

园区是创意产业发展的重要载体。要加快载体的建设，引导园区进行发展定位、合理布局，创造优越的创业发展硬环境，更广泛地集聚创意企业。

第一，园区建设必须坚持规划先行，规划决定园区发展的方向和品位质

量。根据园区的优势，提炼出自己的特色，把园区规划与城区的产业发展规划相结合，有明确的功能定位，培育特色核心产业，注重创建品牌园区，完善功能、提升能级，大力吸引一批规模大、影响力大、创新能力强、资产收益好、领先带动效应明显的上游创意龙头企业落户，形成强大的辐射效应，带动荔湾区中小规模的创意产业快速发展。

第二，打造园区产业链，延长产业链，提升产业的吸附能力，与周边园区形成良性的竞争。根据园区企业成长的需求，加强服务，提前布局各优秀企业的发展场地，让长大的企业留在园区。园区布局的合理性将大幅提升园区的吸引力与价值，以广州 T.I.T 创意园为例，整个园区划分为创意工作区、设计师之家、展示发布中心、品牌总部、时尚休闲区和配套服务区六大功能区，形成核心功能、延展功能、配套功能三大功能体系，规划统一，功能齐全，配套完善，有效地打造出一个服装产业资源整合平台。

第三，突出优势，注重综合服务功能配套。聘请专业的园区管理团队，做好入驻园区企业的服务，提供园区办公室租赁、工商、税务、商务服务、知识产权、法律等专业服务。利用多种形式开展园区的宣传，统筹策划和组织安排园区的形象宣传，全面客观地展示园区建设成果，扩大社会影响力和提高公众认知度。打造具有较高影响力的行业盛会，定期举办研讨会或高峰论坛，深入研究创意产业发展的新趋势和新动向，构建高端、开放的互联网行业交流对话平台，为园区企业的发展打造提供高效、便捷、配套的支持，为企业的发展壮大提供更大的空间，留住龙头企业。

第四，要避免项目建设中出现资源浪费和重复建设的问题，提高土地集约化水平，使产业带综合经济效益最大化。要依托地区资源优势，在规划过程中强化对各个文化创意产业园区的功能定位，明确各自的产业重点，突出特色，实行差异化竞争，寻求多样化的发展路径，优先布局投资额大、主体功能完备、特色鲜明的文化创意产业园区。针对产业带现有多个园区零星开发的现状，要加快推进对产业带实施连片开发，力争把荔湾区滨水创意产业带打造成广州市乃至全国有名的创意产业技术开发中心、创意人才培训中心和创意产业集聚中心。

（三）促进龙头企业发展，提升产业品牌价值

龙头企业是产业发展的主要力量，要培育滨水创意产业带的龙头企业，

对龙头企业实行“一企一策”“一事一议”的扶持政策，加大对龙头企业的奖励和补贴，针对不同的发展阶段给予不同的扶持力度，实行阶梯和动态管理，让龙头企业在园区扎根，进而吸引相关产业和周边产品的企业聚集，打造有竞争力的地区品牌，提高荔湾区滨水创意产业带的影响力和知名度。

第一，要创造良好的文化创意产业品牌成长环境，研究制定品牌培育发展的具体方案，分类别、分层次建立品牌培育库，实行有计划、有重点的培育发展，形成“三个一批”（储备一批、争创一批、培育一批）的发展格局。要立足岭南特色，进一步保护挖掘利用协同和机器厂、日清仓、亚细亚花地仓等多处工业文化遗产价值，结合聚龙古村、毓灵桥、杏花古井、“石泉”碑记等文化古迹保护开发及珠江滨水岸线游览，发挥文化、商贸、旅游等资源优势，丰富文化创意产业内涵。擦亮1850创意园作为古代丝绸之路发祥地、宏信922创意园作为中国近代第一台柴油机诞生地等特色名片，并进一步借助各种活动展示平台，积极推广区域品牌。突出文化创意重点企业和重点产品，大力培育“名、优、特、新”品牌，发展一批知名度高、竞争力强的文化创意企业，打造具有自主知识产权和综合竞争力的品牌，不断提高产业品牌价值。

第二，文化创意企业之间要在开发、生产和营销等环节上加大协同合作力度，促进不同业态之间的融合，进行衍生品的开发，创新产品组合，满足消费者多样化的市场服务需求，延伸产业链，拓宽发展空间。同时，必须鼓励和支持企业不断加强有利于推动文化创意产业发展的研发设计，积极开展与广州市内的科研院所和高等院校之间的合作，开发文化新产品，创新文化服务新模式。

（四）完善配套设施，营造宜居宜业环境

由于文化创意阶层对教育、医疗、文化娱乐、购物餐饮等设施的要求相对较高，如果这些需求得不到满足，那么滨水创意产业带对文化创意人才的吸引力将大打折扣。因此，要大力完善配套设施，努力营造宜居宜业环境，提升产业的发展水平。

第一，完善交通等基础设施配套。俗话说，路通财通，当前创意产业园区离地铁站有一定的距离，虽然有公交车经过，但离园区比较远，交通的不便利在一定程度上制约了创意产业园区的发展。为此，应加快打通临江道路，建设创意产业区环岛线，保持园区之间的运行畅通；将停车场的规划布局建设提上议程，解决停车难问题，改善园区的交通便利性；加快完善水、电、通信等基础设施建设，为园区提供良好的基础配套。

第二，不断提高滨水创意产业带周边环境档次，营造宜居宜业的良好环境。结合白鹅潭商圈八大功能区建设，从道路交通建设、市政设施配套建设和环境保护等方面着手，加强产业带内各个园区周边环境的整治，对周边道路进行升级改造，提高园区绿化率，完善水、电、气和通信等基础配套设施。

（五）加快创意人才的培养和引进

文化创意产业的建设离不开人才资源，具有原始创新能力、集成创新能力的人才是发展文化创意产业的关键。为此，要加快创意人才的培养和引进。

第一，按照“缺什么补什么”的原则，做好创意人才引进规划。建议制定针对文化创意产业高端人才的培养、引进、激励政策，拓宽人才引进渠道，创新人才引进模式，完善个性化的所得税返还、人才落户、医疗保障及安家支持等方面优惠措施，使高端人才能够扎根荔湾。区人力资源和社保局要牵头建立滨水创意产业带文化创意人才引进目录，加强与文化创意行业商会协会和有关猎头机构的合作，引进产业带文化创意产业发展急缺的高端设计创作人才、运营管理人才、讲演展示人才以及市场营销人才。

第二，加强人才的引进和培训。对于引进的高端人才，要建档立库，在户口、医疗、保险、住房、子女入学等方面给予政策支持。要建立和完善人才评价指标体系，在内部形成“比学赶超”的氛围，对于荔湾区文化创意产业发展有突出贡献的人才，推荐参加高层次人才评选，并适当给予奖励，用好留住。强化与各高校的合作，积极开展现有相关人才的培训与提高；推进区域性人才市场建设和人才信息化建设，健全人才管理和服务的网络和机制。

第三，打造创意人群“乐居社区”。高层次产业发展需要有高层次的人才支撑，吸引创意、研究开发人才，需要良好的生态环境、便利的生活设施及良好的居住环境。要建设生态环境良好、配套完善、具有文化品位的高档社区，筑巢引凤，吸引创意人群的集聚，提高集聚区的人口素质。

（六）完善公共服务平台，营造互惠发展环境

要发挥政府的主导作用，整合社会资源，积极为园区中小型企业建立和

完善公共服务平台。

第一，加快培育各类专业性和区域性的行业协会、市场中介机构和服务体系，提供包括信息交流、技术服务与交易、专利转化、知识产权保护、投融资以及人才培训、研发设计、公共宣传展示、国际交流等服务，降低创业门槛、创业成本和风险，有效解决中小型企业发展过程中在市场和资金方面的瓶颈问题，为各类中小型企业的孵化提供服务支撑。

第二，增强公共文化服务的供给能力。建设城市“十分钟文化圈”，均衡合理布局文化设施，加快文化广场、文化馆、图书馆、社区文化室等群众文化场所建设，实现公共文化基础设施全覆盖，使文化服务成为吸引优质企业及人才砝码之一。

第三，搭建平台，营造互惠合作发展环境。一是成立创意产业协会。协会是政府与企业、企业与企业之间的桥梁和纽带，充分发挥行业协会在行业规划、行业服务、行业管理、行业自律等方面的积极作用，围绕创意产业发展，提供政策研究、行业信息、行业标准、人才培训、市场调查、科技成果推广、投融资咨询、代运营等多方位服务。二是建立创意产业园公共服务平台。将集聚区分属于不同行业、不同地理位置的创意企业进行统一的展示和管理，为企业提供质量管理、经营管理等方面的在线咨询，提高企业的管理水平，促进企业管理创新；与信用评估机构合作，建立企业信用信息库，进行资源整合，实现信用信息共享管理，对企业信用信息进行管理和发布，进一步提高企业的诚信度；发布新技术、新成果、新产品信息，为企业提供科技成果、技术供需、专家人才、技术诊断等信息服务，推动产业优化升级，提升企业的市场竞争力。

（七）促进原创，打造知名品牌

发展文化创意产业需要加大知识产权保护力度，杜绝假冒伪劣创意产品，保障创意开发者的合法权益。

第一，健全体系，保护知识产权。对违法行为加大处罚力度，提高违法者的违法成本，健全知识产权服务体系。创意是文化创意产业的核心竞争要素，但由于它的非竞争性和部分排他性特征，使其很容易被人复制、剽窃、盗用。突出创意的核心地位、尊重创新主体的创造价值和合法权益，需建立完善的知识产权保护体系，完善知识产权保护相关法律法规，制定切实可行的措施，密切配合、引导和推动创意企业建立和完善专利、商标、版权、著作权和商业秘密的保护制度。

第二，加强监管，保护知识产权。加强知识产权局、工商局、商务局等相关行政管理部门的合作，建立高效的协调机制和仲裁机制，提升产权管理效能；建立跨地区、跨部门的信息沟通机制和联合执法机制，加强各执法部门和司法部门之间的信息共享与协调配合，针对文化创意成果转化的重点领域和重点环节开展专项行动，严厉打击知识产权侵权行为；发挥社会舆论、创意产业协会和知识产权中介服务机构等社会中介组织的监督和规范作用，披露侵权违法行为，协助解决业内知识产权纠纷问题，规范知识产权服务市场。

第三，加大政府宣传和政策扶持力度。积极引进和培育一批自主创新的名家、名牌、名企，引进创意企业总部，打造创意产业品牌，形成品牌效应。利用政府网站、招商会等渠道进行多种形式的品牌宣传推介，并进一步借助各种活动展示平台，例如组织相关企业组团参加广交会，举办创意产业文化节及年度创意大赛，邀请行业专家与企业，积极推广区域品牌。完善创品牌激励政策，抓紧制定出台专项政策，企业在创著（驰）名商标、名牌产品等品牌战略方面有突出成就的，对该企业给予一定的奖励；梳理目前广州市已出台的各类优惠政策，引导企业用好用足政策，大力支持企业创建品牌。

第七节　“三家巷”：广州西关大屋大型景区的特色打造

西关是广州的旧城，因明清时地处城西门外而得名，在明清时期这里就是广州的商贸中心。西关大屋是旧广州商贾富绅的居所，广州的西关大屋主要集中在城西的荔湾区逢源路、宝华街、多宝街附近，现存数量从清末民初的 800 多间减少为不足 100 间。著名作家欧阳山曾在《三家巷》里把 20 世纪初在西关大屋生活的人与事描述得活灵活现，以《三家巷》的故事为背景，在荔湾区西关大屋打造大型景区“三家巷”景区，是西关文化创意产业的重要内容。

一、打造“三家巷”西关大屋景区的目的、意义

所谓西关，是老广州人对位于荔湾区，北接西村，南濒珠江，东至人民

路，西至小北江，明清时地处广州城西门外一带地方的统称。西关分为上西关和下西关，其中上西关地势较高，下西关地势较低。明末兴建起十八甫，开设有十三行。清代中、后期起，西关先后兴建了宝华街、逢源街、多宝街等居民住宅区，这里的西关大屋和竹筒屋等广州典型的传统建筑便应运而生了。由于此类建筑以西关一带居多，故称为“西关大屋”。

（一）打造“三家巷”西关大屋景区的目的

荔湾集聚了广州的各种典型特色建筑，如集岭南传统建筑特色精华的陈家祠、西风东渐的西关大屋、充满浓郁西关风情的骑楼街和麻石街等。在荔湾打造“三家巷”西关大屋景区，目的在于整合资源，把文学名著《三家巷》与西关的建筑文化、饮食文化、民俗风情文化、商贸文化、曲艺文化、工艺文化、影视文化等有机融为一体，丰富内涵，通过塑造“三家巷”西关大屋景区品牌，展现积淀丰厚的广州传统文化，带动整个荔湾文化产业的发展，为发展荔湾特色文化产业提供内涵深厚的文化支撑。

（二）打造“三家巷”西关大屋景区的意义

第一，有利于加快旅游发展步伐，增强旅游带动效应，促进西关文化产业的发展。打造“三家巷”西关大屋景区，建设西关“岭南民俗风情影视基地”，能充分整合西关旅游资源，加大开发力度，吸引更多游客来此观光，以旅游带动商贸，以商贸促进旅游，促进西关文化产业的发展。

第二，有利于弘扬西关源远流长的历史文化。充分利用荔湾区人文资源优势，以耀华大街西关大屋区为核心地段，把其列入历史文化保护街区，着力打造“三家巷”西关大屋景区，有利于弘扬西关源远流长的历史文化，向世人展现丰富多彩的西关民俗风情。

二、西关大屋建筑群：打造“三家巷”西关大屋景区的资源条件

古香古色的西关大屋，是广州西关文化的神韵，也是吸引游人的重要亮点，更是打造“三家巷”西关大屋景区的基本资源条件。

西关大屋是清代同治、光绪年间，富商巨贾和洋商买办等新兴豪富在“西关角”，即今天的荔湾区宝华路、多宝路、逢源坊、华贵坊一带兴建的豪宅。在民间的传闻中，西关大屋的兴建是很夸张的，青砖墙铺砌所用的不是水泥，而是以糯米饭拌灰浆，所以砌出来的墙没有一丝缝隙，砌好砖墙之后还须在

外面再贴一层水磨青砖，这种面砖贴上去之前要先用人工打磨，所以西关大屋的青砖墙永远是平滑的。西关大屋的装修异常讲究，家具都用华贵的酸枝台椅。屋内有木石砖雕、木雕、陶塑、壁画、石景和铁窗花、满洲窗等装饰，整个大屋显得吉祥和典雅。

西关大屋作为过去豪门富商营建的大型住宅，高大明亮，厅院结合，装饰精美。其基本布局是三间两廊，左右对称，中间为主要厅堂。中轴线由前而后，依次为门廊、门厅（门官厅）、轿厅（茶厅）、正厅（大厅或神厅）、头房（长辈房）、二厅（饭厅）、二房（尾房）。每厅为一进。厅与厅之间以天井相隔。天井上加小屋盖，靠高侧窗（水窗）或天窗通风采光。正间两旁主要有书房、偏厅、卧室和楼梯间等。最后为厨房。门厅右边一般设有庭院小品，栽种花木，布置山石鱼池以供游憩观赏。庭院后部为书房。大屋两侧各有一条青云巷，取“平步青云”之意。青云巷又称冷巷、火巷、水巷等，有通风、防火、排水、采光、晾晒、交通、栽种花木等功能。

西关古老大屋外为矮脚吊扇门，中为趟栊门，内为大门，均由高级硬木制成。西关大屋大门由三道门构成：第一道门是屏风门，也叫矮脚吊扇门或花门。花门上端通花，一般用木雕雕花作装饰。第二道门是独具岭南特色的趟栊门，“趟栊”，顾名思义，开为趟，合为栊，全用 13 条直径 8 厘米的圆木横架做成。第三道门才是真正的大门，多用樟木或坤甸木制造，门厚约 8 厘米，门纽是铜环，门脚旋转在石臼中，内有扣门。 跨过三道门，就是门厅，然后到茶厅，第三间才是正厅，再到头房（长辈房），然后是二厅（饭厅），最后是二房（尾房）。三门三进，使得封建等级制在西关大屋中表现得淋漓尽致。在厅与厅之间有小开间，靠天窗采光，大屋两侧为挂廊，屋内有两条青云巷，左边是书房，右边是偏厅客房，最后是厨房。有的西关大屋还有小花园，栽种花草，设置假山鱼池以供玩赏。

西关古老大屋室内装修十分讲究，陈设包括灯具、条幅、对联、书籍、古董、字画、瓶花、盆栽、笼鸟、镜台及各种艺术品和红木家具，精巧的木雕花饰，富有地方特色的满洲窗和槛窗及其独特的布局形式，具有浓郁的岭南韵味。

西关古老大屋现存数量已从清末民初鼎盛时期的 800 多间减少到不足 100 间，其中尚有保留价值的则只剩下 10 间左右，如十三甫正街 15 号的西关大屋等。西关大屋主要分布如下。

（1）十八甫富善地区。爱育新街曾为“海山仙馆”主人潘仕成古宅，一批西关大户也建宅在其间。

（2）杨巷、杨仁里地区。为广州主要布匹和药材商市集中点，居住者多为商人妇，建筑偏小巧精致。

（3）十二甫地区。以西关平地黄群屋而著称。黄家庭院宽广，富甲一方，故有西关平地黄之说，相连的西关大屋不少，清代状元梁耀枢古宅，就建筑在今陶陶居位置。

（4）宝华、十六甫地段。大屋很多，内有钟家花园为著名。主人钟锡琪，字仲环（清翰林）。屋内有楼、房、亭、廊等建筑，园内有池塘，种植荷花，并有“一拳石”和名为“寿者相”的酒家，故有一拳石斋、二酉轩、三雅堂、四时春、金符斋、玉茗堂、香石斋、巢烟阁、坚寿亭、云淙水榭等，其结构布局极具岭南园林特色。

（5）逢源、宝源地区。著名的庭园建筑小画舫斋就建在宝源大街内，建筑用地 2800 余平方米，其建筑布局精雅，厅与书房均以内院相隔，居室凉爽如秋，院内有两层画舫建筑。逢源北街一带还有陈氏大院（陈廉伯家族）和相连的西关大屋群。

（6）多宝地区（多宝大街、多宝坊一带）。有邓华熙六便过第宅，主人邓氏，广东顺德人，官居二品，曾任安徽巡抚等职。清代探花李文田住宅建在多宝坊，六间相连。邓宅、李宅的正间均为四柱大厅，比一般西关大屋显得更为高昂华贵。

（7）著名的耀华社区位处西关腹地的长寿路，是典型的老广州传统西关居民区，始建于清末民初，是广州市首批历史文化保护区之一，现有闻名海内外、保存较完善的西关大屋 39 间，连续长度有 130 多米，麻石街、青砖屋、趟栊门、满洲窗、石脚是西关大屋的主要特征，借此可睹 19 世纪末 20 世纪初西关富人家生活概貌。近年来，街道在搞好街区建筑及环境整饰整治建设的同时，推进现代特色社区的建设，以多项首创的社区服务成为全国和省、市和谐社区建设的典范。2005 年，时任国务院总理温家宝、时任广东省委书记张德江还先后深入该社区视察，耀华社区更是名扬全国。耀华社区的西关大屋建筑群，是打造“三家巷”西关大屋景区的最重要的资源条件。徜徉在老街老巷中，仿佛回到了百年前的西关，再次感受地道的西关民风和历史的变迁。

三、一幅恬淡细致的广州风情画——《三家巷》：打造“三家巷”西关大屋景区的背景依托

欧阳山（1908—2000），著名现代作家。原名杨凤岐，笔名凡鸟、罗西等。1908 年 12 月出身于湖北荆州一个城市贫民家庭，因家境贫寒几个月时被卖给姓杨的人家，从小便随养父四处奔波，在外流浪，接触过很多下层社会的穷苦人。早在 1924 年，16 岁的欧阳山便在广州从事革命文学活动，并发表处女作《那一夜》，还参与办革命刊物。他办的刊物还引起了郭沫若同志的注意和关心，郭沫若把他介绍到中山大学去当旁听生。1927 年，又得到当时在广州任教的鲁迅先生的帮助和指导，并为先生讲演《魏晋风度及文章与药及酒之关系》做记录。为此，鲁迅先生曾在信中亲切地称他为“山兄”。其后，接受了马克思主义革命文学的影响，组织了“中国左翼作家联盟广州分盟”。不久，因被反动派通缉而转到上海。在两个口号论争中，他发表文章，拥护鲁迅提倡的“民族革命战争的大众文学”。抗战期间，周恩来对他非常关心，先是指派他到湘西前线从事抗日救亡工作，继而亲自安排他到延安去。从此，他受到了毛泽东同志的关怀和指导，担任中央文委常务委员、文艺研究室主任等职务，并参加延安文艺座谈会。

在延安文艺座谈会后，欧阳山写出了《活在新社会里》《高干大》等作品。前者和丁玲同志的《田保霖》刚发表，就引起了毛主席的重视，在 1944 年 7 月 1 日早晨，毛主席给这两位作者写信说：“快要天亮了，你们的文章引得我在洗澡后睡觉前一口气读完，我替中国人民庆祝，替你们两位的新写作作风庆祝！……如果可能的话，今天下午或傍晚拟请你们来我处一叙，不知是否可以？”[①] 他们去了，还共进晚餐，叙谈得非常畅快。从此，欧阳山同志一直坚定地沿着这正确的道路往前走，不只深入农村，还投身到解放战争中去担任战地记者，任重而不畏难。

中华人民共和国成立以后，欧阳山回到广州，熟悉生活，如椽巨笔，一泻而下，几十年奋斗不息，写出了革命史诗《一代风流》（五卷：《三家巷》

① 盛夏：《毛泽东与周扬》，人民出版社，2011，第 162 页。

《苦斗》《柳暗花明》《圣地》《万年春》），这是欧阳山一生最辉煌、最宏伟的文学代表作。其间欧阳山还身负重任，先后担任中国文联委员，中国作家协会理事、副主席，华南人民文艺学院院长，华南文联主席，广东省文联主席，广东省作协主席，广东省人大常委会副主任，中顾委委员。

早在1942年，欧阳山就有意要创作一部“反映中国革命的来龙去脉”的历史小说，初取名为《革命与反革命》，1957年正式动笔，改名为《一代风流》。1959年出版第一部《三家巷》，主要表现“一个叫周炳的打铁出身的知识分子的半生经历”。在20世纪50年代出版的现代历史题材创作中，这部作品在题材选择、人物塑造、表现方法和风格情调等方面都有着鲜明的个性特征。它以20世纪20年代的广州为背景，将个人的成长道路、家族的兴衰沉浮等历史的风云变幻融为一体，通过与广州直接有关的省港大罢工（包括这期间发生的“沙基惨案”）、国民革命军北伐和广州起义等重大事件，表现了20世纪20年代的工人运动从幼稚到成熟的发展过程，以及第一次国共两党从合作到分裂的全过程，描绘出中国革命初期既轰轰烈烈又错综复杂的时代画卷。

《三家巷》的叙事是从《子夜》模式发展而来，书中每个人物都是某种阶级的典型。但是作者表现历史的独特的切入点和表现方法相当引人注目，他没有从正面去描写这一系列在中国现代史上有着特殊意义和鲜明特色的运动和斗争，而是通过人物的心路历程来反映革命运动，以展示社会生活风俗来表现时代政治风云，别出心裁地塑造了一个远离斗争旋涡并不具备革命者成长要素的“典型环境”——三家巷，作为当时广州社会甚至20年代中国社会的缩影。作者精心编织出一个以血缘关系、婚姻关系和社会关系为主的人物关系网，通过周、陈、何三家以及他们的各种社会关系，表现革命运动对他们的影响以及他们对革命运动的态度，并通过革命运动的深化使各种阶级力量发生分化。虽然这部小说的基本构思仍然符合“阶级斗争”的时代共鸣，但其间的多元复杂关系，尤其是对不同阶级出身的小资产阶级知识分子的多元复杂关系的描写，打破了一般现代历史小说把阶级关系和阶级矛盾简单化庸俗化的思维定式。

在三家巷的三家人中，周家是世代打铁的手工业劳动者，陈家是由小商人发展起来的买办资本家，而何家则是靠大荒年办赈济暴发的官僚地主，他们分别代表了广州这类大都市主要的社会阶层。但作者没有机械地用阶级观点来处理三户人家的关系，他从富有中国特色的家族的社会关系写起，放手建构作品主要人物之间的“五重亲”关系：在表亲、姻亲的基础上，又增加了换帖兄弟、邻居、同学三重关系。第八章《盟誓》、第九章《换帖》写陈文雄等五名中学毕业生，满怀青春激情，在三家巷结盟宣誓，发誓要“永远互相提携，为祖国的富强而献身”，洋溢着年轻人的单纯、自信、理想主义，写得非常感人，同时也通过他们个人的不同信仰之争，暗示了日后的分裂。这种关系表现了人的阶级性不是先验的，只有在社会实践中，在特定的经济地位和社会环境下，才会逐渐显现出人的阶级本质。作者是经历过延安整风运动的，对描写小资产阶级知识分子的动摇与分化尤其注重，陈文雄与四个姐妹原来都是接受过“五四”新文化熏陶的进步青年，他们主张自由恋爱，人人平等，同情社会主义，但在严峻的阶级斗争中一个个暴露了软弱动摇的性格。应该指出，作者这样的构思仍然体现了时代共鸣的影响，对知识分子的革命性，以及资产阶级出身的知识分子在实际斗争中向革命转化的可能性缺乏实事求是的理解与尊重。但作者毕竟细腻地描写了这一分化的过程，给读者提供了艺术想象的余地。

周炳这位历史长卷中的主人公，在20世纪五六十年代文学人物长廊里是非常特殊的一个艺术形象，作者把他定性为：打铁出身的知识分子。打铁出身，不仅指他出身于世代打铁的家庭里，身上流着早期工人阶级的血液，而且他自己也打过铁，与一批城市手工业劳动者结成真诚的友谊，这就决定了他在中国共产党领导下的革命实践中将逐渐磨炼成坚强扎实的阶级基础。同时，他又是个知识分子，虽然没有接受过系统完整的资产阶级教育，但从小在一批青年知识分子的哥哥姐姐的温柔爱护下，几乎是本能地接受了小资产阶级的思想感情，这也注定了他在参加严酷的阶级斗争过程中必将接受严峻甚至痛苦的考验。作者既不把他当作英雄人物来塑造，也就没有一般作者难以甩掉的思想包袱，能够比较放松地描写人物的内心世界，敢于直言不讳地暴露人物的憨直、软弱、幼稚、温情等性格弱点和不切实际、富于幻想等性格弱点，使人物形象始终具有独特的个性和鲜活的特征。作者笔下的周炳，是一个“长得很俊的傻孩子”，这又俊又傻的特点，构成了一个“现代的贾宝玉”式的独特个性的周炳。他既对革命胜利充满浪漫主义幻想，又经受不了革命失败的打击，虽然作者通过他一次次在实际的革命斗争中得到锻炼，写出了他的成长和转变，却没有急于完成这个转变过程。尤其是他在国民党“清党”以后躲避乡下时一再写信给恋人陈文婷，以致暴露了地址，连累大哥周金被害。广州起义时，他已经成长为勇敢的起义战士，但其思想觉悟却仍然停留在“为区桃报仇”的革命狂热性的水平上，这体现了人物性格发展的复杂性，同时，也符合多卷本长篇小说的创作需要。

与周炳性格构成直接有关的是两个女性：区桃和陈文婷。在作品众多的女性形象中，作者对区桃的用心最深，对陈文婷的着墨最多。在区桃身上，寄托着作者对中国女性的审美理想，既美轮美奂、多才多艺，又性格温柔、纯洁善良，既甘于贫寒，又勇于革命。作者用心良苦地塑造出这样一个精致的南国美女，希望通过她香消玉殒的悲剧，来激发周炳的斗志。只是作者在这里用心太深，反倒暴露出过于明显的人工痕迹。作者对陈文婷的描写则放松得多，她的幼稚、热情和任性，她的“娇”“骄”二气，都表现得淋漓尽致，是作品中写得最成功的女性形象。而在处理周炳与陈文婷这两个人物的关系时，作者仿佛受到《钢铁是怎样炼成的》中保尔的启发。柯察金与冬尼娅的故事的影响，较多地强调了阶级分化的逻辑，使陈文婷的性格不能得到进一步的展开，这是很可惜的。但就第一部而言，由于作者对陈文婷性格中的轻狂一面有较好的铺垫，因此她的颓废和转变还是基本令人信服的。

欧阳山的《三家巷》历经半个多世纪，依然是解读岭南文化轨迹与风俗人情的经典，就其文化蕴含与艺术沉淀而言，他阐解了岭南的物事风韵，他点化了岭南的风俗世态，他在岭南文化的背景上书写时代风云，为广州这片热土，点染出浓郁的地方色彩。《三家巷》作为一个示范性的文本，是以世俗生活作为一种手段，去反映时风势雨下的民生，突破性地将世俗情怀与忧患意识进行了有机的统一，使中国文学历来的传统承传中这两者的二元对立和谐地关联在一起，成为切入生活的两个立面，从而使忧患意识这个只有在中国文化传统语境中才能得到精确界定的概念，在岭南文化的文学再现中亦有了实际性的归属。由是，该小说呈现了分明的两重性：一是有着平民化的忧患意识，善于借助时世动荡，如罢工风潮、北伐战事，军阀混战、学运工运等，来表达一介民生强烈的担忧之情；二是有着浓厚的俗世关怀，岭南的民居风情、风俗习惯都有着活色生香的再现。

据考证，欧阳山是以位于中山六路中段北侧的惠吉东路及惠吉西路这一带作为背景，写出了名作《三家巷》。坐落于惠吉东路及惠吉西路的中西合璧竹筒楼群至今保存完好，大树掩映、相对狭窄，马路两侧都是一座紧挨一座的斑驳红砖旧房。这些旧房多是二层或三层高，砖混结构，部分旧房顶仍保留着初建时的绿瓦、阳台、山花、雕饰等欧式风情建筑装饰品。20世纪六七十年代的电影《三家巷》也取景于此。

“三家巷”西关大屋景区，正是依托《三家巷》的小说文本，再现富有特色的西关民居风情、风俗习惯。

四、打造“三家巷”西关大屋景区的几点设想

要充分利用西关大屋的资源条件，挖掘小说《三家巷》中体现出来的岭南风情民俗，着力打造“三家巷”西关大屋景区。

（一）“三家巷”西关大屋景区的选址

位于文昌北路的耀华大街，全长100多米，可作为“三家巷”西关大屋景区的核心地段。耀华大街原为清代同治、光绪年间开辟的宝华西关大屋住宅区的一部分。街内的西关大屋较整齐划一，多为西关大屋门面（趟栊、吊脚门、洋杂木大门）、青砖石脚的二层小洋楼建筑，还有一两间是传统清代单层高、大、深的西关大屋，屋宇堂皇而又实用，借此可一睹19世纪末20世纪初西关富商华贵生活的情景。可以以耀华大街为核心和依托，“三家巷”西关大屋景区向周边地区辐射，形成集商贸、娱乐于一体的西关风情带、旅游带。

（二）遵循“整旧如旧”的原则，对“三家巷”进行生动的复原

“三家巷”西关大屋景区将以小说《三家巷》为蓝本，还原“三家巷”中周、陈、何三家。一部《三家巷》，把20世纪初在西关大屋生活的人与事描述得活灵活现。“……这儿的大门一列朝东，住着何、陈、周三姓大家。从官塘街走进巷子的南头，迎面第一家的就是何家，门面最宽敞，三边过、三进深，后面带花园，人们叫作‘古老大屋’的旧式建筑物。水磨青砖高墙，黑漆大门，酸枝‘趟栊’，红木雕花矮门，白石门框台阶；墙头近屋檐的地方，画着二十四孝图，图画前面挂着灯笼、铁马，十分气派。按旧社会来说，他家就算得上是一带地方的首富了。那时候，何家门口的电灯一亮，酸枝趟

栊带着白铜铃儿唏溜溜、哗啷啷一响，主人出来送客……”可在耀华大街选取三间有代表性的大屋，分别复原周、陈、何三家的家居摆设、情景陈列，屋内可摆上小说中的人物蜡像、背景资料的展览等，从平面布局、立面处理、建筑设计和细部装饰等全方位恢复昔日“三家巷”古老大屋的建筑模式和风格，再现小说里的故事情节、传统西关大屋的典型模式及西关住家的生活情态和文化景观。

（三）“三家巷”西关大屋景区的核心地段——耀华大街，还原出小说《三家巷》所体现出的民国时代的风情画卷

可以根据小说和影视版本的《三家巷》来设计，重新打造耀华大街，再现20世纪20年代的广州的生活情景。岭南石脚水磨青砖墙，正门的短脚吊扇门、趟栊和硬木大门，入内的三间两廊，名贵的酸枝家具，屋前的麻石街，屋后的后花园……

耀华大街可以按照类似丽江等风景区的现成模式，在旅游路线上标出可提供接待服务的门牌号码等，大街按照20世纪20年代的广州来布置情景。可提供接待服务的居民家，则完全按照小说《三家巷》里描绘的样子来陈设，居民身穿20世纪20年代的服饰，能讲流利的广州话与普通话。也可在其中几间大屋内，安排富有特色的粤曲、粤剧等表演节目。当游客按图索骥，走进居民家时，跟“20年代”好客的西关主人学上一两句白话，一起吃地道的西关家常菜或西关小吃，还可以喝到地道的广州老火靓汤，借以全面展示以西关大屋为居住载体的西关人家的生活习俗及昔日“西关角”“住家林”的神韵。

（四）在衣食住玩上，“三家巷”西关大屋景区要着力再现20世纪20年代的广州的生活情景，突出西关独特的风土人情

第一，“衣”。有俗谚云：东山少爷，西关小姐。西关小姐的服饰新潮漂亮，为时人所模仿。还有当时西关打工一族女嫲姐的服饰，也颇具特色。时人还喜穿木屐和伯父鞋，当时西关有一部分人靠钉木屐和伯父鞋为生（小说《三家巷》中的周家，就是世代打铁的手工业劳动者）。小说《三家巷》里，也多处描绘了西关人家的服饰。男装为长衫，丝质，夏季用，手工细致，材料通爽，适应南方炎热气候；女装秋季用，深紫色四季花纹样旗袍，丝绵

衬里。在“三家巷”西关大屋景区内，可安排西关传统服饰表演，或者安排工作人员统一穿着当时的西关服装，以向游客展现西关的传统特色服饰。

第二，“食”。人称“食在广州，味在荔湾”，小说《三家巷》中多处提到西关的美食和有名酒家，如第二十五章中的“血腥的春天”，提到何家为了何守仁和陈文娣举行婚礼，在“有名的西园酒家”大摆筵席。又如第三十一章中的“兄弟回家”，也提到了“西关一家极有名、极华贵的酒家，叫作‘谟觞酒家’……”。西关大屋景区要注重开辟西关风味小吃食肆，让游客推介琳琅满目的西关著名小吃如豉汁田螺、生滚肉粥、煲仔粥、干炒牛河、云吞面、绿豆糖水、芝麻糊、虾饺、肠粉、粉果、芋角、烧卖、绿茵白兔饺等等，让游客亲身体会到“食在西关”的韵味，感受“食在广州”的饮食风俗。

第三，“住”。除了西关大屋传统民居，还有西式小洋楼、石屋、骑楼等，反映了西方文化的影响和渗透。“三家巷”西关大屋景区内，可开设“西关建筑资料展示馆”，增加西关建筑的介绍和推介。

第四，“玩”——“荔枝湾游河”。每到傍晚，西关人乃至广州人坐着小艇畅游荔枝夹岸的荔枝湾，吃艇仔粥，打牌，听粤剧，与朋友同游，高雅者吟诗作对，情趣无限。“三家巷”西关大屋游，可增加此内容的风情节目。

第五，“民俗”。一是可以利用带有女儿墙的平台，开展西关习俗表演和展示。在南方天气闷热潮湿的情况下，带有女儿墙的天平台在生活上很有实用价值。日常晾晒、乘凉、栽花、养鱼以及七夕乞巧和中秋赏月等活动，都在这种天平上举行。农历七月初七夜，俗称女儿节，也叫乞巧节。西关在这一天晚上，妇女们穿针乞巧，祈祷福禄寿活动，礼拜七姐，仪式虔诚而隆重，陈列花果女红，各式家具、用具都精美小巧、惹人喜爱。二是可以利用少爷房，设置节日习俗的展览，以了解独特的西关节日习俗。春节的舞狮、中秋的互赠月饼、昔日乞巧节的“针穿七孔”等皆是节日习俗之一。

小说《三家巷》的前半部通过周炳与区桃的相恋过程里，写孩子们在七月初七乞巧、除夕卖懒、人日选“皇后”、学校演剧等一系列的南国民俗，成为小说最迷人的篇章。“三家巷”西关大屋景区应注意对这些富有特色的南国民俗进行再现和展示。

第六，“西关工艺”。“三家巷”西关大屋景区内应专门开辟一条“西关工艺街”，突出特色旅游商品。如重点推出“三雕一彩一绣”的“西关五宝”工艺品，推出西关的玉器、古玩等富有特色的旅游商品，着力体现西关深厚的文化积淀。

（五）在“三家巷”西关大屋景区开辟“欧阳山纪念馆”或“《三家巷》展览馆”，展现西关深厚的文化积淀和景区厚重的人文内涵

建设“欧阳山纪念馆”或“《三家巷》展现馆”，陈列著名作家欧阳山的作品、资料，以及小说《三家巷》中提到的中国近现代著名人物的资料、所描写的重大历史事件省港大罢工（包括这期间发生的“沙基惨案”）、国民革命军北伐和广州起义等相关史料，展现20世纪20年代的工人运动从幼稚到成熟的发展过程，以及第一次国共两党从合作到分裂的全过程，描绘出中国革命初期既轰轰烈烈又错综复杂的时代画卷，从而让游客了解到广州作为海上丝绸之路发祥地、岭南文化中心地、近代中国革命策源地和中国改革开放前沿地的历史，也了解到广州最具岭南地方特色的老城区，也是广州最繁华的商贸中心区之一——荔湾的历史。

（六）整合“三家巷”西关大屋景区的现有资源，建设西关“岭南民俗风情影视基地”

小说《三家巷》曾经多次被拍摄成电影、电视剧，影响深远。如王为一执导，孙启新、叶雅谊、李雅军主演的经典电影《三家巷》；孙俪、陈坤、高云翔等主演的40集电视剧《风雨西关》等，都给广大受众留下美好难忘的印象。为此，可考虑利用“《三家巷》”与“西关大屋”的著名品牌，整合“三家巷”西关大屋景区的现有资源，打造岭南民俗风情影视基地——西关大屋景区，使之能成为今后拍摄岭南风情民俗、广州故事的重要影视基地，推动西关影视创意产业的发展。

（七）在对“三家巷”西关大屋景区进行保护、修复、开发的时候，必须注意处理好遗产保护和利用的关系

在对“三家巷”西关大屋景区进行保护、开发的同时，既要保护和弘扬西关大屋所拥有的鲜明特色，又要注意与国际接轨，采取文化遗产保护和有效利用的正确策略。在这方面，可参考文化遗产保护的成功例子——“丽江

模式”五个方面的成功经验，具体如下。

第一，依法保护。丽江着力构建科学规范的法治体系，先后出台了《云南省丽江古城保护条例》《世界文化遗产丽江古城管理规划》《世界文化遗产丽江古城传统商业文化保护管理专项规划》等一系列地方性法规、规章、规定和办法，对丽江古城的有效保护起到了至关重要的作用。

第二，科学规划，全面保护古城遗产。累计投入资金33.47亿元，实施了以改善旅游、卫生、通信、水电、交通等保护性建设工程，同时拆除大量不协调建筑，重新恢复历史原貌[①]。这些项目的实施，始终遵循了“修旧如旧、保存历史真实性”的原则，严格按照规划实施，使古城全面“保存了浓郁的地方民族特色，与自然美妙的小桥流水结合的典范”。

第三，严格管理，有效利用古城遗产。当地实行严格的建设审批制度和商业经营行为准入制度，凡与古城历史风貌不协调的建筑装饰一律拆除，与古城传统民族文化和传统特色不协调的产业及经营项目一律迁出，规范商业摊点的门店装饰和经营行为。每年安排1000万元专项资金用于传统民族文化的挖掘、整理、传承和展示等保护工作[②]。有计划地实施留住古城居民、古城民居修缮、地方民族特色店铺保护、名人故居修复、传统文化院落打造等项目，营造良好的人文环境。通过成功保护，在市场中既实现了古城自身的品牌价值；而在市场终端中实现的价值收益，又为更好地保护提供了后续财源，进而形成可持续发展的良性循环。

第四，以德治城，建立公众道德诚信体系。丽江古城保护的明智之举和可贵之处是，在法律的刚性约束下，更加人性化地把全面建立古城市民乃至游客的公众道德诚信体系，作为古城保护的重要工作来做。同时，丽江着力构建保护与利用的共赢体系，以文化遗产为依托、旅游产业为载体，走一条文化遗产保护与旅游发展相结合，带动经济社会全面发展的和谐路子。

第五，明确职责，构建多元一体的管理体系。进一步明确并理顺古城保护管理局与古城区政府共同保护丽江古城的责权关系，由古城区委书记任古

---

① 《“砥砺奋进的五年”系列新闻发布会·丽江专场　全力建设世界级旅游目的地》，云南省人民政府网站，https://www.yn.gov.cn/ynxwfbt/html/2017/zuixinfabu_0929/436_7.html。

② 同上。

城管理局局长，遗产地三个片区属地政府分管领导及街道党工委书记任古城管理局党组成员，完善古城保护管理体系。

“丽江模式”作为文化遗产保护与开发的典型个案，其对古城的保护、开发经验，值得我们在对“三家巷”西关大屋景区进行保护、开发时学习和借鉴。

参考文献

[1] 习近平 . 习近平谈治国理政 [M]. 北京：外文出版社，2014.
[2] 习近平 . 习近平谈治国理政：第二卷 [M]. 北京：外文出版社，2017.
[3] 习近平 . 习近平谈治国理政：第三卷 [M]. 北京：外文出版社，2020.
[4] 习近平 . 习近平谈治国理政：第四卷 [M]. 北京：外文出版社，2022.
[5] 习近平 . 习近平著作选读（第一卷）[M]. 北京：人民出版社，2023.
[6] 习近平 . 习近平著作选读（第二卷）[M]. 北京：人民出版社，2023.
[7] 习近平 . 决胜全面建设小康社会　夺取新时代中国特色社会主义伟大胜利——在中国共产党第十九次全国代表大会上的报告 [M]. 北京：人民出版社，2017.
[8] 习近平 . 高举中国特色社会主义伟大旗帜　为全面建设社会主义现代化国家而团结奋斗——在中国共产党第二十次全国代表大会上的报告 [M]. 北京：人民出版社，2022.
[9] 中共中央党史和文献研究院 . 习近平关于网络强国论述摘编 [M]. 北京：中央文献出版社，2021.
[10] 人民出版社 . 中共中央关于进一步全面深化改革　推进中国式现代化的决定 [M]. 北京：人民出版社，2024.
[11] 熊澄宇 . 世界文化产业研究 [M]. 北京：清华大学出版社，2012.
[12] 魏鹏举 . 文化创意产业导论 [M]. 北京：中国人民大学出版社，2010.
[13] 范玉刚 ."文化强国"战略视野中的文化产业发展研究 [M]. 北京：中国社会科学出版社，2016.
[14] 胡惠林 . 文化产业发展的中国道路：理论 · 政策 · 战略 [M]. 北京：社

会科学文献出版社，2018.
［15］单世联 . 文化大转型：批判与解释——西方文化产业理论研究（上）［M］. 北京：中国社会科学出版社，2017.
［16］祁述裕，王列生，傅才武 . 中国文化政策研究报告［M］. 北京：社会科学文献出版社，2011.
［17］花建 . 互联互通的文化创意产业新业态［M］. 上海：东方出版中心，2017.
［18］李凤亮，宗祖盼 . 跨界融合与文化创新：文化产业论集［M］. 北京：社会科学文献出版社，2019.
［19］金元浦 . 数字和创意的融会：文化产业的前沿突进与高质量发展［M］. 北京：工人出版社，2021.
［20］熊澄宇，张铮，孔少华 . 世界数字文化产业发展现状与趋势［M］. 北京：清华大学出版社，2016.
［21］张铮 . 数字文化产业：体系与效应［M］. 北京：新华出版社，2021.
［22］赵迪，刘睿 . 新业态 新消费 新增长——文化新经济的探索与实践［M］. 上海：上海大学出版社，2018.
［23］蒋述卓 . 广东文化产业发展与对策研究［M］. 广州：广东人民出版社，2005.
［24］甘巧林，陈汉欣 . 广东文化创意产业发展与布局［M］. 北京：中国大百科全书出版社，2012.
［25］李宗桂等 . 广东文化改革发展 40 年［M］. 广州：中山大学出版社，2018.
［26］唐孝祥，袁忠，温朝霞 . 万紫千红：广东人的艺术精神［M］. 广州：广东人民出版社，2005.
［27］范英，詹宇扬，刘小敏 . 寻幽探胜论西关——“首届西关文化创意产业论坛”集记［M］. 香港：中国评论学术出版社，2007.
［28］欧阳山 . 三家巷［M］. 北京：人民文学出版社，2006.
［29］陈先达 . 文化自信与中华民族伟大复兴［M］. 北京：人民出版社，2017.
［30］陈金龙，朱斌，刘意 . 继承与弘扬：新时代革命文化研究［M］. 北京：社会科学文献出版社，2020.
［31］李宗桂 . 传统与现代之间：中国文化现代化的哲学省思［M］. 北京：

北京师范大学出版社，2011.
[32] 凌玉建 . 论艺术生产的产业化转向 [M]. 北京：中国社会科学出版社，2013.
[33] 卡冈 . 艺术形态学 [M]. 凌继尧，金亚娜，译 . 上海：学林出版社，2008.
[34] 莫兰 . 时代精神 [M]. 陈一壮，译 . 北京：北京大学出版社，2011.
[35] 赫斯蒙德夫 . 文化产业（第三版）[M]. 张菲娜，译 . 北京：中国人民大学出版社，2016.
[36] 莱文森 . 莱文森精粹 [M]. 何道宽，译 . 北京：中国人民大学出版社，2007.
[37] 克兰 . 文化生产：媒体与都市艺术 [M]. 赵国新，译 . 南京：译林出版社，2001.
[38] 思罗斯比 . 经济学与文化 [M]. 王志标，等译 . 北京：中国人民大学出版社，2011.
[39] 麦克卢汉 . 理解媒介：论人的延伸 [M]. 何道宽，译 . 北京：商务印书馆，2000.
[40] 奥康诺 . 艺术与创意产业 [M]. 王斌，张良丛，译 . 北京：中央编译出版社，2013.
[41] 习近平 . 不断做强做优做大我国数字经济 [J]，求是，2022（2）：4–8.
[42] 温朝霞 . 对广东文化产业高质量发展的思考 [J]. 探求，2024（1）：46–52.
[43] 温朝霞 . 从文化产业的演进看新质生产力的生成机理——基于生产力推动文化生产形态变迁的视角 [J]. 学术研究，2025（3）：57–68.
[44] 中华人民共和国中央人民政府 . 国务院关于积极推进“互联网 +”行动的指导意见：国发〔2015〕40 号 [EB/OL].（2015–07–01）[2024–10–30]. http://www.gov.cn/gongbao/content/2015/content_2897187.htm.
[45] 中华人民共和国中央人民政府 . 中华人民共和国国民经济和社会发展第十四个五年规划和 2035 年远景目标纲要 [EB/OL].（2021–03–13）[2024–10–30]. http://www.gov.cn/xinwen/2021-03/13/content_5592681.htm.

[46] 中华人民共和国中央人民政府 . 国务院关于印发“十四五”数字经济发展规划的通知：国发〔2021〕29 号 [EB/OL] .（2021–12–12）[2024–10–20] . http://www.gov.cn/zhengce/content/2022–01/12/content_5667817.htm.
[47] 中国网 .《“十四五”文化产业发展规划发布》（全文）[EB/OL] .（2021–06–09）[2024–10–30] . http://news.china.com.cn/2021–06/09/content_77556916.htm.
[48] 广东省文化和旅游厅 . 广东省文化和旅游发展“十四五”规划 [EB/OL] . [2024–10–30] . http://whly.gd.gov.cn/attachment/0/474/474385/3671619.pdf.

后 记

国家之魂，文以化之，文以铸之。文化是民族的精神命脉，是现代化发展的重要内容。文化的力量，深深熔铸在民族的生命力、创造力和凝聚力之中。推动文化产业高质量发展、不断激发全民族文化创新创造活力，是提升国家文化软实力和中华文化影响力的重要支撑，对于推进中国式现代化、实现民族复兴伟业，具有极其重要的意义。

我是伴随着中国改革开放脚步成长起来的学者。我对于文化产业的关注和研究，最早可追溯到20世纪90年代。犹记当年，在改革开放政策推动下，国民经济逐渐得到恢复并取得初步发展，珠江边崛起一座座高楼大厦，社会文化消费需求也得到了复苏。在此背景下，广东最先实行文化和经济相结合以促进经济发展的尝试，文化产业最早得到萌芽和发展。广东的流行音乐、影视产品异军突起，与港台歌曲和影视剧一起席卷大江南北，成为风靡一时的粤式大众文化现象。身处改革开放前沿地区，理论工作者们纷纷关注这些变化，我也开始研究文化产业问题。1998年9月，我在哲学类核心期刊《现代哲学》1998年第3期上发表了一篇题为《对当今广东文化现状及其发展的思考》的论文，分析了改革开放以来广东地域文化的变迁，具体包括：感性型文化大量产生；文化进入市场，引起文化与文化人的变革；个性意识与平等意识的凸显等，对此，我认为，当今的广东文化与传统的广东文化具有质的区别，当今的广东文化是时代的产物，是时代发展的必然结果；市场经济大潮冲击着中国内地，中国进入商品经济的新时代。我还大胆地作出预测性判断：这场经济革命是中国历史上的伟大革命，其历史作用绝不亚于一场五四运动。当时的文化产业尚处于萌芽起步阶段，20多岁的我，便以年轻学者的敏锐触觉，把握时代的变化，对早期的文化产业开始进行探索和研究，这篇文章可以说站在了时代的潮头和理论的前沿。

2000 年 10 月 23 日，我在《南方日报》“新论丛”版上发表了一篇题为《文化产业：扭转劣势迎竞争》的文章，得到广东省委宣传部领导的关注和批示。随后，我应邀参加了省委宣传部为期一年的文化产业调研，并撰写了多篇咨询报告，其中一篇还为省里组建家庭期刊集团提供了决策参考并得到转化应用。后来，我持续在《南方日报》和各类学术期刊上发表多篇文化产业的研究文章，从政府职能转变、文化体制改革、新型文化业态、文化产业跨界融合等方面，探讨文化产业的发展问题，均在读者中产生了不小的反响，例如，有数位读者给我打电话，或邀请我为他们区的文化产业把脉并撰文，或就相关的理论学术问题向我请教并交流。今天回想往事，感谢《南方日报》编辑的慧眼和引导，为我这样一名年轻学者的成长提供了良好平台，也为广东新型智库的构建提供了重要支撑。

2019 年 10 月，恰逢《南方日报》创刊 70 周年，我欣然应《南方日报》之邀，撰写专题文章《我与〈南方日报〉：廿载情怀不变》，将我与《南方日报》的这些故事写进了文内。该文被南方 +、南方网等媒体推送，并被收入特辑《见证南方——“我与南方日报”的故事（1949—2019）》（南方日报出版社，2019 年版）。也因为与《南方日报》的这些情缘，这次我选择了由南方日报出版社来出版这本广东文化产业研究专著，也算是一种回顾与自勉吧。

这本专著，属于我主持的 2024 年广东省党校（行政学院）系统哲学社会科学规划课题“以新质生产力推动广东文化产业高质量发展研究”的成果，也可以说是对我多年来研究文化产业，尤其是研究广东文化产业发展的一个阶段性小结。

在我开展文化产业研究的治学之路上，我要特别感谢两位恩师：一位是我的博士生导师——暨南大学文学院中文系蒋述卓教授，另一位是我在上海交通大学文化产业管理系任访问学者的导师——单世联教授。

在我 2003—2006 年三年读博期间，蒋述卓教授给予了我悉心的指导和无私的帮助，并让我参加了他主持的关于文化产业研究的省社科规划课题，而我的博士学位论文《1980 年后日韩影视剧在中国的传播》也用了大篇幅探讨中日韩三国的文化产业发展问题，我后来还以博士学位论文为基础成功申报了国家社会科学基金项目，并在国家一级出版社——人民出版社出版专著。在我博士毕业后，蒋老师又让我先后参加了他主持的广东省委宣传部重大委托课题《广东省建设文化强省规划纲要（2011—2020）研究报告》《广东省文化产业振兴规划（2010—2015 年）研究报告》等重大项目的研究，让我有更多的机会深入全省文化事业单位和文化企业、文化市场等开展调研，在此基础上撰写多篇决策咨询报告和课题报告，使我进一步加深了对省情和广东文化产业的了解和研究。

单世联教授则是我于 2001 年在参加广东省委宣传部为期一年的文化产业调研时认识的专家，当时他还在广东省社会科学院工作，也是广东最早开展文化产业研究的学者。后来，单老师被引进到上海交通大学工作。2017—2018 年，我到上海交通大学媒体与传播学院文化产业管理系任访问学者，单老师担任了我的访学导师。在一年的访学中，单老师同样给予了我悉心的指导和大力的帮助，让我加强了对西方文化产业理论的钻研；同时，他还安排我给在校的博士生和本科生上课，让我能将自己的文化产业研究成果分享给更多的学生。如今，在我这本专著付梓之前，单老师又于百忙之中拨冗为我写序，给予了我充分的肯定和热情的鼓励。

人生得遇良师，何其有幸！衷心感谢蒋老师和单老师这两位著名的文化研究专家，高擎理论的明灯，照亮了我从事文化产业研究的道路。

写下这些凝结了岁月风霜的文字时，窗外是锣鼓喧天、一派新春喜庆景象。万千思绪，化为新年的祝福与展望未来的动力。“千淘万漉虽辛苦，吹尽狂沙始到金”，我将继续努力，勇毅前行。

温朝霞写于廉城

2025 年 1 月 26 日